CARTAS A LULA

BERNARDO KUCINSKI

CARTAS A LULA

O JORNAL PARTICULAR DO PRESIDENTE E SUA INFLUÊNCIA NO GOVERNO DO BRASIL

EDIÇÕES DE
janeiro

© 2014, desta edição, Edições de Janeiro
© 2014 Bernardo Kucinski

Todos os direitos reservados e protegidos pela Lei 9.610, de 19.2.1998.
É proibida a reprodução total ou parcial sem a expressa anuência da editora e do autor.
Este livro foi revisado segundo o Novo Acordo Ortográfico da Língua Portuguesa.

Editora
ANA CECILIA IMPELLIZIERI MARTINS

Coordenadora de produção
CRISTIANE DE ANDRADE REIS

Assistente editorial
ALINE CASTILHO

Copidesque
ELISABETH LISSOVSKY

Revisão
VANIA SANTIAGO

Projeto gráfico de capa e miolo
RAFAEL NOBRE | BABILONIA CULTURA EDITORIAL

Diagramação
FILIGRANA DESIGN

Equipe Cartas Críticas
IVANA DINIZ MACHADO
MARCELO BAIRÃO
MARCIO VENCIGUERRA
MOACYR DE OLIVEIRA FILHO
VERÔNICA NÉRI

Organização das cartas
BERNARDO KUCINSKI
HELIETE VAITSMAN
JOSÉ ALAN DIAS CARNEIRO

```
CIP-BRASIL. CATALOGAÇÃO NA FONTE
SINDICATO NACIONAL DOS EDITORES DE LIVROS, RJ
K97c
Kucinski, Bernardo, 1937-
   Cartas a Lula: o jornal particular do presidente e sua influência no governo do
Brasil / Bernardo Kucinski. - 1. ed. - Rio de Janeiro : Edições de Janeiro, 2014.
   p.472
   ISBN 978-85-67854-22-9
   1. Silva, Luis Inácio Lula da, 1945-. 2. Partido dos Trabalhadores.
3. Brasil - Política e governo - Séc. XXI. I. Título.
14-16786               CDD: 320.981        CDU: 32(81)
```

EDIÇÕES DE JANEIRO
Praia de Botafogo, 501, 1º andar, bloco A
22250-040 | Rio de Janeiro, RJ
+55 (21) 3796-6708

contato@edicoesdejaneiro.com.br
www.edicoesdejaneiro.com.br

SUMÁRIO

INTRODUÇÃO	7	15. PLANOS DE SAÚDE	325
		16. MORTES NAS RODOVIAS	334
1. FOME ZERO E BOLSA FAMÍLIA	23	17. PROGRAMA NAVAL	341
2. PLANO NACIONAL DE SEGURANÇA	39	18. RELAÇÕES COM A MÍDIA	349
3. PREVIDÊNCIA	50	19. O CASO LARRY ROHTER	364
4. TELEFONIA E INCLUSÃO DIGITAL	64	20. POPULARIDADE DO PRESIDENTE	381
5. TRANSPOSIÇÃO DO RIO SÃO FRANCISCO	83	21. CRISE DOS BINGOS	397
		22. CRISE DOS CORREIOS	414
6. SALÁRIO MÍNIMO	90	23. MENSALÃO	421
7. MACROECONOMIA	100	24. AS CARTAS DE DESPEDEM	467
JUROS E INFLAÇÃO	101		
CÂMBIO	152		
BALANÇA COMERCIAL / CONTRATOS INTERNACIONAIS	166		
8. CENÁRIO INTERNACIONAL	180		
AMÉRICA LATINA	181		
GOVERNO BUSH	207		
ORIENTE MÉDIO	225		
ALCA	240		
HAITI	248		
9. VIAGENS	256		
10. BANESTADO	276		
11. ARQUIVOS DA DITADURA	286		
12. ALCÂNTARA	303		
13. SANEAMENTO	309		
14. FEBRE AFTOSA	317		

Nota da Editora

   Para este livro foi feita uma seleção entre as cerca de mil cartas produzidas por Bernardo Kucinski, entre 2003 e 2006, época em que atuava como assessor especial da Secretaria de Comunicação da Presidência da República, reagrupando esse material de forma temática e por vezes utilizando apenas parte das cartas destacadas.

INTRODUÇÃO

A história das cartas a Lula é antiga. Começa em 1993, com as caravanas de cidadania, concebidas por Lula durante sua segunda campanha eleitoral presidencial, depois de perder a primeira para Fernando Collor de Mello. Lula embrenhou-se pelas veredas mais remotas do Brasil, inovando a forma de fazer política e aprofundando seu conhecimento de nossa terra. Mas havia um problema: ficava longos períodos afastado dos jornais e da televisão. Passei a enviar-lhe mensagens por fax, resumindo e analisando o noticiário e sugerindo ações. Eram textos sucintos de uma ou duas páginas, com alguns aportes didáticos ou opinativos. Perdemos também daquela vez, como se sabe. Ao começar a terceira campanha, que também perderíamos, Lula disse: "Quero aquelas cartas ácidas do Kucinski." Assim surgiu o nome mais conhecido das cartas. Ele sempre as achou muito mal-humoradas. Mas úteis. Lia por necessidade, não por prazer. Foi se habituando às cartas, sempre reclamando da acidez. Com o tempo, tornou-se um vício mútuo. Ele viciado em ler, eu viciado em escrever. Na campanha de 1998, as cartas previram com exatidão o colapso do real, mas minha acuidade não impediu que fôssemos mais uma vez derrotados, pois, na crise, o eleitorado preferiu o certo pelo duvidoso e deu um segundo mandato a Fernando Henrique Cardoso.

Na campanha de 2002, que venceríamos, Duda Mendonça insurgiu-se contra as cartas ácidas dizendo que punham Lula zangado já no começo do dia, contrariando a estratégia de "Lulinha Paz e Amor." Fiz então uma concessão e mudei o nome para *Carta Crítica*. Mesmo assim, nessa campanha, as cartas pouco influíram. Mas foi com esse nome que iniciei a produção das cartas a um Lula já presidente. Sob a proteção do poderoso guarda-chuva de Luiz Gushiken, ministro-chefe da Secretaria de Comunicação de Governo (Secom), formei uma equipe com mais cinco pessoas: Ivana Machado e Marcio Venciguerra, jornalistas; Verônica Néri, secretária; e Zezinho, o pau para toda obra.

Em Brasília, dei-me conta, estupefato, do gigantismo do nosso aparelho de Estado. Próprio de uma potência regional. Isso fazia da Presidência da República um cargo de enorme responsabilidade e muito poder. O presidente está no centro de um processo intenso e sempre dramático de tomada de decisões. Mais ainda se um operário, pela primeira vez, chega a esse posto, enfrentando forte antagonismo dos poderosos. Um presidente do Brasil não tem tempo para leituras inúteis ou apenas agradáveis. Percebi que, se em dois dias seguidos, as cartas fossem dispensáveis, ou carecessem de credibilidade, no terceiro dia o presidente não mais as leria. E se fossem tão fortes que criassem tensão interna, também não seria bom. Se informasse mal ou errado – e o presidente por definição está sempre melhor informado –, pior ainda. O que fazer?

Adotei como orientação dar às cartas a função específica de ajudar o presidente a governar. Não exatamente a Presidência como organismo coletivo ou sistema – o que depois acabou acontecendo –, e sim o presidente como a pessoa política com quem eu havia estabelecido esse diálogo epistolar e que agora precisava decidir na solidão do seu imenso poder e arcar com as consequências de suas decisões.

Perseguíamos esse objetivo de modo obsessivo, tanto na seleção dos temas quanto no método de trabalho, indo muito além das rotinas de uma burocracia palaciana. Atuávamos quase como sala de situação em tempo de guerra. Zezinho buscava os jornais de São Paulo e do Rio num ponto do eixão às cinco da madrugada, e às sete horas nós já os havíamos lido e digerido. Às oito da manhã, mais tardar às oito e meia, Lula recebia a *Carta Crítica* em mãos, impressa, em envelope lacrado.

Cartas curtas, objetivas, sem papas na língua, sem medo de criticar o próprio governo. E, espertamente, nunca óbvias. Se acontecia algo extraordinário ou havia uma viagem importante, produzíamos cartas extras. Produzimos dezenas de cartas extras e especiais, monotemáticas. Muitas vezes,

Zezinho as entregava a Lula na escada de embarque do avião presidencial, com as portas já se fechando. Em três anos e meio, de janeiro de 2003 a junho de 2006, produzimos quase mil cartas.

Antigamente se dizia que governar é abrir estradas. No governo Lula eu diria que governar era enfrentar crises. As crises nunca faltaram. Começaram antes mesmo da posse, com a campanha de terrorismo financeiro que levou Lula a fazer um acórdão com os bancos para ter condições de governabilidade. Avalizado por Antonio Palocci e Henrique Meirelles, esse pacto não escrito, mas que incluía metas de contenção de gastos, amarraria suas mãos e travaria o governo durante os dois primeiros anos de mandato, provocando forte tensão interna e deprimindo o presidente.

Assumido o governo, deu-se de cara o caos em torno do programa Fome Zero. Esse foi o tema principal das primeiras cartas críticas. O Fome Zero nasceu como um dos projetos principais e demarcadores do governo paralelo, criado por Lula no Instituto Cidadania, que lhe serviu de escritório e central de trabalho durante os anos de disputa pela Presidência. Desenvolvido por José Graziano, um dos assessores mais íntimos de Lula, acabou se tornando a menina dos olhos do Instituto Cidadania. Ao se proclamar a vitória, Lula lançou o Fome Zero como primeiro e principal programa de governo, com cobertura especial do Jornal Nacional. Não deu outra: caminhões e caminhões de mantimentos eram enviados ao governo por grandes empresas pressurosas em agradar, e não se sabia o que fazer com aquilo tudo.

O poderoso aparelho de Estado brasileiro não tinha nenhuma estrutura para fazer dos mantimentos comida para os famintos. Nem os antigos restaurantes do Saps (Serviço Nacional de Alimentação da Previdência Social) da era getulista existiam mais. Do Fome Zero, não obstante o início atabalhoado, surgiria depois o Bolsa Família, a revolução que instituiu o pobre como sujeito de direitos de cidadania e exigiu para o seu funcionamento a criação do primeiro cadastro nacional unificado dos pobres, base de todas as atuais políticas públicas de cunho social.

Seguiu-se a batalha da reforma da Previdência, principal projeto de reformas do governo Lula. Uma reforma necessária devido às transformações demográficas no país, mas que contrariava as bases sindicalistas do petismo. A *Carta Crítica* tentou desenvolver argumentos lógicos pela reforma que foram pouco aproveitados. A muito custo a reforma acabou emplacando e sua sequela foi o fenômeno Psol, o surgimento de uma oposição ao PT pela esquerda, tratado numa carta especial.

Ao mesmo tempo, instalava-se o imbróglio das rádios comunitárias, perseguidas pelo Ministério das Comunicações no governo Lula mais ainda que nos anteriores. Muitas eram falsamente comunitárias, outras de proselitismo religioso. Para desgosto profundo de Lula e decepção do campo popular, nada se resolveu. Foi um dos problemas que a Casa Civil, toda-poderosa no governo Lula, delegava a uma comissão especial para propor soluções que nunca saíam.

Em agosto desse primeiro ano de mandato, ocorreu a tragédia de Alcântara: a explosão do foguete que matou 21 técnicos e dirigentes do nosso programa espacial. Lembro-me que, na ocasião, senti no desastre uma espécie de presságio do que seria o governo Lula. Felizmente, meu pressentimento estava furado. Mas a tragédia atrasou em vinte anos nosso programa espacial. Alcântara para mim é até hoje o símbolo da nossa condição de sociedade periférica, dependente e sem um projeto nacional. A natureza nos deu ali o melhor local do planeta Terra para o lançamento de foguetes. Lançamentos de Alcântara custariam 30% menos do que de qualquer outro lugar. No entanto, até hoje, não fizemos daquilo uma indústria rentável, um polo de lançamentos a serviço de todos os países. Esses lançamentos valem cerca de US$ 20 milhões cada e são feitos dezenas a cada ano.

Nessa mesma época, a *Carta Crítica* começa a abordar a questão dos mortos e desaparecidos durante a ditadura, a partir de extensas matérias e documentos inéditos publicados pelo *Correio Braziliense* sobre a guerrilha do Araguaia. Vivia-se um paradoxo. Muitos dos presos ou torturados durante a ditadura estavam agora no governo, inclusive o presidente e o ministro-chefe da Casa Civil. Tinham a tarefa de governar esse país gigantesco, atender às demandas sociais reprimidas e solucionar problemas complexos. A revisão dos horrores da ditadura, ao arriscar uma crise na relação com os militares, não ajudaria. As cartas abordando esse tema, refletem essa contradição. Foi também o desassossego com esse tema que me levou – entre outras razões – a sair do governo pouco antes do final do mandato. Sentia crescente desconforto por estar no coração de um aparelho de Estado que a rigor não abjurara seus crimes, cometidos pouco tempo antes.

A análise da grande mídia, condutora ideológica da oposição no governo Lula, ocupa lugar de destaque nas cartas. Já no primeiro semestre de governo, em junho, surgiu na mídia o escândalo do Banestado e das contas CC5, criadas secretamente pela Circular nº 5 do Banco Central, usadas durante anos por centenas de pessoas e empresas para remeter divisas para o exterior de modo camuflado. Foi criada uma CPI que o governo administrou de modo hesitante, provocando muita crítica da mídia. É provável que, por deter informações explosivas sobre o Banestado, José Dirceu tenha provocado a campanha que o derrubaria dois anos depois. O mal-estar do Banestado, como uma *Carta Crítica* chamou esse episódio, acabou abafado.

Para produzir a *Carta Crítica* não bastava saber o que se passava fora do governo, era preciso saber também o que se passava dentro dele. Conhecer as preocupações do presidente e suas reações às cartas. Minha equipe passou a investigar internamente o funcionamento do governo, principalmente o que não funcionava. A imprensa percebe os sintomas do mau funcionamento, mas, em geral, pouco sabe de suas causas. Assim nasceram, entre outras, as cartas sobre a crise da aftosa. Descobrimos um dos principais mecanismos que fazem com que o Brasil não funcione: todos programas federais – o combate à aftosa era um deles – são implantados por meio de convênios com os estados, a maioria incluindo contrapartidas. Se a Secretaria de Agricultura de um estado não elabora um programa de combate à aftosa no seu estado e não o apresenta, não tem convênio. Não tem combate à aftosa. E muitas não o faziam. Daí os percalços que se veem até hoje em programas como Mais Médicos, Minha Casa Minha Vida e tantos outros.

No governo Lula havia uma trava adicional: a condicionalidade cruzada. Se um estado não prestasse contas de um programa a tempo, não recebia as verbas de nenhum outro. Foi o método paralisante adotado pela equipe econômica para impedir o governo de investir, especialmente em saneamento e programas sociais.

As dificuldades para que projetos e políticas públicas decolassem, por ineficácia da máquina administrativa ou pela negação das verbas pela equipe econômica, foram objeto de muitas *Cartas Críticas* especiais e monotemáticas. Éramos ajudados, na elaboração dessas cartas, por informações exclusivas de nossas próprias fontes no meio jornalístico e no meio empresarial, e de dentro do governo. Assim, produzimos a *Carta Crítica* sobre o ambicioso Plano Naval, criado para repor a frota sucateada pelo governo FHC; sobre a ausência das campanhas para evitar o grande número de mortes no trânsito, mesmo havendo sobra de recursos oriundos de multas, com essa destinação específica.

Em almoços ou à tarde e à noite, conversava com o segundo escalão e, às vezes, com ministros, para me inteirar dos problemas e tensões de governo. O episódio da expulsão do jornalista Larry Rohter mostra como era importante acompanhar o clima na Presidência. Em reportagem difamatória em maio de 2004 no *New York Times*, Rohter acusara o presidente e até seu pai, já falecido, de serem alcoólatras. Só depois da desastrosa decisão de expulsá-lo, fiquei sabendo que a reportagem atingira Lula de modo especialmente profundo, a ponto de seus auxiliares diretos apoiarem a retaliação pesada, como ele exigia. Foi um erro grave, que trouxe enormes prejuízos ao governo. Expulsar um jornalista era algo tão absurdo e de tão raros precedentes, que sequer passou pela minha cabeça que pudesse estar sendo cogitado. Na *Carta Crítica* recomendamos deixar tudo como estava, ignorar o insulto, mesmo porque, a mídia nacional posicionou-se toda contra o jornalista e a favor de Lula. As cartas posteriores tentam ajudar a consertar o estrago. Duas delas, especiais, sintetizam os estudos clássicos de Noam Chomsky sobre o papel auxiliar da mídia americana na defesa dos interesses imperiais dos EUA. Mais tarde, um membro da assessoria de imprensa do presidente nos revelou que a assessoria já sabia, vinte dias antes, que Larry Rohter estava escrevendo essa matéria. O episódio também revela a falta de coordenação e de direção centralizada na comunicação.

Por iniciativa de Lula, as cartas passaram a ser entregues também a outros ministros, a começar pelo chamado núcleo duro do governo: Zé Dirceu e Palocci, além de Gushiken que já as recebia como meu chefe imediato. Logo foram incluídos outros ministros e auxiliares, em algumas ocasiões chegando a quinze destinatários, sempre em mãos, já impressas e em envelopes lacrados. Não circulavam pela intranet para evitar vazamentos. Assim, as cartas foram se tornando um instrumento coletivo de trabalho. Numa ocasião, a *Carta Crítica* vazou no jornal *O Globo*, e Lula mandou cortar os destinatários por alguns dias. Em outra ocasião, também mandou cortar, não por vazamento e sim pela delicadeza da situação que se criara, por volta do começo da crise do mensalão.

Várias vezes aborrecido com as cartas, Lula quis me demitir. No último momento recuava. Penso que se meu escritório fosse no Palácio (onde eu só trabalhava raras vezes, quando havia algum impedimento logístico na Secom), teria sido demitido logo em agosto 2004, se não antes, já em 2003. Os 800 metros que separam a Secom do Palácio me salvaram.

No início de 2004, a imprensa acusou o governo de conluio com uma determinada empresa na elaboração de um projeto de seguro-saúde para servidores. Em julho eclodiu a crise dos custos exorbitantes dos seguros-saúde e de sua precária regulamentação. Era uma briga entre a Agência Nacional de Saúde, supostamente independente, e os planos, mas sobrou para o governo. Uma sucessão de cartas críticas em julho trata disso.

Depois tive a ideia – infeliz – de montar uma carta extra reunindo textos anteriores, como se fosse um retrospecto, e Lula estranhou eu estar voltando ao assunto. Chamou às falas o ministro da Saúde, Humberto Costa, que assegurou que já tinha resolvido tudo. À noite o ministro dirigiu-se à Nação explicando a situação dos planos de saúde. Mas Lula não gostou do episódio e quase me demitiu.

Outra vez quis me demitir, em março de 2005, porque não fui a um almoço que ele havia marcado para discutir a comunicação de governo, criticada numa das cartas. Creio que não me avisaram ou eu estava fora. Contaram-me que, nesse almoço, Lula puxou as orelhas de seu assessor de imprensa, depois de seu porta-voz e, em seguida, levantou a voz dizendo que ia me demitir. "Onde já se viu? Eu mandei o Bernardo corrigir uma informação e ele não corrigiu." Em junho de 2005, de improviso em São Paulo, Lula fez uma crítica aberta e em público à *Carta Crítica*. "Tem gente que acorda tão azeda de manhã que dá para fazer limonada do seu suor." Era quase a mesma metáfora da sua introdução às *Cartas Ácidas da Campanha de Lula de 1989*, em que ele disse que eu era tão ácido que se passasse uma toalha no meu suor e, depois espremesse, dava para tirar vinagre.

Esses episódios mostravam a importância de evitar todo mal-entendido e de não ultrapassar nem um milímetro o nível de crítica necessário. Alertar o presidente, sim. Aborrecer o presidente, não. Eventualmente, contribuir até para animá-lo. Manter a confiança do presidente nas cartas, sem abdicar da função crítica. Não era fácil, nem sempre acertei o tom ou fui atento na afinação. Houve muitos momentos difíceis, em especial ao eclodir a crise dos bingos, em fevereiro de 2004. A mídia adotou uma postura crescentemente denuncista, analisada sem piedade pelas cartas, o que obviamente não as tornava uma leitura agradável. O escândalo surgiu a partir da divulgação de um vídeo em que um auxiliar de Zé Dirceu, Waldomiro Diniz, aparece extorquindo o bicheiro Carlinhos Cachoeira. A transação estaria ligada a uma nova regulamentação dos bingos. A avalanche do escândalo só foi estancada quando Gushiken, num lance de samurai, teve a ideia ousada de sair na frente e proibir todos os bingos no país.

Também houve momentos especialmente gratificantes. Talvez o mais importante tenha sido em outubro de 2003, quando a *Carta Crítica* informou Lula da iminente derrubada do presidente da Bolívia, Gonzalo Sánchez de Lozada, por uma revolta indígena e popular. Lula ficou sabendo da queda de Lozada antes do governo americano. Havia ocorrido um desmoronamento na Bolívia que soterrara dezenas de pessoas, totalmente ignorado pela mídia brasileira, e eu vinha acompanhando o episódio nos jornais digitais bolivianos. Logo percebi a profundidade da rebelião camponesa e passei a segui-la de perto. Os americanos decerto a seguiam ainda mais de perto, mas não acreditaram, como de hábito, na força de uma rebelião popular e, ao mesmo tempo, confiavam cegamente no Lozada, que não passava de um preposto das mineradores estrangeiras na Bolívia.

Em março de 2005, dois auxiliares diretos de Lula telefonaram para elogiar, por ordem do presidente, a *Carta Crítica* extra de preparo da sua primeira entrevista coletiva ampla. Notem a data: o presidente só vai dar sua primeira coletiva ampla a jornalistas brasileiros depois de dois anos de governo. As anteriores, de agosto de 2003 e de fevereiro de 2004, foram dadas a grupos limitados de jornalistas.

Desde o primeiro dia não foi boa a relação do governo com a mídia. O presidente não fala aos jornalistas, eu advertia na *Carta Crítica* de 16 de maio de 2003, ainda no início do governo. A capacidade de comunicação direta do presidente era uma das causas. Lula fala ao coração do povo brasileiro sem precisar de intermediários. Mas há uma diferença entre um Lula pessoa política e um Lula presidente. A Presidência é uma instituição e tem obrigações de comunicação pública que, numa democracia de massa, se exerce através de ritos, um deles, as coletivas regulares do presidente à imprensa, sempre que há um fato importante ou uma visita de chefe de Estado estrangeiro. O governo não tinha consciência disso. Os jornalistas sentiam-se marginalizados. A má vontade da mídia para com Lula, obviamente, também ajudou. Acima de tudo, faltou ao governo uma política orgânica e moderna de comunicação pública. Esse foi um dos motivos que me levaram a sair do governo: a frustração pelo não encaminhamento de propostas que, extravasando minhas atribuições – reconheço –, eu fazia na esfera da comunicação. Fiz propostas de mudança de postura da Radiobrás. Elaborei muitas propostas e pré-projetos à Secom: por uma política de apoio à mídia alternativa, por um programa vale-jornal (parecido ao vale-cultura implantado no governo Dilma), pela criação de um *Jornal do Executivo* à imagem do *Jornal da Câmara*, pela instituição de coletivas regulares, pela criação de cadernos de referência sobre políticas públicas.

A Radiobrás, na sua ânsia de se libertar da pecha de chapa-branca, não criou as grandes narrativas do governo Lula, como mereciam o projeto de transposição do rio São Francisco e o envio das Forças Armadas ao Haiti. O projeto de transposição é de uma importância equivalente à do famoso projeto do Vale Tennessee, implantado nos anos 1930 nos Estados Unidos, uma das regiões mais atingidas pela depressão econômica. Pelo Haiti, realizamos a maior mobilização brasileira de tropas depois da Segunda Guerra Mundial. Uma década depois, o projeto do rio São Francisco ainda carece de visibilidade no imaginário brasileiro, ou sofria distorção de imagem, embora 10 mil operários estivessem trabalhando para permitir sua inauguração e, com isso, regularizar o abastecimento de água nos estados do Ceará, Pernambuco e Rio Grande do Norte. Várias cartas tratavam da imagem fraca ou distorcida do governo e de seus projetos.

Outra dimensão importante do governo Lula foram suas viagens internacionais. Ou eram ignoradas ou os repórteres que o acompanhavam eram pautados para fazer perguntas sobre questões daqui e não de lá, ou flagrar alguma gafe do presidente, real ou imaginária. Lula foi a 83 países em seus dois mandatos. Tornou-se o primeiro chefe de Estado brasileiro a visitar o Oriente Médio desde Dom Pedro II em 1876. O objetivo dessa viagem foi abrir os mercados do Oriente Médio aos produtos brasileiros. Para essa viagem, produzimos uma carta especial repassando toda a história da formatação do Oriente Médio de hoje pelos tratados secretos entre ingleses e franceses, e os principais conflitos decorrentes. Lula encantou-se tanto com essa carta que a compartilhou com os demais membros da comitiva.

Lula sempre gostou muito de viagens de avião, porque as aproveitava para conversar com quem queria – e que ele convidava para acompanhá-lo – e fugir de quem não queria. Sua política externa de aproximação com a América Latina, entrada no Oriente Médio e rejeição da Alca divergia da linha tradicional do Itamaraty, em especial na era FHC, e do que pensava o grande empresariado dependente. Sofria críticas sistemáticas da mídia, demandando muito trabalho das cartas críticas.

Aos poucos fomos observando um ganho de autoridade da *Carta Crítica*. Certo dia, Lula telefonou para Dilma para reclamar das tarifas de eletricidade. Disse que não era possível fazer um baita esforço para manter a inflação a 6% e as tarifas aumentarem em 18%. Quase as mesmas palavras usadas na *Carta Crítica* no dia anterior. No segundo ano de governo, a *Carta Crítica* estava arraigada. Lula lê em jejum, dizia José Graziano, que, como acompanhante de Lula nas famosas caravanas da democracia, sempre fora um entusiasta das cartas.

Em algumas fases difíceis do governo, inclusive a inicial e depois a mais pesada, perto da crise do mensalão, as cartas virtualmente pautavam as reuniões do núcleo duro. Não só por sua eficácia, que combinava rapidez com objetividade, num texto claro e econômico, sem subterfúgios, mas também porque o aparelho burocrático do Estado não consegue produzir nada que a isso se compare. Especialmente em grau de franqueza. A burocracia produz textos enrolados demais, ou tardios, ou com os dois defeitos juntos. Passam por crivos que, por cautela, mandam cortar isso ou aquilo.

Pessoas muito próximas de um presidente podem, sim, dizer verdades. Todo dirigente tem um ou dois confidentes nesse nível de relacionamento. Mas, em geral, é um contato verbal, não por escrito, não na forma de um documento, preto no branco. E mesmo esses confidentes muitas vezes receiam dizer ao presidente o que pensam, em especial se temem contrariá-lo.

A carta se beneficiava de eu não manter contato físico regular com o presidente, na verdade, o contato era muito raro. E os textos nunca passavam por um crivo, nem de meu chefe formal, o ministro Luiz Gushiken. Era como se eu não pertencesse aos quadros funcionais. De fato, chamavam-me, creio que carinhosamente, de professor. Algumas vezes recebi puxões de orelha por causa de uma edição ou outra, mas nunca a censura prévia. O ministro Luiz Gushiken recebia as cartas ao mesmo tempo que Lula. Desde o início, Gushiken assumiu que a carta só se justificava se eu a pudesse escrever livre de qualquer controle e se ela exercesse função crítica. E nunca interferiu em sua redação. O máximo a que chegou, certa vez, foi tentar me convencer a escrever uma *Carta Crítica* sobre a campanha da autoestima que ele havia concebido, e que fizera grande sucesso, mas eu custei a entender o recado.

Gushiken sentia fascínio pela *Carta Crítica*. Certa vez, numa viagem juntos a São Paulo, interrogou-me longamente sobre como a fazíamos. Mais tarde, percebi que Gushiken era visto pelos outros ministros como detentor de uma arma poderosa que nenhum deles possuía, pois Lula as lia religiosamente. Gushiken, obviamente, deixava que assim pensassem. Mesmo um ministro de Estado muitas vezes não consegue dizer ao presidente o que pretende, ou porque se atrapalha, ou porque acontece algo inesperado e a audiência é cancelada. Com a *Carta Crítica*, isso não acontecia.

Eu tinha mais poder em minhas mãos do que imaginava ter e, por isso, era visto com certa inveja ou suspeição, talvez até medo – mas isso só perceberia depois que saí do governo. Mais de uma vez o ministro Palocci pediu minha cabeça, e Gushiken não deu. Desde o início, as cartas criticavam as políticas recessivas de Palocci. Passou a ser uma marca da *Carta Crítica* dar combate ao palocismo dentro do governo. Em algumas ocasiões, reconheço, até exagerado, ou, o que é pior, previsível. As cartas a Lula, portanto, não eram neutras nem ingênuas. Eram um exercício duro e consciente que só não foi desautorizado por Lula porque tomávamos extremo cuidado nas informações e caprichávamos nos seus conteúdos didáticos. Lula via as vantagens de ter esse instrumento. Dava a ele uma alavancagem nas reuniões e nos encontros com ministros.

No início, adotei a linha editorial antipaloccista por iniciativa própria, de forma intuitiva. Embora nunca tivesse feito carreira política, nem fora nem dentro do PT, era como se me sentisse um quadro político com direito a ocupar espaço próprio no debate interno. As cartas apontavam em especial a anomalia dos juros no Brasil, os mais altos do mundo, e advertiam para a paralisia nos investimentos por força do alto custo do capital. Insistia na necessidade de baixar os juros. Tornou-se tão pesada minha cobrança que, a cada véspera da reunião do Copom, Lula ficava nervoso. A tal ponto que mandou espaçar mais as reuniões, e assim elas permanecem até hoje.

Custou para Lula conseguir cortar alguns pontos na taxa Selic. Uma década depois, voltamos aos juros anômalos, os mais altos do planeta, numa demonstração de domínio absoluto dos bancos e do capital rentista sobre nossa economia.

Passados alguns meses de governo, um dos principais assessores de Lula chamou-me ao Palácio para dizer que a *Carta Crítica* estava sendo o único ou o mais importante instrumento a se contrapor à influência de Palocci sobre Lula. Revelou que Palocci compartilhava espertamente as caminhadas matinais de Lula e as aproveitava para tentar fazer a cabeça do presidente. Sugeriu que eu fosse o mais didático possível nas minhas explicações sobre macroeconomia, em especial câmbio, juros e PIB.

A partir dessa conversa, assumi com mais desenvoltura o combate ao paloccismo e também passei a tratar macroeconomia como se fosse uma aula a iniciantes. Explica-se assim o predomínio de temas de economia nas cartas e o seu excesso de didatismo. É sabido que mesmo pessoas com formação superior e dotadas de bagagem cultural têm dificuldade em entender as relações entre taxa de câmbio e taxa de juros, inflação e emprego, entre outras. É um saber que parece tão enigmático a muitas pessoas quanto energia nuclear. A *Carta Crítica* tentava destrinchar tudo isso.

Foi assim a *Carta Crítica* escrita por ocasião da discussão sobre o salário mínimo, que Palocci queria manter arrochado. Monotemática e muito mais longa do que o habitual, a carta de 27 de abril de 2004, incluída na íntegra nesta seleção, desmontava uma a uma as falácias neoliberais contra o aumento do salário mínimo. Lula leu a carta em voz alta na reunião do Ministério, devagar, item por item, criando comoção. Claro que já a tinha lido antes. Seu principal compromisso de campanha havia sido dobrar o valor real do salário mínimo ao longo do primeiro mandato, e Lula queria fazer isso em duas ou três etapas. Palocci se opunha tenazmente. Nessa reunião, dramática, Palocci ameaçou ir à televisão e anunciar que não poderia cumprir o compromisso de superávit primário. Então, todos recuaram, inclusive Zé Dirceu e Gushiken.

O paloccismo se manteve por cima por um longo tempo, criando um ambiente muito pesado. Lula sentia-se comprometido com os acordos assumidos por Paloccci com a banca internacional e, ao mesmo tempo, atormentado por não poder cumprir as promessas sociais de campanha nem investir em infraestrutura.

Mas, a partir do final do segundo ano de mandato, muitos ministros torciam por uma mudança. Por volta de julho de 2005 começa a virada. No primeiro encontro com o Movimento dos Sem-Terra, com a *Carta Crítica* nas mãos, Lula deu o que eles queriam. A *Carta Crítica* alertava que o evento simbolizaria o reencontro com nossas origens, o motivo pelo qual estávamos no governo. Uma carta que falou ao coração de Lula. Palocci disse que não tinha dinheiro, mas ia falar com Murilo Portugal para dar um jeito. Lula, segundo o relato que depois recebi, disse: "Foda-se que não tem dinheiro. Arranje. Não tem que falar com Murilo Portugal coisa nenhuma. Quem manda aqui sou eu."

Mas foi somente a partir da queda de Palocci, em março de 2006, por motivos ironicamente secundários, que Lula pôde dar início ao cumprimento de sua promessa de campanha. No final do segundo mandato o salário mínimo já equivalia a 256 dólares, mais do que o triplo do valor, equivalente a 86 dólares, de quando Lula assumiu em 2003.

Ao contrário das previsões catastrofistas, o aumento do salário mínimo não levou a uma explosão de preços. Houve no primeiro mandato uma queda contínua do dólar, e isso ajudou, barateando custos. As cartas advertiram contra quedas mais significativas e seus efeitos nas exportações brasileiras. Também chamaram a atenção para o fato de a taxa de câmbio ser um dos principais preços de uma economia dependente, como a nossa.

Em agosto de 2005 houve o "Dia em que o PT chorou", título do jornal *O Globo*. Começava a grande crise do Mensalão. No encontro com equipe dos discursos para elaborar o discurso em que pediria desculpas ao povo e diria que foi traído, Lula reclamou de novo que a *Carta Crítica* mudava o humor dele para pior. Nesse dia, Gilberto Carvalho, conforme o relato que recebi, colocou a *Carta Crítica* na mesa de Lula com muito medo de provocar uma explosão de raiva, colocou de mansinho, assim de lado, como quem diz não tenho nada com isso.

A crise do Mensalão vinha se gestando desde o escândalo dos Correios — na verdade, as denúncias de Jefferson foram uma retaliação por ter perdido o controle dos Correios —, mas subitamente a crise tornou-se muito grave, uma crise institucional. E a *Carta Crítica* precisava levar a realidade dos fatos e da cobertura ao presidente, o que não era tarefa agradável.

Nessa fase, aborrecido com as queixas de Lula sobre a carta, pensei muitas vezes em sair do governo. Mas julguei que não deveria abandonar o barco em meio à tempestade. Além disso, várias pessoas insistiam sobre a carta que havia se tornado a única leitura regular de Lula. Única janela para o mundo, dizia Luiz Dulci, que, a despeito de sua discrição, sempre foi um dos principais consultores de Lula. Única coisa que lê sempre, dizia Gushiken. De fato, notamos que estava havendo muita concordância entre o que a carta recomendava e o que acontecia no dia seguinte. Falamos da falta de gás na Bahia por culpa dos atrasos da Petrobras e do perigo de um apagão do gás natural, e, no dia seguinte, Lula disse em discurso que não ia faltar energia, e a Petrobras emitiu um comunicado reafirmando seu compromisso com o gás. Explicamos os mecanismos de manipulação do noticiário, e Lula começou a criticar a imprensa; falamos da liminar do Supremo impedindo a realização de obras em reservas naturais sem um projeto específico de lei para cada uma, e, no dia seguinte, Dilma foi falar sobre isso com o Supremo. Dissemos que Lula ia se desmoralizar com tantos discursos sobre os novos *campi*, porque o dinheiro para instalar não estava saindo, e ele obrigou o Palocci a liberar. Sugerimos chamar Frei Betto para negociar com o bispo em greve de fome, e ele foi chamado para opinar; alertamos para a crise em torno do não pagamento dos R$ 900 milhões que os governadores dizem ser dívida da Lei Kandir, e, no dia seguinte, Lula disse que era para pagar; mencionamos que Ciro Gomes não dera a cara para bater na briga da transposição do rio São Francisco, e, no dia seguinte, ele estava dando a cara para bater. E assim por diante. A impressão é que o presidente, além de viciado na *Carta Crítica*, resolveu descomplicar e decidir em cima das cartas. Certa manhã, reclamou que a carta não chegava.

Ao me despedir do governo, pouco antes do final do primeiro mandato, Lula me recebeu tendo sobre a mesa o livro *Mosca azul*, de Frei Betto, que já havia saído do governo. "Você não vai escrever um livro logo que sair daqui como esse aí?", perguntou em tom de blague. Eu disse que não, nada disso. Não passava pela minha cabeça. De fato, não escrevi. Esta introdução a uma seleção de *Cartas Críticas* desta obra (uma dentre tantas seleções possíveis desse extenso material) é o primeiro relato sobre minha experiência de governo.

Ao voltar de avião para São Paulo, quando saí do governo, adivinhem quem tinha assento ao meu lado? O ex-ministro Palocci. "Então, como vai?", ele perguntou. "Vou bem, estou saindo do governo", respondi. " É, depois que eu saí perdeu a graça, não é mesmo?"

Tive que concordar.

B. Kucinski,
setembro de 2014.

1. FOME ZERO E BOLSA FAMÍLIA

Terça-feira, 25 de fevereiro de 2003

TROPEÇOS DO FOME ZERO

Todos os jornais cobriram a primeira distribuição de dinheiro em Acauã e Guaribas. O *Estadão* foi o único crítico, mas fez uma crítica substantiva, detalhando os percalços da distribuição: famílias que precisavam e não tinham recebido, reclamações, falta de luz que atrapalhou etc. No Jornal da Record, a reportagem mostrou o trecho do discurso em que o presidente diz que "quem vai resolver o problema da fome no Brasil não são os que estão com fome. Somos nós que comemos. A sociedade civil pela sua dinâmica será a única e maior responsável pelo sucesso total do Projeto Fome Zero." O Jornal Nacional deu um tratamento estranho à distribuição, fechando com uma cena dramática de uma família na pior — que deveria receber a comida e não recebeu nada — e arrematando com o rosto de um menino famélico nos encarando. Em suma, todos os trechos selecionados tinham em comum o tom de voz emocionado do presidente, mostrando que permanece forte na mídia televisiva a relação pessoal que Lula tem com o drama da fome.

O DISCURSO DE LULA OFERECE MUITAS LEITURAS

O Globo e o *JB* destacam a crítica de Lula aos que têm pressa e seu pedido de empenho contra a fome. A *Folha* destaca a afirmação de que "tem que cortar juros e crescer", e o *Estadão* enfatiza a passagem em que Lula diz que o país não pode ter uma dependência externa tão grande. A *Folha* usou a maldade de sempre: registrou que o evento de assinatura do convênio terminou com caviar e uísque doze anos. De fato, isso não foi adequado. Na TV, num dia marcado pela violência no Rio, a cerimônia de assinatura do protocolo de adesão do Sesc ao programa Fome Zero não teve o destaque que teria merecido, já que se tratava do primeiro pronunciamento do presidente Lula depois do sucesso da reunião de governadores. Ainda assim, o discurso de Lula ganhou chamada em todos os telejornais, todos apontando a "responsabilidade da sociedade civil no combate à fome". No *Jornal da Cultura*, a repórter Vera Souto observou que Lula "depositou na sociedade civil o sucesso do programa Fome Zero" e preferiu o trecho do discurso em que o presidente diz "Eu levanto cada dia mais otimista com este país".

Sexta-feira, 7 de março de 2003

POTENCIAL EMANCIPADOR DO FOME ZERO MEXE COM A MÍDIA

Após um mês de fogo ininterrupto contra o principal programa social do governo, o *Globo* e o *Estadão* do domingo de carnaval deram manchetes positivas de página inteira sobre o Fome Zero.

"Fome Zero sai do papel e põe arroz e feijão no prato" (*Estadão*).

"Guaribas e Acauã já não querem só comida" (*O Globo*).

As duas matérias são da maior importância: lidas em sequência, revelam o espírito do programa Fome Zero, escondido até então em outras coberturas. A saber:

a) que o FZ tem uma inevitável etapa assistencial; ("... põe arroz e feijão no prato...");

b) que mesmo esse começo já irradia mudanças estruturais na medida em que o povo "já não quer só a comida";

A junção das duas matérias nos mostra que o governo Lula não pratica assistencialismo passivo. O FZ organiza a sociedade para que ela assuma a gestão dos programas sociais o que, por tabela, estimula a luta pela cidadania (a população de Guaribas, por exemplo, decidiu, em pesquisas feitas pelo Comitê Gestor local, que precisa de uma rádio comunitária e já começou a organizá-la).

As duas matérias são reportagens *in locu* e não a visão da "elite" de colunistas e editorialistas presos entre quatro paredes que constituem o núcleo duro de resistência ao FZ.

Um deles, Luís Nassif, já havia investido contra os comitês gestores, percebendo bem o que eles representam:

"alertei algumas vezes na ilusão de que se tratava de um equívoco do ministro, mas a insistência em mantê-los (os comitês) sugere que tal estrutura conta com o endosso de gabinetes superiores do Planalto..."

É óbvio que os comitês gestores embaçam o horizonte eleitoral de 2004 ao formar um novo polo de poder nos "grotões" do país. Com a proximidade do pleito municipal, esse conflito potencial vai assumir a forma de antagonismo aberto. É dos interesses contrariados dos chefes políticos dos grotões e de seu temor diante de um novo poder agregado em torno do Fome Zero que se alimenta a campanha contra Graziano.

O GROSSO DA MÍDIA CONTINUA SE OPONDO AO PROGRAMA

Matérias contra o Fome Zero continuam predominando. As últimas foram:
"Marketing do Fome Zero", em *Dinheiro* deste fim de semana.
"O que há de errado no Fome Zero", de Maria Hermínia no *Estadão* do domingo.
"Morrer de fome é raro no país", na *Folha* da terça-feira.
Essas matérias deixam claro outro ponto de conflito: o programa fala uma linguagem dissonante do "continuísmo". Ao contrário do que acontece na macroeconomia, ele rechaça a ideia de "fazer mais do mesmo"; não quer ser uma extensão dos projetos sociais tucanos. Isso incomoda amplas faixas da comunidade acadêmica e ONGs aninhadas em ações sociais da gestão anterior. Parte desse núcleo oferece "munição intelectual e estatística" para a artilharia pesada de colunistas, editorialistas e páginas de opinião. Há aí uma simbiose do conservadorismo com a academia.

A *Folha* da terça é, nesse sentido, exemplar: declara ser irrelevante o combate à fome. Dá uma página de entrevista com epidemiologista gaúcho para dizer que é raro morrer-se de fome no Brasil. A linha fina da manchete desqualifica o Fome Zero ao afirmar que investimento em saúde traria mais resultados que projetos contra desnutrição. Um sofisma. O texto sugere a irrelevância do combate à fome até mesmo para reduzir a mortalidade infantil – "caso inexistisse desnutrição, ela (a mortalidade infantil) cairia em no máximo 14,5%...".

Afirma ainda que quase não existe desnutrição entre adultos no Brasil (ao lado, porém, retranca enviada pela correspondente do jornal no Piauí relata pesquisas que identificaram déficit proteico em Acauã e Guaribas).

Um boxe busca "sustentação científica" para desmerecer a prioridade social do governo Lula: a desnutrição nunca é a causa direta da morte, afirma o repórter, mas sim as infecções oportunistas que proliferam num organismo debilitado. Levado ao extremo, o mesmo raciocínio se aplica à Aids, que em geral não é a causa da morte, mas sim as infecções pulmonares que proliferam no aidético. Seria melhor investir em doenças respiratórias do que em prevenção à Aids?

O universo do Fome Zero (44 milhões de pobres) é novamente contestado. A entrevista da *Folha* "desmente" a existência de 44 milhões de famintos no Brasil, o que nunca foi afirmado pelo governo. O mesmo faz Maria Hermínia no *Estadão*. Esse contingente reflete o total de brasileiros que vive em insegurança alimentar, por conta de renda insuficiente (US$ 1,08/dia). São brasileiros que não têm acesso regular a uma alimentação equilibrada, tanto do ponto de vista da qualidade, como da quantidade.

O fundamento do programa "Uma política de Segurança Alimentar" ainda não foi incorporado ao raciocínio jornalístico, deixando espaço às críticas de que o FZ "exagera". Ao escancarar a existência de um contingente da ordem de 50 milhões de pobres no país, sujeitos à fome crônica ou episódica (insegurança alimentar), o Fome Zero expõe o fracasso do modelo neoliberal e do seu antídoto compensatório, o Comunidade Solidária. Daí a série de artigos acadêmicos de cunho "científico" em que se procura demonstrar que o Brasil não tem uma escala de fome africana. O conceito de Segurança Alimentar – base do Fome Zero – é habilmente deslocado do debate.

PREPARANDO A MÍDIA PARA A SEGUNDA FASE

O programa, portanto, encontra-se fragilizado pelo que ainda não é e pelo que pode vir a ser. Por causa dessa fragilidade é vital o governo combater os truques de linguagem atacando em duas frentes: (a) definindo uma linha oficial de pobreza. O que pode ser feito em parceria com os institutos de pesquisa do país, coordenados pelo Ipea, para dar transparência ao público-alvo do programa; e (b) restabelecendo o peso da expressão segurança alimentar.

A Unicamp, em parceria com ministérios da Saúde, Ação Social, Mesa e CNBB, poderia organizar um grande seminário sobre Segurança Alimentar, preparatório para a Conferência Nacional sobre o tema, que deve ocorrer em 2004. Seria outra forma de esclarecer a opinião pública sobre o objetivo do programa. Publicidade, publicações e discursos oficiais devem enfatizar o conceito da Segurança Alimentar.

O núcleo duro da mídia sabe que, ao bater de frente com o FZ, estará batendo de frente com o governo do presidente Lula, acuando-o, porém, de forma dissimulada. O enfraquecimento do ministro José Graziano da Silva facilita essa estratégia. Por conta de um tropeço verbal[1], ele foi duramente alvejado pela mídia desde o dia 8/2 até o dia 26/2, quando saiu o primeiro artigo em sua defesa, assinado por membros do governo. Embora prestigiado pelo presidente da República, em solenidades e discursos, faltou nesse meio-tempo uma manifestação de desagravo da bancada do seu partido, bem como de núcleos do Nordeste.

Um reforço no Mesa também ajudaria a dissipar essa percepção de enfraquecimento. Poderia ser na forma da agrega-

---

1 N.E.: Graziano associou migração de nordestinos à violência; "Se eles continuarem vindo para cá, vamos ter de continuar andando de carro blindado" — declarou na Fiesp.

ção de um gerente operacional de peso para acelerar a etapa massiva do programa, posterior aos "piloto" de Guaribas e Acauã, e/ou na indicação de um articulador político para dinamizar os contatos com prefeitos e bancadas nessa segunda fase, sinalizando a vitalidade do Fome Zero.

Quinta-feira, 27 de março de 2003

VITÓRIA DO FOME ZERO

O noticiário de hoje reforça a percepção dos últimos dias de que vencemos a primeira grande queda de braço com a oposição em torno do Fome Zero.

Foi decisivo nessa vitória o apoio do presidente ao ministro Graziano no momento crucial em que muitos pediam a sua cabeça. Só agora, quando emerge nossa vitória no noticiário da imprensa, percebe-se a importância daquele momento: se tivéssemos recuado teria sido uma grande derrota para a totalidade do governo.

Ao pedir desculpas ontem no Senado pela sua frase infeliz sobre os nordestinos, o ministro Graziano era, na verdade, o vitorioso que não mais temia se desculpar. E o "duro questionamento" do ministro, como diz o título da matéria de *O Estado de S. Paulo* de hoje, apenas revelou o esgotamento do discurso da oposição contra o Fome Zero. Os tucanos ainda gritam, mas seus argumentos já se desgastaram. Começa a se impor no noticiário a força dos fatos, e, no comentário, a discussão substantiva.

No noticiário de hoje se destacam as notícias do apoio do Bird ao Fome Zero, e da adoção de uma cidade inteira pela Scania. São notícias da maior importância, que certamente mereciam manchetes de primeira página. Ainda há, portanto, má vontade editorial da grande imprensa em relação ao Fome Zero. Mas o jogo claramente mudou, e o seu comando agora está em nossas mãos.

Comentário: A retomada da credibilidade do Fome Zero abre a oportunidade de uma consolidação da imagem do programa através de um planejamento mais cuidadoso a partir de agora na frente da comunicação. É o que se recomenda.

Segunda-feira, 27 de setembro de 2004

ESCONDENDO O APOIO DO PAPA ÀS PROPOSTAS DE LULA

Falando no domingo em Castel Gandolfo, o papa [João Paulo II] exortou governantes a apoiarem a proposta de Lula por um programa mundial de combate à fome. Não por acaso, a informação foi sonegada aos brasileiros pela mídia nacional, apesar de ter sido disseminada em todo o mundo pelas agências de notícias.

Será por causa das eleições[2]? Não. Essa é a segunda vez em que o papa elogia as propostas de Lula de combate à fome e a informação não vira notícia nos jornais brasileiros. Trata-se, portanto, de um padrão de supressão da informação ligado ao padrão geral já verificado de negar a própria existência do Fome Zero. Nesses momentos é importante a intervenção da Radiobrás, para preencher essas lacunas de informação.

OS SÉRIOS PROBLEMAS DO CADASTRO DO BOLSA FAMÍLIA

Uma importante reportagem do *Estadão* do domingo revelou que, no contexto das nossas novas políticas sociais, a baixa qualidade do Cadastro Único dos Pobres do Brasil é um problema estratégico e não apenas uma questão incidental.

Segundo a reportagem, a principal base de dados do Bolsa Família é de baixíssima confiabilidade. Com essa base, o Bolsa Família e todos os programas sociais se tornam de baixa eficácia.

O cadastro único foi feito no governo FHC para servir os programas Bolsa Escola e Bolsa Alimentação. Abrange 9,8 milhões de famílias, num total de quase 40 milhões de pessoas. Seria natural que contivesse erros.

Mas o que a pesquisa revelou é que são erros demais. Os erros são regra geral e não exceção. Portanto, estava mais do que correta a decisão da Presidência de exigir seriedade no cadastro e na cobrança das contrapartidas do Bolsa Família.

---

2 N.E.: Eleições municipais.

DADOS DA AMOSTRAGEM ASSUSTAM

Numa amostragem ampla, em 53 municípios do Nordeste, apenas 10% das famílias que declaram ter renda zero de fato não tinham renda nenhuma. Uma em cada cinco famílias pobres não foi encontrada no endereço declarado. A reportagem diz que essa precariedade se constitui "num grave entrave ao desenvolvimento do Bolsa Família e de outros programas sociais do país".

A pesquisa foi feita em 2002 e 2003 por especialistas do Ipea. Eles visitaram cada um dos domicílios da amostra. A reportagem diz que o cadastramento foi muito malfeito, "às pressas, daí derivam grande parte de suas falhas". Houve uma verdadeira corrida às bolsas por parte de prefeituras, e deu no que deu.

OUTROS PROBLEMAS DO CADASTRO

Além dos problemas do cadastro, há oito outros nós difíceis de serem desatados no Bolsa Família. O primeiro deles é simplesmente o de assegurar que a família beneficiada saiba que recebeu o benefício.

E o último dos nós é a necessidade de retirar do cadastro as crianças que passarem da idade-limite[3] e acrescentar no seu lugar as crianças que entram na idade mínima escolar. Só essa operação implica a renovação de 3,6% do cadastro a cada três meses.

E O PAPEL CRUCIAL DO CONSELHO GESTOR

A dificuldade de resolver todos esses entraves apenas por métodos formais e burocráticos sugere que o controle social direto, através dos conselhos gestores formados pelas próprias comunidades, não deveria ser dispensado. Os conselhos já existem em cerca de 23.000 localidades. Pelo menos eles legitimam politicamente o programa.

---

3 N.E.: De 0 a 15 anos.

Terça-feira, 19 de outubro de 2004

EDIÇÃO ESPECIAL: A DESCONSTRUÇÃO DO BOLSA FAMÍLIA

É disso que se trata. Recheado de imagens fortes, com um texto às vezes piegas, mas consistente, a reportagem do Fantástico procurou melar a imagem do programa no imaginário popular. Mostrou casos dolorosos de gente muito pobre abandonada à própria sorte e gente muita esperta e vigarista se apropriando dos recursos enquanto o governo federal se atrapalha, se confunde, e mete os pés pelas mãos, e prefeitos desonestos distribuem os benefícios como se fossem presentes pessoais.

Irregularidades e deficiências que em algum grau se encontram em qualquer programa dessa amplitude, transformaram-se nas mãos dos editores da Globo num poderoso aríete de demolição do Bolsa Família. A Globo finalmente mostrou que ainda está na ativa, determinando o destino do Brasil e não apenas registrando-o. Essa é a primeira constatação importante do episódio. Acabou a neutralidade da Globo.

A manchete do Jornal Nacional da noite passada foi reveladora: Governo cria força-tarefa para apurar denúncias sobre Bolsa Família!

É a Globo mostrando que manda no governo. Não fosse a reportagem do Fantástico, não teria havido a força-tarefa.

Além da demonstração de poder, a reportagem contra o Bolsa Família é parte da estratégia da Globo de "punir preventivamente" o governo por sua ousadia ao tentar criar o CFJ[4] e a Ancinav. Desde então, a Globo vem "esfriando" ou suprimindo a imagem do presidente. O Jornal Nacional reduz todas as notícias sobre as atividades do presidente a meras notas lidas pelos locutores. (Só o Jornal da Globo faz reportagens sobre Lula e suas atividades).

Nesse contexto, a reportagem sobre o Bolsa Família surpreende pelo tamanho e pela violência. O fato de ter

---

4 N.E.: Conselho Federal de Jornalismo.

sido mostrada no Fantástico também indica o objetivo de ocupar o espaço de "denúncia da semana" que ultimamente vinha sendo das revistas.

POR QUE O BOLSA FAMÍLIA?

Porque é a menina dos olhos de Lula. E a Globo quer incomodar Lula ("ensinando" o que é imprensa livre!). Porque é o programa mais fácil de ser atacado, por ser o mais vulnerável pela proporção nacional e articulações municipais impossíveis de serem controladas a partir de Brasília. Porque, associado ao Fome Zero, é o programa mais lembrado pelo cidadão brasileiro nas pesquisas de opinião. Assim, a mesma mídia que negou durante mais de um ano e meio a mera existência do Fome Zero, dizendo que ele nunca saíra do papel, agora tenta negá-lo de outra forma, apresentando-o como uma enganação.

A reportagem abriu com o próprio presidente Lula declarando em 20 de outubro de 2003: "Até dezembro chegaremos a 3,6 milhões de famílias e, se Deus quiser, e todos ajudarem, inclusive meus amigos do Banco Mundial, poderemos chegar aos 11 milhões de famílias no final de 2006."

Os comentários eram fortes, as imagens tecidas com dor, sofrimento e enganação, para chocar o mais insensível telespectador. Tudo isso reforçado pela técnica da repetição. A rede Globo reprisou trechos da reportagem durante todo o dia, empurrando a pauta para o resto da mídia. O Jornal Nacional fez um estardalhaço de quase 15 minutos ontem à noite com a reportagem do Fantástico. Além de reproduzi-la praticamente na íntegra, mostrou que as mesmas irregularidades estão ocorrendo na periferia de Belo Horizonte. De repente, um problema crônico, como é o de irregularidades num cadastro, passa a ser repetido *ad nauseam* como um atentado do 11 de Setembro.

OS OBJETIVOS ELEITORAIS DO ATAQUE

A reportagem deixa claro que as irregularidades começam nas prefeituras, que fazem o cadastramento, mas o resultado imediato é o de indispor o telespectador em todo o país contra o governo. Desmoraliza o governo. Enfraquece a palavra do presidente, que apresentou o Bolsa Família como o "mais ambicioso programa de transferência de renda da história do Brasil". O *timing* da denúncia tem portanto conotações eleitorais indiscutíveis[5].

Cartões também ficam "esquecidos" na Caixa sem que o beneficiário saiba. Isso indica que há falta de entrosamento entre as prefeituras e o governo federal. É o discurso da incompetência do governo, para lembrar aos eleitores que o outro governo, sim, era competente. Daí o esquecimento deliberado na reportagem do Fantástico de que a mãe de todas as irregularidades são os cadastros herdados do governo FHC.

E SEUS OBJETIVOS ESTRATÉGICOS

A repetição insistente das denúncias o dia todo, começando pelo Bom Dia Brasil e passando por várias edições do Globo News e pelo Jornal Hoje, denota um segundo objetivo mais concreto, como se quisessem produzir um *"affair* Bolsa Família," algo como levar à criação de uma CPI, ou forçar o governo simplesmente a interromper o programa.

É evidente o objetivo de solapar a legitimidade do programa Bolsa Família. Nesse caso, a preocupação é de que o programa dê certo, atinja os 11 milhões de famílias em 2006, tornando-se o grande trunfo eleitoral de reeleição.

ASSISTENCIALISMO VERSUS INFRAESTRUTURA

Já no Bom Dia Brasil, Alexandre Garcia ofereceu uma pista para outro possível objetivo da campanha ao rebater a

---
5 N.E.: Segundo turno das eleições.

explicação de Patrus Ananias [Ministro de Desenvolvimento Social e Combate à Fome de janeiro de 2004 a 2010] de que herdou os cadastros do governo passado. Garcia disse que isso foi há dois anos, está envelhecido. "Mas, afinal, são R$ 5 bilhões do dinheiro do povo..."

O Bolsa Família, com a ênfase dada pelo PR[6] nas metas até 2006, virou um novo orçamento inflexível que se sobrepõe aos já existentes na Constituição. Ortodoxos e focalistas unem-se naturalmente contra ele. Nem precisam combinar. É possível que setores do empresariado, aflitos com a demora nos investimentos em infraestrutura e que só enxergam a componente assistencialista do programa, recusando-se a ver sua dimensão estruturante, considerem o Bolsa Família um programa de baixo retorno a longo prazo, em contraste com melhorias estruturais que diminuiriam o custo Brasil e aumentariam nossa competitividade, criando empregos.

Há uma coincidência entre o *timing* da reportagem e os informes do exterior com a percepção de que o Brasil desabou na escala das economias atrativas para o investimento estrangeiro.

Um dos fatores da queda foi a precariedade da educação. Não por acaso, o Fantástico termina sua reportagem contrapondo os gastos com educação aos do Bolsa Família: "no ano que vem, o governo pretende distribuir R$ 6,7 bilhões com o programa Bolsa Família. Compare: esse valor não está muito longe do orçamento da educação para todo o ano de 2005: R$ 7,6 bilhões".

NEGANDO A DIMENSÃO SOCIAL DA FOME

Temos que considerar também que a mídia e as elites nunca aceitaram a tese de que há fome no Brasil. Sabemos que o próprio beneficiário do Fome Zero não quer se ver como alguém que passa fome. Essa dimensão de tabu do Fome Zero contaminou a imagem do Bolsa Família.

---

6 N.E.: Forma usual para se referir ao presidente da República.

A tentativa de negar a dimensão social da fome aparece no Fantástico, através da menção ao estudo do Ipea do ano passado em 53 municípios nordestinos, mostrando que só 2% das famílias pesquisadas tinham renda zero, em contraste com uma incidência de 20% nos cadastros.

A falta de informações precisas, diz o Fantástico, pode indicar que os índices de pobreza usados no Brasil não são confiáveis. O governo quer incluir cerca de 11 milhões de famílias no cadastro único e, assim, habilitá-las a receber o Bolsa Família. Isso significa que, para o governo, cerca de 54 milhões de brasileiros passam fome. Não seria esse número alto demais?

É A TENTATIVA DE NEGAR A ESCALA DA FOME NO BRASIL

Ontem à noite o Jornal Nacional insistiu na tese de que há exagero nos números da fome, dando a palavra à especialista Eunice Durhan, antropóloga da USP, que contestou a existência de 54 milhões de famintos. Mas a grande crítica partiu da professora Ana Lidya Sawaya, presidente do Centro de Recuperação e Educação Nutricional. Para ela, o maior problema do Brasil é a desnutrição, provocada pelo mau uso dos alimentos disponíveis. E os recursos deveriam ser investidos de outra forma: "(...) não é dando dinheiro que vai ser mais efetivo o meu programa. É muito mais tratando dessa desnutrição diretamente, através da intervenção na área da saúde e educando do ponto de vista nutricional".

O JN não disse que dois dias antes o governo justamente tinha iniciado o programa das cozinhas nutricionais.

O QUE FAZER?

O enfretamento da campanha tem que ser feito de imediato pelo maior número de vozes possível no maior número de frentes e meios. Com isso, usamos o princípio do sumô, usando a força do adversário para derrotá-lo. Usamos os ataques para projetar o Bolsa Família na mente e nos corações de todos os brasileiros. Sim, vamos discutir as deficiências do Bolsa Família, quanto mais, melhor. Em especial as origens das falhas cadastrais.

Enquanto isso, é preciso repensar por inteiro a estratégia de comunicação do programa – e o próprio método de fiscalização do programa que marginalizou os Conselhos Gestores. Ocorre que o Bolsa Família reúne três ingredientes explosivos: muita grana; muitos pobres; e muito interesse político-eleitoral. Uma equação desse tipo, em qualquer parte do mundo, permite duas soluções, ambas carregadas de riscos: corrupção e manipulação pelo alto. Os Conselhos Gestores foram uma tentativa original e bem petista de evitar esses dois riscos.

Terça-feira, 24 de maio de 2005

BOLSA FAMÍLIA EM GRANDE DESTAQUE NO JORNAL NACIONAL

Em reportagem de dois minutos e meio, o Jornal Nacional mostrou que "o governo vai ampliar e atualizar o cadastro das famílias que recebem dinheiro de programas sociais. Nesse trabalho, as prefeituras vão receber R$ 6 por cadastro atualizado".

Segundo o repórter Heraldo Pereira, "o governo está fazendo uma atualização do cadastro sem nunca ter divulgado o perfil dos beneficiários, o que mostraria se realmente o dinheiro está chegando até os mais pobres". E explicou que "daqui para a frente, toda prefeitura terá que entrar num cadastro único de programas sociais. O prazo para a adesão será de 120 dias".

Ele deu os números: o novo cadastro terá 15,5 milhões famílias; 11,2 milhões, que já estão cadastradas. Heraldo Pereira ouviu o economista Marcelo Nery, da FGV: "É um programa que exige que as famílias façam o dever de casa, coloquem o filho na escola. E é preciso que o governo federal, as prefeituras e os órgãos envolvidos façam também sua parte do dever de casa. Dar transparência a esses dados, colocar na internet, informar a sociedade quem ganha e quem não ganha benefícios sociais, e a própria sociedade pode de uma certa forma intervir nesse processo".

A matéria foi feita a partir da entrevista coletiva em que a Secretaria anunciou a medida, mas os outros telejornais ignoraram.

Sexta-feira, 17 de março de 2006

O POTENCIAL ESTRUTURANTE DO BOLSA FAMÍLIA

O *Estadão* deu um informe tão pequeno anteontem, que passou despercebido: o Bolsa Família foi responsável por um quarto (24%) da redução da desigualdade do país entre 2001 e 2004, de acordo com levantamento de Ricardo Paes de Barros, do Ipea. Os avanços na educação, segundo fator mais importante, foram responsáveis por metade disso, cerca de 12%.

No entanto, o ritmo de redução da desigualdade ainda é lento para o seu tamanho. O coeficiente de Gini [Parâmetro Internacional de Desigualdade Social] recuou 5%, de 0,597 para 0,574. Quanto mais perto de zero menor a desigualdade. Nos Estados Unidos está em 0,4 e na Holanda em 0,35. O do Brasil é um dos maiores do mundo.

No informe do *Estadão*, Paes de Barros diz que, apesar da redução ter sido expressiva, o país ainda levaria duas décadas para se aproximar do padrão de outros países de mesmo nível econômico, mantido o ritmo atual. Por isso, faz sentido a informação de que o governo pensa em aumentar os valores pagos. Paes de Barros acha positivo que vários fatores, e não apenas um, levem à redução da desigualdade.

Comentário: Dado o papel decisivo do Bolsa Família, é claro que, quanto mais o programa for aperfeiçoado e consolidado, mais significativa será a redução da desigualdade no país, podendo tornar-se a marca de nosso primeiro mandato.

2. PLANO NACIONAL DE SEGURANÇA

Terça-feira, 25 de fevereiro de 2003

TRÁFICO IMITA TERROR NO RIO DE JANEIRO

E a mídia cobra iniciativas do governo federal. Quase todos os jornais trataram a ofensiva dos traficantes como operação terrorista, dados a preparação prévia, amplitude e caráter indiscriminado. As ações atingiram 22 bairros e foram queimados 24 ônibus incendiados e outros 13 metralhados. A palavra terror dominou o noticiário. O da TV foi quase totalmente ocupado pelas cenas da violência carioca, relegando a segundo plano o noticiário político. Todas as reportagens da TV foram encerradas com a fala do ministro da Justiça Márcio Thomaz Bastos oferecendo a ajuda da Polícia Federal e apoiando a transferência de Fernandinho Beira-Mar para um presídio fora do Rio. Com isso conduziram a solução do problema para a esfera federal. Essa foi a posição de O Globo, que em editorial cobrou explicitamente ações amplas do governo federal. Dora Kramer vai além, culpando desde já o governo Lula.

AS ACUSAÇÕES DE ROSINHA

A governadora [do RJ] acusa o governo federal, às vésperas da reunião dos governadores, de não colaborar no combate ao crime organizado. Isso não confere com as últimas ações exitosas da Polícia Federal no Rio, conforme o balanço de *Leitura da Mídia* de ontem. Suas declarações nos dão oportunidade para uma cobrança, no sentido de demarcar bem as responsabilidades e mostrar autoridade.

Terça-feira, 25 de março de 2003

A GUERRA CONTRA O CRIME ORGANIZADO

Editoriais na *Folha, Globo* e *JB* exigem mais ação do governo. Nos próximos dois dias deve aumentar o clamor por uma ação mais consistente do governo. É óbvio que a guerra contra o crime organizado, proclamada por Lula, nos oferece uma oportunidade única de mostrar ação, mudando a imagem de um governo que só discute e nada faz, que lentamente contamina o noticiário. *O Globo* de hoje, por exemplo, tem um título sutilmente negativo para a notícia da criação da Câmara de Políticas para a Infraestrutura, que alimenta essa imagem: "Lula cria mais um órgão para discutir ações".

Segunda-feira, 10 de novembro de 2003

A DIMENSÃO ESTRATÉGICA DO CRIME ORGANIZADO

José Dirceu [então Ministro da Casa Civil] situou o narcotráfico como problema central hoje na América do Sul em seu importante discurso ontem no Foro Ibero-americano, que reuniu em Campos de Jordão uma impressionante plateia de personalidades e políticos da região. *O Globo* deu primeira página e manchete pesada. *Estadão* noticiou muito mal, e os outros jornais perderam o grande acontecimento.

José Dirceu aponta três implicações, todas importantes, do narcotráfico: sua capacidade de infiltração e corrupção do tecido social, não apenas nas polícias, mas também em altos escalões do Judiciário e do Legislativo; o pretexto que a luta contra o narcotráfico acabará dando para uma ocupação americana da Colômbia e, por extensão, da Amazônia; a política de erradicação da coca como fermento principal das rebeliões populares na região, em especial da última rebelião na Bolívia que derrubou Sánches de Lozada.

A RESPOSTA DO BRASIL PARA O CONTINENTE

José Dirceu não entra em detalhes sobre como responder a esse desafio em escala continental, mas sugere uma ação unificada das Forças Armadas, para que os países da região, e não os americanos, conduzam os processos de repressão ao narcotráfico. Ele considerou a situação muito grave.

A fala de José Dirceu explicita o que já estava implícito na prioridade dada pelo Brasil à América Latina. Mas, como se sabe, em diplomacia e relações internacionais, o discurso é parte da ação. Depois da fala de ontem de José Dirceu, a diplomacia brasileira não vai mais ser a mesma, assim como a posição relativa de José Dirceu no governo vai ser outra, muito mais destacada.

E A NOSSA RESPOSTA PARA O BRAÇO DOMÉSTICO DO CRIME ORGANIZADO

Decorre do próprio discurso de José Dirceu que nossa resposta aos últimos ataques do PCC em São Paulo e ao problema do crime organizado em geral tem sido tímida.

Alguma ação excepcional, emergencial e em escala grande deveria ser encetada pelo governo federal diante dos sucessivos ataques a delegacia e veículos de polícia. A força-tarefa anunciada pelo ministro da Justiça Thomaz Bastos e governador Geraldo Alckmin, no sábado, mais a liberação de R$ 30 milhões podem ser um bom começo, mas não é o bastante. Os jornais já criaram essa expectativa, informando que o presidente quer tratar do assunto logo que chegar a Brasília. E anunciam hoje que também os governadores de Minas e Rio de Janeiro querem integrar a força-tarefa.

O DESAFIO À AUTORIDADE DOS ESTADOS

Ao tomar a iniciativa de atacar objetivos policiais, os bandos automaticamente dão estatuto político à sua ação. Estão atacando a autoridade do Estado. Neste sábado, completou-se uma semana de ataques diários. Foram cinco ataques e atentados, nas mais variadas partes do estado de São Paulo, denotando uma mudança de qualidade na atuação dos criminosos: agem agora como guerrilha de ação permanente e abrangente, com efeito desmoralizador sobre a polícia e sobre o governo. A falta de energia e audácia do governo nesse momento pode ter efeitos fatais.

Sexta-feira, 12 de dezembro de 2003

REPERCUSSÃO DO ESTATUTO DO DESARMAMENTO

Dada a enorme repercussão do estatuto, especialmente no exterior, o governo pode capitalizar a mudança, valorizando ao máximo o ato de sanção da Lei pelo presidente. Iniciativas como essa podem contribuir decisivamente para uma mudança na imagem do Brasil, associada à nossa chegada ao governo.

A aprovação do estatuto foi noticiada e comentada pelos principais jornais do mundo. O *La Nación*, da Argentina, diz que o Brasil adotou uma das leis de armas mais duras da região. O novo correspondente do *Financial Times* no Brasil, Raymond Colitt, um simpatizante do PT, diz que o Estatuto do Desarmamento nasceu de movimentos populares, assustados com a onda de violência no país, que em algumas capitais, hoje, corresponde a cinquenta mortes entre cada grupo de cem habitantes, mais de vinte vezes o índice de Nova York.

Terça-feira, 8 de junho de 2004

SOB O DOMÍNIO DA VIOLÊNCIA

A violência extrema captada pela mídia determina hoje a percepção geral que temos do Brasil. Em diferentes formas, ela está atualmente em todas as manchetes. Uma delas, a de que o Brasil tem um dos piores índices de homicídios do mundo, só perdendo para Colômbia, El Salvador e Federação Russa.

A ESCALADA DOS HOMICÍDIOS

Nos últimos dez anos, o número de homicídios saltou em mais de 60%, principalmente entre os jovens. Eles atingem principalmente os jovens entre 15 e 24 anos e negros. O número de vítimas entre a população negra ou parda é 65,3% maior do que na população branca. O Rio aparece em primeiro lugar entre os estados mais perigosos do país.

E A MUDANÇA NO PAPEL DAS FORÇAS ARMADAS

As duas últimas semanas estão sendo decisivas no processo de redefinição do papel das Forças Armadas no combate à violência. Tereza Cruvinel comenta hoje que o governo federal atendeu pronta e eficientemente o pedido de ajuda do governador [de Minas] Aécio Neves para enfrentar as greves das polícias do estado. "Em questão de horas, cerca de 1.500 soldados do Exército foram postos nas ruas da capital e de outras cidades mineiras."

Antes, havíamos embarcado o contingente brasileiro para o Haiti, onde um dos problemas centrais é de violência urbana. Por trás dessas pré-ações está uma mudança nas doutrinas militares, condição para que se possa utilizar adequadamente o potencial das FFAA no combate ao crime.

MAS A MÍDIA AINDA COBRA VONTADE POLÍTICA NA SEGURANÇA

Merval Pereira, no *Globo*, diz que o governo ainda não parece disposto a encarar o desafio de enfrentar o grave problema da segurança pública. Lembra que chegamos a elaborar um plano nacional de segurança pública que parecia uma revolução no tratamento do problema, mas que não foi adiante por falta de verba e de vontade política.

Dora Kramer, no *JB/Estadão*, lembra que, no primeiro dos inúmeros embates entre o governo federal e o do Rio em torno da segurança pública, anunciamos prioridade para a segurança, começando por um plano de construção de presídios federais. Diz que até gora, mais de um ano e meio depois, não foi erguido um só tijolo.

ROSINHA TENTA LIVRAR A CARA

A decretação do estado de emergência nos presídios, o que permitirá dispensar licitações para reformar e equipar os estabelecimentos com câmeras de vigilância, foi interpretada como tentativa da governadora [Rosinha] e de seu marido, Anthony Garotinho, de melhorar a imagem, depois das mortes de presos na Casa de Custódia de Benfica. No *Estadão*, Garotinho culpa a ex-governadora petista Benedita da Silva pela situação, por não ter construído presídios.

Quinta-feira, 22 de julho de 2004

SUCESSO DA CAMPANHA DE DESARMAMENTO

Está superando as expectativas o ritmo de entrega de armas. Márcio Thomaz Bastos disse ao *Globo* que vai expandir a meta de 80 mil armas para 150 a 200 mil até o final do ano e garantiu que não vai faltar dinheiro, mesmo que seja necessário remanejar fundos de outros programas do Ministério. Nos primeiros quatro dias a campanha já recebeu mais de 3 mil armas.

Os idosos são os que mais estão entregando armas. Essa é a verdadeira campanha de autoestima. Eleva a autoestima do governo ao projetar uma imagem altamente positiva para dentro e para fora do país, do povo em geral e de cada um que entregou sua arma.

AMPLIAR E CAPITALIZAR

É importante que autoridades do governo federal refiram-se continuamente à campanha, como fez ontem Thomaz Bastos, para que o sucesso fique colado à imagem do governo. É importante pensar desde já numa cerimônia, talvez mensal, de destruição das armas. Cada mês num outro estado, por exemplo, mas mantendo alguns elementos comuns.

Segundo *O Globo*, a PF está pensando em várias maneiras de ampliar a campanha. Ontem à noite, Paulo Lacerda [Diretor-Geral da Polícia Federal] baixou portaria autorizando unidades do Exército e de polícias estaduais a receberem as armas.

Quarta-feira, 13 de outubro de 2004

PERCEPÇÃO DE VIOLÊNCIA IMPREGNA A IMAGEM DO BRASIL

As autoridades cariocas reagiram histericamente à reportagem de duas páginas do *Independent* que diz que o Rio vive uma guerra. O jornal diz que o número de assassinatos no país entre 1980 e 2000 supera as mortes causadas em quase 27 anos de guerra civil em Angola.

Diz o *Independent*: "para milhares de crianças e adolescentes envolvidos com a venda ilegal de drogas, o Rio é uma cidade sem futuro." No Jornal Nacional, o coordenador do Viva Rio, Rubem César Fernandes, disse que "não há assunto mais urgente do que dominar a violência urbana".

RAZÃO E PRECONCEITO

Sociólogos consultados pelos jornais, sem contestar os números, apontam preconceito na reportagem, especialmente no uso do termo "guerra civil". No *JB*, Marcelo Freixo [hoje deputado eleito pelo Psol], pesquisador da ONG Centro de Justiça Global, diz que o termo guerra "pressupõe um inimigo que precisa ser eliminado, contribuindo para a criminalização da pobreza". E o comandante da PM, Hudson de Aguiar, lembra que o Rio teve 839 homicídios a menos que São Paulo.

Na *Folha*, Julita Lemgruber, da Universidade Candido Mendes, lembra que a violência letal no Rio, com raras exceções, está circunscrita a lugares pobres. Mas, na *Folha*, Luiz Eduardo Soares [ex-Secretário Nacional de Segurança Pública] escreve que o assassinato diário de 18 pessoas em 2003 no Rio é uma tragédia de dimensão incomensurável.

SITUAÇÃO PIOROU EM VEZ DE MELHORAR

Na sexta-feira, o *Correio Braziliense* deu destaque ao levantamento do Ministério da Justiça, mostrando que, no primeiro ano de nosso governo, houve um aumento de 15% no número de crimes registrados por cada mil habitantes.

O índice de crimes pulou de 3.251 por mil habitantes em 2002, para 3.790 por mil habitantes no primeiro ano de nosso governo. Os números devem ser vistos com cuidado, porque houve um aprimoramento na checagem dos dados. Mas não há dúvida que aumentaram, principalmente os roubos e crimes contra o patrimônio, como que apontando a miséria como uma das causas diretas dessa situação.

A DROGA COMO PROBLEMA DE SAÚDE PÚBLICA

A campanha do desarmamento deverá apontar queda da criminalidade no segundo ano de nosso governo. Mas quase nada fizemos para atacar a droga como um problema de saúde pública e saúde da família.

A luta contra a droga mantém a concepção americana militarizada de se concentrar no combate militar ao narcotráfico, esquecendo o jovem usuário e sua família. Essa é a filosofia da Secretaria Nacional Antidroga, que é mantida no Gabinete de Segurança Institucional, quando deveria estar no Ministério da Justiça, com forte conexão com o Ministério da Saúde.

Quinta-feira, 21 de outubro de 2004

A PERCEPÇÃO DE DESCASO COM A SEGURANÇA PÚBLICA

Estão se multiplicando as cobranças pela imprensa de uma ação mais vigorosa do governo federal com a segurança pública, mesmo sabendo-se que a responsabilidade direta pela segurança é de governos estaduais.

Na revista *Época* desta semana, a queixa é do secretário de Segurança do Paraná, Luiz Fernando Delazari. O *Jornal do Brasil* do domingo fala em "fracasso", da maioria das metas do plano de construção de presídios, numa reportagem que enfatiza o que não foi feito e minimiza o que foi feito.

Essas cobranças com viés exageradamente negativo reforçam uma percepção de descaso do governo com o problema da segurança, contrastando e em parte anulando o tratamento altamente elogioso da mídia às operações da PF contra o crime organizado, essas, sim, impactando favoravelmente a opinião pública, a exemplo da capa da *Veja* desta semana. Em parte, é um problema de comunicação.

SECRETÁRIOS PEDEM MAIS DINHEIRO PARA A SEGURANÇA

O secretário de segurança do Paraná, Luiz Delazari, diz em sua longa entrevista à *Época* que a insatisfação com o tratamento dado pelo governo ao Plano Nacional de Segurança Pública é generalizada entre secretários estaduais.

Delazari acusa o governo de não priorizar a segurança, "apesar do clamor popular", e de contingenciar recursos. Ele acaba de assumir a presidência do Colégio Nacional de Secretários de Segurança Pública-Cosesp. Diz que esse colegiado pediu em torno de R$ 1 bilhão ao governo federal, mas que em 2003 só foram previstos R$ 400 milhões, dos quais foram gastos R$ 375 milhões e, mesmo assim, só este ano. O orçamento de 2004 é ainda menor, disse ele.

O PROGRAMA DE CONSTRUÇÃO DE PRESÍDIOS

Está atrasado, segundo Delazari, provocando a superlotação dos presídios e, com isso, as sangrentas rebeliões. O *Jornal do Brasil* baseou-se num relatório do Ministério da Justiça para concluir que as principais metas do plano não foram atingidas.

Pelo relatório, das 14 mil novas vagas a serem obtidas através de reformas ou construções, o governo já conseguiu contratar 9.200. O atraso é de fato grande, assim como só foram capacitados 1.700 agentes carcerários, para uma meta de 3.700. Mas o relatório revela um governo que se mexe, ainda que devagar, atacando o problema carcerário em várias frentes, alguma delas negligenciadas há anos.

3. PREVIDÊNCIA

Quarta-feira, 30 de abril de 2003

O DRAMA DA REFORMA DA PREVIDÊNCIA

Virou uma novela dramática a cobertura da mídia sobre as reformas. O capítulo de ontem inclui cenas que sugerem algum risco à governabilidade, em especial a ameaça do PCdoB de abandonar a base aliada. Os três parlamentares que ainda resistem e dizem que vão votar contra a taxação dos inativos viraram os heróis da novela dramática. Vivem momentos de glória e, nesse sentido, estão usando a crise em benefício próprio.

A imprensa coloca Lula diante de a um desafio histórico, mas em um ponto do capítulo de hoje ele já aparece como o vira--casaca, que antes assinou contra a taxação e agora é a favor.

A resistência de setores da esquerda e sindicatos contra a cobrança de contribuição dos inativos é ainda muito grande. Não ajudam em nada, nesse quadro, as declarações abusivas de ontem do diretor-gerente do FMI, Hans Kohler, exigindo mais reformas ainda. A *Folha* não perdeu a chance de dar a elas a manchete inteira da primeira página. A proposta de taxação dos inativos é hoje o maior problema do governo, e a resistência a ela mostra a extensão do dano causado pela má condução do debate no interior de nossa base de sustentação.

Segunda-feira, 26 de maio de 2003

NOVAS CRITICAS À PROPOSTA DE REFORMA DA PREVIDÊNCIA

Desta vez de uma entidade importante e que goza de uma imagem de respeitabilidade: a Sociedade Brasileira para o Progresso da Ciência (SBPC). Seu presidente, Glaci Zancan, em longa entrevista à *Folha* de hoje (p. 14A), diz que as regras de transição da reforma podem apressar a saída de 1.500 cientistas do sistema de bolsas do CNPq, porque eles optarão por antecipar uma aposentadoria que poderiam deixar para mais tarde. Ele defende a manutenção integral dos direitos dos que já estão no sistema. Também critica o teto de R$ 2.400,00 dizendo que esse limite vai afugentar os jovens que pensariam em ingressar na carreira. O número 1.500 assusta, mas é equivocado. Basta que o CNPq continue dando as bolsas a cientistas já aposentados e eles continuam "no sistema CNPq". O cientista não é do CNPq. Ele recebe bolsa do CNPq. O segundo argumento é um sofisma, porque o teto vale para todas as profissões e portanto não seria um critério para a escolha da carreira pelo jovem.

E O INOPORTUNO RELATÓRIO DO BANCO MUNDIAL

Só faltava um relatório do Banco Mundial recomendando a taxação dos inativos para provar de vez acusação dos dissidentes do PT e dirigentes sindicais de que a reforma proposta por Lula foi ditada pelo FMI e pelos banqueiros. Esse documento acaba de ser disponibilizado pelo Banco Mundial no seu site. Ontem, *O Globo* deu extensa matéria, com várias sub-retrancas, sob o título "Lula e o Banco Mundial: afinidades além do social", citando trechos do documento. A *Folha* deu chamada na primeira página: "Banco Mundial norteia as proposta de Palocci." Centrou sua matéria na tese de que Palocci está seguindo ao pé da letra uma "nova agenda de Washington", elaborada depois do esgotamento do "consenso de Washington". Palocci respondeu na mesma edição dizendo que todos os textos destacados pela *Folha* eram de fato questões de "singelo bom senso".

Comentário: o extenso relatório do BID só foi colocado no seu site no dia seguinte à publicação das matérias e mesmo assim em inglês. Isso significa que os jornais foram municiados por alguém, muito provavelmente pela assessoria de imprensa do BID e, muito provavelmente, já com esse enfoque de que são eles que estão nos ensinando o que fazer. Nada poderia ser mais inoportuno nesta altura da luta pelas reformas da Previdência.

Quinta-feira, 31 de julho de 2003

SITUAÇÃO MUITO DELICADA NA REFORMA DA PREVIDÊNCIA

O *Globo* diz que foi fechado acordo entre magistratura e liderança do governo no Congresso, para aumentar o subteto.[7] E que juízes e promotores vão suspender a greve em assembleias estaduais. Mas o noticiário é confuso. O relator diz que nada mudou. A liderança diz que tudo depende do presidente Lula. O *Estadão* diz que haverá reunião hoje do presidente com lideranças para "bater o martelo".

Franklin Martins parece matar a charada no comentário em que diz que o governo aceita um acordo mas sem se envolver diretamente e sem ceder antes do tempo. Também quer que os governadores sancionem. A mídia deixa claro que a última palavra ficou com o presidente, o que sempre envolve o risco de um desgaste.

ATÉ A FALA DO PORTA-VOZ É NOTICIADA EM TONS DIFERENTES

Foi tanta a confusão no noticiário que até a fala do porta-voz teve diferentes tratamentos. No *O Globo*, ela sugere apoio do presidente às negociações, desde que a essência da reforma não seja afetada. Na versão da *Folha*, as mesmas palavras do porta-voz assumem significado mais duro: o presidente é contra mudança no subteto.

PORTA ARROMBADA E AGENDA EMBOLADA?

Ontem mesmo, bases do PT junto com lideranças sindicais decidiram formar uma comissão para negociar mudan-

---

7 N.E.: A Reforma de Previdência definiu tetos salariais para servidores e um teto inferior, chamado subteto, para juízes e desembargadores estaduais equivalente a 90,25% do subsídios dos juízes do Supremo. Seguiu-se uma longa batalha judiciária que terminou com a eliminação do subteto pelo Supremo em fevereiro de 2007.

ças, como fizeram os magistrados. *O Globo* diz que querem quatro mudanças: nas regras de transição, nas pensões, no subteto de inativos e nos fundos de pensões. Também queriam mais clareza no texto. E sugere que com isso a CUT se reaproxima das bases na questão da reforma. E os governadores telefonaram a José Dirceu exigindo mais transparência e ameaçando com pedidos de compensações caso o subteto dos juízes seja elevado. Segundo *O Globo,* o governador do Amazonas teria dito a José Dirceu que "A agenda embolou".

Quinta-feira, 7 de agosto de 2003

A FORÇA DO PRIVILÉGIO

Ao ceder à exigência dos magistrados de aposentadorias até 90,25% dos vencimentos dos ministros do Supremo, o governo diminuiu bastante a dimensão de sua vitória, e o sistema político brasileiro mostrou a força que ainda tem o privilégio. A votação de 462 votos a favor e apenas cinco contra mostra que esse recuo foi totalmente acordado e aceito pelo Palácio. O acordo estendeu o privilégio aos procuradores estaduais.

A mídia já tinha a informação desse acordo no final da tarde, mas como o fato apenas se consumou às quatro da madrugada, o sentido de que o privilégio venceu e de que a reforma foi desfigurada apenas vai aparecer com força a partir de hoje.

E A PERCEPÇÃO DE INSUFICIÊNCIA DA BASE DO GOVERNO

O que dominou na cobertura de hoje foi a percepção de que o governo depende de votos da oposição para aprovar reformas mais polêmicas. Sua base não basta. Daí a importância da tática de atrair votos da oposição. Nos telejornais de ontem predominou a avaliação de que a tática do governo de rachar a oposição foi muito bem-sucedida. "Os números confirmam o sucesso da estratégia de usar os governadores no corpo a corpo com os deputados", avaliou Cristina Lemos do Jornal da Record.

E DE QUE A VITÓRIA FOI TRAUMÁTICA

Esse foi o adjetivo usado por Tereza Cruvinel. Os vidros quebrados no Congresso e as almas petistas partidas são as medidas do trauma. O episódio deixou feridas também na oposição, que foi derrotada na sua tática de tentar jogar a opinião pública, e os servidores em especial, contra o governo. Alguns deputados já propõem a destituição do líder José Carlos Aleluia [então do PFL]. Mas isso a mídia não destacou. Foi possível saber pelo despacho da Agência Brasil, da Radiobrás.

Sexta-feira, 8 de agosto de 2003

GOVERNADORES VÊM UNIDOS PARA COBRAR A CONTA

É o que dizem os telejornais da noite passada e os analistas políticos dos jornais de hoje. No Jornal da Record, Cristina Lemos disse que os governadores se sentem politicamente mais fortes, "depois de provarem que são essenciais nas votações difíceis". Tereza Cruvinel revela que eles se articularam bem para a reunião com o presidente, trocando telefonemas e fechando uma posição unificada. Diz ainda: "eles estão dispostos a negociar, mas não a capitular". Os itens da conta são os já conhecidos: um fundo de compensação pela Lei Kandir; participação nas receitas do CPMF[8]; e participação na Cide [Contribuição de Intervenção no Domínio Econômico].

CONVIDADOS POR LULA VÃO PRIMEIRO AO CONGRESSO

Uma das táticas que eles combinaram foi a de ir ao Congresso antes de ir ao Planalto para a reunião com o presidente Lula. Primeiro visitarão o presidente do Senado, depois o da Câmara. Para não parecer descortesia em relação ao presidente, os governadores vão dizer que o objetivo é pedir empenho na Reforma Tributária. Mas o verdadeiro objetivo é mostrar força própria, antes do encontro com o

---

8 N.E.: Conhecido como "Imposto sobre cheque".

presidente. A ideia, segundo Cristina Lemos, foi de Aécio Neves, de Minas, que combinou tudo com os outros quatro.

Comentário: a história de que o governo só ganhou graças aos votos da oposição e apoio dos governadores foi toda ela combinada pelo reportariado que cobre o Congresso. De tanto ser repetida anteontem e ontem, os governadores acabaram acreditando que eles foram mesmo os pais da reforma. Mas os fatos poderiam ter sido narrados de modo totalmente diferente: a reforma só foi aprovada porque o governo conseguiu rachar a oposição. Nesta outra narrativa, o mérito é do governo. E mais: o governo é que tem uma conta a cobrar dos governadores, porque se empenhou e se desgastou para exigir mudanças que atendiam aos governadores, muito mais do que o governo central, como é o caso da contribuição dos inativos.

Segunda-feira, 11 de agosto de 2003

A BATALHA DA PREVIDÊNCIA: VITÓRIA FISCAL, DERROTA MORAL

Esse é o título da excelente análise das votações do primeiro turno publicada por Maria Cristina Fernandes, na edição de fim de semana de *Valor*. Ela endossa a avaliação do especialista Hélio Zylberstajn, de que, mesmo depois dos recuos, "a Reforma da Previdência é importante, talvez a mais ampla que já se terá feito".

Outra avaliação altamente positiva citada pela jornalista é a do economista José Roberto Mendonça de Barros, que diz haver um "ganho estrutural significativo nas contas da Previdência". Principalmente ao esticar o tempo de contribuição de novos servidores e introduzir a contribuição dos inativos.

FOI O DESMONTE DE UMA BOMBA-RELÓGIO

As mudanças compatibilizam a Previdência com o alongamento de quase 50% na expectativa de vida ocorrido nos últimos trinta anos. Zylberstajn elogia a mudança para os novos servidores, que terão um teto de benefício equiparado aos trabalhadores da iniciativa privada e poderão contribuir para fundos complementares de Previdência de um tipo que não compromete o equilíbrio autuarial.

A operação equivale ao desmonte de uma bomba-relógio fiscal que, na sua explosão, levaria junto para os ares todo o edifício das contas públicas. Essa é dimensão da batalha fiscal que o governo venceu no primeiro turno.

O PROBLEMA MORAL DO PRIVILÉGIO

Fazendo as contas na ponta do lápis, esses especialistas concluem que a manutenção do privilégio dos magistrados não tem efeito significativo na conta fiscal. O problema é moral. E um grande problema, porque o governo recuou ante a uma corporação que nem precisou fazer greve – bastou ameaçar.

Em resumo, a articulista diz que ficou a imagem de um governo que tratou com mão de ferro servidores de baixos salários e curvou-se ao que o próprio presidente chamou de "caixa preta" do Judiciário. Por isso foram profundas as feridas deixadas nas bases do partido.

ONDE FOI QUE NÓS ERRAMOS?

É possível que a batalha terminasse desse jeito mesmo que tivéssemos adotado as táticas corretas e um planejamento brilhante. Mas o fato é que não fizemos um planejamento adequado nem adotamos a melhor tática.

Para saber onde foi que erramos, é preciso uma sessão de análise retrospectiva. É importante que isso seja feito, para não errarmos de novo nas batalhas da Reforma Fiscal e da Reforma Trabalhista.

ALGUMAS HIPÓTESES

A *Carta Crítica* oferece algumas hipóteses que podem ou não se confirmar se fizermos essa revisão. A primeira hipótese é de que erramos ao adotar como tática principal negociar com as diferentes corporações que poderiam ser prejudicadas com a reforma. Foram quase 300 reuniões do ministro [da Previdência] Ricardo Berzoini com esses grupos organizados. A partir de um certo ponto, no lugar de os convencer, reforçamos suas resistências à reforma. Claro que reuniões e ações de comunicação dirigidas especificamente ao setor organizado eram necessárias. Mas não como tática de persuasão. E, sim, como tática de esclarecimento. Foi o que acabamos fazendo tardiamente com o *Em Questão*.[9]

Na vida desses grupos, uma proposta que mexe com interesses dos associados é discutida não no seu mérito e sim como instrumento de mobilização das lideranças ou de luta interna entre as facções que tentam controlar aquele aparelho. Por isso, a proposta da reforma da Previdência foi virada do avesso e transformada em bandeira de luta pelos próprios líderes, muitos dos quais assumiram um discurso intelectualmente desonesto, como o de dizer que estávamos privatizando a Previdência.

A segunda hipótese é um corolário da primeira: deveríamos ter adotado como tática principal trabalhar nossa proposta junto ao conjunto da sociedade brasileira. Os dados empíricos de pesquisa de opinião mostram que, mesmo sem termos enfatizado essa frente, nela tivemos sucesso. O povo entendeu o propósito central da reforma de busca da justiça social e do equilíbrio orçamentário da própria Previdência.

Para trabalhar a proposta junto ao público teríamos que ter definido sua justificativa ética e econômica. Teríamos delineado com clareza seus limites e alcances e formulado de modo honesto e convincente suas virtudes, de justiça social, redistribuição de renda, fim dos privilégios e saúde fiscal. Teríamos escrito um Texto de Referência inteligível ao grande público, com nossas justificativas de reforma,

---

9 N.E.: O *Em Questão* foi um boletim digital criado pelo ministro Gushken. para esclarecer temas polêmicos, a começar pela proposta de reforma da Previdência.

seus objetivos, limites e alcances. E o jargão jornalístico da reforma talvez não teria ficado marcado por expressões mentirosas como " privatização da Previdência".

Terça-feira, 6 de abril de 2004

EDIÇÃO ESPECIAL TEMÁTICA: OS CUSTOS SOCIAIS E ECONÔMICOS DA VIDA MAIS LONGA

O crescimento acelerado criando proporção maior de idosos na maioria dos países afluentes, e mesmo em países pobres, vai forçar novas e profundas reformas nos sistemas de Previdência Social e de assistência médica, segundo um levantamento especial da revista *The Economist*.

Até mesmo a política e a economia devem mudar de natureza em virtude do envelhecimento das populações. Países "mais velhos" terão taxas de crescimento *per capita* menores que os de população mais jovem.

O ENVELHECIMENTO DA GERAÇÃO PÓS-GUERRA

A "onda grisalha" é resultado do envelhecimento da geração do *baby boom*, explosão de natalidade ocorrida logo após a Segunda Guerra Mundial, especialmente nos países ricos.

Nos próximos quatro anos, os primeiros representantes dessa geração estarão chegando aos 62 anos, idade de se aposentar. Os últimos vão se aposentar no final da década de 2020. Eles vão formar uma gigantesca parcela de velhos na população dos países ricos em meados deste século.

A BOMBA-RELÓGIO PREVIDENCIÁRIA

Mas os efeitos principais serão na saúde pública e na Previdência Social. Os estudos mostram que há uma verdadeira bomba-relógio previdenciária e de saúde pública que precisa ser desmontada, para que a Previdência Social e a saúde pública não entrem em colapso dentro de aproximadamente duas a quatro décadas.

TENDÊNCIA IRREVERSÍVEL DE ENVELHECIMENTO DA SOCIEDADE

A pesquisa apresentada pela revista *The Economist* mostra que será muito difícil que essa tendência de envelhecimento das sociedades se reverta. Os avanços da medicina são cada vez mais espetaculares, e a longevidade só pode aumentar ainda mais.

Dentro de um a dois anos, pela primeira vez na história da humanidade, em muitos países, o número de pessoas acima de 60 anos já será superior ao daquelas abaixo de 5 anos.

Isso significa que no futuro próximo haverá muito mais pessoas idosas para serem sustentadas pelos sistemas de Previdência e atendidas pelos serviços de saúde, do que pessoas em idade de trabalhar, sustentando esses serviços com suas contribuições.

A situação mais dramática é a do Japão, onde dentro de pouco tempo haverá 1 milhão de idosos com mais de 100 anos de idade.

AS TRÊS CAUSAS DA REVOLUÇÃO DEMOGRÁFICA

O estudo do *The Economist* destaca os três combustíveis principais dessa bomba-relógio demográfica: primeiro, uma onda muito forte de aposentadorias que vai se avolumar mais ou menos dentro de dez anos, ou seja, dentro de muito pouco tempo. Principalmente nos Estados Unidos.

Segundo, uma queda muito grande nas taxas de fertilidade em diversos países, em muitos dos quais, já hoje, o número de nascimentos é inferior ao número de mortes.

O Brasil é um dos países em que dentro de apenas quinze anos, segundo a revista, haverá menos nascimentos do que mortes. Nesse ritmo, pela primeira vez desde a peste negra dos tempos medievais, diz a revista, a população trabalhadora no mundo deve diminuir em termos absolutos.

Terceiro, o fato de que os idosos estão vivendo muito mais tempo na situação de aposentados à medida que aumenta a longevidade e também porque as pessoas tendem a se aposentar mais cedo.

OS CUSTOS CRESCENTES DO ENVELHECIMENTO SOCIAL

Um dos estudos apresentados pela *The Economist* concluiu que, nos países mais ricos, membros da OCDE, se não houver nenhuma mudança nas regras da Previdência Social, quando a geração que hoje está começando a trabalhar se aposentar, o pagamento das aposentadorias vai custar 3% do Produto Interno Bruto além do que já é gasto hoje, e a assistência médica vai custar outros 2,5%.

REPENSANDO OS SISTEMAS DE PREVIDÊNCIA

Os estudos mostram que os compromissos com a aposentadoria assumidos atualmente pelos governos se tornarão pesados demais para serem cumpridos.

Para restabelecer um equilíbrio, o cidadão terá que trabalhar mais e se aposentar mais tarde. Essa é a razão das reformas previdenciárias que estão sendo propostas no Brasil, Alemanha, França, entre outros países.

UMA CORRIDA CONTRA O TEMPO

Países como Japão, Estados Unidos e China têm uma janela de dez anos para evitar uma calamidade, diz a revista. O fenômeno ocorrerá dentro de quinze anos também nos países em desenvolvimento, como Brasil, Irã e Turquia. Mas a solução não é difícil. Bastam ajustes sérios nos tempos de trabalho mínimos para se ter direito à aposentadoria, e ajustes nos sistemas de fundos de pensão.

Sexta-feira, 11 de junho de 2004

O IMPERATIVO MUNDIAL DE REFORMAR A PREVIDÊNCIA

O impasse em torno da taxação dos inativos é uma pequena amostra de um problema maior que hoje afeta muitos países, nos quais o crescimento do número de idosos e aposentados está forçando novas e profundas reformas nos sistemas de Previdência Social e de assistência médica.

Esta semana, o governo do Japão enfrentou uma verdadeira batalha campal na Dieta, segundo o *Financial Times*, ao apresentar uma proposta de reforma da Previdência que reduz os benefícios pagos para um pouco mais de 50% da média de salários dos trabalhadores da ativa. Atualmente, os benefícios estão mais próximos dos 60% da média dos salários. A reforma também aumenta a contribuição dos empregadores de 13,58% para 18,3%.

A INCONGRUÊNCIA DO NOSSO SISTEMA

Notem bem: no Japão, ao se aposentar, o trabalhador recebe cerca de 60% do salário da ativa, e o governo está dizendo que, em virtude do envelhecimento demográfico, precisa baixar isso para 50%, se não a Previdência quebra. No Brasil, ao se aposentar, o servidor público recebe mais do que o seu salário da ativa, porque deixa de descontar para a Previdência. Se o desconto era de 8%, o mais frequente no país, seu ganho é de 8,7%. E, no entanto, as resistências estão sendo ferozes.

RESISTÊNCIA À REFORMA VIRA BANDEIRA DE LUTA POLÍTICA

As propostas de reformas da Previdência sempre despertam reações apaixonadas porque afetam interesses de grupos fortemente organizados, como são os servidores públicos. Está acontecendo também no Japão.

Lá, o governo diz que sua proposta resolve definitivamente o problema pelos próximos cem anos. Mas o principal partido de oposição, o Partido Democrático do Japão, diz que não e propõe como alternativa a unificação dos sistemas de Previdência e seu financiamento através de um aumento de 5% no imposto de circulação de mercadorias.

4. TELEFONIA E INCLUSÃO DIGITAL

Sexta-feira, 26 de junho de 2003

QUEDA DE BRAÇO ENTRE GOVERNO E ANATEL

Vai ser o tema dominante na mídia. Os jornais noticiaram na primeira página a decisão da Agência Nacional de Telecomunicações (Anatel), mas ela chegou tarde demais às redações e, por isso, não é comentada nem nos editoriais nem pelos colunistas. Não há a menor dúvida de que o aumento concedido, em especial o de 41,75% para assinaturas comerciais, é uma aberração e totalmente incompatível com a política econômica. (Ver *Carta Crítica* especial abaixo)

Nas primeiras páginas, a notícia aparece como um rompimento de negociação por parte das empresas e um desafio à autoridade do presidente. Na verdade, é um desafio à opinião pública, à sensatez e ao interesse nacional.

Nesta queda de braço, o governo conta com o apoio da população e deve contar com apoio discreto do empresariado. Trata-se de uma situação clara de força maior que exige ação enérgica do governo.

As agências reguladoras existem para defender o interesse público, caso contrário não seriam necessárias. O governo tem ao seu lado a razão moral e a razão econômica. Provavelmente, tem também a razão jurídica. Só é preciso encontrar esse caminho.

ESPECIAL: A GUERRA DAS TARIFAS

Foi politicamente correta e economicamente necessária a intervenção de ontem do presidente Lula exigindo uma renegociação dos reajustes de tarifas telefônicas. A TV relatou com palavras simples e fortes, como foi a própria ordem presidencial.

Desde a primeira manifestação de inconformismo do presidente, quando ele disse que "haviam dolarizado a economia brasileira" e que ele ficava sabendo dos aumentos de tarifas pelos jornais, ficou claro que a questão das tarifas é central para o sucesso do combate à inflação.

O deputado Delfim Netto tem batido nessa tecla com insistência, nos seus artigos semanais, mostrando que, se uma parcela importante dos preços de uma economia é indexada ao dólar e acontece uma desvalorização, para derrubar a inflação é preciso dar uma paulada dobrada na parcela dos preços livres.

Essa paulada dobrada é a recessão brutal. A *Gazeta Mercantil* de ontem mostra em editorial um dado básico dessa recessão: houve queda de 34% na importação de bens de capital de janeiro a maio, na comparação com o mesmo período do ano passado. Como não houve processo de substituição de importações de bens de capital, deu-se uma substancial deterioração do nosso estoque de bens de produção.

E A JUSTIFICATIVA – CORRETA – DE MIRO TEIXEIRA

Está certo, portanto, o ofício do ministro das Comunicações, Miro Teixeira, ao presidente da Anatel, Luiz Guilherme Schymura, dizendo que o aumento não deve ser concedido "até que seja celebrado acordo que resulte em tarifas justas e coerentes com o interesse público e com a política econômica em vigor". O ofício traz os percentuais de reajuste pactuados entre a agência e as concessionárias: as tarifas de pulso e assinatura residencial subiriam 24,5% para a Telefônica e 25% para Telemar e Brasil Telecom. As tarifas de assinatura não residencial e tronco teriam um reajuste de 41,75% para as três concessionárias. São reajustes incompatíveis com qualquer política anti-inflacionária.

IMPLODINDO AS METAS DO COPOM

Com o reajuste de 24,5%, o item telefonia provocaria, sozinho, uma alta de 0,48 pp na inflação em São Paulo. O impacto na inflação medida pelo Índice de Preços ao Consumidor Amplo (IPCA), se o aumento for adotado, deve ser de 0,41 pp em julho, estimou o coordenador das pesquisas da Fecomércio- RJ, Paulo Brück. O IPCA é usado pelo governo como referência do sistema de metas de inflação. Até junho, o índice acumula alta de 6,8%. A meta do governo para este ano é de 8,5%. Além disso, há o impacto indireto: o reajuste de 41% na telefonia comercial vai aumentar os custos das empresas, pressionando os seus preços, disse Brück. Esse reajuste eleva o custo de algumas empresas em até 4 pp, segundo estimativas. O custo das empresas jornalísticas sobe ainda mais e, por isso, elas devem nos apoiar.

DESVENDANDO O DEBATE DA INFLAÇÃO

O confronto de ontem traz muitas lições. Mostra em primeiro lugar que não temos um processo de inércia inflacionária. O que temos é um processo de indexação contratual de tarifas, num ambiente de deflação e não de inflação – muito menos de inflação inercial. A inflação é definida como a "alta generalizada de preços". E o que temos é uma "baixa generalizada de preços".

A segunda confusão foi na relação de causa e efeito entre recessão e inflação: o fato de uma brutal recessão derrubar preços ao quebrar o poder de compra das famílias não significa que era esse poder de compra que havia provocado a inflação. O que alimentava a inflação eram alguns custos específicos, a começar pelo custo do dólar, e depois o custo das tarifas.

O REAL E O IMAGINÁRIO DA POLÍTICA

Esta semana poderá marcar a história do governo Lula como o momento da virada: na terça, o presidente enfrentou o poder dos bancos, introduzindo políticas públicas para a democratização e o barateamento do crédito; na quinta, introduziu o conceito do "interesse público" nos critérios de reajustes de tarifas. A Febraban está de volta hoje nos jornais, esperneando. Hoje é o conflito com as telefônicas.

Os conflitos de interesses são reais e estão aflorando. Sem argumentos práticos, as empresas se apegam ao argumento fundamentalista do "respeito aos contratos". Todo contrato se rende aos motivos de força maior. É esse, hoje, o caso.

DISSONÂNCIAS NO DISCURSO

O ministro da Fazenda, Antonio Palocci, afirmou que o governo não pretende romper critérios contratuais na negociação do reajuste das operadoras de telefonia. Segundo Palocci, o governo tentou estabelecer um diálogo com as companhias para diminuir o impacto do reajuste das tarifas na inflação e afirmou que o governo não vai interferir no trabalho das agências reguladoras. Guido Mantega, do Planejamento, entrevistado na TV, adotou outro tom: falou em revisão dos contratos. Miro Teixeira, titular das Comunicações, mais sutil, mostrou uma cláusula do contrato que desobriga o governo de dar reajuste a cada doze meses. A imprensa aponta hoje a dissonância no discurso e diz que houve desencontro de informações dentro do próprio governo.

DIVERGÊNCIAS ENTRE ECONOMISTAS

O economista Vladimir Caramaschi, da Corretora Fator Doria Atherino, disse que o reajuste das tarifas de telefonia deverá impedir a queda das taxas de juros nos próximos dois meses. De acordo com ele, somente a partir de setembro o Comitê de Política Monetária (Copom) do Banco Central terá condições de reduzir os juros. O economista-chefe do Sul América Investimentos, Newton Rosa, disse que o reajuste da tarifa de telefonia deverá elevar o IPCA de julho para algo em torno de 0,90% ou 1%. Apesar disso, Rosa afirmou que a medida não influenciará a política monetária do Banco Central.

Sexta-feira, 26 de junho de 2003

EDIÇÃO EXTRA SOBRE A QUESTÃO DAS TARIFAS: A GRANDE MANOBRA DA TELEFÓNICA DA ESPAÑA

Essa é a causa principal da briga das tarifas. A Telefónica está em grave crise na Espanha e por isso fez do Brasil uma base de remessa de dinheiro para a matriz. Na Espanha, a Telefónica demitiu 11 mil pessoas e já avisou ao mercado que terá prejuízos no balanço deste ano. Em 2002 transferiu 1,7 bilhão de euros da América Latina para a matriz espanhola, dos quais 1 bilhão só do Brasil. Esse montante se refere a todas as subsidiárias do grupo, incluindo a Telefónica Móviles (operação celular), Emergia (cabos submarinos), Terra (internet), TPI (listas telefônicas) e Telefónica Empresas (transmissão de dados). A notícia foi publicada pelo jornal espanhol *5Días*. Segundo o noticioso, a Telefónica de España preferia não divulgar esses números, mas decidiu fazê-lo para demonstrar aos analistas que sua exposição na América Latina é benéfica.

Ao mesmo tempo a Telefónica também está demitindo no Brasil, interrompeu todas as encomendas e parou todos os planos, depois de cumprir minimante as metas. (Tudo isso está no editorial anexo que circula hoje da revista especializada *Teletime*.)

Segundo o diário espanhol, a maior parte dos recursos enviados aos acionistas espanhóis foi gerada no Brasil. A Telefônica São Paulo não comenta os fatos publicados pelo jornal espanhol. A principal operação no Brasil é a antiga Telesp fixa, empresa cuja participação majoritária – de 87,42% das ações – é controlada pelo grupo espanhol. Segundo o *5Días*, só essa operadora contribuiu com mais de 1 bilhão de euros para o fluxo de caixa da divisão latino-americana. A operadora alega que não tem acesso às informações, divulgadas na Espanha pela Telefónica de España.

No entanto, segundo dados que são públicos, no exercício encerrado em dezembro de 2002, os dividendos pagos pela Telesp a seus acionistas foram de US$ 327,7 milhões. Desse montante, US$ 284,8 milhões (ou 87,42% do total) foram repatriados como dividendos aos acionistas espanhóis.

Ou seja, do montante total repatriado para a Espanha, a Telefônica de São Paulo foi responsável só por 16,7% na forma de dividendos. Nesse montante não estão incluídas as demais operações do grupo no Brasil e, portanto, o total dos recursos enviados à Espanha não é o mesmo daquele divulgado apenas para a Telesp fixa. Além da própria Telesp fixa, as empresas do Grupo Telefónica que atuam no Brasil são as seguintes: Atento (call center), Emergia (cabo submarino), TPI (lista telefônica), Telefônica Empresas (transmissão de dados), Telefônica Celular (acionista com participação de 50% na Vivo), Terra (internet), Adquira (*business to business*), Katalyx (comércio eletrônico) e Rumbo (passagens aéreas on-line). De acordo com o balanço de dezembro de 2002 da Telesp fixa, foram investidos R$ 246 milhões no ano passado.

Para este ano, ainda segundo o diário *5Días*, com a previsão de recuperação das principais moedas latino-americanas, a repatriação do volume de fluxos aumentará. O jornal espanhol afirma que o volume de investimentos na região – incluindo Brasil, Argentina, Chile e Peru – não crescerá porque os recursos estarão destinados ao desenvolvimento da rede móvel da Telefónica no México. A previsão é de que a Telefónica Móviles do México receba investimentos de US$ 1,5 bilhão até 2005. Da Redação:

El mayor activo de Telefónica en Latinoamérica es Telesp. La brasileña aporta 1.092 millones al flujo de caja libre total de la filial, a mucha distancia de sus hermanas peruana, argentina y chilena. Y buena parte de ello lo reparte en dividendos. De hecho, hay analistas que han llegado a recomendar la compra de los títulos de Telesp que todavía cotizan en la Bolsa de Nueva York por su elevada rentabilidad por dividendo, que roza el 9%.

Los grandes beneficiados de esta política de retribución al accionista son los socios de Telesp, con Telefónica a la cabeza, ya que cuenta con el 87,42% del capital.

FATORES SUBJETIVOS DA BRIGA

Um deles é o ressentimento do deputado Jorge Bittar [PT-RJ], que foi preterido no Ministério das Comunicações. Hoje ele está no jornal *Valor* defendendo o aumento concedido pela Anatel, o que é uma afronta ao bom senso e ao interesse público.

A seguir, a íntegra do editorial da revista *Teletime* de junho, que já está circulando esta semana:

Será que uma operadora de telecomunicações privatizada que funciona no regime de concessão pública deve ser encarada como outra empresa qualquer que tenha feito investimentos no país? A pergunta se coloca após a crise surgida entre as três concessionárias de telefonia fixa local e o governo Lula em torno do reajuste de tarifas deste ano e os novos contratos de concessão para o período 2006 a 2025. E a resposta a essa pergunta é monossilábica: não. Telefônica, Telemar e Brasil Telecom são antes de qualquer outra coisa prestadoras de um serviço público essencial para a população (como transporte e eletricidade), que no mundo moderno é um insumo básico para todos os demais setores da economia. Portanto, o interesse público vem antes de qualquer alegado direito adquirido. Isso é assim no Brasil e em qualquer outro país civilizado deste planeta.O interesse público se sobrepõe até ao direito do acionista de dispor dos recursos da empresa como lhe convier. Um bom exemplo disso é a reversibilidade dos bens, compulsória para as concessionárias. Quem investiu numa concessionária de telecomunicações sabe ou deveria saber que esse negócio não pode ser medido pelos mesmos parâmetros dos investimentos no mercado financeiro ou numa cadeia de lanchonetes. Por outro lado, a relação entre poder concedente e concessionária não segue a lei da selva. Existem regras para isso. E são claras: cabe à Anatel regular e fiscalizar com base nas leis e nos contratos firmados sob a orientação política do governo. Esta orientação política materializou-se, na era FHC, na Lei Geral de Telecomunicações (LGT). E o Ministério das Comunicações é também instrumento de ação política. No governo passado, a vontade política do governo fez com que a LGT fosse aprovada rapidamente no Congresso, permitindo assim a realização dos leilões de privatização. A pressa era tanta que até se deixou de lado a questão da comunicação social (a democratização da mídia eletrônica), até hoje empurrada com a barriga. A necessidade de caixa do governo FHC foi, sem dúvida, a razão da pressa. O novo governo assumiu com projetos e prioridades diferentes do anterior. Enfrentou de imediato ameaça inflacionária, tratada com remédio amargo para todos. E, sem romper contrato nenhum vigente, fez ver às operadoras que o reajuste das tarifas de uma só vez indexadas pelo IGP-DI jogaria no ralo todo o sacrifício de seis meses imposto à sociedade. Estabeleceu também, por decreto, as linhas que deverão dar o tom de sua política de telecomunicações. O PSDB, antigo partido de governo, através do deputado Alberto Goldman, considera a medida inconstitucional e entrou com uma ação no Supremo. Já a Advocacia-Geral da União considerou o procedimento legal. As operadoras ameaçaram ir aos tribunais, alegando violação de contratos.Seja qual for o resultado dessa discussão (se uma linha política pode ser estabelecida ou não por decreto ou se é necessário mudar a LGT), vale ressaltar que não existem contratos imutáveis. Na medida em que se tornam inviáveis para qualquer uma das partes, ou se chega a um acordo, ou não poderão ser cumpridos. É o que acontece de um simples aluguel de imóvel a tratados internacionais. Convém lembrar às operadoras de telefonia fixa que suas obrigações públicas não se encerram com a antecipação das metas de universalização ou cumprindo metas de qualidade, que por sinal estão muito abaixo do desejado. Tampouco podem se organizar em cartel e se recusar a competir nos serviços locais onde detêm monopólios regionais. Também não é aceitável que cortem investimentos e empregos no Brasil, preocupando-se apenas em gerar um enorme Ebitda, colocando em risco a vida das empresas fornecedoras de produtos e serviços aqui instaladas, inviabilizando qualquer tentativa de promover uma política industrial por parte do governo e remetendo bilhões de reais para a matriz, como a Telefónica fez em 2002 e pretende fazer também este ano – fato revelado ao mercado acionário em Madri, para mostrar que os investimentos na América Latina e particularmente no Brasil propiciaram uma geração de caixa livre de US$ 1,7 bilhão para a Telefónica de España só no ano passado. E, por fim, todos devem ter em mente que daqui até 2025 pelo menos mais quatro governos virão, querendo implementar suas políticas.Se contratos fossem imutáveis ao longo do tempo, poderíamos estar vivendo nas telecomunicações brasileiras de hoje uma situação peculiar: todas as operadoras do país até uma linha imaginária situada a 370 léguas a oeste do arquipélago do Cabo Verde pertenceriam à Portugal Telecom e as que estiverem além dessa linha, até o oceano Pacífico, pertenceriam à Telefónica de España. Afinal, não consta que o Tratado de Tordesilhas, assinado em 1494 pelos reis de Portugal e de Castela, tenha sido revogado em algum momento da história. Ele simplesmente perdeu a legitimidade e deixou de ser obedecido."Rubens Glasberg, editor e diretor.

Terça-feira, 10 de janeiro de 2006

EDIÇÃO TEMÁTICA: A QUESTÃO DO TELEFONE SOCIAL

A mídia e as entidades de defesa do consumidor receberam com ceticismo o lançamento do telefone fixo mais barato, o Aice (Acesso Individual Classe Especial). Com ele, a Anatel espera levar a telefonia a 4,5 milhões de domicílios, cerca de 13 milhões de pessoas, nos próximos dois anos. Se o Aice realmente emplacar no mercado, o percentual de domicílios brasileiros atendidos pela telefonia fixa pode subir de 68,71% para 79,26%, o que, sem dúvida, pode significar uma grande arrancada para um segmento que tem o crescimento paralisado nos últimos três anos. Seria, é claro, ponto positivo para o governo. Mas é preciso prestar atenção às críticas, que são consistentes, para corrigir rumos.

PROBLEMAS NA PONTA DO LÁPIS

As entidades de defesa do consumidor acreditam que o Aice serviria apenas para aparentar que o governo se preocupa em ampliar a base de telefones instalados, pois este não será um produto que irá atrair o consumidor de baixa renda.

Segundo o Idec, a assinatura mensal Aice de R$ 16,50 sem impostos (em São Paulo seria R$ 22 com impostos), sem um minuto sequer de franquia, é um plano mais caro do que o atual. Valeria só para quem fala muito pouco ou só recebe ligações.

A tarifa de ligação local teria um acréscimo equivalente a 2 minutos de conversação a cada telefonema, com a justificativa de taxa de atendimento. Nas contas do Idec, para ter serviço equivalente ao plano básico, o cliente pagaria R$ 3 a mais por mês com o Aice. "Isso sem se contar que no Aice não há o benefício de horários reduzidos", diz o site do Idec. O preço mais baixo à noite e nos finais de semana é o que permite o uso da linha para a internet. No final das contas, os mais pobres que caírem no logro pagariam mais. No mínimo, os R$ 3 extras de quem fala 200 minutos mensais durante o dia.

Para as entidades de defesa do consumidor, Idec e Pro--Teste, criar um plano para baixa renda com mensalidade fixa não é a solução do problema da universalização. As duas entidades movem ações na Justiça, pois consideram a cobrança da assinatura básica ilegal.

PRÉ-PAGO É MAIS VANTAJOSO

A *Gazeta Mercantil* publicou um estudo feito pelo site especializado Teleco, que avalia que o Aice não é páreo para o celular. A conta média por usuário do celular pré-pago está na faixa de R$ 15, incluindo receita de interconexão repassada pelas fixas. O Aice custaria mais, de R$ 23 a R$ 25 por mês.

"O celular tem o incomparável benefício — sob a ótica das camadas de menor poder aquisitivo — de não gerar despesa fixa mensal", diz a *Gazeta*.

O Idec concorda com essa análise. Apesar de a ligação ser muito mais cara, celular pré-pago está substituindo o telefone fixo por não ter assinatura básica. Há cinco anos, havia 40 milhões de linhas fixas de telefone e 20 milhões de telefones celulares. Hoje, as linhas fixas diminuíram para 38 milhões, e os celulares somam mais de 81 milhões de linhas, quase 90% delas pré-pagas.

TELES RECLAMAM

Luiz Garcia, acionista majoritário da CTBC, disse à *Folha* que as concessionárias têm mais de 10 milhões de telefones fixos sem uso, e o setor precisa de propostas que estimulem a venda. Mas as companhias temem a inadimplência por causa da renda dos mais pobres.

Para a Anatel, o público-alvo do Aice são as famílias que ainda não têm telefone e recebem de dois a cinco salários mínimos. Mas não quer dizer que o Aice será restrito a este público. Consumidor algum precisa justificar renda para ter acesso. Por essa razão, as concessionárias reclamaram da exigência de lançar o Aice dentro de um cronograma que vai até dezembro de 2007. As empresas temem a migração da classe média, que usa pouco o telefone e, por isso, paga demais pela assinatura básica. Segundo o *Estadão*, o presidente da Telemar, Ronaldo Iabrudi, prevê que 2 milhões de assinantes migrarão dos planos atuais para o Aice, podendo causar redução de faturamento de R$ 3 bilhões para a empresa.

A PROPOSTA DO MINISTRO HÉLIO COSTA

O ministro das Comunicações, Hélio Costa, defende um produto que ele diz atender melhor às necessidades das classes C e D, que, segundo uma pesquisa do ministério, falam uma média de 50 minutos por mês ao telefone. O ministério propõe reduzir o preço da tarifa básica à metade, com uma assinatura de R$ 19, e dar direito a 120 minutos mensais. Seria um plano básico mais leve, porém, com os horários mais baratos, para permitir o uso da internet e a possibilidade de receber ligações a cobrar, não previstos no Aice. Se as classes A e B não tiverem acesso, não há o risco de migração da classe média e é possível oferecer mais benefícios.

A Anatel levantou um empecilho jurídico para oferecer um produto mais barato apenas para as classes C e D. A Lei Geral de Telecomunicações (LGT) impede descontos de tarifas a um segmento específico da sociedade, ferindo o princípio da isonomia previsto na lei. O espírito desta norma é impedir que o cliente de uma região onde o mercado é muito acirrado, como São Paulo, pague mais do que uma pessoa de Araraquara, por exemplo. Mas essa leitura da lei entra em conflito com a Constituição, que obriga o Estado a favorecer os excluídos e promover o acesso dos mais pobres a bens e serviços.

Poucos jornais divulgaram que o governo cogita mudar a LGT para atender à proposta do ministro de telefone social. O *Estadão* e o *Jornal do Commercio* (PE) noticiaram brevemente, sem comentar a dificuldade que o governo pode enfrentar no Congresso. Afinal, projetos como Lei Geral das Micro e Pequenas Empresas, que conta com o apoio de um grupo suprapartidário, tramitam a duras penas.

FIM DA ASSINATURA BÁSICA

As entidades de defesa do consumidor são contra a cobrança de tarifa básica. Atualmente, o faturamento das teles é muito dependente da assinatura básica: cerca de 33% da receita vem da mensalidade, que gera um volume total de R$ 1,6 bilhão anual.

Há projetos de lei em tramitação no Congresso que eliminam a cobrança da assinatura. Se isso for feito de forma abrupta, sem negociação, a conta pode ser enviada ao Tesouro mais tarde, na opinião do ministro Hélio Costa, ouvido por nós. Qualquer iniciativa do poder público prejudicial às teles abre espaço para uma ação judicial. Elas poderão aceitar o prejuízo num primeiro momento para depois usar uma cláusula do contrato que obriga a União a ressarcir integralmente a margem de lucro esperada, se uma política de governo provocar desequilíbrio econômico e financeiro das empresas. Essa cláusula deveria ter sido amenizada nos novos contratos de concessão da telefonia fixa.

Quinta-feira, 29 de junho de 2006

EDIÇÃO TEMÁTICA EXTRA: NOSSA DÍVIDA COM A INCLUSÃO DIGITAL

Em três anos e meio de mandato, nosso governo não conseguiu avançar a inclusão digital e telefônica, nem mesmo em escolas, bibliotecas e postos de saúde, por falta de vontade política para desbloquear o Fundo de Universalização dos Serviços de Telecomunicações (Fust). O orçamento original deste ano só previa míseros R$ 9 milhões para projetos com recursos do fundo, para uma arrecadação superior a R$ 600 milhões por ano.

O Minicom teve que negociar a inclusão do grosso da arrecadação através de emenda da Comissão de Tecnologia da Câmara, diz a revista especializada em inclusão digital *A Rede*. Mas nada de substancial foi aplicado até hoje. E ainda corremos o sério risco de não poder usar o dinheiro do Fust em 2007, porque os ministérios só têm mais alguns dias para encaminhar propostas ao Planejamento. O orçamento de 2007 será fechado no começo de julho para ser enviado ao Congresso.

Criado pela Lei nº 9.998 e em vigor desde agosto de 2000, hoje o Fust acumula R$ 4,5 bilhões em caixa. Seu escandaloso abandono, que acabou ajudando a meta de superávit primário, é o principal motivo do movimento "Fust Já", lançado em dezembro do ano passado [2005] por dez entidades e movimentos que lutam pela democratização da informação e inclusão digital. Também motivou uma importante auditoria do Tribunal de Contas da União (TCU), que resultou em um ultimato ao governo para que apresente, em 180 dias, planos de aplicação do Fust. O prazo termina em agosto e até agora praticamente nada foi feito.

Os recursos do Fust, geridos pela Anatel, provêm de uma taxa de 1% sobre o faturamento bruto das empresas do setor (excluído o ICMS, PIS e Cofins), além de um percentual pago pelo usuário cada vez que habilita um telefone.

O Fust não é único fundo formado por taxas pagas antecipadamente para a prestação de serviços que não são executados. Os exemplos mais conhecidos são a Contribuição Provisória sobre a Movimentação Financeira (CPMF), criada em 1966 como reforço emergencial à saúde pública, hoje parcialmente desviada para outros fins, e a Contribuição de Intervenção no Domínio Econômico (Cide), destinada à manutenção de estradas, que também tem uma parte desviada para outros fins. O TCU diz que há um saldo de R$ 7,8 bilhões da Cide congelado no governo, enquanto para consertar todas as rodovias federais do país seria necessário apenas R$ 1,5 bilhão por ano, durante quatro anos.

O Fust sofre de um aparente imbróglio legal que, no entanto, pelo parecer do TCU, não é impedimento para a aplicação dos recursos. O próprio imbróglio já teria sido desfeito se existisse vontade política. Parece que ele se arrasta porque é conveniente para muitos, especialmente para os defensores de grande superávit primário.

A Lei do Fust demorou dois anos para ser aprovada no Congresso e tem contradições aparentes em relação à Lei Geral das Telecomunicações (LGT). A universalização, de acordo com a LGT, teria que ser feita por empresas que prestam serviço em regime público, ou seja, sob concessão do Estado, como a Telemar, Telefónica, Brasil Telecom e Embratel. Ficariam de fora empresas autorizadas em regime privado, que são as quatro "empresas-espelhos" das públicas.

Portanto, nem todas as empresas que oferecem serviço de banda larga, as que deveriam servir de instrumento para a inclusão digital, são concessionárias públicas. As empresas-espelho não são. Ou o governo muda a lei, ou cria um Serviço público de Comunicação Digital (SCD), para conexão de escolas, prefeituras e entidades diversas à internet, para poder usar o Fust em inclusão digital. Não fez nem uma coisa nem outra.

Outro problema: para atingir a universalização da inclusão digital, as concessionárias públicas teriam que fornecer computadores e equipamentos de acesso à internet por meio de terceirizadas, já que não são especialistas na área, encarecendo todo o processo, o que também foi alvo de contestações.

Mesmo assim, no governo passado, foram criados os primeiros projetos, por meio de decretos, para pôr internet nas escolas. A Agência Nacional de Telecomunicações (Anatel) fez edital de licitação, segundo as normas da LGT. O primeiro edital previu a contratação de uma das quatro concessionárias pelo menor preço da concorrência. Os parlamentares Walter Pinheiro (PT/BA) e Sérgio Miranda (PDT/MG), alegando várias incorreções no edital, entraram com uma Ação de Inconstitucionalidade (Adin) no Supremo Tribunal Federal (STF) e conseguiram bloquear o edital, alegando que ele era inconstitucional. Até hoje, por conta das ações judiciais, todo o processo está parado no STF.

Durante esses mais de cinco anos em que o Fust de fato não existiu, o governo continuou cobrando a taxa de todas as empresas de telefonia fixa e móvel (celular), inclusive as que fazem transmissão de dados e as TVs por assinatura. Como o governo só arrecada, mas não aplica as verbas, operadoras de telefonia começam a questionar na Justiça o recolhimento da taxa do Fust.

No dia 7 de dezembro, o TCU emitiu relatório determinando que o Ministério das Comunicações apresentasse, em 180 dias, um cronograma de ações para viabilizar a movimentação do fundo. Esse prazo termina na primeira quinzena de agosto, e técnicos do governo já admitem que devem pedir sua prorrogação. Se o ministério não responder, pode sofrer sanções e multas do TCU, segundo assessores técnicos do órgão. Mas o pior será a repercussão na mídia, em pleno processo eleitoral [campanha pela reeleição].

A síntese do Acórdão nº 2.148/2005, aprovado no plenário do TCU, diz que a auditoria foi realizada porque a ausência de aplicação dos recursos do Fust compromete as políticas de universalização de serviços de telecomunicações e "coloca o Brasil na retaguarda mundial no que se refere a índices de inclusão digital".

O TCU culpa a alta rotatividade no Ministério das Comunicações nos últimos anos pela paralisia do Fust. Foram cinco ministros desde a edição da Lei do Fust. O governo ficou esperando a alteração da Lei do Fust e a aprovação do projeto de lei das agências para regulamentar a atuação da Anatel, gestora do fundo. Nenhuma das duas coisas aconteceu. Mas o TCU garante que nem isso nem as contradições entre a LGT e a Lei do Fust impendem a aplicação do dinheiro. Para o tribunal, a principal causa da não aplicação dos recursos foi a falta, ao longo desses anos, de uma atuação eficaz do Ministério das Comunicações na definição das políticas, prioridades e diretrizes para aplicação dos recursos, seja na telefonia fixa ou na inclusão digital. Faltou projeto, diz o TCU. E, sem isso, a Fazenda não libera e o Planejamento não inclui no orçamento.

O TCU identificou vários programas de inclusão digital desarticulados entre si e com orçamentos limitados, o que dificulta uma ação governamental consistente. Além disso, o TCU verificou que a Anatel não aprovou um regulamento final para o Serviço de Comunicação Digital (SCD), que viabilizaria a utilização do Fust para aplicação em redes de informação digital por banda larga, principalmente em escolas.

O TCU determinou que, no prazo máximo de 180 dias, a partir de dezembro, o Ministério das Comunicações terá que apresentar diagnóstico da necessidade de universalização de telecomunicações no Brasil e apontar políticas, diretrizes e prioridades para sua aplicação, indicando os programas governamentais que receberão os recursos. O TCU determinou à Anatel que, com a orientação do ministério, implemente as ações regulatórias necessárias para viabilizar a aplicação do

Fust. Se o dinheiro for usado na telefonia, será preciso incluir os recursos no Orçamento e depois definir as metas. Se for para a internet, o governo precisa editar um decreto criando um novo Serviço de Comunicação Digital (SCD).

O TCU também recomendou à Casa Civil que tenha um papel mais ativo nesse processo, principalmente quanto a integração e coordenação de políticas governamentais de inclusão digital e na avaliação e implementação de medidas que aperfeiçoem a atuação do Ministério das Comunicações.

Pressionado, o Minicom designou um grupo de trabalho para analisar o assunto, chefiado pelo secretário de Telecomunicações da pasta, Roberto Pinto Martins. Ao contrário do TCU, Martins acha que será necessário modificar a LGT. O ministério estuda vários projetos de educação, saúde, segurança para uso dos recursos do Fust e lançou para consulta pública um programa para instalar aparelhos telefônicos especiais para deficientes visuais e auditivos, com R$ 7 milhões do Fust.

Os parlamentares da Comissão de Ciência e Tecnologia, Comunicação e Informática preferem que o governo descentralize os recursos do Fust para os municípios. Eles propõem que a internet seja um serviço público municipal. Já existe um projeto de lei nesse sentido, o PL nº 3.839, do deputado Íris Simões (PTB-PR), cuja relatora é a deputada Luiza Erundina (PSB-SP).

A justificativa é de que universalizar os serviços de telecomunicação hoje, e cada vez mais no futuro, significa universalizar a internet – e não o serviço de telefonia. Com a telefonia via internet (VoIP), o telefone passa pela rede a um custo muito mais barato, em vez da rede passar pelo telefone.

A grande maioria da população brasileira não possui telefone fixo porque não pode pagar R$ 50,00 mensais. Pagar R$ 150,00 por mês para ter telefone e internet é ainda mais difícil. Os parlamentares citam o sucesso da prefeitura de Sud Mennucci, no interior de São Paulo, que conseguiu prover acesso à internet grátis para 100% dos seus moradores com baixo custo, por meio da instalação de antenas WiMax. Trata-se de um padrão apoiado pela Intel e por outras grandes empresas como concorrente para os provedores de serviços de dados de alta velocidade via cabo ou linha telefônica.

Os micros dos usuários só precisam de uma placa para se conectar à rede WiFi, que custa R$ 70,00. Com R$ 33 mil, a prefeitura de Sud Mennucci conseguiu instalar antenas para cobrir toda a cidade, a uma velocidade de acesso similar à de banda larga, para cerca de 500 computadores. A prefeitura passou a ser provedor. O custo para cada usuário sai, em média, R$ 10,00 por mês, e a prefeitura banca esse gasto. Mas poderia se autofinanciar por meio de publicidade no seu site de provedor à internet.

Os parlamentares querem que o governo crie um padrão para a instalação da internet semelhante ao de Sud Mennucci e autorize o repasse do Fust para que os municípios possam implantá-la. Claro que repasses aos municípios exigirão também um sistema de controle, para fiscalizar os desvios de recursos. Os membros da comissão, no entanto, apostam que o melhor fiscal serão os cidadãos, ansiosos para ter acesso à rede mundial de computadores.

5. TRANSPOSIÇÃO DO RIO SÃO FRANCISCO

Terça-feira, 26 de agosto de 2003

CARTA CRÍTICA ESPECIAL: PROBLEMAS DE IMAGEM NA TRANSPOSIÇÃO DO SÃO FRANCISCO

Washington Novaes criticou acidamente na última sexta-feira, no *Estadão*, a proposta de retomada pelo governo Lula do projeto de transposição do São Francisco. É o primeiro artigo importante sobre a decisão, que, até então, não tinha sido tratada em profundidade pela grande imprensa.

Os argumentos de Washington Novaes são fracos. O principal deles é o de que a transposição poderia prejudicar o aquífero subterrâneo de Urucina, que verte água para as duas bacias, a do Tocantins e a do São Francisco. É um argumento claramente falacioso. O próprio Washington Novaes usa-o no condicional.

Os outros argumentos são igualmente fracos. O único que se sustenta é o de que haveria perda na geração de energia elétrica. Washington Novaes defende a multiplicação de cisternas domésticas, como faz o Fome Zero, em vez da transposição. Com essa tese ele mostra que ignora o fundamento do projeto, que é o de dar água para o desenvolvimento econômico da região em bases totalmente novas e não apenas água para beber.

O problema é que Washington Novaes é o mais importante jornalista brasileiro especializado em meio ambiente. Sua influência no debate é decisiva. E a questão da preservação das águas tornou-se central nos últimos fóruns de meio ambiente, a ponto de se haver constituído um "Fórum das Águas," especificamente para tratar da preservação dos rios e mananciais. Já existe, há vários anos, um movimento mundial contra a construção de barragens.

A partir de uma preocupação conservacionista, esses movimentos acabaram desenvolvendo uma postura conservadora e até reacionária, que congela esforços de desenvolvimento e integração regional. O projeto de transposição, portanto, começa mal do ponto de vista da comunicação. Não é tarefa fácil desafiar movimentos ambientalistas, que contam com grande simpatia da opinião pública.

Os ambientalistas já conseguiram inviabilizar muitos projetos importantes, como a Estrada do Sol, que ligaria o Vale do

Paraíba ao importante Porto de São Sebastião, e que até agora, por causa deles, não saiu do papel. Vários projetos de hidroelétricas também estão parados por exigências, em alguns casos despropositadas, dos ambientalistas.

Todos esses projetos eram de grande interesse público, de cidades e regiões importantes e, no entanto, foram congelados pelo ativismo dos movimentos conservacionistas, que se valem da lentidão da justiça, impetrando liminares obstrutivas.

O que fazer?
1. Constituir um grupo de trabalho que cuide da imagem do projeto São Francisco. Esse grupo deveria ser composto por um jornalista, um assessor de imprensa, um ambientalista, um especialista em relações públicas e um publicitário. Todos dos quadros do governo.
2. Discutir a possibilidade de incluir na viagem de novembro do presidente da República ao Oriente Médio uma visita às fantásticas instalações de transposição das águas do Alto Nilo, em Assuã, que foram inauguradas pelo presidente Mubarak no mês passado. Esse é o maior projeto de transposição de águas do mundo, movendo 334 metros cúbicos de água por segundo, que passaram a irrigar 4,75 milhões de hectares no deserto. A visita pode ser organizada via embaixada do Egito, ou via a empresa brasileira Engecorps, que fez o projeto básico da transposição do São Francisco.

Quarta-feira, 9 de junho de 2004

TRANSPONDO OS OBSTÁCULOS À TRANSPOSIÇÃO DO SÃO FRANCISCO

O presidente da Agência Nacional de Águas, Gerson Kelmann, deu um show de bola no programa Roda-Viva de anteontem, na Cultura, deixando sem argumentos o principal opositor do Projeto de Transposição do São Francisco, o jornalista Washington Novaes.

Hoje, na *Folha*, Marina Silva [Ministra do Meio Ambiente] explica, na mesma linha, os avanços na política ambiental do governo no sentido de superar a contradição entre desenvolvimento e preservação ambiental.

Com essas intervenções deu-se um grande passo para a realização tranquila das audiências públicas obrigatórias para a aprovação da transposição do São Francisco, projeto prioritário do governo. Washington Novaes é na imprensa o líder da forte corrente de opinião contrária à transposição. Aos poucos, os espíritos parecem estar se desarmando.

O DELICADO TRATO COM OS AMBIENTALISTAS

O temor de que os ambientalistas empastelassem as audiências públicas foi tão grande que o grupo de trabalho coordenado pela Secom, com o MMA [Ministério do Meio Ambiente] e o Ministério da Integração, chegou a formular uma estratégia especial para assegurar a realização tranquila das audiências.

Alguns grupos ecologistas já recorreram a métodos antidemocráticos para impedir o encerramento regular de audiências públicas, com o que elas perdem validade, e a licença ambiental definitiva, pela lei, não pode ser outorgada.

Para facilitar ainda mais o trâmite das audiências públicas, a Secom também está programando uma festiva caravana pelo São Francisco, em comemoração dos 30 anos da Codevasf.

ATRASO É DE TRÊS MESES ATÉ AGORA

Mas as audiências públicas, previstas para começar no dia 1º de julho pelo cronograma do projeto, só devem começar em setembro, porque o estudo de impacto ambiental (EIA) precisou ser revisto. Espera-se no final deste mês a aprovação do Rima prévio pelo IBAMA. Depois de ficar 45 dias à disposição de consulta pública, o projeto vai às audiências, que duram mais 45 dias.

Na hipótese otimista de não haver mais atrasos nem empastelamento das audiências públicas, poderão ser feitas as primeiras licitações em setembro ou outubro. O atraso acumulado até agora ainda pode ser recuperado, mas há lentidão no Ministério da Integração Nacional.

Para recuperar os prazos e garantir que o presidente possa apertar o botão da primeira bomba da transposição em agosto de 2006, como está programado, seria preciso reforçar o grupo de trabalho coordenado pelo Ministério da Integração Nacional.

Sexta-feira, 27 de agosto de 2004

AS CRÍTICAS AO PROJETO DAS ÁGUAS DO SÃO FRANCISCO

O jornal *A Tarde*, da Bahia, advertiu ontem em editorial que o empréstimo de US$ 1,2 bilhão do Banco Mundial não deve ser usado para projetos que agridam o meio ambiente, citando especificamente a necessidade de preservação da bacia do São Francisco, a Mata Atlântica.

Numa linguagem obscura e maliciosa, o jornal diz que "em relação à questão da transposição do São Francisco (...) existe uma decisão política tomada nessa direção, facilitando a atuação de um lobby poderoso que se encontra infiltrado na máquina do Estado que defende a manutenção da velha política de grandes obras hidráulicas para o Nordeste, a verdadeira 'indústria da seca' na região.

Na sua coluna de hoje, Tereza Cruvinel alimenta a tese do *A Tarde*, dizendo que "ganha força no governo" a ideia de fortalecer Ciro Gomes para que ele dispute o governo do Rio em 2006.

O MOMENTO É DE DECISÃO DO COMITÊ DE BACIAS

O ataque do *A Tarde* coincide com a reunião em Juazeiro, até o dia 31, da plenária do Comitê da Bacia Hidrográfica do rio São Francisco, que tem como objetivo traçar diretrizes de aproveitamento integrado das águas da bacia. É esse comitê, criado por decreto presidencial em 2001, que tem a autoridade para traçar diretrizes de utilização das águas, outorgas de uso de águas, portanto com impacto direto no Projeto de Transposição do São Francisco.

Terça-feira, 31 de agosto de 2004

A EPOPEIA DE FAZER O SERTÃO VIRAR MAR

Foi épico o tratamento dado ao projeto da transposição por *IstoÉ Dinheiro* desta semana. Diz a reportagem que se trata de "uma epopeia histórica como não se vê desde a construção de Brasília."

Mas pergunta: "como o presidente Lula pretende arrumar o dinheiro... se o governo não está investindo sequer na obrigação de tapar os buracos das estradas". A revista diz que o governo está procurando empréstimos do Banco Mundial para o ramo mais barato, o eixo Leste, de custo estimado em US$ 400 milhões, e Carlos Lessa [Presidente do BNDES] pretende oferecer recursos do FAT [Fundo de Amparo ao Trabalhador] para o ramo mais caro, o eixo Norte, de custo estimado em US$ 1,2 bilhão.

SONHO OU REALIDADE?

IstoÉ Dinheiro foi o único veículo de circulação nacional a tratar do projeto no momento decisivo, em que é iminente publicação das licitações para parte das bombas e para a empresa gerenciadora do projeto. Foi um "furo de reportagem", como se diz no jargão jornalístico.

Mas três dias depois de circulação da revista, com esses números fantásticos e muita informação relevante, nenhum outro veículo se interessou pelo assunto. É como se ninguém acreditasse que a transposição do São Francisco vai mesmo acontecer.

Quinta-feira, 02 de setembro de 2004

IMPRENSA PROBLEMATIZA A TRANSPOSIÇÃO DO SÃO FRANCISCO

Os jornais estão fazendo o jogo dos governadores do Nordeste ao interpretar a alocação de R$ 1 bilhão para as obras da transposição na proposta orçamentária de 2005 como um desafio ao Comitê da Bacia do rio São Francisco, que ainda não teria aprovado o projeto. Ocorre que se esse é o momento de enviar a proposta orçamentária ao Congresso, não se trata de um desafio e sim de uma obrigação legal e de uma precaução.

O *Globo* diz que o Comitê da Bacia estava negociando um projeto alternativo que retira menos água do rio e repete o surrado argumento absurdo de que a transposição beneficia estados de fora da bacia. Se não fosse para isso, para que transposição? A *Folha* vai além, registrando a frase do secretário-executivo do comitê, Luiz Carlos Fontes: "Estamos indignados." Diz também que o projeto pode parar na justiça...

6. SALÁRIO MÍNIMO

Terça-feira, 27 de abril de 2004

EDIÇÃO EXTRA: O DEBATE DO SALÁRIO MÍNIMO

A mídia já dá como certo que o presidente vai anunciar um salário mínimo de apenas R$ 260,00. E mostra grande preocupação com a possibilidade de um aumento "excessivo" do salário mínimo, acima de R$ 270,00. Seria mesmo excessivo um salário mínimo de, por exemplo, R$ 300,00, que ainda não atenderia às necessidades básicas, mas que permitiria ao presidente em mais duas ou três etapas iguais cumprir sua promessa de dobrar o valor do salário mínimo em quatro anos? Esta edição extra discute a consistência lógica de alguns dos principais argumentos apresentados.

A FALÁCIA DA PORCENTAGEM ELEVADA

Um dos argumentos contra o salário mínimo de R$ 300 é o de que seria um aumento de 25%, muito elevado. O argumento é falacioso, porque a porcentagem é aplicada sobre uma base extremamente baixa. Cem por cento de zero é zero. Mesmo depois da lenta recuperação de seu valor em 25% durante o governo FHC, o salário mínimo vale hoje apenas um terço do que valia quando foi criado por Getulio Vargas em 1940, conforme o estudo entregue pela CUT [Central Única dos Trabalhadores] ao presidente. Vinte e cinco por cento de R$ 240,00, o aumento que elevaria o salário mínimo a R$ 300,00, dão apenas R$ 60,00 a mais. O que são hoje R$ 60,00? Quase nada. São R$ 2,00 por dia. Não paga nem uma passagem de ida e volta de ônibus numa cidade como São Paulo. Se for gasto de uma vez, dá para comprar dois quilos de carne, cinco quilos de açúcar, cinco de arroz e cinco de feijão. Como podem R$ 2,00 por dia colocar em risco a economia brasileira? Não faz sentido. A lógica indica que não só é perfeitamente possível dar esse reajuste, mas que é desejável um aumento dessa ordem. A falácia do impacto nas contas municipais. Tiveram grande destaque nos jornais os estudos da Confederação Nacional de Municípios (CNM) mostrando que, para cada ponto percentual de aumento no salário mínimo, os municípios gastariam R$ 20,5 milhões a mais por ano. É um número que assusta. Mas o que representam R$ 20 milhões a mais por ano numa folha de pagamento dos municípios estimada pelo Ipea em R$ 47,4 bilhões no ano passado? Praticamente nada. O estudo meticuloso preparado no mês passado pelo Ipea para ajudar o presidente a tomar sua decisão mostra que, se o salário mínimo for a R$ 300,00, o gasto a mais na folha de pagamento dos municípios será de R$ 885 milhões, ou apenas 1,86%. Impossível acreditar que um aumento de 1,86% quebraria os municípios brasileiros. Apenas num grupo de municípios muito pequenos, em que metade dos funcionários recebe salário mínimo, o impacto seria significativo, da ordem de 12%. Os estudos do Ipea desmontam a tese da quebra dos municípios. Na verdade, o que há é uma camisa de força, apertada e, nesta altura, irreal da Lei de Responsabilidade Fiscal, que limita os dispêndios dos municípios com pessoal a 54% da suas receitas. Se esse limite for corrigido por uma MP [Medida Provisória] para 56% ou 60%, o mundo não vai cair e fica tudo nos conformes. São regras burocráticas congeladas no freezer do tempo, definidas em outras épocas, outros contextos e uma outra correlação de forças que estão travando o cumprimento das promessas do presidente.

A FALÁCIA DO IMPACTO NAS CONTAS PÚBLICAS

Nos estados, é a mesma situação. Os efeitos são mínimos e perfeitamente aceitáveis. Somando o total agregado sobre as folhas das duas esferas de governo, o efeito nas contas públicas não parece ser muito significativo, "da ordem de 0,9% a 2,2%", conclui o estudo do Ipea. Ou seja, mesmo se o salário mínimo for ao limite superior dos valores estudados pelo Ipea, de R$ 300,00, um valor politicamente muito bom e socialmente justo, o impacto será de apenas 2,2% no total da folha de pagamento dos estados e municípios. Esse estudo derruba toda a argumentação contra o salário mínimo baseada nos seus custos a estados e municípios.

(Nota Técnica Diruir/CFP 05/04).

A FALÁCIA DO IMPACTO NA PREVIDÊNCIA

Mas e o impacto na Previdência? Essa parece ser a mãe de todas as falácias. A Fazenda calcula que, para cada real a mais, seriam gastos pela Previdência R$ 200 milhões por ano. O estudo da CUT fala em R$ 181 milhões por ano. Parece muito? Não é. Outro estudo do Ipea revela que um aumento de 25% (que aumentaria o salário mínimo para R$ 300,00) elevaria os gastos da Previdência em 8,75%. Como essas despesas representam 6,5% do PIB, o impacto na despesa pública seria de apenas 0,5% do PIB. Vamos repetir: o impacto total na economia brasileira devido aos gastos da Previdência de um aumento substancial de salário mínimo que o elevaria a R$ 300,00, representa apenas 0,5% do PIB brasileiro. Perfeitamente aceitável. De forma alguma um rombo nas contas públicas. Isso é o resultado, mais uma vez, do fato de que a base é muito baixa. Sendo muito baixo o valor do mínimo no Brasil, os efeitos nem poderiam ser grandes em nenhuma da contas nacionais. Outro parecer técnico do Ipea analisa o impacto geral do aumento do salário mínimo especificamente no orçamento da União, concluindo ser perfeitamente possível o valor de R$ 280,00 e defendendo esse valor, que representa um aumento em termos reais de 10%. (Parecer Técnico Diruir/CFP 01/04).

E A FALÁCIA DO RISCO DE INFLAÇÃO

Todos os cálculos de quanto "custa" o salário mínimo ignoram o quanto ele rende. Adotam a ótica unilateral que vê salários como custos e não como rendas. Trata-se de um entendimento superficial de economia ou ideologicamente motivado, porque, em economia, a toda renda corresponde uma produção. Se aumentar a renda vai aumentar o valor da produção. E como pode aumentar o valor da produção? Aumentando a quantidade ou aumentando os preços ou um pouco das duas coisas ao mesmo tempo. O que aconteceria no Brasil hoje? Aumento de preços ou aumento da produção? Na conjuntura atual, em que as indústrias de bens de consumo (aqueles que são comprados com salário) estão com um terço de suas máquinas paradas, o que vai acontecer com o aumento do mínimo para R$ 300,00 é um aumento da produção sem aumento de preços. Talvez até com queda de preços, na medida em que cai o peso dos custos fixos em cada unidade produzida.

A FALÁCIA DA SUPRESSÃO DO EFEITO RETORNO

Os que estimam o valor adequado do salário mínimo a partir unicamente da ótica da despesa parecem cuidadosos com as contas, parecem ser os mais sérios e aplicados, os mais técnicos, mas curiosamente sempre fazem a conta pela metade. Não consideram as entradas propiciadas por um mínimo maior na arrecadação de impostos, na criação de mais empregos e, portanto, mais arrecadação ainda, e até mesmo nos recolhimentos à Previdência. Estima-se que pelo menos 10% do aumento voltam quase que imediatamente aos cofres públicos (e uma parte disso aos municípios e estados) na forma de aumento da arrecadação em virtude do aumento das vendas. Muito menos consideram o que o município economiza em combate à criminalidade e assistência à saúde, quando há um bom aumento do salário mínimo. O INSS não considera nos seus cálculos a enorme economia que um salário mínimo melhor e, portanto, uma alimentação melhor trazem nos gastos com licença saúde e acidentes de trabalho.

JORNALISTAS REALIMENTAM AS FALÁCIAS

Partindo da falsa premissa de que custa muito caro e não há dinheiro para bancar o aumento, os jornalistas criam novas falácias. Miriam Leitão, do *O Globo*, acrescenta que o Brasil pode "perder a confiança dos investidores" se o governo não disser de onde vai tirar o dinheiro para elevar o mínimo e o salário dos militares. Uma variação desse raciocínio é de Carlos Alberto Sardenberg, do *Valor*, ao dizer que "quando vários ministros ficam horas dizendo ao presidente que ele precisa elevar o mínimo de qualquer modo, o pessoal desconfia que o controle das contas públicas vai dançar" e essa percepção eleva o risco Brasil. Nesse raciocínio, tudo agora eleva a percepção de risco Brasil. Até Franklin Martins, do *O Globo*, entrou nessa e criou sua própria falácia dizendo que, se o aumento for pequeno, haverá mais recursos públicos para investir em estradas, casas populares e obras de saneamento – áreas que geram muito emprego. Como se um aumento do salário mínimo não criasse emprego pelo aumento de demanda que gera. Ou como se o governo não investisse em saneamento por causa do salário mínimo.

SALÁRIO MÍNIMO COMO PROPULSOR DA RETOMADA DO CRESCIMENTO

O veterano e importante economista Paul Singer, um dos que mais entendem de economia do trabalho e de economia em geral, diz em sua abordagem do tema na mídia que, na atual conjuntura econômica, o reajuste do salário mínimo é crucial, "pois oferece uma oportunidade de inverter o rumo ascendente do desemprego, dando ao crescimento econômico brasileiro o impulso de que necessita". Para Singer, um reajuste substancial, bem acima do custo de vida, é mais do que oportuno neste momento. Isso ocasionaria um aumento imediato e vigoroso do consumo dos mais pobres. Beneficiaria a maioria dos assalariados diretamente, recuperando parte das perdas sofridas nos últimos anos. E ainda a beneficiaria indiretamente, ao acelerar o crescimento da demanda efetiva e, portanto, da produção e do emprego. O economista Décio Garcia Munhoz, falando ao site do PCdoB, defende a mesma posição, argumentando que é essencial hoje elevar a renda das famílias, depois da queda de 3,3% no ano passado "que determinou a queda de 0,2% no PIB". Por causa dessa queda, que não era necessária, e está tendo efeitos negativos até hoje, a elevação substancial do salário mínimo surge como uma oportunidade. Longe de ser um problema, ela é necessária e oportuna.

SALÁRIO MÍNIMO COMO FORÇA INSTITUIDORA DE UMA NOVA SITUAÇÃO

Essa percepção do salário mínimo como instituinte de uma nova e desejada situação que se quer criar e não como mero e indesejado custo de um *statu quo* que se quer manter remete ao papel fundamental do salário mínimo quando ele foi criado por Getulio. E por isso Getulio entrou na história como estadista. Ao criar o salário mínimo ele impôs a industrialização ao Brasil agrário e refundou a Nação. O salário mínimo maior, da ordem de R$ 300,00, pode refundar o mercado interno brasileiro, dizimado nos últimos quinze meses. Por tabela, refunda o governo Lula, sendo essa a vantagem mais importante de um bom reajuste.

Quinta-feira, 11 de agosto de 2005

A ARMADILHA DO SALÁRIO MÍNIMO

Ganhou as manchetes a jogada da oposição que, aproveitando-se da "desarticulação da bancada governista", como diz o *JB*, aprovou no Senado ontem, por 30 votos a 27, emenda de ACM aumentando o salário mínimo para R$ 384,29.

O Globo enquadrou o episódio na sua primeira página como um golpe da oposição, que, com isso, deu um susto em Lula. Votaram contra o governo cinco dos dezessete senadores do PMDB e dois do PSB. Paulo Paim e Cristóvam Buarque abstiveram-se. Hoje de manhã, no Bom Dia Brasil, o velho ACM tirou um sarro de Lula: "Eu fiz aquilo que o presidente Lula sempre prometeu: aumentar o salário mínimo."

Antes da manobra de ACM, o plenário aprovou em votação simbólica a medida provisória do governo que aumentava o mínimo para R$ 300,00. Com a aprovação da emenda dos R$ 384,29 a MP terá que ser submetida novamente à votação na Câmara. Está montada a armadilha, como antecipa o JB: "se for aprovada na Câmara, o presidente Luiz Inácio Lula da Silva – que prometeu na campanha dobrar o poder de compra do salário mínimo durante o seu mandato – terá que enfrentar o desgaste público de vetar o aumento."

Quarta-feira, 21 de junho de 2006

CARTA CRÍTICA ESPECIAL: A CAMPANHA CONTRA O SALÁRIO MÍNIMO

De repente, toda a grande imprensa uniu-se numa campanha contra os gastos do governo e exigindo um ajuste fiscal de longuíssimo prazo e a autonomia do Banco Central. A peça forte da campanha foi a manchete do *Estadão* da segunda, defendendo a tese do economista do Ipea, Fábio Giambiagi, de que os aumentos do salário mínimo vão levar ao descontrole das contas públicas. Giambiagi diz que o governo precisa parar de aumentar o salário mínimo. A *Gazeta Mercantil* de hoje apoia a tese de Giambiagi em editorial e volta a defender a autonomia do Banco Central.

Todos os jornais de referência nacional entraram na campanha. *O Globo* chegou a falar em "farra fiscal", atribuindo o aumento dos gastos do governo à proximidade da eleição. O *Estado de Minas* aterrorizou seus leitores com a advertência de que os impostos ainda podem aumentar devido aos gastos públicos. *Valor* acusa as estatais de investirem 29% a mais esse ano sem ter o orçamento aprovado.

A campanha parece ter três objetivos:

Primeiro, criar uma nova agenda de debates, já que Alckmin [adversário de Lula em 2006] nada tem a dizer sobre os programas sociais do governo, a queda nos preços dos alimentos e dos materiais de construção e o crescimento do emprego. Alckmin também não pode comparar o governo

Lula com o de FHC [Fernando Henrique Cardoso], porque todos os índices de comparação favorecem Lula. Segundo, tentar colocar uma camisa de força no próximo governo cobrando antecipadamente a autonomia do Banco Central, o ajuste fiscal de longo prazo.

Terceiro, precisam inventar um novo argumento contra os aumentos reais do salário mínimo depois que a queda da inflação de abril para maio desmoralizou o argumento anterior de que o aumento levaria ao descontrole da inflação. Ignácio Rangel já havia demonstrado que, no Brasil, quando o consumo aumenta, os preços caem, ao contrário do que diz a teoria monetarista, porque, entre outros motivos, os produtores de bens de consumo passam a vender mais com os mesmos custos fixos, já que sempre têm enorme capacidade ociosa.

No principal texto dessa campanha, a reportagem do *Estadão* da segunda, Giambiagi chega a dizer que os aumentos reais do salário mínimo desde o início do Plano Real custaram R$ 250 bilhões para o setor público, o equivalente a 12,1% do PIB de R$ 2,2 trilhões estimado para 2006. Além de comparar equivocadamente fluxos de mais de dez anos com o valor do PIB de um único ano, Giambiagi só considera os "gastos" com salário mínimo, esquecendo os ganhos trazidos aos cofres públicos pelos aumentos de salário mínimo, tanto em recolhimento direto ao INSS quanto no aumento da demanda, portanto no recolhimentos de todos os impostos. Além disso, salário é renda, portanto é parte do próprio PIB. Quanto maior o salário, em especial o salário mínimo, maior o PIB, e, quanto maior o PIB, menor o déficit do INSS e do governo como um todo.

A campanha liderada por Giambiagi ainda culpa cinicamente o salário mínimo e as transferências de renda pelos juros altíssimos, argumentando que, por elevarem a relação dívida/PIB, aumentaram o risco Brasil e, com isso, os juros. Giambiagi inverteu a lógica dos fatos. Ocultou que, de longe, a principal despesa do governo são os juros, que realimentam a dívida pública. Tanto assim que bastou o Copom baixar a taxa de juros repetidamente nos últimos meses que a relação dívida/PIB parou de crescer, mesmo tendo havido aumento do salário mínimo.

Hoje surgiram as duas primeiras reações contra essa campanha, ao que parece oriundas da Fazenda: Sonia Racy ironiza Giambiagi na sua coluna no *Estadão*, mostrando que ele chegou ao custo de R$ 250 bilhões corrigindo os gastos com salário mínimo pela taxa Selic. A culpa, se houver, será muito mais da taxa Selic do que do salário mínimo. Célia Franco, no jornal *Valor*, ironiza a tese da autonomia do Banco Central, dizendo que seria até bom, mas se o BC também fosse autônomo em relação ao mercado e não só em relação aos políticos.

7. MACROECONOMIA

JUROS E INFLAÇÃO

Sexta-Feira, 21 de fevereiro de 2003

CETICISMO DIANTE DAS MEDIDAS DE ESTÍMULO

Duas ideias principais emergem da mídia: Primeiro, a de que é impossível conciliar a política do Banco Central, claramente recessiva, com as medidas de ontem, de caráter expansionista. Ou uma política macroeconômica é recessiva, tendo como objetivos centrais derrubar a demanda e desaquecer a economia, ou o seu contrário, tendo como objetivos principais estimular a demanda e criar emprego. As medidas de ontem, ao contrário do Fome Zero, não são predominantemente compensatórias e sim predominantemente expansionistas. Portanto, contraditórias com as do Banco Central. É o que diz Antonio Richa, da UFRJ, na página 20A de *O Globo*: "É impossível conciliar." Segundo Jânio de Freitas na *Folha*: "Juros altos são incompatíveis com a geração de emprego." Por isso, ele conclui que foi tudo uma encenação.

A outra ideia, não explícita e ainda não explorada pelos comentaristas, tem que ser deduzida da fala de José Dirceu, amplamente reproduzida nos jornais de hoje: "Essa é uma tarefa de governo, ao Banco Central cabe ser o guardião da moeda". Ou seja, ele coloca uma distância entre as políticas do BC e as políticas do governo. Com isso, sinaliza também para um limite ao alcance das políticas do Banco Central.

AMPLIA-SE A REJEIÇÃO AO AUMENTO DE JUROS E COMPULSÓRIO

Os jornais de hoje mostram que se consolidou uma postura de rejeição à elevação de juros e aumento do compulsório, incluindo vozes tradicionalmente favoráveis à ortodoxia econômica. A tese comum a todas as matérias é a de que elevar juros não derruba inflação no Brasil. O raciocínio foi bem desenvolvido ontem na coluna de Sonia Racy, do *Estadão*, encampando análise de Erivelto Rodrigues, da Austin Consultoria: "como a inflação é de custos e não de demanda, a decisão do Copom só vai impactar ainda mais os custos, levar a uma perda importante da arrecadação, gerando mais desaquecimento da economia... e aumento brutal da dívida pública". Entre as teses associadas está a de Nassif, na *Folha* de ontem, apoiando-se em Yoshiaki Nakano e Paulo Tenati, de que (a) metas inflacionárias são uma metodologia inadequada para o Brasil e (b) o risco Brasil tem pouco a ver com os fundamentos da economia e muito mais com condições externas.

Até o *Estadão*, que ontem não atacou as medidas (com exceção da coluna de Sonia Racy), hoje publica nada menos que três matérias de crítica substantiva a essas medidas. Entre essas matérias está a coluna de Joelmir Beting, que é reproduzida em dezenas jornais em todo o país. As outras duas são de Dionísio Carneiro, economista da PUC-Rio, (p. 2C) e de André Palhano (3C). E a *Gazeta Mercantil* de hoje publica um grande editorial de crítica à elevação dos juros e compulsório.

A GOTA QUE FEZ O COPO TRANSBORDAR?

Parece ter sido esse o efeito das medidas na opinião pública. Já no dia seguinte ao anúncio do Copom, pela primeira vez desde o início do governo, houve mais matérias negativas ao governo na TV do que positivas, conforme acompanhamento especializado. No conjunto da mídia, incluindo jornais, dobrou o número de matérias negativas. Outro sintoma: pela primeira vez, também, foram usadas na primeira página dos jornais expressões pesadas, quase insultuosas na adjetivação de medidas de governo. Entre elas: "nefasta", "insensível", política norteada pela bússola dos especuladores. Salete Lemos, no Jornal da Record, falou em "brutal aumento da dívida pública".

Domingo, 18 de maio de 2003

EDIÇÃO EXTRA: O DEBATE DOS JUROS NA MÍDIA

Virou consenso nacional a tese de que é preciso dar início ao processo de redução de juros. Persistem resistências localizadas a uma redução abrupta e já, como pede o vice José Alencar [vice-presidente]. Mas também há cada vez mais economistas, empresários e jornais que pedem exatamente isso.

A mídia vinha dando peso demais à opinião de analistas de bancos, devido à sua disponibilidade para falar aos jornalistas. Esse é o único grupo identificado que ainda pede que se espere mais um mês.

Mas neste final de semana a mídia corrigiu fortemente sua posição e aderiu ao que alguns jornais e revistas chamam de "clamor nacional" pela redução dos juros. Alencar foi capa de *IstoÉ Dinheiro*, e três jornais de referência nacional (*Globo*, *JB* e *FSP*) escrevem editoriais pela queda dos juros.

A manchete do *Estadão* de hoje é um libelo contra os juros alto : "Juros levam dívidas a 28,2% do PIB". A *Folha* deslocou seu editorial para a primeira página e deu a ele o título sugestivo: "Sem medo de crescer". E divulga pesquisa revelando que apenas seis entre 56 membros do CDS [Conselho de Desenvolvimento Social] por ela entrevistados preferem que o juro seja mantido. *Época* publica artigo com o título "Coragem Meirelles: agora é a hora de baixar os juros".

Os debates "técnicos" na mídia mostram que o único motivo forte dos que defendem a manutenção por mais um mês é na verdade político e não técnico: repetir a tática do superchoque de confiança adotada quando foi definido o superávit primário maior do que pedia o próprio FMI. Essa é a verdadeira discussão: que atitude hoje gera confiança: baixar os juros ou manter os juros?

Hoje, a confiança talvez seja mantida mostrando a coragem de mudar e não o medo de mudar. Daí as palavras coragem e medo aparecerem nos editoriais.

O autor desta *Carta Crítica*, a partir da observação diária da mídia, acha que o BC já deveria ter baixado os juros no mês passado. Com isso teria se antecipado à discussão, evitado sua politização e tornado tudo mais fácil.

O RELATÓRIO POR EXTENSO

Um exame do noticiário até sábado já mostrava que houve deslocamento significativo de opinião a favor da redução dos juros, sobrando apenas um grupo que não é propriamente contra a redução, mas acha melhor esperar mais um mês. No domingo deu-se a virada completa, e toda a mídia se posicionou militantemente a favor do corte nos juros. No final, o ativismo de Alencar e a adesão de muitos economistas ortodoxos à tese da redução de juros sobrepujaram a influência dos analistas de bancos no processo de agendamento da mídia. Há quase unanimidade a favor de uma redução lenta gradual e segura, mas resistências importantes a uma redução já e mais cortante, como pede o vice Alencar.

O movimento de opinião mais importante foi a adesão de alguns economistas de perfil ortodoxo à ideia de que é preciso cortar os juros. Inclusive alguns de peso, como John Williamson, chamado de "pai do consenso de Washington"; Heron do Carmo, que dirige a pesquisa de inflação da Fipe; e o jornalista Joelmir Beting, decano do jornalismo econômico e que atua como baliza do pensamento convencional em economia. Também os economistas tucanos aderiram a essa tese (Yoshiaki Nakano, os dois Mendonça de Barros, entre outros).

O ALERTA DE WILLIAMSON

Williamson alertou publicamente que "o BC cometeria um erro se não baixasse os juros imediatamente". Sua fala deve ter tido grande influência na mudança da opinião dos jornalistas que haviam aderido com entusiasmo ao neoliberalismo e que sempre seguem uma espécie de sabedoria do senso comum. O neoliberalismo venceu, entre outros motivos, porque se apresentava como a sabedoria do senso comum. Com a fala de Williamson, a ideia de que tem que baixar os juros começa a virar "senso comum". Hoje, os que são contra baixar os juros é que têm que se explicar.

A fala de Williamson também foi importante porque ele não usou meios-termos e porque deixou registrada a culpa por antecipação da atual equipe, se as coisas derem errado por não seguirem seu conselho.

Joelmir Beting montou sua última coluna sobre a questão dos juros em cima da fala de Williamson. Entre os colunistas especializados, apenas Miriam Leitão prega a continuação do arrocho por mais tempo. Sonia Racy se alinha discretamente pela queda dos juros.

A RESISTÊNCIA VEM DOS ECONOMISTAS "DO MERCADO"

Apenas o subgrupo do campo conservador formado por analistas de bancos e corretoras, que os jornais identificam como "o mercado", mantém-se relativamente unido pela manutenção dos atuais juros Selic. É esse o subgrupo de analistas de bancos que deu o tom da pesquisa da *Reuters*. Mas mesmo entre eles há os que acham que já há condições técnicas para reduzir os juros, como Darwin Dib, do Unibanco, só que, por razões psicológicas, seria melhor esperar um pouco. Expressam sua posição em tom defensivo. Argumentam que não são propriamente contra a redução dos juros, mas que seria melhor esperar um pouco mais até a queda da inflação se consolidar.

AUTORIDADES MONETÁRIAS INVERTEM AS EXPECTATIVAS

Esse grupo " do mercado" ganhou mais alento nos últimos dias, ao sentir na fala de autoridades econômicas o mesmo espírito de cautela acima de tudo. "A entrevista fez os juros futuros subirem" foi um subtítulos do *Estadão* de ontem na reportagem sobre a fala de Meirelles em Sevilha. De fato, se estava criando uma expectativa de redução de juros, e foi a fala de autoridades do BC, especialmente de Ilan Goldfajn [então diretor de política econônimca do Banco Central] no meio da semana, e do presidente do BC, Henrique Meirelles, na sexta, que inverteram essa expectativa.

E CRÍTICOS DOS JUROS ALTOS TORNAM-SE MAIS IMPACIENTES

Já o bloco dos que sempre criticaram a política de juros altos manteve-se coeso, tornou-se mais convicto, ganhou adesões e adotou um discurso mais contundente, expresso não só por eles, mas também pela fala do vice Alencar de que "ou os juros baixam ou o Brasil está liquidado".

OS ARGUMENTOS DOS DOIS LADOS

Qual a última argumentação dos dois lados?

Os que defendem a manutenção dos juros por mais um mês dizem que: (a) o núcleo da inflação ainda resiste; (b) a inflação anual ainda está muito acima da meta de 8,5% no ano estabelecida no acordo com o FMI para 2003, e como a política monetária tem como baliza a inflação é preciso manter os juros altos; (c) mesmo admitindo que já há condições técnicas para baixar os juros é importante manter um pouco mais o choque recessivo para consolidar a confiança na economia brasileira.

Os que defendem o corte imediato dos juros alegam: (a) a taxa mensal da inflação caiu substancialmente, inclusive nos preços por atacado, o que deve se irradiar aos preços ao consumidor; (b) o governo olha para a inflação passada quando deveria olhar para inflação projetada, que aponta para apenas 8,8%, bem perto da meta do acordo com o FMI; (c) mesmo que a inflação anual seja um pouco mais alta do que a meta, esse não é o único fator que deveria ser levado em conta, deveria ser também considerada a trava que está levando a economia;

(d) como a inflação caiu muito e o juro nominal se manteve, houve um aumento grande no juro real, hoje no patamar recorde de 14,5% (26,5% -12,3%), e a única maneira de anular isso é reduzir a taxa Selic – esse é o argumento de Alencar, que defende corte drástico para 17%.

A agência especializada Globalinvest, que faz estudos regulares detalhados das taxas de juros em todo o mundo e abastece a imprensa com esses estudos, pede corte substancial e já, com os mesmos argumentos de Alencar e [do economista] Heron do Carmo.

O fato de economistas de mesmo peso defenderem políticas opostas mostra que, em economia, a verdade depende das convicções de cada um. Por isso, o debate é ideológico, e a argumentação é muitas vezes falaciosa, feita para convencer e não para explicar. Neste debate, sustento que as falácias estão presentes na argumentação dos que se opõem à queda dos juros, a saber:

1. Ao contrário do que está subjacente no argumento deles, não foi a demanda que puxou a inflação e sim a grande alta do dólar. Foi uma clara inflação de custos. Portanto, nem foram os juros altos que derrubaram a inflação nem serão os juros altos que continuarão a derrubar.
2. O que derrubou a inflação foi a queda recente do dólar e a decisão política de mandar a Petrobras baixar preços de combustíveis. Os dois fatores fizeram baixar os custos. Portanto, esvaziado o argumento central, a verdadeira, a única razão dos que se opõem à derrubada dos juros não é técnica, mas política: manter a estratégia de dar um choque de credibilidade, iniciada com a surpreendente decisão de anunciar uma meta de déficit primário superior à exigida pelo próprio FMI.

O COMPORTAMENTO DA MÍDIA

Por que motivo os jornais escamotearam de início a declaração do vice-presidente José Alencar, feita na Universidade de Viçosa, na quarta-feira, de que "Se a atual taxa básica de juros não baixar o Brasil está liquidado"? Deveria ser manchete nos principais jornais. Jogaram para páginas internas porque a declaração era especialmente pesada, dramática.

Mas a fala de Alencar se difundiu na surdina e com muita força. Foi pautando os jornalistas. Na sexta, a *Gazeta Mercantil* publicava seu editorial: "Destravar a economia real", abrindo com a frase de Alencar e dizendo que ela "reflete o sentimento nacional."

Diz o editorial:

"Alencar tem toda a razão. É hora de o governo converter o sucesso da política econômica para o desenvolvimento do país, sob pena de se estar construindo uma economia inútil, porque não atende às necessidades e aos anseios dos cidadãos e do setor empresarial."

A *Gazeta Mercantil*, apesar de estar em crise, ainda é o maior jornal de economia do país, com mais de 100 mil exemplares de circulação.

No sábado, foi a vez do editorial da *Folha*, com título também forte: "Haja Paciência".

Diz a *Folha*:

"...Enquanto sinais de paralisia da atividade produtiva e declínio da inflação se tornam cada vez mais enfáticos, autoridades econômicas do governo Luiz Inácio Lula da Silva emitem sinais de que não cederão ao clamor pela redução das insuportáveis taxas de juro vigentes... pouco importa se o pulso da economia desvanece, se a demanda arrefece, se o desemprego apavora, se a dívida pública e a carga fiscal escalam e as empresas são asfixiadas. O que orienta a lógica de alguns tecnocratas do BC são os modelos armazenados em seus computadores. São eles que parecem ditar os rumos da economia."

No *Correio Braziliense*, Antonio Machado escreveu no sábado:

"...Quem está na frente nesse jogo de pressões (pela manutenção da taxa Selic) são os analistas e consultores a serviço da banca, uma gente que só pensa nisso em tempo integral, edita e distribui relatórios e está sempre disponível para o assédio da mídia..."

Hoje, três jornais de referência nacional trazem editoriais pela queda dos juros. Diz o *JB*:

"O Brasil real não esconde sua angústia. Se não é possível reduzir os juros agora, sempre se encontrará motivo para uma nova prorrogação."

Diz a *Folha*:

"Manter a economia nos trilhos atuais significa estagnação, desemprego e deterioração da renda, embora agrade àquela fatia francamente minoritária que faz fortunas emprestando dinheiro ao Estado..."

Diz *O Globo*:

"Índices de inflação continuam a cair... índices de desemprego continuam preocupantes. Tal quadro conjuntural não pode ser relegado pelo BC na sua reunião que definirá esta semana as taxas de juros básicas..."

Quinta-feira, 22 de maio de 2003

PRESSÃO DEVE AUMENTAR

Esse é o título do comentário de hoje sobre a decisão do Copom, escrito por três jornalistas do *Correio Braziliense*, antes de saberem da demissão de Ilan Goldfajn, anunciada esta manhã. A tese dos três é a de que críticas como a de José Alencar devem se reproduzir e subir de tom. Citam o economista chefe do Banco Santos: "Se alguém achou que o bombardeio em cima do BC foi grande neste mês, não imagina o que virá nas semanas seguintes".

O Estado de S. Paulo, único jornal que ainda mantém algum grau de compreensão (não podemos dizer apoio) à decisão do Copom, comenta em editorial o "fogo amigo" de Alencar, dizendo que "foi além do tolerável." Em reportagem à parte, o jornal já antecipa na edição de hoje a demissão de Goldfajn, atribuindo-a às críticas que a política de juros altos vem sofrendo, principalmente de Alencar.

PALAVRAS MUITO FORTES

Outra medida da reação negativa são as palavras usadas. Decepção, jogar dinheiro fora, saque do setor produtivo, excesso de conservadorismo, falta de sintonia com o mundo real, frustração, decisão nefasta e insensível. A coluna do *JB* terminou hoje com a frase: o medo venceu a esperança.

VAZAMENTOS

A reportagem do *Estadão* contém inconfidências, diz que Palocci estava tentando pessoalmente convencer Ilan a ficar. A *Folha* tem outra inconfidência, dizendo que o presidente Lula advertiu Alencar de que ele estava passando dos limites. Uma advertência "cautelosa e carinhosa", diz o repórter. A tese da matéria é que o presidente não quer ver Palocci enfraquecido.

CONDENAÇÃO GERAL

Com poucas exceções, quase todas de ex-burocratas do BC ou analistas do mercado, todos condenaram, e com palavras fortes, a decisão do Copom. Quatro grupos de reações interessam mais: a dos economistas independentes, por causa de sua argumentação técnica; a dos empresários, por causa do seu pragmatismo; a dos sindicatos e associações empresariais, por causa de sua representatividade; e a de jornalistas e políticos, por causa de sua sensibilidade. Todos esses quatro grupos condenaram de modo unânime e forte.

Das entidades empresariais, só a Febraban e a Acrefi (Associação Nacional das Instituições de Crédito, Financiamento e Investimento) aceitaram sem criticar. Nem se pode dizer que apoiaram. Entre os economistas que reprovaram com palavras fortes nos jornais de hoje estão Joaquim Eloi de Toledo e Paulo Nogueira Batista. Entre os jornalistas estão Miriam Leitão, Joelmir Beting e Antonio Machado. Os empresários falaram contra em coro, exceto o presidente da Vale do Rio Doce, Roger Agneli, e o do Grupo Gerdau, Jorge Gerdau, mesmo assim porque acabavam de se encontrar com o presidente e não queriam parecer indelicados.

ALGUMAS REAÇÕES

O presidente da Fiesp, Horacio Lafer Piva, disse que "O BC está impondo, mais uma vez, custo desnecessário à produção e ao mercado de trabalho. Juros elevados e crédito escasso e caro empobrecem o país, comprometendo a produção num horizonte que já inclui os primeiros meses de 2004."

A decisão frustrou a expectativa do economista Marcel Solimeo, da Associação Comercial de São Paulo (ACSP), que esperava uma queda, por mínima que fosse, para sinalizar uma melhoria para o comércio, que poderia começar a ampliar os prazos de concessão de crédito. Ele é de opinião que o BC está esperando uma conjuntura favorável demais para decidir baixar os juros. "Estão querendo céu de brigadeiro no mundo todo, não pode ter uma nuvenzinha nem no Alasca que, pronto, não pode baixar os juros", criticou.

A manutenção da Selic é mais um fator para manter as dificuldades por que passa o setor de eletroeletrônicos, afirmou Paulo Saab, presidente da Eletros, entidade que representa os fabricantes. "O setor não sofrerá uma queda expressiva de vendas por conta da manutenção dos juros, mas só porque a situação já está muito difícil há muito tempo", afirmou.

O presidente da Confederação Nacional da Indústria (CNI), deputado federal Armando Monteiro Neto (PMDB-PE), se disse "frustrado" com a decisão "prudente" do Copom. Para ele, o maior perigo é o reflexo negativo que a manutenção dos juros em um patamar alto como o atual pode provocar no nível de emprego do setor industrial.

As montadoras de veículos contavam com uma redução da taxa de juros para aumentar as vendas do setor, em queda nos últimos meses. Para a Anfavea, a manutenção da Selic, apesar de servir de instrumento de combate à inflação, deverá continuar afastando o consumidor das concessionárias.

O Banco Central "mais uma vez tomou uma decisão infeliz, equivocada e questionável", afirmou o vice-presidente da Associação Nacional dos Executivos de Finanças, Administração e Contabilidade (Anefac), Miguel José Ribeiro de Oliveira.

O presidente da Associação Brasileira da Indústria Têxtil (Abit), Paulo Antonio Skaf, disse que a manutenção da Selic, a taxa de juros, pelo Copom foi decepcionante. Para ele, a decisão contrariou expectativas de mercado.

O presidente da Associação Comercial de São Paulo (ACSP), Guilherme Afif Domingos, considerou que a decisão deve fazer com que "o setor produtivo seja saqueado". O empresário observou que as vendas nos primeiros 20 dias de maio no comércio varejista de São Paulo já registraram queda de 4% em relação ao mesmo período do ano anterior. Ele diz que a expectativa era que o Copom já reduzisse os juros na reunião de hoje para propiciar "algum fôlego à economia".

O presidente da Federação do Comércio do Estado de São Paulo (Fecomércio/SP), Abram Szajman, defendeu que o governo tenha iniciativas para diminuir o *spread* bancário, uma vez que o Copom julgou que ainda não há condições suficientemente boas para cortar a taxa referencial de juros.

O presidente da Associação Brasileira da Infraestrutura e Indústrias de Base (Abdib), José Augusto Marques, disse que é lamentável para o setor produtivo que o Copom não tenha reduzido a Selic ou, no mínimo, adotado um viés de baixa, o que possibilitaria a reavaliação da taxa antes da próxima reunião do Comitê. "Precisávamos pelo menos de uma sinalização, porque é impossível montar qualquer plataforma desenvolvimentista com esse patamar de juros", disse.

O presidente da Federação do Comércio do Estado do Rio (Fecomércio/RJ), entidade que representa mais de 350 mil empresas, Orlando Diniz, lamentou a decisão de, mais uma vez, adiar a trajetória de queda dos juros e, consequentemente, a retomada do crescimento da economia brasileira. Adiantou, contudo, confiar que o Banco Central, sentindo-se mais seguro com as previstas novas quedas dos índices de inflação, possa reduzir os juros na próxima reunião.

Para o presidente da Abrinq, entidade que reúne os fabricantes de brinquedos, e também do Conselho Regional de Economia de São Paulo, Synésio Batista Costa, o Banco Central errou ao manter mais uma vez a taxa básica. Ele disse que a medida "retarda o emprego do brasileiro e o consumo".

Quinta-feira, 23 de outubro de 2003

REAÇÕES MUITO NEGATIVAS À DECISÃO DO COPOM

Já na véspera da reunião, Ioshiaki Nakano advertiu em *Valor* e no *Estadão* que a derrubada dos juros deveria ser mais rápida, numa "canetada", sob o risco de cairmos numa nova crise. Bresser Pereira fez a mesma advertência. E Luiz Otávio Gomes, da Confederação das Associações Comerciais, disse, no *Correio Braziliense*, que as atuais taxas de juros "poderiam comprometer até mesmo as vendas de Natal".

Hoje, as reações negativas se acentuaram, porque, no fundo, se esperava um corte de 1,5 e até de 2 pontos .O professor da FGV José César Castanha chamou de "vergonhosa a decisão do BC". Está em *O Globo* de hoje com todas as letras.

O sentimento é de frustração, e de temor de que o BC vá matar mais uma chance de retomada do crescimento. Piva, da Fiesp, diz que "é preciso soltar as amarras da economia e ajudar o mercado doméstico".

O EQUÍVOCO CONCEITUAL DO COPOM

O Copom justificou a manutenção dos juros reais em patamar alto pela necessidade de evitar um recrudescimento da inflação. O temor não se justifica, apesar da prévia do IPCA subir de 0,57% para 0,66%. Os especialistas dizem que a tendência da inflação é declinante.

Mesmo que houvesse uma tendência de alta, o raciocínio do BC está equivocado. O raciocínio é o seguinte: juros altos inibem as compras (demanda agregada) e com isso se inibe a alta de preços.

Acontece que se a renda está caindo e se as compras já estão caindo nos supermercados, não é a demanda agregada que está puxando os preços. A inflação não é de demanda, é de custos. E que custos são esses? Custos das tarifas, que são administradas pelo governo, e custos de alguns alimentos, por motivos sazonais.

Por esses motivos também não se justifica o ministro da Fazenda ir à televisão pedir aos empresários que não aumentem seus preços. Os empresários, servidos pelas distribuidoras Piratininga e Bandeirantes, certamente vão aumentar seus preços.

A OUTRA RELAÇÃO ENTRE JUROS E INFLAÇÃO

Isso não quer dizer que juro anômalo não derruba inflação. Derruba, mas a um custo social e econômico exagerado. Funciona assim: com juros absurdamente altos, os consumidores compram muito menos bens duráveis de maior valor, que precisam ser pagos em prestações. Isso derruba a atividade econômica, o que derruba o emprego, derrubando a renda. Nesse processo, é maior também o gasto público com serviço da dívida, porque ele é proporcional ao juro. Como o gasto com juro é alto, o governo não investe em infraestrutura, aumentando ainda mais o desemprego.

Inflação não é demanda, é de custos. Mas para não mexer nos custos (leia-se tarifas), derruba-se a demanda demais. O empobrecimento do brasileiro não é um acidente, é a essência do processo.

Sexta-feira, 31 de outubro de 2003

QUEM DETERMINA OS JUROS: O GOVERNO OU O MERCADO?

Quem determina a taxa de juros é o mercado, diz um dos argumentos principais da equipe do Banco Central, para justificar a taxa anômala do juro Selic. O ministro-chefe da Casa Civil é um dos que se deixou convencer por esse argumento, como apontou Antonio Machado no *Correio Braziliense* de ontem, embora em tom de queixa. Zé Dirceu acredita que se o BC baixasse os juros Selic de modo mais acentuado, haveria uma fuga dos aplicadores. Já chegou a dizer que, nesse caso, seria necessário até criar um "corralito", como na Argentina.

QUEM DETERMINA É O GOVERNO

A tese está errada. Ontem, a manchete de *Valor* demoliu esse argumento: "Juro futuro sobe com fala de Meirelles". Ou seja, não é o mercado que determina a taxa aplicada pelo governo, é o governo que, ao definir sua taxa, influi no mercado. Segundo a reportagem, tão logo Meirelles disse que o juro real já havia caído significativamente, as taxas do mercado futuro de juros começaram a subir. "O receio do mercado é que Meirelles queira eternizar o juro real em 10,5%", diz a reportagem. A taxa de juros estava sendo negociada no mercado embutindo um juro real de 9,5%. Logo que a fala do Meirelles se espalhou pela web, começou a subir.

Ontem, com a divulgação da ata do Copom, o fenômeno se repetiu. O tal mercado avaliou que o gradualismo vai continuar e corrigiu para cima os juros futuros. Como informa a *Folha* de hoje: "A taxa de contrato futuro de maior negociação, com prazo em julho do próximo ano, foi de 17,6% para 17,7".

A percepção de que hoje é o BC que influencia o processo de formação de juros no mercado e não o contrário já havia aparecido no noticiário antecipado sobre a última ata do Copom. Disse no dia 27 a *Gazeta Mercantil*: "Ata do Copom dará a curva de juros futuros". A matéria elaborava: "O BC já sinalizou que pretende ser mais gradual – e o mercado de forma geral aposta que os juros caiam a 17% no final do ano. Qualquer informação, que fuja desse entendimento, irá provocar nova correção na curva futura de juros".

Terça-feira, 11 de novembro de 2003

CRESCE O INCONFORMISMO COM OS JUROS ALTOS

Agora não é apenas o vice-presidente José Alencar. *O Globo* do domingo noticiou com destaque que está cada vez mais aceso entre os membros do núcleo articulador do governo o debate dentro sobre os rumos da política macroeconômica. Diz a reportagem que não há propriamente um plano B em gestação, mas ganha força a ideia de "um salto de qualidade sem ruptura". Além de derrubar os juros, está em discussão a proposta de alongar o perfil da dívida pública.

Segundo a reportagem, que tem todos os atributos da verossimilhança, aumenta a resistência à política de juros altos aplicada pelo Copom. "Depois de dez meses de governo, a política econômica já adquiriu credibilidade suficiente para impor algumas mudanças significativas."

CÚPULA LEVA O DEBATE PARA A MÍDIA

A reportagem, diz que o próprio presidente, inconformado com a situação, está estimulando o debate. Uma forma de desempatar esse tipo de disputa é mobilizar a mídia. É o que os protagonistas estão fazendo. A reportagem de *O Globo* não teria existido se o repórter não recebesse as informações valiosas de alguns dos protagonistas mencionados.

Outro sintoma de que o debate está sendo levado para a mídia são as sucessivas entrevistas do presidente do Banco Central, Henrique Meirelles, à *IstoÉ* do sábado e ao *Estadão* de ontem, assim como aos perfis elogiosos ao secretário do Tesouro, Joaquim Levy, nas edições de ontem de *Valor* e *Estadão*.

O BATALHÃO DOS DESCONTENTES

Quase todos os ministros que precisam de dinheiro para investir estão descontentes com a política macroeconômica, segundo a reportagem. E começam a confrontar Palocci.

Entre eles, pesos-pesados como Dilma Roussef [Minas e Energia]. Até Berzoini, muito próximo a Palocci, estaria descontente.

O que a reportagem não diz, porque o jornalista não sabe, é que o descontentamento é ainda mais profundo e generalizado no segundo escalão, formado por especialistas e técnicos, detentores de uma imagem de seriedade e compromisso social em suas respectivas áreas, que largaram seus empregos para servir ao projeto de mudança do governo Lula e que se sentem frustrados.

Se a política macroeconômica não mudar, é certo que vai haver uma fuga dos melhores quadros do governo, com efeitos negativos na campanha eleitoral e na moral interna.

A SOLUÇÃO É MAIS FÁCIL DO QUE PARECE

O aspecto mais paradoxal da situação vivida pelo governo é o de que uma solução parcial, mas importante para o impasse, está à mão: basta baixar substancialmente a taxa de juros Selic. É o que pregaram com ênfase no último final de semana, entre outros, Carlos Lessa, presidente do BNDES, Paulo Nogueira Batista, Bresser Pereira e Joelmir Beting.

Um é economista do governo; outro, economista simpático ao governo; o terceiro, economista antipático ao governo; e, por fim, um jornalista independente. Todos pedem o corte mais acelerado na taxa Selic.

OS ARGUMENTOS PELA REDUÇÃO DA TAXA SELIC

Hoje, o argumento principal pelo corte na taxa Selic deixou o de ser o do crescimento econômico, apesar de haver ainda algumas dúvidas sobre a duração desse crescimento num ambiente de taxas anômalas de juros.

O principal argumento agora é o ganho que se obtém nos gastos do Tesouro, e, portanto, no orçamento da União. Cada 1 ponto percentual de corte pode representar a economia de R$ 7 bilhões por ano, ou cerca de R$ 500 milhões por mês. É muito dinheiro. O corte da Selic é a única medida isolada que alteraria substancialmente a capacidade de o governo investir no social.

O segundo argumento importante é o efeito benéfico dessa redução na taxa de crescimento da dívida. Na verdade, a única forma hoje de impedir a dívida pública de crescer é reduzir a taxa Selic. Nessas circunstâncias, e dado que a inflação está sob controle, a política monetária deveria procurar a menor taxa Selic possível que não desestabilizasse o sistema econômico. Mas o critério que se vê é o oposto: a aplicação da maior taxa de juros Selic aceita pelo sistema político.

A TAXA REAL ESTÁ CADA VEZ MAIS ALTA E NÃO MAIS BAIXA

Com a queda da inflação, a taxa real de juros está cada vez maior, argumentam também os economistas. Está em torno de 13% ao ano. Carlos Lessa, na sua intervenção da semana passada, disse que o ideal é não mais do que 8,5% ao ano. Seria preciso cortar, em passo acelerado, uns cinco pontos da taxa Selic. No *Estadão* de ontem, Rolf Kunz resume um complexo estudo de Edward Amadeo e Juan Jensen, que provaria ser de efeito curto a redução da taxa Selic. Mas o estudo contém outra variável que ofusca o debate: a desvalorização do real. Mesmo assim, conclui com uma observação de Delfim que desqualifica em grande parte estudos econométricos desse tipo.

O ÚLTIMO ARGUMENTO PARA OS JUROS ALTOS

Na longa entrevista a *IstoÉ Dinheiro*, Meirelles argumenta que não compete ao governo decidir a taxa de juros, "quem decide é o mercado".

Só que ele foi desmentido mais de uma vez nas últimas semanas pelas taxas de juros futuros, que caíram abaixo das pagas pelo governo por seus títulos.

A reportagem do *Globo* diz que Meirelles usou um argumento diferente quando Palocci o pressionou a cortar pelo menos meio pontinho a mais na última reunião do Copom.

Meirelles teria dito que o corte de 1 ponto seria decidido por unanimidade pelo Copom, enquanto uma proposta de corte de 1,5 teria votos contrários, e isso geraria desconfiança no mercado. Impressiona como um argumento fraco como esse pode nos custar R$ 300 milhões por mês. Dinheiro mais do que suficiente para um grande mutirão nacional contra o crime organizado, por exemplo.

Sexta-feira, 28 de novembro de 2003

DIDÁTICA: A RELAÇÃO ENTRE JUROS, CÂMBIO E INFLAÇÃO

Em economia quando se mexe numa variável, as outras também se mexem. No jornal *Valor* de ontem, pela primeira vez são discutidos os efeitos na inflação e nas taxas de câmbio de uma queda na taxa de juros Selic, como base numa metodologia adequada. O artigo de Maria Clara do Prado resume as conclusões de um trabalho do economista Dias Carneiro e de Thomas Yen Hon Wu, da PUC do Rio de Janeiro. As principais conclusões:

1. Para cada ponto de aumento na taxa de juros Selic, a demanda cai 0,34%, e o PIB encolhe 0,42% por trimestre, ou 1,7% ao ano.
2. Inversamente, para cada ponto a menos da Selic, a demanda cresce 0,34%, e o PIB trimestral cresce 0,42%;
3. Com a queda da demanda, para cada ponto a mais da Selic, os preços caem 0,125% no trimestre, ou 0,5% no ano.

Nota-se portanto que o custo para derrubar a taxa de inflação em 0,5 ponto percentual é desproporcionalmente alto na economia brasileira, da ordem de 1,7% no PIB. Isso deve ser por causa da rigidez das tarifas públicas, jogando todo o custo da política anti-inflacionária na repressão ao consumo dos bens de preços livres.

E qual o feito nas outras variáveis?

1. Para cada ponto a mais na taxa Selic, diz o estudo, o custo da dívida pública interna aumenta em 0,5%, porque metade dela está atrelada à Selic. No total de serviço da dívida o impacto é de 0,38 %.
2. Por exemplo, se o Banco Central desvaloriza o real, o custo das importações é maior, o que leva a um aumento geral dos preços. Se a desvalorização foi de 30%, e as importações constituem 10% de tudo o que nós consumimos, o impacto nos preços poderá chegar a 3% (dez por cento de trinta por cento). Não chega a tudo isso porque, quando o preço dos importados sobe, alguns deles dei-

xam de ser comprados ou são substituídos. Mas chega perto. E o câmbio? O que acontece com a taxa de câmbio: em teoria, com o aumento das exportações e queda nas importações, começam a entrar mais dólares do que sair.

Segunda-feira, 8 de dezembro de 2003

E A CULPA É POSTA DE NOVO NO JURO SELIC

No sábado, a Globalinvest divulgou seu último relatório sobre juros, revelando que nosso juro real projetado para os próximos doze meses está em 11,1%, nível que o economista da Globalinvest Alexandro Agostini considerou proibitivo.

No *Globo*, Joaquim Elói Cirne de Toledo, um especialista em conjuntura econômica, também critica o nível do juro Selic, dizendo que "os juros reais podem chegar a cerca de 4 a 6%. Isso reduziria o custo da dívida pública, melhorando a percepção do risco país. Além disso, estimularia o investimento". A mesma tese é defendida por João Sayad na *Folha* de hoje. Ele diz que "se os juros tivessem sido de 6% acima da inflação, apenas neste último ano a dívida teria se reduzido para 55% do PIB e teríamos economizado 4% do PIB em pagamentos de juros, ou R$ 54 bilhões".

HÁ ESPAÇO PARA QUEDA DE JUROS?

No *Estadão* do sábado, Heron do Carmo, o especialista da UPS em inflação, também diz que há, e muito, sem que haja pressão sobre os preços. Ele diz que "não há nada no cenário futuro que possa desestabilizar o combate à inflação". Na *Folha* de hoje essa previsão otimista sobre inflação em 2004 é confirmada por diversos analistas.

Na *Folha* de ontem, quem falou contra o nível atual do juro Selic foi Ibrahim Eriz, em longa entrevista. Economista de muita acuidade e ex-presidente do Banco Central, ele disse em resumo que "nenhum país pode viver ano após ano com juro real de 8% a 10%" e que "se a economia exige 8% a 10% permanentemente, existe algo de errado com o seu modelo, porque ela se está inviabilizando".

Horácio Lafer Piva, da Fiesp, sugeriu a Meirelles que pelo menos tentasse baixar os juros um pouco mais. "Funcionaria como uma análise de sensibilidade", disse ele a Meirelles, segundo o *Estadão* do sábado. Ele disse que, se tiver que voltar a aumentar os juros, aumenta-se, não tem a menor importância. Até o teimoso Gustavo Franco, na sua coluna em *Veja*, diz que há espaço para queda de juros.

Quarta-feira, 17 de dezembro de 2003

A CORRIDA DE TARTARUGA DA TAXA SELIC

Trinta e um dos 48 analistas de bancos consultados pela Agência Estado apostam no corte de 1 ponto percentual na taxa Selic. A mesma proporção de apostadores no corte de 1 ponto apareceu ontem na pesquisa de *Valor*. Essa é a expectativa dominante dos que mexem com dinheiro. Com esse corte, a taxa Selic cairia de 17,5% para 16,5%. À primeira vista, um belo corte no juro básico, abrindo caminho para a retomada do investimento.

Mas do mês passado para este mês, a inflação projetada também caiu. O resultado é que, mesmo derrubando a taxa Selic em 1 ponto percentual, entraremos em janeiro de 2004 com um juro real maior do que tínhamos na entrada em novembro passado.

Valor calcula que, entre a última reunião do Copom e a desta semana, o juro real caiu de 10,7% para 9,3%. Em janeiro, a inflação projetada para doze meses já deverá estar em apenas 5,5%, segundo estimativa do Unibanco, publicada por Sonia Racy na terça. A essa taxa de inflação e com juro Selic a 16,5%, a taxa real de juros estará em 10,5% em janeiro de 2004, mais alta do que está hoje. E mais alta do que o juro real básico já negociado pelo mercado, que estava ontem em 9,25%, segundo levantamento do *Globo*, com base numa expectativa de inflação futura de 5,89%.

E O ESGOTAMENTO DA TÁTICA DE REDUÇÃO LENTA, GRADUAL E SEGURA

Um terço dos consultados pela Agência Estado aposta num corte maior, de 1,5 ponto percentual. Mesmo com esse corte, o juro real brasileiro ainda seria, em janeiro, maior do que está hoje, 10%.

Os números sugerem a ineficácia da tática de redução lenta e gradual da taxa de juros num período em que a inflação também está em queda, se o objetivo é a retomada do crescimento. O que importa é o juro real, e esse não caiu quase nada.

COM JURO ALTO NÃO TEM INVESTIMENTO

Como a retomada do crescimento precisa passar inevitavelmente, desta vez, pela retomada do investimento em bens de capital, mais importante ainda se torna uma queda no juro real, pois é com empréstimos ou lançamento de ações que os empresários financiam o investimento.

Uma das formas das empresas se financiarem é emitir ações e debêntures. Na *Folha* da terça, o presidente da CVM, Leonardo Cantidiano, atribuiu aos juros altos a queda de 56% no valor das emissões de ações e debêntures por empresas brasileiras até novembro: "As empresas, para concorrer com os juros do governo, teriam que pagar juros que iriam sufocá-las."

PREVISÕES SOBRE O PIB DE 2004

A CNI prevê que o PIB industrial vai crescer até 4,5% em 2004, de certa forma puxando o PIB geral, cujo crescimento ficaria em 3,5%. Mas o documento da CNI diz ainda que não haverá investimentos até meados do ano porque a indústria tem capacidade ociosa. Antonio Barros de Castro, em artigo na *Folha* de hoje e em entrevista a *Valor*, diz que não há uma política de retomada de crescimento, mas que, mesmo assim, a economia poderá crescer "por automatismo".

O ministro Furlan [Luiz Fernando Furlan, Desenvolvimento, Indústria e Comércio] disse ao jornal *Valor* que o PIB deverá crescer 4% em 2004, metade disso graças às exportações que, segundo ele, vão crescer 10%, para US$ 80 bilhões.

Juntando os dois prognósticos, não temos perspectivas sólidas de crescimento, porque (a) depende de produzirmos mais grãos, ou seja, do tempo; (b) depende da cotação das matérias-primas, que deverá subir, mas também poderá cair; (c) mesmo crescendo as exportações, é pequeno o efeito de propagação dessa renda no resto da economia, como ficou demonstrado no *boom* exportador deste ano; (d) não haverá investimento durante a primeira metade do ano.

Quinta-feira, 19 de fevereiro de 2004

AS BOAS NOTÍCIAS DA INFLAÇÃO

Segundo a Fipe, está caindo bem o ritmo da inflação. O IPC ficou em 0,26 na segunda quadrissemana do mês, contra 0,46 na primeira e 0,71% em janeiro. Nesse ritmo, o IPC deve fechar o mês em torno de 0,35%, e não mais em 0,40%, como era a previsão anterior. E a inflação do ano deve fechar entre 5,5% e 6,0%. A Fipe também mostrou que o núcleo da inflação mantém-se na casa de 0,20 ao mês, com leve tendência ao declínio. O coordenador da Fipe, Paulo Pichetti, diz que os números confirmam que a alta de janeiro foi sazonal.

O IGP-10 da Fundação Getulio Vargas ainda está se acelerando por causa de dois insumos industriais, como o aço e matérias plásticas, mas ele é fechado no dia 10 do mês, o que significa que não captou a segunda semana de fevereiro, quando se deu a desaceleração mais acentuada. E mesmo no IGP-10 houve desaceleração no índice de preços ao atacado e deflação nos preços de bens de consumo. Alguns empresários também apontam para a dificuldade dos aumentos do atacado serem repassados ao varejo devido à debilidade do poder de compra da população.

MAS O COPOM NÃO QUIS SABER...

Movido, segundo todos os analistas, pela necessidade de justificar a ata da reunião anterior, o Copom manteve a taxa Selic em 16,5%. Essa decisão fez aumentar a taxa de juro real da economia em um pouco mais de um quarto de ponto percentual, já que a inflação projetada está em queda.

...E INVERTEU A POLÍTICA DE REDUÇÃO GRADUAL DA TAXA REAL DE JUROS

De 9,95% ao ano em janeiro, a taxa de juro real projetada subiu para 10,23%, segundo o cálculo da Globalinvest, publicado em todos os jornais. Sonia Racy no *Estadão* de hoje estima em 13,8% a taxa de juro real acumulada. Pelo primeiro critério, temos a maior taxa real de juros entre os quarenta países pesquisados; pelo segundo critério, temos a segunda maior, só perdendo para a Turquia, diz Sonia Racy. O gráfico da Globalinvest mostra claramente que, com a decisão de ontem, o Copom inverteu sua política de redução gradual da taxa real de juros.

O OBJETIVO DO COPOM É BARRAR EXPANSÃO DO PIB ACIMA DOS 3,5%

A pergunta é: por que o Copom fez isso? Pela primeira vez ele não explicou sua decisão. Como os indicadores de inflação não apontam claramente para altas, a inflação tem que ser outra.

Para especialistas, diz *O Globo*, o Copom quis criar "uma barreira à expansão do PIB... acima dos 3,5% projetados para esse ano". O economista José César Castanhar, da FGV, disse claramente ao *Globo* que a intenção do Copom é não permitir um crescimento econômico acima de 3,5%. Ele diz que poderíamos crescer esse ano até 6%, porque temos muita capacidade ociosa. Diz também que crescer 3,5% "não é motivo de comemoração", porque no ano passado só crescemos 0,19%. Na média de dois anos, o crescimento 2003-2004 seria praticamente vegetativo.

O ALTO CUSTO DA DECISÃO DE ONTEM

A decisão do Copom tem três consequências mais importantes; vai desestimular ainda mais o investimento privado, porque poucas atividades produtivas dão retorno real da ordem de 11%; vai manter limitada a capacidade de investimento do Estado, porque não serviu para aliviar a carga de juros da dívida pública mobiliária; e vai manter alta ou até aumentar a relação dívida/PIB.

Ontem o Tesouro mostrou que, em janeiro, o estoque da sua dívida aumentou em 0,8%, atingindo R$ 737,3 bilhões, e que 61,3% dessa dívida é remunerada pela taxa Selic. São R$ 451,89 bilhões, que se pagassem 1 ponto percentual a menos de juros que seja, economizariam ao governo e ao contribuinte R$ 4,5 bilhões no ano. "Cada ponto percentual de juros leva a uma economia de R$ 4,5 bilhões", diz *O Globo*, que fez as contas detalhadamente.

Se o corte fosse de 2 pontos percentuais, economizaríamos R$ 9 bilhões, o tamanho aproximado do contingenciamento proposto inicialmente pelo ministro Palocci. Se o corte fosse de 3 pontos percentuais, considerado absorvível pelo mercado, teríamos nas mãos R$ 13,5 bilhões, o bastante para fazer toda a reforma agrária deste ano e mais a transposição do São Francisco.

Além da necessidade de reafirmar sua autonomia, o Copom consegue, com a decisão de ontem, manter o sistema. A dívida não caindo, todos os grandes números continuam os mesmos. Essa é a tese do economista Antonio Lumbreras Júnior, num interessante artigo no *Globo* de hoje em que ele diz que o governo está submisso ao mercado como se o mercado fosse Deus. Acha que o PT "prestaria melhor serviço ao país" se volvesse à sua condição de oposição e crítica ao sistema.

Quinta-feira, 17 de junho de 2004

TAXAS DE JUROS: PIOR DO QUE MAIS DO MESMO

A decisão do Copom de manter a taxa de juros foi a mesma do mês passado, mas o quadro não é o mesmo. Há dois aspectos novos preocupantes na decisão de ontem: a cristalização de um padrão de taxas anômalas de juros e o conformismo perante a perspectiva de que vai continuar assim por muitos meses. O mercado, diz a imprensa, espera a manutenção da atual taxa Selic até agosto.

Dessa vez, mais do que em outras, a expectativa em torno da decisão determinou a própria decisão. Essa foi a interpretação de George Vidor na Globo News, e também de Joaquim Elói Cirne de Toledo, que, mesmo sendo favorável a uma redução, disse que o BC não tinha outra saída, pois todo mundo esperava a manutenção da taxa.

"DESNECESSÁRIA, SUICIDA, FRUSTRANTE"

As críticas de empresários e sindicalistas estão em todos os jornais. A Fecomércio-SP considerou a decisão desnecessária. A Fiesp criticou o excesso de zelo do BC. Os presidentes da Fecomércio-Rio e da Firjan lamentaram as oportunidades perdidas no passado. Paulinho Pereira, da Força Sindical, disse que o governo adota uma política suicida. E Luiz Marinho, da CUT, falou que o governo vem frustrando a sociedade.

AS RAZÕES OBJETIVAS

Abram Szajman, da Fecomécio, disse, na *Folha*, que "a manutenção da taxa pode abortar tênue crescimento econômico já verificado nesse início de ano".

Objetivamente, o Copom puxou o freio do crescimento econômico, talvez preocupado com a possibilidade de que passe dos 3,5% "contratados". Já fez isso outras vezes nos últimos 18 meses. Editorial da *Folha* lembra as outras oportunidades para reduzir os juros, e assim estimular a atividade econômica, que o Copom deixou passar.

ATÉ A VÉSPERA DO COPOM, CONJUNTURA DE OTIMISMO MODERADO

Mais importante do que o tardio dado de aumento de 9,8% nas vendas do comércio em abril, divulgado ontem pelo IBGE, é informação de ontem da Fiesp de que voltaram a ser criadas novas vagas na indústria paulista em maio, depois da retração de abril. Foram poucas, mas elas mostram que o recuo do mês anterior foi episódico. Com as 5.810 novas vagas, o saldo positivo do ano acumula a criação de 17.967 vagas, um aumento de 1,18 % nos postos de trabalho da indústria.

Quinta-feira, 22 de julho de 2004

O PROBLEMA DO COPOM

A Fiesp colocou o dedo na ferida na sua nota de ontem contra a manutenção da taxa Selic em 16% pelo terceiro mês consecutivo: "... estamos presos a uma armadilha: estacionamos em um patamar anormalmente alto para os juros reais, a inflação encontra alguma rigidez para baixar e nós ainda estamos muito longe de uma situação de pleno emprego...".

A CNI protestou especialmente contra o novo pretexto do Copom de que há ameaça de inflação em 2005. A CNI diz que a decisão transmite desconfiança no desempenho da economia. Iedi, Firjan e Fecomércio alertaram que manter essa taxa pode comprometer o crescimento.

O *JB* mostrou logo no título da primeira página a inconsistência do modelo, relacionando a taxa Selic ao aumento da dívida interna em R$ 748 milhões, decorrentes principalmente de capitalização de juros. No Jornal da Globo, Paulo Nogueira Batista, da FGV, disse que a taxa Selic está muito alta, o que é ruim para as finanças públicas e para o crescimento, além de dificultar a distribuição de renda. Ana Paula pegou carona dizendo que "a dívida do governo cresceu em junho por causa dos juros, em parte, atrelados à taxa Selic, que é determinada em última análise pelo próprio governo".

MUDANDO O FOCO DA DISCUSSÃO DOS JUROS

O tratamento da mídia a esta reunião mostra que a sociedade perdeu a esperança de mudar a cabeça dos monetaristas do Copom. Tanto entidades como economistas estão agora cobrando a redução do spread bancário.

Horácio Lafer Piva enfatizou bem a mudança de enfoque: " ... em alguma medida, a estabilidade da Selic pode ser compensada pela redução do spread bancário. Se o BC não encontra espaço para reduzir a taxa básica, maior esforço deveria ser empenhado na questão do spread. O que não podemos é nos conformar com altas taxas de desemprego e tímido crescimento do mercado interno, dizendo a nós mesmos que o tempo resolverá nossos problemas".

BANCOS PÚBLICOS FINALMENTE ADOTAM
POLÍTICAS PÚBLICAS

O conservadorismo do Copom tornou ainda mais importante a determinação do governo aos bancos oficiais para que baixem seus juros.

Jorge Mattoso [Presidente da Caixa Econômica Federal] confirmou, no *Globo* de ontem, que a Caixa vai reduzir os juros em várias linhas, por determinação do governo. No *Estadão*, banqueiros interpretaram a decisão como política, com o duplo objetivo de esvaziar a discussão da taxa Selic e forçar bancos privados a reduzirem seus juros.

Além de seus efeitos benéficos nos juros do mercado, a determinação recupera o papel público dos bancos públicos e abre caminho para outras mudanças importantes em políticas públicas. Muitos economistas críticos à política macroeconômica de Palocci vêm colocando a redução dos juros bancários e a democratização e ampliação do crédito como condições fundamentais para retomada do crescimento, entre eles Wilson Cano e Luiz Gonzaga Beluzzo, ambos em entrevistas recentes à *Voz do Brasil*.

Terça-feira, 14 de setembro de 2004

"OS JUROS DA DISCÓRDIA"

Esta manchete do caderno de economia do *JB* de hoje expressa com perfeição a deterioração do ambiente dentro do governo e sua causa: a taxa Selic. Os jornais dão manchete às críticas do ministro José Dirceu[10] ao Copom, às quais acrescentam as críticas de José Alencar. Quase com o mesmo destaque, dão o contra-ataque de Antonio Palocci anunciando para breve a proposta de autonomia formal do BC.

Luís Nassif descreve em tom dramático o racha do governo em sua coluna de hoje. Diz que "o núcleo não ortodoxo do governo tentou negociar uma alternativa com Palocci: aumentar para 5,25% o superávit fiscal para combater alguma pressão de demanda, mas não mexer nos juros e não permitir que o câmbio continue caindo. A proposta foi rechaçada, e a questão da inflação tornou-se ideia fixa na Fazenda e no BC, com tal intensidade que surpreendeu o núcleo duro do governo.

ENTORPECIMENTO E INÉRCIA DA POLÍTICA ECONÔMICA

Desde o início do governo, a manutenção da taxa Selic em níveis incompatíveis com a taxa de retorno de investimentos e com a necessidade de reduzir a dívida interna vem dividindo opiniões dentro e fora do governo.

O clima torna-se especialmente tenso às vésperas de cada reunião do Copom. Nassif diz que a recuperação da economia permitiu pela primeira vez juntar uma base ampla de

---

10 N.E.: Chefe da Casa Civil, ele disse que não é "robô", às vésperas da reunião.

apoio ao governo. Mas tudo isso poderá ir por água abaixo se o Copom aumentar a taxa Selic e mantiver o real apreciado.

Ele diz que, por abominar riscos, o presidente favorece a inércia da política econômica. Nassif diz que o governo está entorpecido pelo sucesso atual e paralisado pelo medo do futuro. Algo similar ocorreu com o governo FHC, com Gustavo Franco, até o colapso do câmbio.

EXPLICITANDO A DIVERGÊNCIA

Com a declaração de que não é robô, mesmo dando-se o desconto ao período eleitoral, o ministro José Dirceu explicitou o racha, e o governo deixou de professar um discurso unificado. A quem ele estava respondendo?

A *Folha* aventou uma explicação: diz que Palocci reclamou com Lula das declarações anteriores de Dirceu e de Mantega, de que não viam problema numa eventual alta da taxa Selic porque não atrapalharia o crescimento. Segundo Palocci, essas declarações atrapalharam o trabalho dele e do presidente para influenciar o Copom a ter uma atitude mais cautelosa.

O QUE DIZEM OS ANALISTAS DO MERCADO

A maioria esmagadora das instituições financeiras consultadas pela pesquisa Focus do BC acredita na manutenção dos atuais 16% da taxa Selic seguida de uma elevação no mês que vem. Mas há os que apostam numa elevação da taxa já nesta quarta-feira.

Para o presidente do Bradesco, Márcio Cypriano, a taxa poderá subir 0,25% ou 0,50% já em setembro, dizem *O Globo* e *Correio*. O banco Morgan Stanley projeta um aumento de 0,5% este mês e outro de 0,5% em outubro. Hugo Penteado, economista-chefe do ABN Amro Asset, projeta juros anuais de 17% em dezembro, mas acredita que os aumentos só ocorrerão a partir de outubro: "Não há descontrole da inflação e por isso as altas devem ser homeopáticas".

E A CRÍTICA DE GALVÊAS A ESSES ANALISTAS

No segundo artigo consecutivo sobre o assunto, no *JB*, Ernane Galvêas, ex-ministro da Fazenda e conselheiro econômico da Confederação Nacional do Comércio, diz que esses analistas de mercado, principalmente os ligados ao sistema financeiro, exercem uma ação sub-reptícia no BC.

Galvêas diz que o desenvolvimento econômico deve ser perseguido com o cuidado necessário para não deixar que a inflação fuja de controle, mas inverter a ordem, como faz o BC, colocando a taxa de inflação no centro e forçando a economia a se adaptar a uma determinada taxa de inflação, é como abanar o cachorro pelo rabo.

Galvêas também argumenta que o maior problema do Brasil é o desequilíbrio das contas do setor público, medido pelos déficits orçamentários e pela crescente dívida pública. A política de juros praticada pelo BC não só está na origem desse problema como leva ao seu agravamento.

Sexta-feira, 17 de setembro de 2004

COPOM: A CRIATURA MAIS FORTE QUE SEU CRIADOR

É o que se deduz da estranha reportagem de hoje no *Globo* dizendo que Palocci e o próprio presidente Lula fizeram um grande esforço para evitar que o Copom se decidisse por uma alta maior da taxa Selic.

Eles teriam se alarmado com a informação de que o Copom já havia feito simulações com um "choque de juros", o que "acendeu a luz amarela" no Palácio do Planalto.

A versão do *Estadão* é um pouco diferente e mais harmônica com o resto do noticiário, segundo o qual Palocci quer agora elevar o superávit primário ainda mais. Diz o *Estadão* que Palocci convenceu o presidente da necessidade de elevar o juro básico e "Lula teria determinado que a alta fosse a menor possível".

AS REAÇÕES DURAS DOS GRANDES ECONOMISTAS

Entre as muitas reações indignadas de analistas, empresários e economistas, duas se destacam: a de Paul Singer hoje e a de Ricupero [ex-ministro Rubens Ricupero] ontem, por serem economistas pragmáticos, ambos com experiência de governo e domínio profundo da teoria econômica e ambos torcendo para que nosso governo dê certo.

Paul Singer diz na *Folha* de hoje que, se há pressões inflacionárias, elas vêm da indexação de tarifas e de uma eventual alta do petróleo. Diz que "abortar nosso crescimento nesta altura por meio de uma alta da taxa de juros é um erro lastimável". Diz que o Brasil precisa de alguns anos de crescimento ininterrupto e defende com veemência a alternativa do entendimento nacional proposta por Marinho [Luiz Marinho, então Ministro do Trabalho] e endossada inicialmente pelo presidente.

A TESE DO SALAZARISMO TROPICAL

O relatório da Unctad divulgado nos jornais de hoje diz que o Brasil precisa reduzir, e não aumentar os juros, se quiser crescer. Ontem, marcando sua despedida da presidência da Unctad, Ricupero acusou a equipe econômica, em entrevista de página inteira em *Valor*, de criar uma camisa de força contra o crescimento, que ele chamou de "salazarismo tropical".

Salazar governou Portugal durante 36 anos na base da mais estrita austeridade orçamentária, fazendo de Portugal o país mais atrasado da Europa Ocidental. Essa entrevista deverá ter profunda repercussão nos meios intelectuais. Salazar confundiu economia doméstica, na qual não se pode gastar mais do que se ganha, com economia nacional, na qual se precisa gastar antes da arrecadação, daí o instrumento da dívida pública.

Quinta-feira, 21 de outubro de 2004

O CHOQUE DO COPOM

O presidente começa o dia com um abacaxi para descascar. Mais um, depois da crise em torno da nota do Exército sobre a morte de Herzog. O que dizer hoje de manhã aos industriais cariocas na cerimônia de posse da nova diretoria da Firjan?

Dizer que devem ignorar a decisão do Copom, como propõe Furlan, segundo o *Estadão*? Dizer que a palavra de ordem ainda é investir? Dizer que os fundamentos da economia são sólidos com juros de 16,75%?

Ou, como fez ontem à noite na TV o nosso vice-líder na Câmara, deputado Beto Albuquerque, defender a decisão do Copom como "um remédio amargo, mas tomado em proteção da economia".

Os jornais de hoje noticiam que o presidente Lula já reagiu, dizendo ontem à noite que quer ver a economia crescer de forma mais lenta, porém segura e sustentada. Mas a *Folha* notícia que o presidente, contrariado, vai cobrar explicações.

E A ANALOGIA COM O CASO HERZOG

O presidente pode dizer que vai mexer no Copom a menos que ele reveja sua decisão? A CUT acha que é isso que o presidente deveria fazer: "O presidente da República deveria enfrentar o problema com a mesma determinação com que agiu em relação ao posicionamento retrógrado do Exército diante das revelações sobre o assassinato de Vladimir Herzog", diz a nota de protesto de Luiz Marinho.

Nesse caso, o presidente poderia começar por endossar o que disse Paulo Skaf, na TV: "o país não está sendo ouvido... o povo brasileiro não está sendo ouvido... o que o Brasil quer e precisa é diminuição de expectativa inflacionária com aumento de oferta... com redução de juros e com aumento do crédito... com redução de carga tributária. Enfim, nós estamos na contramão!"

O OBJETIVO: PEITAR O GOVERNO E MOSTRAR QUEM MANDA

Como a decisão do Copom de elevar a taxa de meio ponto não se explica pelas leis da economia, já que a inflação está em queda e a demanda ainda muito fraca, os entendidos na matéria foram procurar explicações no terreno da disputa de poder.

Carla Modena disse no Jornal da Record que, para os especialistas, o corte maior do que o esperado foi uma demonstração de independência do Comitê. O economista Luiz Gonzaga Beluzzo disse textualmente: "O Copom tomou uma decisão política para evitar que fosse interpretada a sua ação moderada como uma submissão, uma capitulação à opinião do presidente da República de que o aumento devia ser mais modesto."

Até economistas de banco acham que foi isso, como Flávio Lemos, da consultoria Global Station: "a decisão de elevar a taxa em 0,5 ponto percentual foi motivada por uma necessidade de o BC demonstrar independência na condução da política monetária. Eles quiseram acabar com a ideia de que o governo, o Planalto, estivesse interferindo na política monetária. Foi um sinal para o mercado de que é o BC quem manda na fixação da taxa de juros e não o Lula ou o vice-presidente José Alencar."

Quem também vê exagero na decisão do Copom é o ex-presidente do BC Gustavo Loyola que, em artigo na *Folha*, bate duramente na decisão do Copom.

OS INÚTEIS PROTESTOS DE TRABALHADORES E EMPRESÁRIOS

A cada investida do Copom, Fiesp e CUT respondem com adjetivos de protesto mais fortes. Mas não passam de adjetivos. Palavras que não mudam os fatos. A CUT, amarrada ao governo, condenou a política de juros do Copom como inadmissível.

A mesma Fiesp que há apenas dois meses não quis fazer nenhuma concessão para firmar um pacto com a CUT, conclamou ontem empresários e trabalhadores a se mobilizarem "para demonstrar com clareza, diante de decisões como esta do Copom, que é questionável manter juros elevados num mercado ainda distante de qualquer risco de inflação de demanda".

E a estupefação da mídia

No Jornal da Band, o veterano do jornalismo econômico Joelmir Beting diz que são os juros que inflacionam a economia e aumentam os encargos contratados da dívida pública. Critica essa política "que já dura vinte anos" e conclui pessimista: "O governo vai continuar atirando na codorna e acertando no cachorro".

Até a convencional Salete Lemos ficou contrariada e lembrou que "recentemente nós tivemos um aumento de superávit primário em nome exatamente de menores taxas de juros". E advertiu: "É uma bola de neve, quanto maiores as taxas de juros, maior o crescimento da dívida pública e, consequentemente, maior a exigência de superávit primário. Para um governo que se diz comprometido com o crescimento, fica o dito pelo não cumprido".

A *Folha* diz em editorial que a surpresa negativa deverá comprometer as expectativas do PIB em 2004 em "mais um revés para o setor produtivo imposto pelo governo petista."

E AS DISSONÂNCIAS NO DISCURSO DO CRESCIMENTO

Com a decisão de ontem, vai se firmando pouco a pouco uma imagem esquizofrênica do governo: ao mesmo tempo em que comemora a recuperação da atividade econômica, com o aumento da produção e vendas, quando ocorre uma reunião do Copom, essas mesmas conquistas são apontadas como razões para elevar a taxa de juros.

O CENÁRIO QUE NOS ESPERA

Joelmir Beting disse que o Natal "já está estragado a partir desta noite". Para o economista-chefe do banco ABN-Amro, Mário Mesquita, o Copom fez o que fez porque o nível da atividade econômica ainda não arrefeceu. O objetivo, dizem os adeptos da decisão, é derrubar a inflação a qualquer custo, inclusive à custa do crescimento.

O cenário, portanto, é de freada no crescimento econômico. Talvez até recessão. Cristiano Oliveira, do Banco Shahin, prevê que o aumento do juro para 16,75% prejudicará a atividade econômica do país nos próximos trimestres.

Assim, vamos começar com o freio de mão puxado o ano decisivo do nosso mandato, o ano em que deveríamos realizar, fazer, consolidar uma trajetória de crescimento. O Copom está dizendo aos empresários que eles não precisam se apressar em investir. Ao governo, o Copom está dizendo que, a partir de hoje, o Tesouro tem que pagar mais R$ 2,5 bilhões de ano em juros da dívida interna. Menos dinheiro para investimento e para os programas sociais.

O QUE FAZER?

É sempre possível que a economia real não se submeta à tentativa de repressão do Copom. Mas não se deve confiar na sorte. O governo enfrenta de fato um desafio importante.

Ou o governo se une em torno do presidente e impõe nossos objetivos, aproveitando o apoio da mídia e da sociedade civil, ou o Copom acaba asfixiando totalmente o governo Lula. É disso que se trata. A decisão precisa ser tomada agora. A implementação pode ser gradual e segura, mas não muito lenta. Com esse Copom, não há condições de vitória em 2006. Talvez seja isso o que eles querem.

Sexta-feira, 22 de outubro de 2004

O PROBLEMA POLÍTICO DA DECISÃO DO COPOM

Na esfera da política, o principal problema criado pela postura do Copom foi o fechamento dos caminhos usuais de negociação e de paciente busca de consenso que marcam o estilo de governar do presidente. O Copom foi além da economia; ele anulou a forma de o presidente Lula governar.

Isso deixa o governo sem saída, o que é muito perigoso. O presidente obviamente tenta ganhar tempo com a tese de que o que importa são os juros ao consumidor, sabendo que a mãe de todos os juros é a taxa Selic. Mais cedo ou mais tarde, vai ter que encontrar uma forma de lidar com o Copom. Enquanto isso, a percepção que passa é que o presidente não manda.

E O PROBLEMA ECONÔMICO

Perplexidade e desaprovação ainda marcam cobertura da decisão do Copom. O melhor termômetro do desconforto é a reação negativa de quem sempre apoiou o Copom, como Celso Ming, que diz no *Estadão* de hoje: "Não faz sentido deixar que apenas a política monetária se encarregue de contrabalançar os efeitos da falta de investimentos."

Outra desse time é Miriam Leitão. Ela diz que a alta da Selic não se justifica porque os índices de inflação caíram fortemente; a recuperação do consumo não tem tanto fôlego porque a renda permanece baixa; os números gordos sobre a produção industrial e vendas são resultado de comparações com números muito baixos do começo do ano passado. Diz ainda que os juros excessivos não resolvem a grande fonte de incerteza: a falta de investimentos para ampliar a capacidade.

Sexta-feira, 21 de janeiro de 2005

EDIÇÃO ESPECIAL: A SELIC E O FUTURO DO NOSSO GOVERNO

A discussão começou ontem mesmo. Até onde vai a política de juros altos do Copom? É uma discussão importante que diz respeito às condições macroeconômicas sob as quais atuaremos em 2005, um ano politicamente crucial.

Na ata da reunião de dezembro, lembra *Valor*, o Copom sinalizou que, depois de completar o ciclo de aumentos da taxa Selic, pretende manter a taxa no patamar alto por um período relativamente longo. O comunicado da reunião de ontem sugere que o ciclo de aumentos não acabou: "Dando prosseguimento ao processo de ajuste da taxa básica iniciado em setembro de 2004, o Copom decidiu, por unanimidade, elevar a taxa Selic para 28,25% ao ano, sem viés." A expressão "dando prosseguimento" desencadeou o medo de mais aumentos e derrubou a bolsa, diz a *Folha online*.

O aperto pode durar até julho, adverte na *Folha* de hoje o economista-chefe do Goldman Sachs, Paulo Leme. Ele prevê mais duas altas da Selic, em fevereiro e março. Essa perspectiva sombria está assustando até os bancos. O economista chefe da Febraban, por exemplo, Roberto Luís Toster, disse à *Folha*, esperançoso, que "o ciclo de alta dos juros acabou ontem, agora é esperar que a inflação comece a ceder".

Também a consultoria LCA, no seu primeiro boletim pós-Copom, torce para que não haja aumento em fevereiro. Diz que as atuais taxas de juro e de câmbio já devem fazer a inflação convergir para a meta de 5,1%, o que permitirá ao Copom dar por encerrado o ciclo de aumentos já na próxima reunião, "mantendo o juro primário em 18,25% até a virada do semestre".

UM CENÁRIO DE JURO REAL ALTO ATÉ O FIM DO ANO

Trabalhando com a hipótese otimista de que o aumento de fevereiro encerre o tal ciclo de ajuste da Selic, que ele seja de apenas 0,25 pp e que o "período relativamente longo" de sua manutenção seja de apenas três meses, iremos com a taxa da ordem de 18,5% pelo menos até maio. Mesmo na hipótese da LCA, iremos com juros de 18,25% até maio/junho.

O Copom só passaria para um novo ciclo de redução de taxa Selic após esse período e de modo gradual. Assim, o cenário mais otimista é o de chegarmos em dezembro com taxa Selic ainda muito alta, da ordem de 16,75%, assumindo a redução de 0,25 pp em cada reunião mensal.

Como esse cenário pressupõe que a inflação vai convergir para a meta de 5,1% (caso contrário não seriam adotadas as reduções), o juro real em dezembro estará em 11,65%, praticamente o mesmo que resultou da reunião de ontem pelo critério do desconto da inflação prevista para os doze meses seguintes. Essa taxa foi estimada pela Globalinvest em 11,87.

O INEXORÁVEL CRESCIMENTO DA DÍVIDA PÚBLICA

Três conclusões desse cenário:

A primeira é que dificilmente teremos uma taxa de crescimento econômico excepcional em 2005, mesmo considerando que a economia real já desenvolveu antídotos à taxa Selic, tais como financiamentos externos para investimentos pesados e crédito com garantia de salário para bens de consumo duráveis.

A segunda é de que teremos que gerar superávits primários cada vez maiores, sobrando cada vez menos para os programas sociais e os investimentos de infraestrutura. Essa é a solução preconizada pelos monetaristas, que, por isso, já começaram a escrever nos jornais sobre o retorno do governo Lula a um padrão de gastos de custeio excessivos.

Devido ao alto comprometimento das receitas da União com o serviço da dívida pública, o investimento público já é pequeno: foi de apenas 0,4% do PIB em 2003 e 0,5% em 2004. Para 2005, a previsão é de que chegue a 0,61% do PIB, o que é ainda muito pouco. Mesmo a proposta mais generosa do Congresso, que eleva os investimentos de R$ 11,5 bi para R$ 21 bi, equivale a pouco mais de 1% do PIB. Aliás, na *Folha* de hoje, Palocci admite que há estudos para bloquear R$ 8 bilhões desses R$ 25 bilhões.

Outra consequência dos altos gastos com o serviço da dívida é a limitação da capacidade de comprar dólares para fazer reservas, apesar de nossa economia necessitar da segurança de reservas elevadas. Para comprar os dólares, o BC precisa emitir ainda mais títulos, além dos emitidos para servir a dívida.

O PERIGO DE DEIXARMOS A NOSSA HERANÇA MALDITA

A terceira consequência do processo de crescimento da dívida é que inevitavelmente terminaremos o ano com uma dívida pública muito maior do que a atual, com todas as implicações para a própria taxa de juros e para a taxa de risco do país. O jornal *Valor* diz que os economistas estimam que a cada elevação de meio ponto básico nos juros Selic a dívida pública aumenta anualmente em R$ 2,1 bilhões.

Há ainda o efeito bola de neve da dívida pública. Ela cresce por si mesma porque, mesmo com superávit primário alto, nunca conseguimos pagar o total dos juros; parte deles vira mais dívida. Nós fechamos 2004 com aumento de R$ 80 bilhões na dívida pública, apesar de a taxa Selic ter caído de uma média em torno de 20% em 2003 para uma média de 16,25% em 2004. Se de 2004 para 2005 elevarmos a taxa média incidente para um patamar de 17%, é muito provável que a dívida pública aumente em pelo menos R$ 160 bilhões.

Como ela já chegou a R$ 812 bilhões, devemos fechar 2005 com a dívida pública além dos R$ 900 bilhões, chegando bem no começo da campanha eleitoral de 2006 ao número fatídico de R$ 1 trilhão. Os tucanos vão poder falar na "herança supermaldita do governo Lula", e não haverá Secom capaz de neutralizar esse mote.

TROCANDO SEIS POR MEIA DÚZIA

Dessa forma, a nossa política macroeconômica troca a inflação presente por dívida futura. E uma dívida em processo de expansão, como mostram os gráficos da primeira página dos cadernos de economia do *Estadão* e do *Globo* de ontem: de R$ 623 bilhões, quando assumimos o governo, para R$ 731,4 bilhões em dezembro de 2003 e R$ 811,97 bilhões em dezembro último. "No governo Lula a dívida já subiu R$ 188,78 bilhões", diz o "olho" do *Estadão*.

O jornal mostra que, depois de um crescimento explosivo em 2000 e 2001, a dívida pública interna diminuiu um pouco no último ano do governo FHC. Fomos nós que a recolocamos numa trajetória perigosa de crescimento, quando elevamos a Selic a 26,5% e depois a 26,5% para ganhar credibilidade ante o capital financeiro assustado com a vitória de Lula.

Aquela foi uma situação excepcional, e a credibilidade foi de fato conseguida. Mas ao persistir numa política de altas taxas Selic, estamos agora nos afastando cada vez mais do que foi definido como um dos objetivos centrais de nossa política macroeconômica: reduzir o endividamento interno para derrubar as taxas de risco e, com isso, as taxas de juros. Daí o paradoxo: os indicadores que avaliam o grau de risco da economia brasileira melhoraram. No entanto, os juros reais voltaram a subir.

OS JUROS ALIMENTAM A INFLAÇÃO OU É A INFLAÇÃO QUE DETERMINA OS JUROS?

Também já não se sabe mais se os juros agem sobre a inflação ou se a inflação determina os juros. É a metáfora do cachorro que morde o rabo popularizada por Delfim. Ou, como disse à Miriam Leitão o insuspeito [economista] José Alexandre Scheinkman: "Os juros alimentam a dúvida sobre se a dívida a longo prazo é sustentável. Alimentam também a impressão de que, no futuro, ela será em parte monetizada, e isso, por si só, cria impacto inflacionário..."

Com a dívida atingindo valores tão elevados, o objeto escapa ao criador e passa a ter vida própria, determinando os rumos do governo. As expectativas de autoremuneração captadas pelo BC através de pesquisa Focus acabam ditando o comportamento das autoridades monetárias. Isso ficou evidente nas atas que o Copom divulgou após suas reuniões mensais.

QUEM MANDA NA POLÍTICA MONETÁRIA?

O sintoma mais forte do crescente domínio do mercado sobre a autoridade monetária é o encurtamento dos prazos de vencimento da dívida, contrariando as metas estabelecidas no Plano Anual de Financiamento (PAF) para 2004.

"O governo não conseguiu reduzir a dívida de curto prazo, aquela que vence em um ano", aponta o *Estadão*: "A parcela a vencer em doze meses subiu em 2004 de 35,34% para 46,19% do total da dívida."

A meta do PAF era fechar o ano em 30% a 35% do total da dívida no curto prazo. Estourou em mais de 10 pontos, mesmo assumindo o seu limite superior. Significa, lembra o *Estadão*, que "metade da dívida em títulos que estão nas mãos dos investidores vai vencer ao longo deste ano". Com isso, também estourou a meta de prazo médio da dívida, estipulado pelo PAF em 34 a 38 meses. Fechou o ano em 28 meses.

A dívida atrelada ao câmbio caiu em R$ 81,4 bilhões, ficando em apenas 9,86% do total da dívida, mas isso também foi por imposição do mercado. O Tesouro emitiu mais [títulos] cambiais em 1999 para que o mercado pudesse se proteger contra uma temida desvalorização do real. Sua troca, agora, foi de novo para atender o mercado, que passou a temer o oposto, a queda do dólar.

Assim, o Tesouro vai se tornando cada vez mais passivo, nas mãos do mercado. Os investidores obrigarão o governo a fazer o caminho inverso de novo, em caso de crise cambial. A única blindagem no caso de uma dívida do tamanho da nossa é ter prazo muito maior e uma parcela maior de títulos com juros prefixados baixos. O Tesouro conseguiu encaixar com taxas prefixadas 20,04% da dívida. Mas a juros muito altos e um prazo médio de apenas 5,63 meses. Se a expectativa é de alta dos juros, o mercado rejeita o prefixado, explica o *Globo* de hoje. Se a expectativa é de baixa, é o governo que se arrisca a perder.

Ficamos no pior dos dois mundos: um ambiente inibidor do crescimento, uma dívida pública cada vez mais pesada e um orçamento federal cada vez mais esterilizado no pagamento de juros. Precisamos urgentemente escapar desse destino, e sem fazer marola. A hora é agora.

Quinta-feira, 20 de janeiro de 2005

REFLEXÕES SOBRE O QUINTO AUMENTO CONSECUTIVO DA SELIC

A decisão de ontem de elevar a Selic de 17,75% para 18,25% não vai ajudar nada no clima de recepção do presidente no Fórum Social Mundial, em Porto Alegre. Mas a principal pergunta a se fazer é se essa decisão vai quebrar ou não nosso crescimento econômico.

É a pergunta feita pelo *Financial Times*. O jornal acha que pode não quebrar, como não quebrou no ano passado. Mas George Vidor, na Globo News, advertiu que chegamos a um limite perigoso de juro real. Nenhuma empresa grande ou pequena, disse ele ontem à noite na Globo News, consegue facilmente um retorno acima dos 11% ao ano do nosso juro real.

O principal mecanismo de arrefecimento do crescimento em virtude do aumento da Selic vai ser a derrubada do consumo de bens duráveis, que dependem de financiamento, como é o caso de eletrodomésticos e automóveis. Um outro mecanismo é a apreciação do real, desestimulando as exportações.

OS RISCOS POLÍTICOS DO AUMENTO DA SELIC

Se esses mecanismos funcionarem, o Copom terá atingido seu objetivo de esfriar a demanda. Mas, nesse caso, muitos empresários que hoje anunciam grandes investimentos podem refazer seus cálculos e adiar ou reduzir a escala de seus planos.

Talvez nunca os riscos políticos de um aumento da Selic tenham sido tão grandes quanto agora, por causa do caráter único deste ano: é o ano de nossa última chance de fazermos investimentos pesados em infraestrutura e ampliação de capacidade de produção antes do ano eleitoral.

O EFEITO NEFASTO NA DÍVIDA PÚBLICA

A principal sequela – essa indiscutível – da decisão de ontem é o aumento da dívida pública. Ontem foram divulgados os números da dívida de 2004 já com a sequela dos quatro aumentos anteriores da Selic: a dívida aumentou em R$ 80 bilhões, somando R$ 811,97 bilhões. "O peso dos juros sobre o estoque da dívida foi o principal responsável pelo crescimento de 11% do ano passado", observa o *Estadão* de hoje.

Mais da metade do estoque da dívida (52,1%) é remunerado pela taxa Selic.

De novo foi George Vidal quem fez a observação mais interessante: "estamos trocando inflação presente por dívida futura", disse ele na Globo News. No *Correio* de hoje, Antonio Machado se detém um pouco mais nessa questão, demonstrando espanto: "deveria ser considerado aberrante uma política que, em nome do controle da inflação, implica um custo de 7% a 8% de juros pagos sobre a dívida pública...". Ele chama a atual taxa Selic de "aberração" e sugere que se discutam outros meios para chegar ao mesmo objetivo de combater a inflação.

"UM REMÉDIO AMARGO PARA UM MAL QUE NÃO EXISTE"

Essa foi uma das muitas sacadas criativas da TV em reação ao novo aumento da Selic. Apesar do esforço do ministro Palocci em preparar a opinião pública em sua entrevista à Band na véspera da reunião do Copom, a elevação foi duramente criticada por empresários, sindicalistas e jornalistas especializados em economia.

Um aumento "desnecessário", diz Miriam Leitão no *Globo* de hoje. Seus argumentos: "os juros reais subiram muito nos últimos meses; há sinais de desaceleração do nível de atividade; a diferença entre as projeções de inflação do mercado e a meta estabelecida é de apenas 0,6 ponto percentual, a menor em muito tempo; a inflação atual está em queda e fechou 2004 quase 2 pontos abaixo do ano anterior, apesar do crescimento."

JORNALÕES TAMBÉM NÃO GOSTARAM NEM UM POUCO

Mesmo os mais conservadores jornais se posicionaram em editoriais contra a elevação da Selic. A *Folha* acusa o Copom de gerar uma "dinâmica perversa", principalmente devido ao efeito do aumento da Selic na dívida pública. O *Estadão* também diz que "uma redução da taxa Selic poderia contribuir muito para uma redução da dívida interna".

A *Gazeta Mercantil* disse que essa elevação representaria um "grave desprezo aos números do IBGE", que mostram os enormes ganhos de produtividade na indústria brasileira, e, portanto, ausência de pressões inflacionárias por via do salário, o mais importante fator de produção. É uma observação original e um novo argumento, de caráter estrutural.

No jornal *Valor*, Vera Saavedra Durão lança mão de outro argumento original. Com base num estudo de Manoel Carlos de Castro Pires, do Ipea, ela mostra que a liberalização dos movimentos de capitais no Brasil força a adoção de uma política monetária mais conservadora e restritiva, como precaução contra movimentos bruscos de capitais voláteis. E o pior; o estudo do Ipea mostra que não adianta nada, porque na hora da crise nada segura a fuga de capitais.

"O MAIOR JURO REAL DO MUNDO"

Desde ontem, os jornais vêm dando grande destaque ao estudo da GRC Visão mostrando que nossa taxa real de juro já era a maior do mundo, mesmo antes da reunião do Copom, porque a Turquia, que era a campeã, baixou seu juro básico no mês passado.

A tabela da GRC dá juro real de 11,5% para o Brasil, 9,0% para a Turquia, 5,8% para o Egito e 5,5% para a Arábia Saudita. O critério adotado foi o de descontar da taxa de juros a expectativa de inflação dos próximos doze meses.

No *Estadão*, Celso Ming, um dos mais renitentes defensores do Copom, endossa os argumentos de Furlan de que os preços administrados, que têm peso de 29% no IPCA, são a maior causa da inflação, e contra eles não adianta aumentar os juros. Ele mostra que, por causa desses preços, já começamos 2005 com uma taxa de 3,6%, para uma meta total de 5,1%. Isso significa ter que exercer uma gigantesca pressão sobre os preços livres.

ENQUANTO ISSO, OS LUCROS DOS BANCOS CRESCEM

A *Gazeta Mercantil* publicou ontem projeções da Merrill Lynch para Bradesco, Itaú e Unibanco, com ganhos de até 20% no ano que findou em comparação com o primeiro ano de nosso governo, quando os lucros já tinham subido de modo extraordinário.

Os lucros do Itaú aumentaram de R$ 3,1 bilhões em 2003 para R$ 3,8 bilhões no ano passado. Este ano devem chegar ao extraordinário total de R$ 4,44 bilhões, prevê Merrill Lynch.

Os lucros do Bradesco aumentaram de R$ 2,3 bilhões em 2003 para R$ 2,8 bilhões no ano passado e devem chegar a R$

3,4 bilhões este ano. E os lucros do Unibanco, que subiram de R$ 1,05 bilhão em 2003 para R$ 1,27 bilhão no não passado, devem chegar este ano a R$ 1,53 bilhão.

Somente estes três bancos tiveram lucro líquido de quase R$ 8 bilhões no ano passado, devendo superar os R$ 9 bilhões esse ano. Isso equivale ao gasto total de um ano de nosso governo com seus dois principais programas sociais: o Bolsa Família (cerca de R$ 7 bilhões) e o Pronaf (cerca de R$ 4 bilhões).

PROBLEMAS DO PRONAF [Programa Nacional de Agricultura Familiar]

Finalmente surgiram informações confiáveis, confirmando as denúncias do *JB* de que bancos estavam exigindo contrapartidas ilegais para conceder os financiamentos do Pronaf, alijando com isso muitos assentados pela Reforma Agrária. Alguns exigiam inclusive a aquisição de cartões de crédito.

O problema é a cultura dos bancos, inclusive dos bancos oficiais, que mudou pouco com a troca de governo. Um assentado não tem condições de adquirir ou necessidade de usar um cartão de crédito. Segundo o *JB*, muitas vezes essa era apenas uma forma de não ter que emprestar o dinheiro ao assentado.

O levantamento do MDA [Ministério do Desenvolviemtno Agrário], publicado ontem pela *Gazeta Mercantil* e *JB*, mostrou que vem caindo ano a ano o número de financiamentos desse tipo, chamado "tipo A": de 46.880 na safra 2002/03, caíram para 39.600 na safra 2003/04 e para apenas 20.100 na safra atual.

Apesar de ainda não terem terminado as concessões para a safra corrente, é evidente o declínio no número de financiamentos. Caiu para menos da metade no decorrer de três safras. O *JB* diz que os técnicos do Pronaf admitem que a causa principal são as exigências bancárias. Por isso, são cortados principalmente os assentados que fazem o seu primeiro pedido.

EXEMPLOS DE UMA ABORDAGEM NEGATIVA

Com sua denúncia, o *JB* prestou um grande serviço público. O governo se mexeu e já está cobrando uma mudança de postura dos bancos.

Palmas para o *JB*? Nem tanto. Acontece que só ontem, depois de uma semana de campanha, e só no último parágrafo de sua reportagem, o *JB* informa que dobrou no nosso governo o número de famílias de pequenos agricultores que recebem financiamento do Pronaf. Os desembolsos do Pronaf já somam R$ 4,1 bilhões na safra atual, beneficiando 1,39 milhão de famílias, segundo o *JB*, com base em informações do MDA.

Um pequeno exercício comparativo mostra que as 50 mil famílias do grupo "A" representam apenas 4% do universo das famílias beneficiadas pelo Pronaf. E que à perda de 20 famílias desse grupo por entraves burocráticos se contrapõe o ganho de 500 mil famílias pela extensão do programa.

EFEITOS DA SECA TAMBÉM SÃO MENORES

Outro exemplo de um viés indevidamente negativo da mídia é o dado à seca deste ano no Nordeste. O noticiário omite o fato de que pela primeira vez os agricultores estão tendo ressarcimento total das perdas, graças ao Pronaf.

O Pronaf inclui um seguro agrícola que devolve o prejuízo e renova o financiamento para a próxima safra. Mas isso os jornais não dizem.

Quinta-feira, 19 de maio de 2005

CARTA CRÍTICA ESPECIAL: AS REAÇÕES NEGATIVAS À NONA ALTA DA SELIC

O Banco Central contrariou a expectativa de grande parte do mercado de que terminaria o ciclo de alta de juros, diz

O Globo na abertura de sua principal reportagem de hoje. As reações foram amplamente negativas em toda a mídia escrita e televisiva, assim como da parte das entidades da sociedade civil, sindicatos e confederações das indústrias e do comércio.

Não apareceu uma única voz nos telejornais para dizer que a notícia não era tão ruim assim. No Jornal da Record, Salete Lemos disse que "o governo parece perdido. Parece desconhecer qualquer alternativa à alta dos juros no controle da inflação". E concluiu: "Pior para o presidente Lula e para suas ambições de reeleger-se. Pior, também, para a economia brasileira."

No Jornal da Band, Joelmir Beting lembrou que "Nós vamos continuar pagando agora, no Brasil, até 67% ao ano para produzir e, em média, 144% para consumir". No Jornal da Globo, a repórter Carla Modena disse que "prevaleceu o conservadorismo". No Jornal da Cultura, Roberto Padovani, da Consultoria Tendências, observou que o comportamento do Banco Central é errático. Ele disse que o BC não dá sinais claros do que está buscando: se é o médio prazo ou o curto prazo.

A Federação Nacional das Empresas de Crédito, Financiamento e Investimento (Fenacrefi) manteve apoio à política de juros altos, mas pela primeira vez destacou que o novo aumento da Selic, para 19,75%, foi "uma dosagem exageradamente alta". O vice-presidente da entidade que agrega as financeiras, José Arthur Assunção, chegou a questionar se a equipe econômica não estaria "querendo ser mais real do que o rei". José Arthur Assunção repetiu o que outros vêm dizendo: "O aumento da taxa Selic não pode fazer nada contra a pressão da elevação das tarifas públicas, que são indexadas à inflação do ano imediatamente anterior."

Paulo Skaf, presidente da Fiesp, alertou que os efeitos deste processo de aumentos da Selic já podem ser sentidos: os indicadores apontam perda progressiva do vigor econômico. A indústria apresentou crescimento acumulado inferior a 1% desde setembro de 2004 e "a persistir a atual tendência, em breve ela apresentará queda".

A CUT chamou a decisão de absurda. Disse que, "em lugar de recorrer apenas à contenção da demanda através dos juros como ferramenta de combate à inflação, a adoção de um choque de produção é a melhor alternativa para combinar controle inflacionário e crescimento sustentável".

Paulo Pereira da Silva, presidente da Força Sindical, chamou a decisão de "extremamente nefasta para a economia brasileira". Armando Monteiro Neto, presidente da Confederação Nacional da Indústria, chamou a nova alta de preocupante, já que aumenta fortemente a probabilidade de que o ritmo de queda da atividade econômica se intensifique.

A Federação das Indústrias do Estado do Rio também reprovou. Guilherme Afif Domingos, presidente da Associação Comercial de São Paulo, disse que os efeitos serão bastante negativos e acusou a política do Banco Central de contraditória, pois tenta conter o consumo de um lado, mas expande o crédito e a liquidez do outro. Fecomércio do Rio e de São Paulo também criticam. Miguel José de Oliveira, vice-presidente da Associação Nacional dos Executivos de Finanças, Administração e Contabilidade (Anefac), afirma: a elevação de 0,25 ponto percentual estabelecida pelo Copom foi inoportuna, desnecessária e equivocada.

João Sabóia, diretor do Instituto de Economia da Universidade Federal do Rio de Janeiro, diz no *O Globo* que "o Brasil está jogando dinheiro pelo ralo". A alternativa à atual política monetária seria o governo apontar claramente ao mercado sua intenção de reduzir a taxa básica de juros. Em vez de o BC ajustar mensalmente a taxa Selic às expectativas do mercado, o mercado passaria a se ajustar à taxa oferecida pelo BC. Simultaneamente, deveria ser introduzido algum mecanismo de controle na conta de capitais para evitar que o país ficasse refém de eventuais ameaças de fugas de capitais. "Não há nada que possa justificar o país continuar jogando pelo ralo enormes volumes de recursos públicos ao pagar taxas de juros reais de 12% a 13% ao ano. Trata- se de um desperdício não encontrado em qualquer lugar no mundo que impede o crescimento econômico e compromete o futuro do país."

Luiz Fernando Lopes, economista-chefe do Banco Pátria, diz que o novo aumento foi um ato simbólico, porque não afeta a inflação. E a meta para 2005 já está perdida. Essa nova taxa visa sinalizar que o BC não jogou a toalha.

Luiz Carlos Costa Rego, consultor da Costa Rego & Associados, diz que a decisão do Copom vai ter um custo alto para a economia brasileira, que já está paralisada há seis meses.

CÂMBIO

Terça-feira, 8 de abril de 2003

ATÉ ONDE PODE CAIR O DÓLAR?

Ontem o dólar chegou a ser negociado a R$ 3,15. Hoje mesmo poderá chegar aos R$ 3,00. Um dos nossos ministros diz nos jornais de hoje que, até R$ 3,00, o dólar ainda pode cair, que se mantém a competitividade das exportações brasileiras (ministro Luiz Furlan, da Indústria e Comércio Exterior). Mas e se cair abaixo de R$ 3,00? Furlan disse que "abaixo dos R$ 3,00 acenderá a luz colorida do exportador, que não gosta de grandes oscilações cambiais porque dificulta seu planejamento".

Furlan foi muito cuidadoso com as palavras. Falou em "luz colorida", em lugar de "luz vermelha" ou "luz amarela", expressões que certamente fariam manchetes escandalosas nos jornais de hoje. E evitou polemizar com o presidente do BC, Henrique Meirelles, que disse também ontem que não haverá intervenção do BC para sustentar o dólar. Mas se o dólar cair esta semana abaixo de R$ 3,00 a discussão vai esquentar e dominar o debate econômico. Por isso, é necessário aprofundar a discussão desde já.

OS ARGUMENTOS A FAVOR DO DÓLAR BAIXO

O dólar a R$ 3,00 tem a vantagem, segundo Furlan, de estimular a importação de máquinas e equipamentos necessários à expansão de nossa capacidade de produção, sem prejudicar significativamente as exportações. Se Furlan estiver certo, é uma combinação ideal. Há outras vantagens não explicitadas por Furlan: abre-se espaço para a redução de preços internos, especialmente de medicamentos e combustíveis, aliviando o custo de vida, um dos principais reclamos hoje da população pobre.

Outras vantagens do dólar baixo são a redução do custo das dívidas em dólar das empresas, e do próprio governo, que também tem dívidas em dólar. Os importadores de produtos brasileiros também deixam de pedir descontos (muitas vezes por baixo do pano – o chamado câmbio português), o que paradoxalmente pode elevar marginalmente as receitas em dólar.

OS ARGUMENTOS CONTRA O DÓLAR BAIXO

Dólar baixo significa importações maiores, portanto, queda no saldo comercial, mesmo mantendo-se as exportações. É uma queda pelos bons motivos se as importações forem de equipamentos e máquinas, mas por maus motivos se for para importar bugigangas e produtos que podem ser e estão sendo produzidos no Brasil. Nesse caso, se a queda do dólar for muito grande, pode até levar à perda de empregos no Brasil.

OS ARGUMENTOS DA ESTABILIZAÇÃO DO CÂMBIO

Se dólar a R$ 3,00 é bom e abaixo de R$ 3,00 é perigoso, então é preciso discutir formas de estabilizar o dólar. Furlan insinuou que câmbio estável é desejável, porque facilita o planejamento das empresas. Delfim está hoje nos jornais desaconselhando qualquer tipo de intervenção. Mas ele mesmo apontou, semanas atrás, que oscilações excessivas do câmbio, muito mais do que seu nível em si, elevavam o custo financeiro no Brasil devido ao aumento da incerteza que provocavam.

Mercadante [O lider do governo no Senado, Aloizio Mercadante] falou ontem na possibilidade de intervenção, caso o dólar caia muito. Seu discurso diverge do discurso geral das autoridades econômicas, o que não é bom. Mas sua fala, também ponderada, foi no sentido de combater a não intervenção como dogma. Disse que a taxa atual é adequada, mas que não pode cair demais.

Estabilidade de câmbio obviamente é uma virtude. O problema é que não pode, no momento, ser uma política anunciada, porque estimularia uma queda de braço com especuladores. O momento é adequado para reduzir a margem de manobra dos especuladores e ao mesmo tempo estudar formas discretas de contribuir para a estabilidade do câmbio.

MEDIDAS SUGERIDAS PELO DÓLAR BAIXO

A queda do dólar que já é de 11% esse ano, abre espaço para o governo cobrar reduções de preços das empresas. Os preços sobem fácil no Brasil quando os custos aumentam, mas não caem fácil quando os custos diminuem, porque amplos setores de bens de consumo são fortemente concentrados em poucas empresas e o empresariado é de mentalidade avessa à competição. E para coibir a importação excessiva de bugigangas é possível alterar tarifas.

Sexta-feira, 12 de dezembro de 2003

A QUEDA DO DÓLAR

Esta semana o dólar chegou à sua mais baixa cotação contra o euro desde a criação da moeda única europeia e uma das mais baixas cotações em libras esterlinas. Contra o euro caiu 31% desde julho de 2001. O *Economist* avalia que o dólar pode cair ainda mais contra o euro nos próximos meses. Essa queda tem causas parecidas com a queda do dólar frente ao ouro e moedas europeias e o iene em 1972 e pode ter consequências também parecidas às da crise do petróleo de 1973.

Nos anos 1970, a principal consequência foi a alta do petróleo. Os países sentiram-se roubados porque o petróleo é cotado, comercializado e faturado em dólares. Com a queda do dólar, perderam poder de compra de mercadorias cotadas em outras moedas, sem que tivesse sido mexido na cotação do dólar. Recebiam os mesmos dólares, mas eles valiam menos ienes, menos libras esterlinas, menos marcos alemães. A solução foi aumentar a cotação do petróleo.

As causas da queda do dólar são os enormes déficits americanos em conta-corrente com o exterior. Na época, foi por causa dos gastos da guerra do Vietnã. Hoje é por causa dos gastos da guerra no Iraque e no Afeganistão, mais despesa extras com seguridade social. O déficit hoje é da ordem de US$ 500 bilhões por ano.

Nos anos 1970, os investidores desconfiaram que o Tesouro americano já não tinha ouro suficiente no seu lastro para bancar tantos dólares gastos no exterior para pagar a guerra. Foram tirando seus dólares do mercado americano e investindo em outras moedas, o que derrubou a cotação do dólar e, logo depois, levou ao colapso do padrão dólar-ouro.

Hoje esse lastro não existe, e o temor é que o Tesouro não possa um dia pagar todos os juros da dívida americana. A cada dia útil o Tesouro toma emprestado US$ 2 bilhões, calcula o *Economist*. Resultado: investidores estão preferindo aplicar em outros mercados, trocando seus dólares por outras moedas, derrubando assim sua cotação.

IMPLICAÇÕES DA QUEDA DO DÓLAR

A primeira é que o real, acoplado ao dólar, também está se desvalorizando perante o euro, o iene e algumas outras moedas. Por isso não é de fato preciso desvalorizar o real hoje. Já estamos vendendo na Europa e no Oriente a preços menores em moeda local. Nos Estados Unidos, o principal mercado, estamos vendendo a preços menores do que os dos produtos europeus.

Um efeito invisível é a perda em termos de troca, ou seja, estamos vendendo mais, mas pagando mais por parte das coisas que importamos, aquelas mercadorias vindas da Europa estão nos custando mais caro em dólares e em reais.

Sexta-feira, 9 de dezembro de 2004

O GRAVE PROBLEMA DO CÂMBIO

O valor do dólar em reais é um dos principais preços de nossa economia. E sua queda, provocada pelos juros altos, apesar de ajudar a derrubar a inflação, já se tornou o principal problema econômico. "A política de juros extremamente altos, perseguindo uma inflação que apenas beirou a demanda, derrubou pela metade o crescimento de 4,9% do ano passado", diz Denise Neuman na sua coluna em *Valor*, em que ela contesta com veemência a tese do presidente de que houve erro no PIB. "Cortar um ponto da inflação custou um pouco mais do que um ponto do PIB", diz ela.

Não por acaso, "castigados por uma cotação de dólar que inibe cada vez mais as exportações", como diz o *Zero Hora* de Porto Alegre, os calçadistas gaúchos vão "apelar ao presidente Luiz Inácio Lula da Silva pela revisão imediata da política cambial e de juros altos".

FECHAMENTO DE FÁBRICAS E PERDA DE EMPREGOS

Pelas estimativas da Associação Brasileira das Indústrias de Calçados, deixaram de ser exportados 18 milhões de pares nos dez primeiros meses do ano. A coluna Mercado Aberto de hoje da *Folha* revela que as empresas de papel e celulose se queixam de queda de 15% nos lucros devido ao menor valor do dólar em real. "A queda do dólar atinge diretamente o caixa das empresas, dificultando os investimentos", disse ao jornal Osmar Zogbi, presidente da associação do setor, a Bracelpa. Ele diz que o real valorizado já está tornando vantajosa a importação de papel, em especial de países do Mercosul, isentos de tarifas.

O jornal *Valor* diz hoje na primeira página que o BC não pode deixar que o dólar afunde muito mais e que o fechamento de sete unidades da Bunge "acendeu a luz vermelha". E adverte que os ganhos do dólar mais barato e a apreciação cambial no combate à inflação são desprezíveis em relação às perdas na agricultura e na produção.

A desaceleração da economia já bateu no mercado de trabalho, e a criação de postos este ano ficará cerca de 20% abaixo da registrada no ano passado.

Tanto os dados da Pesquisa Mensal de Emprego (PME) do IBGE como os do Caged, indicam tendência de queda de criação de emprego, segundo estudo de economistas do Ipea e da LCA Consultores. Pelo Ipea, o total de vagas abertas este ano chegará a 515 mil, com queda de 20,3% na comparação com as 646 mil vagas abertas em 2004. A projeção pelo Caged mostra um crescimento do emprego formal este ano de 1,250 milhão de vagas, 18,3% abaixo do 1,530 milhão do ano passado.

O RISCO DE UMA NOVA CRISE CAMBIAL

Numa impressionante e exclusiva reportagem de primeira página, o jornal *Valor* revela que já se estima em US$ 75 bilhões o total de contratos futuros detidos por especuladores que apostam que o real vai se apreciar ainda mais. O ritmo de crescimento dessa bolha especulativa é assustador: eram estimados em US$ 50 bilhões em setembro e em US$ 65 bilhões em outubro, diz o jornal. São milhares de fundos "hedge" que apostam na maior taxa de juros do mundo, no Brasil, "sem nem saberem direito onde fica o país", diz o jornal.

Nessas operações, que o mercado chama de "muvuca especulativa", os contratos são fechados fora do país. O especulador se compromete a vender dólares numa data futura, apostando que no dia da entrega o dólar vai custar menos ainda do que hoje: compra hoje os reais, aplica à taxa Selic, maior taxa de juros real do mundo, da ordem de 13%, e quando tiver que entregar os dólares liquida sua posição em reais, já com um bom retorno, e ainda recompra mais barato os dólares que havia vendido para aplicar na Selic.

"As operações tem assustado o BC", disseram alguns analistas ao jornal. Também no *Jornal do Commercio*, um despacho de Nova York dá conta de que "Wall Street duvida da eficiência do BC" em impedir a apreciação do real. O *Valor* também diz que as intervenções diretas do BC no mercado do dólar são ineficazes para esse tipo de ataque especulativo às avessas, em que nem há necessariamente ingresso físico de dólares no país.

QUEM MANDA NO MINISTÉRIO DAS CIDADES?

O Globo desta quarta diz que o deputado Severino Cavalcanti [PP-PE] é o verdadeiro "ministro" do Ministério das Cidades, onde bate ponto pelo menos duas vezes por semana, recebe prefeitos e políticos. Só essa presença no Ministério de alguém que não pertence aos quadros do governo já é inaceitável. Mas o problema é mais grave ainda: Tamanha desenvoltura de Severino provocou uma "guerra entre o PP e os petistas que trabalham no Ministério", diz O *Globo*.

O que incomoda remanescentes da equipe de Olívio Dutra [PT-RS] é a pressão para que abram caminho aos indicados de Severino. Eles citam o caso do ex-presidente do Denatran, Ailton Brasiliense, demitido de surpresa e substituído por Alfredo Peres da Silva, indicado por Severino. Os funcionários dizem que Brasiliense nunca foi chamado pelo ministro [Márcio] Fortes para conversar.

Todos os cargos que lidam com liberação de recursos estão na mira de Severino, como o de Inês Magalhães, secretária nacional de Habitação, o de Raquel Rolnik, secretária nacional de Programas Urbanos, e o do secretário nacional de Transportes, Carlos Xavier.

A DEMORA DO FUNDO DE HABITAÇÃO POPULAR

Até agora, não foi regulamentada a lei do cobiçado Fundo de Habitação Popular, sancionada pelo presidente Lula há seis meses. O prazo termina no fim deste mês. "A proposta de regulamentação está na Casa Civil, não há consenso. Estados e municípios querem a mesma participação da União. Vamos aprovar esse ano," diz o ministro Mário Fortes, ao *Globo*.

Não é exatamente assim, conforme o que apuramos. A proposta foi à Casa Civil e voltou às Cidades depois de definido que a CEF vai ser a gestora do fundo. Está parada no Ministério à espera da definição da composição do fundo gestor. Representantes dos movimentos populares acusam o ministro de enrolar para que, na falta da regulamentação, a verba seja liberada por meio de emendas ao orçamento, atendendo a indicações políticas. Trata-se de R$ 600 milhões do orçamento mais R$ 350 milhões do Fundo de Assistência Social (FAS).

Terça-feira, 19 de julho de 2005

CÂMBIO JÁ AFETA EXPORTAÇÕES

Pela primeira vez, na semana passada, a média diária de exportações caiu em relação à semana anterior: ficou em US$ 485,2 milhões, foi 12,5% inferior à média diária de US$ 554,8 milhões até a segunda semana de julho. Houve retração nos embarques das três categorias de produtos: semimanufaturados (-25,9%), básicos (-22,7%) e manufaturados (-2,0%).

CARTA CRÍTICA ESPECIAL:
O SETOR CALÇADISTA RECLAMA DO DÓLAR

Nesta terça-feira, quando começa a 37ª Feira Internacional de Calçados, Acessórios de Moda, Máquinas e Componentes (Francal), os empresários vão bater duro contra o que chamam de tripé perverso para o setor: dólar baixo, carga tributária alta e política de juros altos. Segundo o *Estadão* de hoje, já foram cortadas 11 mil vagas na indústria calçadista do Vale dos Sinos.

O Brasil é o terceiro maior produtor mundial, com 755 milhões de pares por ano, atrás da China (8 bilhões) e Índia (800 milhões). Os dados da Abicalçados mostram que o setor embarcou 103 milhões de pares de calçados no primeiro semestre deste ano contra 113 milhões de pares vendidos no mesmo período de 2004, uma queda de cerca de 10%. Além do dólar barato, o Brasil enfrenta a concorrência da China. Mesmo tendo um rebanho bovino pequeno, a China importa couro semiacabado ou *in natura* do Brasil e de outros países e produz sapatos mais baratos graças à sua mão de obra abundante, salários irrisórios e pouquíssimos direitos trabalhistas.

Para enfrentar essa concorrência, os brasileiros estão tendo que vender produtos com melhor acabamento e maior valor agregado. Apesar do menor volume de sapatos exportados, as exportações de calçados geraram receita de US$ 921,4 milhões de janeiro a junho deste ano, nove pontos percentuais acima do primeiro semestre de 2004, quando totalizaram US$ 842,4 milhões. O motivo está no aumento de 20% no preço médio do calçado, que foi vendido a US$ 8,94 o par, contra US$ 7,45.

Para avançar na sofisticação do produto nacional, é preciso mais financiamento, capacitação de mão de obra e infraestrutura, além de definições para o marco regulatório do setor, dizem os empresários. O setor ainda se preocupa com o aumento na venda do couro semiacabado ou *crust* – o que beneficia os nossos concorrentes. De janeiro a maio de 2005 o Brasil exportou 1.245.908 peças de couro *crust*, contra 972.563 em 2004, um crescimento portanto de 28,11% nesse período. É um avanço, porque em anos anteriores estávamos exportando o couro quase *in natura*, o *wet blue*. Esses números estão meio escondidos na balança comercial da terceira semana de julho, divulgada nesta segunda-feira pelo Ministério do Desenvolvimento, já que os números abrangem o setor de couros e o de calçados conjuntamente.

Quinta-feira,11 de janeiro de 2006

EDIÇÃO TEMÁTICA: O RISCO DE UMA CRISE CAMBIAL

As crises econômicas brasileiras para valer são sempre crises cambiais. Não por acaso o herói da nossa independência, Tiradentes, foi vítima de uma crise cambial. A Coroa portuguesa exigiu mais ouro do que as Minas Gerais podiam fornecer. O ouro é a mãe de todas as moedas fortes. Tentando resolver a crise cambial pela independência, os inconfidentes foram traídos, e Tiradentes, enforcado.

Outros problemas podem incomodar, mas é a crise cambial que mexe com a contradição fundamental do nosso sistema econômico com uma economia dependente, cuja moeda não é aceita para pagamentos internacionais. "A inflação aleija, o câmbio mata", é o título de um artigo de Alcides Amaral, no *Estadão*, alertando contra a sobrevalorização do real.[11]

Nossa economia precisa obter continuamente moeda forte para remunerar os capitais estrangeiros e garantir o suprimento de bens e serviços essenciais não produzidos no país. Também precisa manter uma reserva de moeda forte, como garantia dos pagamentos de suas encomendas futuras de bens e serviços.

A crise cambial começa quando surgem os prenúncios de que não vamos conseguir gerar os dólares suficientes para esses compromissos. Os mais espertos começam em silêncio a liquidar suas posições no mercado financeiro do país e acelerar ou antecipar remessas de lucros, sem dar muita bandeira. Logo as compras de dólar começam a aumentar e sua cotação a subir. No mercado negro a cotação sobe ainda mais.

A corrida ao dólar vai se tornando ostensiva. Acelera-se a fuga de capital, o dólar dispara, é a crise: foi assim em 1989, foi assim em 2002, vésperas da posse de Lula. Surtos inflacionários também estimulam a fuga de capital. Os detentores de reserva de capital procuram abrigo no dólar como reserva de valor. Com a

---

11 In: *O Estado de S. Paulo*, 12/12/2005, p. 2A.

fuga de dólares, pode haver contração forte do meio circulante e, com isso, recessão.

Devido às crises cambiais periódicas, o Brasil instituiu uma legislação precisa e completa de controle das reservas em dólar. Vários decretos que vêm de 1933, e em especial a Lei nº 4.131, de 1962, exigem cobertura cambial das importações e contratos de câmbio em instituições autorizadas para toda transação com o exterior, e o registro obrigatório de capital estrangeiro, que por sua vez define o direito da empresa de remeter lucros e outros pagamentos em moeda forte. O Banco Central tem o monopólio de comprador último dos dólares gerados pela exportação e é o fornecedor de última instância da moeda forte para pagamentos ao exterior.

Mesmo assim, tem sido necessário de tempos em tempos racionar a moeda forte. Por isso já houve períodos de "leilões cambiais", ou de "quotas" cambiais. A própria estratégia desenvolvimentista de substituição das importações tem uma forte motivação na necessidade de economizar divisas.

Com a liberalização cambial e criação de contas CC5 em 1992, que permitem ampla conversão de reais em moedas fortes por instituições financeiras não residentes, o estoque de capital que pode querer fugir do Brasil num momento de crise é muito maior do que o estoque de dólares investidos no nosso mercado financeiro. Detentores de reserva de valor em reais também podem querer se abrigar no dólar num momento de crise.

Essa é a teoria. O que está acontecendo na prática, nesta conjuntura? Está acontecendo, nas aparências, um movimento inverso: são detentores de dólares que buscam abrigo temporário no mercado financeiro brasileiro, para aproveitar as altíssimas taxas de juros num ambiente internacional de excesso de liquidez e juros baixos nos países centrais.

Esse fluxo para dentro de dólares especulativos mais os saldos da nossa conta-corrente, da ordem de US$ 1 bilhão por mês, alimentam uma superoferta nas mesas de câmbio, deprimindo a cotação e apreciando o real. Para os especuladores não importa se compram poucos reais com seus dólares, porque eles estão apenas "alugando" reais para se beneficiar das taxas de juros, e depois os revendem à mesma taxa. Mesmo se no intervalo houver uma pequena apreciação do dólar, a diferença ainda é compensadora.

Outra característica desta conjuntura que a distingue da década passada é o alto superávit de nossa balança comercial, transmitindo aos especuladores a segurança de que sempre haverá dólares para cobertura de sua saída do Brasil e para remessas de lucros, juros, royalties e dividendos.

Essa não é, no entanto, uma situação extraordinária, e sim a norma de nossa economia dependente: grandes saldos comerciais que são usados não para o desenvolvimento do país, mas principalmente para remuneração dos ganhos financeiros do capital estrangeiro. Nesse sentido, voltamos à normalidade da nossa relação de dependência, depois de uma década de quase insolvência internacional, portanto, à mesma probabilidade de novas crises cambiais.

Vivemos um período comparável ao da Segunda Guerra Mundial, quando o Brasil se tornou grande fornecedor de matérias-primas, conseguindo acumular grandes reservas e, com isso, financiar a implantação da indústria siderúrgica. Hoje o Brasil é simultaneamente o maior ou o segundo maior exportador mundial de minério de ferro, carnes, soja, café e suco de laranja, madeiras, fumo e pedras. Também exportamos alguns manufaturados importantes: aviões, veículos, calçados e telefones celulares.

E essa pujança gera exportações da ordem de US$ 12 bilhões por mês, remuneradas em dólar. As cotações são predominantemente em dólar, e a receita para as empresas brasileiras é convertida em reais pela taxa do dólar, daí a enorme importância da taxa do dólar, hoje o preço mais importante da economia. O primeiro problema começa com esse preço. Desde 1999, quando foi instituído o regime de câmbio flutuante, depois do colapso do sistema internacional de pagamentos acordado em Bretton Woods, esse preço flutua.

A forte desvalorização do dólar, estimada em 22% só esse ano, não derrubou as exportações, porque uma série de mecanismos está camuflando o processo. Primeiro, houve a queda de ordem de 12% no salário real entre 2002 e 2005, o que manteve paridade do salário em dólar. A isso se somou o barateamento do custo das importações e do serviço das dívidas dessas empresas.

Há também a financeirização das exportações pela qual as mercadorias servem de garantia para a tomada de recursos baratos no exterior e Adiantamentos de Contratos de Câmbio, que são aplicados a taxas internas altíssimas, compensando o câmbio baixo. Ou seja, o exportador torna-se um especulador com moedas. Outro mecanismo é o ganho da compensação fiscal dos impostos cobrados na exportação, nos impostos devidos nas vendas ao mercado interno, o que varia de setor para setor.

Muitos setores industriais, como a indústria automobilística e a eletroeletrônica, continuam exportando porque utilizam capacidade ociosa e precisam cobrir apenas os custos marginais. Finalmente, no caso das matérias-primas, o que manda não é o câmbio, mas a cotação internacional, que continua favorável. Mas a médio e longo prazo é inexorável o esgotamento desse ciclo, como já mostra o fechamento de indústrias calçadistas e de mobiliário, assim como a invasão de produtos estrangeiros, inclusive bens de capital convencionais.

DIANTE DESSE QUADRO, QUAL O RISCO DE UMA CRISE CAMBIAL?

Hoje o Brasil já é o paraíso da especulação internacional com contratos de câmbio. As estimativas dos especuladores é que há cerca de US$ 150 bilhões em contratos futuros de câmbio vinculados a aplicações rendosas no mercado financeiro brasileiro na Bolsa de Mercadorias e Futuros, além de outros US$ 75 bilhões em outros papéis. Uma grande bolha especulativa que, ao menor sinal de crise em qualquer parte do planeta, pode estourar.[12]

---

12 Cf. Alcides Amaral. A Inflação aleija, o câmbio mata. In: *O Estado de S. Paulo*, 12/12/2005, p. 2A.

A última proposta do grande capital financeiro para se proteger de uma crise cambial é desobrigar as empresas de vender a moeda forte ao BC e retirar todos os controles sobre o capital estrangeiro, inclusive abolindo seu registro obrigatório. A Fiesp já formalizou sua proposta de "conversibilidade total", e o BC já estuda suas implicações fiscais e de outra natureza; o objetivo do BC é: liberdade cambial irrestrita, eliminação de cobertura cambial, permissão de abertura de contas em moeda estrangeira; eliminação do contrato obrigatório de câmbio e do registro do capital estrangeiro.

O país se torna um território de livre movimento de capitais estrangeiros, sem nenhum controle, ao permitir que as empresas mantenham em contas suas, quanto tempo quiserem, os dólares recebidos pelas exportações, sem a obrigação de vendê-los ao Banco Central. É o caminho certo para o desastre na próxima crise financeira interna ou internacional. Essa proposta parte da concepção equivocada de que o real pode ser equiparado ao dólar como moeda forte, e se torna conversível pelo seu próprio mérito, independente da estrutura da economia do país em que ela circula.

Confunde uma mudança de conjuntura, na qual estamos gerando saldos comerciais significativos, com uma mudança de estrutura nas nossas relações com os centros do capital. A estrutura não mudou. Ao contrário, se aprofundou, como mostram os déficit crescentes da balança de serviços, que já consomem cerca de US$ 30 bilhões por ano, ou ¾ do que geramos com exportações de mercadorias. Só a remessa de lucros, juros e dividendos consome US$ 25 bilhões por ano.

É a percepção do possível colapso e necessidade de racionar dólares, e não a eventual economia por manter contas em dólar, que originou a última proposta.

A liberação total do câmbio e da obrigatoriedade de vender a moeda forte de suas receitas ao Banco Central elimina uma das principais funções do Banco Central e desvincula o destino das empresas do destino do país, em especial nos momentos de crise. O país pode ficar sem moeda forte, mas a empresa não fica. É o fim dos controles. É o paraíso das lavanderias de dinheiro, hoje um dos fatores de movimento de capitais via rede bancária.

As empresas argumentam que conseguiriam economizar não tendo que converter e reconverter suas receitas em moeda forte. É certo que se pode economizar até cerca de 2% do faturamento.[13]

BALANÇA COMERCIAL / CONTRATOS INTERNACIONAIS

Sexta-feira, 24 de outubro de 2003

CUIDADO COM A SEDUÇÃO DOS CONTRATOS IRAQUIANOS

É temerária a participação do Brasil na conferência sobre "o papel da iniciativa privada na reconstrução do Iraque". Márcio Fortes, o secretário-executivo do Ministério do Desenvolvimento, disse que "este evento representa uma oportunidade de negócios para empresários brasileiros nas áreas de infraestrutura, energia e serviços financeiros, saúde, varejo e agricultura".

Mas as coisas não são assim tão simples: o Brasil já foi um parceiro preferencial do Iraque, e até hoje não recebeu US$ 192,9 milhões devidos pelos iraquianos exatamente por projetos em infraestrutura como os mencionados por Márcio Fortes. Nem a mídia nem o secretário-executivo mencionaram esse "pequeno problema."

PODEMOS SER OBRIGADOS A PERDOAR UMA DÍVIDA BILIONÁRIA

Se entrarmos no esquema americano, corremos o sério risco de sermos obrigados a perdoar a dívida iraquiana, como nos obrigaram a perdoar a dívida polonesa, quando o governo

---

13 A Fiesp alega que a economia pode chegar a 4% do faturamento, Cf. *Notícias da Fiesp*, 30/11/2005, in fiesp.com.br

americano quis facilitar o caminho para Lech Walesa. Somente por subserviência aos americanos, no caso das "polonetas", perdemos US$ 800 milhões. De um total devido pelos poloneses de US$ 3 bilhões, recebemos apenas US$ 2,2 bilhões.

É preciso que, desde o primeiro minuto, o governo fique vigilante para que não entrem cláusulas contrabandeadas que depois nos obriguem a perdoar a dívida iraquiana. É recomendável remover esse contencioso e cobrar da potência de ocupação, que controla o petróleo iraquiano, o pagamento dessa dívida, antes de qualquer negócio.

E AINDA FICAR SEM OS CONTRATOS

Além desse problema específico, seduzidos pela perspectiva de abocanhar alguns contratos milionários, os empresários brasileiros podem negligenciar na avaliação do estado da guerra, que, longe de terminar, está recrudescendo.

Por esse motivo, aliás, a conferência de doadores de Madri não está saindo como os americanos queriam. Nem a ajuda de Kofi Annan [Secretário-Geral da ONU] está resolvendo. Muitos países não querem assumir riscos, e os americanos não levantaram ainda nem 20% dos 55 bilhões de dólares que pretendiam.

Quarta-feira, 16 de junho de 2004

CARTA CRÍTICA ESPECIAL: QUEM CONTROLA O CONTROLE DA SOJA?

O vice-ministro chinês Yi Xiaozhum disse, durante a reunião da Unctad, segundo O *Valor* de hoje, que o bloqueio à soja brasileira tem razões estritamente fitossanitárias. A China está disposta a aumentar o comércio de soja com o Brasil, o problema que enfrentamos é uma questão técnica, ligada à saúde humana, porque a soja na China é para consumo humano.

A mídia brasileira, hoje mais ainda do que ontem, acredita que as razões fitossanitárias foram apenas um pretexto para o bloqueio, cujas verdadeiras razões seriam comerciais. No *Globo*, Miriam Leitão diz que essa é também a suspeita no governo.

O problema é que nós fornecemos o pretexto. Os mecanismos de controle da soja já existiram mas foram varridos da estrutura do governo pelos ventos neoliberais, há cerca de dez anos, para reduzir o chamado "custo Brasil".

"O controle de qualidade das exportações era feito pelo Conselho Nacional de Comércio Exterior, o Concex. Abrangia toda a cadeia produtiva e foi eliminado porque encarecia muito o produto", lembra um técnico da Associação Brasileira das Indústrias de Óleos Vegetais (Abiove). A associação reúne doze empresas responsáveis por 80% da soja esmagada no país. Hoje, toda a classificação sanitária e fitossanitária dos grãos é feita por empresas terceirizadas. "A autorregulamentação do mercado foi danosa para a qualidade da soja. Criou-se uma certa complacência, um compadrio entre quem produz e quem fiscaliza", admite um empresário ligado à Associação Nacional dos Exportadores de Cereais (Anec). Para ele, o veto à soja brasileira pela China mostra que está na hora de mudar essa situação.

Os chineses não começaram a se queixar agora. Há anos eles dizem que a soja brasileira contém impurezas acima do tolerável, como ervas daninhas, torrões de areia, cascas de árvores e insetos. Fora os agrotóxicos usados nos grãos que deveriam servir de sementes e são misturados nas cargas exportadas. "Eles reclamam, a gente avisa os produtores. A coisa melhora um tempo, depois volta tudo ao que era antes", admite um técnico do Ministério da Agricultura. Ou seja, era previsível que um dia os queixumes virassem uma crise grave como essa.

É inaceitável que o governo não controle a qualidade de um produto que representa um quarto da pauta de exportações nacionais. Somente neste ano, os chineses compraram 12 milhões de toneladas. A soja saiu dos portos do país com suas habituais sujeiras. Deu azar que os preços internacionais dispararam e depois caíram. Os chineses aproveitaram nossa negligência para reverter as compras feitas quando o preço estava no alto.

Não adianta apenas negociar a liberação das toneladas retidas pelo Ministério da Quarentena chinês. É preciso pensar no longo prazo. Isto é, pensar seriamente em controlar o controle decente da soja brasileira. Será inútil o país adotar regras rígidas, como fez na última sexta-feira, se não tiver órgãos competentes para fiscalizar o cumprimento delas.

Sexta-feira, 10 de setembro de 2004

DE REPENTE, EMPRESAS ESTÃO TIRANDO MUITO DINHEIRO DO BRASIL...

A notícia foi chamada de capa da *Gazeta Mercantil* de ontem: saíram do Brasil US$ 2,11 bilhões apenas no mês de agosto, pelas contas de não residentes, as famosas CC5. É um valor 40% superior ao que saiu durante todo o ano passado.

É a maior remessa de recursos pelas contas CC5 em um único mês desde outubro de 1998, quando aconteceu a crise da Rússia, segundo técnicos do Banco Central. Naquela época, as empresas remeteram US$ 2,210 bilhões ao exterior. Luís Fernando Lopes, economista-chefe do Banco Pátria de Negócios, diz na reportagem que a saída "é alarmante".

O cenário só não é mais preocupante porque nossas contas externas estão folgadas graças à explosão de exportações. Mesmo assim, devido a essa fuga pelas contas CC5, o movimento cambial total de agosto ficou negativo em US$ 579 milhões.

PERPLEXIDADE E MISTÉRIO NO BANCO CENTRAL

Qual o motivo dessa "fuga" de capital? Esse é o grande mistério, já que não há crise aparente, e o mercado, ao contrário, aposta na continuidade de Lula e até conta com ela.

A *Gazeta*, que deu a notícia exclusiva, diz que "os atuais fundamentos da economia não justificam uma retirada de dinheiro tão grande". Analistas acham que as empresas poderiam estar aproveitando o baixíssimo preço do dólar para antecipar pagamentos. Mas é puro achismo. E a rigor não explica a necessidade de usar as CC5. Lucros, dividendos e pagamentos regulares de serviços, como royalties, podem e devem ser feitos pelos canais regulares de remessa. Seriam ganhos de subfaturamento das exportações?

O BC diz que, diferentemente do que aconteceu em 1998, agora é um número pequeno de empresas que está enviando grandes somas de dólares por meio das CC5.

Altamir Lopes, chefe do Departamento Econômico do BC, nega que se trate de uma fuga de capitais. Em 1998, sim, houve um movimento generalizado de empresas enviando recursos para fora.

A PORTA CONTINUA ARROMBADA

O BC diz que sabe quem são essas empresas, mas estranhamente diz que não sabe o porquê das remessas. Com isso, confessa que, mesmo depois de dezenove meses de um novo governo e a despeito das revelações da CPI do Banestado, de que as CC5 eram usadas para lavagem de dinheiro, a porta das CC5 continua arrombada e o dinheiro continua saindo sem sequer a necessidade de declarar os motivos da remessa.

A desculpa do BC é a de que a legislação que permite esse tipo de operação não foi revogada. Esse fato e essa desculpa desmoralizam o discurso do governo de que está agindo com rigor contra a lavagem de dinheiro.

Terça-feira, 2 de agosto de 2005

EDIÇÃO ESPECIAL: O MILAGRE DAS EXPORTAÇÕES

Em economia chama-se "milagre" uma situação especial na qual diversos fatores se combinam de forma virtuosa, levando a um crescimento acelerado por um longo período de tempo. É o que está acontecendo hoje com as exportações brasileiras, que continuam a crescer, derrubando o mito de que a sobrevalorização do real levaria a uma estagnação das exportações a partir de junho.

Com as exportações recordes de US$ 11,061 bilhões em julho, já acumulamos US$ 64,7 bilhões em exportações desde janeiro, uma expansão de 23,8% em relação ao mesmo período de 2004. E com o saldo também recorde de US$ 5,011 bilhões em julho, acumulamos US$ 24,678 bilhões de saldo comercial desde janeiro.

E nada indica arrefecimento. As exportações na última semana de julho foram as melhores no ano: US$ 3,305 bilhões, dando média diária de US$ 661 milhões. Podemos fechar o ano com US$ 110 bilhões exportados e um saldo comercial de US$ 42 bilhões. São números espetaculares.

A SOLIDEZ E A IMPORTÂNCIA DO ATUAL CICLO DE EXPORTAÇÃO

As exportações estão definitivamente puxando a economia brasileira, e de modo muito firme. Em contraste com outros ciclos de exportação de nossa história, desta vez não se trata da uma única mercadoria ou duas, como ocorreu com os ciclos da borracha ou do café.

A pauta das exportações é ampla, com pelo menos vinte produtos de peso, de natureza diferente. Entre eles, manufaturados com agregação de tecnologia, como celulares, aviões e automóveis; manufaturados baseados em mão de obra intensiva, como calçados e confecções; matérias-primas industriais, como minério de ferro, cerâmicas, pedras e petróleo; e as agrícolas, como soja, suco de laranja, café e açúcar, e ainda carnes, madeiras, papel e celulose.

Também é mais diversificado o destino de nossas exportações, dividido em partes quase iguais entre Mercosul, EUA, Europa e Extremo Oriente. Isso torna as exportações menos vulneráveis a crises localizadas e à própria queda do dólar.

ACABOU A GRITARIA DE QUE O CÂMBIO IA DERRUBAR AS EXPORTAÇÕES

Economistas importantes, como João Roberto Mendonça de Barros e Delfim Netto, emudeceram depois de profetizar, durante meses, que logo as exportações iriam perder o dinamismo devido à sobrevalorização do real. Estava demorando para acontecer, diziam, porque havia contratos de longo prazo sendo cumpridos. Mas a perda de dinamismo era inevitável.

Mas as exportações continuaram a crescer, inclusive as de manufaturados, mais sensíveis ao câmbio, apesar da desvalorização de 9,94% do dólar frente ao real no acumulado do ano e de 21,29% no acumulado dos últimos doze meses, segundo cálculo divulgado ontem pela GRC.

A própria GRC, que advertiu tantas vezes para o perigo de queda nas exportações, admitiu ontem que "tem se dissipado a preocupação de que o real muito valorizado frente ao dólar ainda surtirá os temidos efeitos negativos na balança comercial como, por exemplo, perda de dinamismo das exportações e ampliação das importações".

COMO SE EXPLICA O MILAGRE?

Há pelo menos cinco fatores combinando-se para produzir o ímpeto das exportações, mesmo com uma taxa de câmbio adversa:
1. A queda no salário médio dos trabalhadores, da ordem de 3% só nos últimos doze meses. Nos últimos quatro anos, essa queda, em São Paulo, nosso maior centro produtor, foi de nada menos que 25%, segundo os dados do Dieese. Isso significa que estamos de fato operando uma nova inserção na economia global, com base na redução dos custos da mão de obra. É o que poderíamos chamar de "efeito chinês", única forma de competir com as mercadorias chinesas, muito mais baratas do que as nossas.
2. A elevação nos preços de algumas mercadorias importantes. Nos últimos doze meses elevou-se em 50% a cotação do café,

em 30%, a da carne suína, em 25%, a do açúcar, e em 10%, a do frango. Houve também quedas, mas pequenas e isoladas. A única mais relevante foi a da soja (-14%). Ontem o jornal *Valor* resumiu estudos da Funcex mostrando que os preços das exportações de manufaturados também vêm subindo: em média 1% ao mês, totalizando ganho de 11% no primeiro semestre. Nos últimos doze meses, o ganho é de 16%. É claro que esses ganhos não podem continuar indefinidamente, mas também o dólar não pode cair indefinidamente.

3. Mais interessante, porque é menos visível, é o efeito das restituições fiscais no custo das exportações. O economista Paulo Miguel fez simulações no jornal *Valor*, mostrando que, enquanto for possível utilizar plenamente os créditos fiscais, uma empresa ainda estará lucrando se exportar a R$ 2,00 o dólar. Para aproveitar plenamente esses créditos precisa definir bem a proporção dos valores exportados em relação aos vendidos no mercado interno.
4. O quarto fator é o crescimento expressivo da demanda mundial por matérias-primas, devido principalmente ao crescimento extraordinário da economia chinesa.
5. Finalmente não se deve menosprezar o papel da política externa brasileira, que abriu novos mercados no Oriente Médio, na África e na América Latina, além do estreitamento dos laços com a própria China.

EXPORTADORES CHORAVAM DE BARRIGA CHEIA

"A forte valorização do real não afetou a rentabilidade das empresas exportadoras", indica um estudo do Serasa, publicado no *Estadão* da última quinta-feira. Outra prova de que a choradeira contra o câmbio era choradeira mesmo. Segundo o estudo feito pela Fiesp com três mil grandes empresas, para cada R$ 100,00 faturados, no primeiro trimestre do ano, houve um lucro líquido de R$ 11,6, ante R$ 11,1 ao longo de 2004.

A rentabilidade aumentou em vez de diminuir. O estudo aponta alguns fatores para isso: menor custo das dívidas externas dessas empresas, menor custo das importações de peças e insumos.

MAS O MODELO NÃO É DOS MAIS SEGUROS

Mas o próprio Paulo Miguel admite que nosso modelo é um "segundo ótimo" do ponto de vista de política econômica. Muitas empresas não conseguem fazer o mix adequado entre exportações e mercado interno. Muitos setores, como o de calçados, estão demitindo.

O estudo do Serasa também mostra que, no caso das sete mil empresas pequenas e médias incluídas no estudo, houve queda na rentabilidade, que já era baixa. De apenas 4,5% em 2004, caiu para 3,5% no primeiro trimestre deste ano.

O QUE DIZ A TEORIA

Todos esses números ignoram a outra parte do comércio exterior: a dos serviços, ou bens imateriais. Nessa pauta somos altamente deficitários. E ainda remetemos muita moeda forte em pagamentos de juros e remessas de lucros.

É um modelo exportador que gera grandes saldos comerciais, mas também grandes déficits em serviços (que será objeto de outra CC especial). Em termos de teoria das trocas internacionais, nosso modelo significa que estamos transferindo renda para o exterior na medida em que os saldos comerciais são amplamente usados para pagamentos de lucros e serviços (só de remessa de lucros foram US$ 6,12 bilhões de janeiro a junho).

Terça-feira, 25 de outubro de 2005

O BRUTAL CRESCIMENTO DA DÍVIDA PÚBLICA

Nos primeiros nove meses do ano, a dívida pública mobiliária federal interna inchou em R$ 123 bilhões, segundo os dados do Tesouro divulgados ontem: foi de R$ 810,2 bilhões em dezembro de 2004 para R$ 933,2 bilhões neste setembro.

O ritmo do inchaço é impressionante: só em setembro, num único mês, o inchaço foi de R$ 12,43 bilhões, quase duas vezes o que o governo deve gastar durante todo este ano no seu maior programa social, o Bolsa Família, conforme a previsão de R$ 6,54 bilhões, destacada hoje pelo *Valor*, ou quase trinta vezes o valor do Fundo Nacional de Segurança Pública. Deve ser a maior transferência de renda da nossa história para os aplicadores em títulos públicos.

UMA DÍVIDA QUE SE ALIMENTA EM SI MESMA

A natureza do inchaço é ainda mais preocupante: "O aumento foi resultado principalmente do efeito dos juros sobre a dívida", diz o *Jornal do Commercio*. "Juro alto faz dívida do governo subir", é o título do *Estadão*.

Isso significa que não se trata de um endividamento feito para realizar alguma obra importante ou sustentar um projeto social, ou para enxugar a base monetária. É um crescimento endógeno, exatamente como aconteceu com o crescimento da dívida externa nos anos 1980 e 1990, alimentado pela altíssima taxa de juros que incide sobre a maior parte do estoque dessa dívida.

A maior parte do inchaço de R$ 103,6 bilhões de janeiro a setembro foi resultado da capitalização dos juros da própria dívida. Apenas R$ 19,9 bilhões resultam da emissão líquida de novos títulos. Esses números atestam a virtual falência da nossa equação macroeconômica. Não só esterilizamos um volume expressivo de recursos públicos, como aumentou a dependência nessa dívida.

PERFIL DA DÍVIDA PIORA

A participação de títulos prefixados é a maior da série histórica da Fazenda, iniciada em 1999. Foi de 18,71% do total da dívida em janeiro, para 25,76% em setembro. São agora R$ 240,39 bilhões com juro já fixado, e que permanecerá alto, mesmo que a Selic caia, como deve cair, já que esse é o propósito declarado do Banco Central. No início do nosso governo, em janeiro de 2003, a parcela prefixada estava em 1,91% do total, ou R$ 12,17 bilhões.

Todos os jornais disseram que isso é bom: "Os títulos prefixados são considerados melhores para a administração da dívida, já que dão ao governo previsibilidade em relação ao valor da dívida", diz por exemplo o *Estadão*. Mas é pura enganação formulada provavelmente pela assessoria de imprensa do Banco Central para camuflar a piora no endividamento, e que os jornais engoliram sem parar para pensar. Os títulos prefixados dão previsibilidade e garantia de retorno aos investidores que enriquecem com as nossas taxas de juros. Mesmo que o BC baixe os juros – e essa seria a perspectiva nesta fase – eles recebem a mesma remuneração. Se eles ganham, o Tesouro perde.

PRAZO DA DÍVIDA TAMBÉM FICOU MAIS CURTO

Além do aumento no estoque de títulos prefixados, o prazo da dívida também encurtou, o que torna o seu manejo ainda mais difícil e nossa dependência ainda maior. O prazo médio da dívida pública mobiliária federal interna caiu de 27,39 meses em agosto para 27,21 meses em setembro. Foi um encurtamento ínfimo; é importante porque mostra que não conseguimos sequer alongar a dívida.

MAIS PRESSÃO SOBRE PALOCCI

Os governadores de Minas, São Paulo, Rio Grande do Sul e Pará ameaçam homologar um decreto que suspende o pagamento dos créditos aos exportadores, se até amanhã o governo não garantir o ressarcimento de R$ 900 milhões a que eles dizem ter direito pela Lei Kandir.

Terça-feira, 30 de março de 2004

AS ESTRANHAS DECISÕES DE ONTEM DO CMN

Depois da campanha do presidente do BNDES, Carlos Lessa, pela redução da taxa de juros de longo prazo de 10% para 8%, a decisão do Conselho Monetário Nacional de cortar apenas 0,25 pp, para 9,75%, tomada ontem, pode cair no mercado como mais um balde de água fria.

Essa taxa vai valer pelos próximos três meses. Uma redução maior seria um forte sinalizador pela retomada dos investimentos, comentaram ontem os empresários entrevistados na TV.

Na mesma reunião, o CMN decidiu relaxar as regras para uso de cartões de crédito no exterior, apesar de gastos por esse meio terem atingido o absurdo de US$ 3,5 bilhões em 1998, antes de sua proibição por causa da crise do real.

O BC também permitiu o pagamento com cartões de crédito de compras feitas no exterior pela internet, o que abre nosso mercado a transações de toda ordem com empresas que nem estão sediadas no Brasil e portanto não empregam nem pagam impostos aqui. Um precedente perigoso.

A OFENSIVA DE CARLOS LESSA

Até a reunião de ontem, Lessa parecia estar levando a melhor. A *Folha*, que sempre ataca o governo, apoiou sua proposta em editorial. No domingo, no *Globo*, Suely Caldas tentou negar a acusação de Lessa de que o FMI queria que a taxa fosse aumentada porque embutia um subsídio.

Suely Caldas disse que o representante do FMI, Philip Gerson, apenas perguntou por que a TJLP é inferior à Selic porque desconhecia seu mecanismo, e assim acabou confirmando que o questionamento aconteceu.

DECISÃO ERA CRUCIAL PARA SINALIZAR RETOMADA DO CRESCIMENTO

A TJLP é redefinida a cada trimestre. No fim do ano passado, o CMN reduziu a TJLP de 11% para 10% ao ano, para o período janeiro-março de 2004. Na semana passada Lessa enviou carta ao BC pedindo nova redução da taxa, para 8%. Sérgio Darcy, diretor de Normas do BC, disse, segundo o noticiário de hoje, que "a carta não foi examinada pelo Conselho". Uma atitude simplesmente inexplicável.

A decisão sinaliza a posição do BC em relação ao crescimento da economia. Se ela fosse reduzida em dois pontos, como queria Lessa, o CMN passaria ao mercado uma forte e oportuna mensagem pró-crescimento. Um recuo na TJLP não apenas definiria um horizonte expansivo como beneficiaria tomadores de financiamentos feitos desde 1995. Calcula-se que, dos R$ 160 bilhões da carteira de financiamentos do BNDES, cerca de R$ 100 bilhões pagam a TJLP.

TAXA FUNDAMENTAL PARA INVESTIMENTOS PRODUTIVOS

A TJLP define o custo de empréstimos de longo prazo do BNDES às grandes empresas. Exceto recursos externos, é a principal fonte de financiamento para o desenvolvimento nacional.

Uma redução da TJLP pode, por exemplo, alavancar o Modermáquina de forma direta – sem necessidade de equalização etc. – gerando na esfera industrial o mesmo efeito expansivo verificado na agricultura, com o Moderfrota. Uma das novas linhas de financiamento do BNDES é de R$ 700 milhões para a produção de papel de imprensa, o que pode baratear o custo de produção dos jornais e economizar divisas, o que pode explicar o apoio da *Folha*.

A VISÃO DO BNDES

Historicamente, a TJLP tem sido mais barata e menos volátil que a Selic, reduzindo as incertezas para o investidor. Mesmo assim, a atual TJLP, em termos reais (isto é, descontada a inflação projetada), se situa em torno de 4%. É bem maior do que as taxas reais vigentes no mercado internacional. Haveria desse modo espaço para uma redução, como defende o BNDES, com impacto positivo no potencial de crescimento e na oferta de emprego industrial.

E A VISÃO DO CMN

O comunicado sucinto do CMN de ontem diz que, para a redução de 0,25 pp, foi considerada a queda no prognóstico de inflação futura de 5,5% para 5,15%. Estranhamente, o CMN adiciona a essa taxa uma "taxa de risco Brasil" de 4,5% ao ano.

O risco Brasil é uma referência para quem não está no Brasil e está pondo seu dinheiro no Brasil. Nunca poderia ser considerado para os recursos do BNDES remunerados pela TJLP, que são tirados do FAT, um fundo financiado com recolhimentos do FGTS [Fundo de Garantia por Tempo de Serviço], e direcionados para o investimento produtivo justamente com a finalidade de criar empregos.

No limite, é como se o governo, através do CMN, declarasse desconfiança em si mesmo.

8. CENÁRIO INTERNACIONAL

AMÉRICA LATINA

Terça-feira, 17 de fevereiro de 2004

CARTA CRÍTICA ESPECIAL: PANORAMA DA AMÉRICA LATINA

A EVOLUÇÃO DA CRISE NO HAITI

Os conflitos se intensificam no Haiti e aumenta o risco de uma guerra civil. As chances de entendimento entre a oposição e o presidente Aristide são cada vez mais remotas. Neste domingo, milhares de pessoas, a maioria de estudantes, entraram em confronto com a polícia em uma manifestação na capital, Porto Príncipe. Eles pediam a renúncia de Aristide, a quem acusam de fraudar as eleições de 2000.

A capital haitiana está sob controle do governo, mas o presidente Jean Bertrand Aristide conta com uma influência limitada, forças policiais insuficientes e uma administração em decomposição. Os grupos rebeldes, que dominam o norte e o oeste do país, ganharam o reforço de comandantes de esquadrões da morte, que estavam exilados na vizinha República Dominicana – entre eles Louis-Jodel Chamblain, ex-soldado que liderou esquadrões da morte em 1987, e Guy Philippe, ex-chefe da polícia, acusado de fomentar um golpe contra o governo em 2002.

A Caricon, comunidade de países caribenhos, enfrenta dificuldades na tentativa de negociar a saída para o impasse com uma oposição composta de bandos armados, sem objetivos políticos definidos. Segundo a BBC, para os observadores internacionais, o pior resultado da crise haitiana seria a deposição do presidente sem uma força política de credibilidade para preencher o vácuo político de sua saída.

Na semana passada, o secretário de Estado Colin Powell disse que os Estados Unidos estão "decepcionados" com Aristide. Os norte-americanos estão preocupados que uma onda de refugiados haitianos invada a Flórida se a guerra estourar, mas não mostram disposição de intervir de novo no país. Em 1994 eles enviaram milhares de soldados ao Haiti para reconduzir Aristide ao poder, após uma tentativa de golpe.

E A TENTATIVA DE SUPERAÇÃO DA CRISE NO PERU

[Alejandro] Toledo reformulou totalmente seu gabinete ontem, no que o *La Republica* do Uruguai classificou como "última cartada para superar a forte erosão de seu governo". É bom lembrar que a crise se precipitou depois que surgiu uma fita gravada envolvendo uma auxiliar direta de Toledo com a máfia de Montesinos.

Ele nomeou um gabinete com predomínio de técnicos apartidários. Para a Fazenda ele trouxe de volta Pedro Pablo Kuczynski, o economista muito conhecido que já foi presidente do Banco Central do Peru e ministro da Fazenda do próprio Toledo e um profundo conhecedor dos mecanismos que levaram à crise da dívida dos anos 1980.

Mas as primeiras reações à mudança ministerial não foram muito animadoras. Vários políticos avaliaram que se tratou de um mero remendo, já que sete ministros permaneceram, inclusive o presidente do Conselho de ministros, Carlos Ferrero. Criticam Toledo por querer manter poder pessoal num momento em que a única solução era transferir plenos poderes a um gabinete independente. A agência *Reuters* cita integrantes da oposição e analistas políticos para os quais as mudanças não salvarão o presidente, que após dois anos e meio de governo tem apenas 7% de aprovação da população. Vargas Llosa acha que Toledo ainda não percebeu a gravidade da crise e por isso perdeu mais uma oportunidade, segundo *El Nacional*.

CHÁVEZ DESAFIA O GOVERNO AMERICANO E AS OPOSIÇÕES

Aumentou de novo a tensão entre Hugo Chávez e a oposição em torno do referendo que pode abreviar o mandato do presidente. Nesta segunda-feira, a presidente da Fedecámeras, Albis Muñoz, que representa a cúpula empresarial, protestou no jornal *El Nacional* contra a desclassificação de 1,6 milhão de assinaturas pelo Conselho Nacional Eleitoral. O CNE considerou que houve fraude, em especial as chamadas "planilhas planas", preenchidas por uma única pessoa, que somam cerca de 30% do total entregue pelos partidos contrários a Chávez. A oposição retruca que o conceito de "planilhas planas" não está incluído nas normas aprovadas pelo CNE para anular assinaturas.

ACUSAÇÕES CONTRA O GOVERNO AMERICANO

As acusações de fraude são de parte a parte. O programa semanal em cadeia de rádio e TV do governo, o "Alô Presidente", apresentou no domingo depoimentos de venezuelanos que contaram como tinham encontrado nas listas nomes de seus parentes falecidos. Chávez também fez uma nova advertência para que os EUA não se intrometam nos assuntos internos da Venezuela. Chavez também conseguiu documentos comprovando que os Estados Unidos deram "milhões de dólares" para entidades da oposição organizarem o fracassado golpe de estado, entre elas a organização não governamental Súmate, que teria recebido US$ 53.400, além do grupo empresarial de comunicação Cisneiros.

Quarta-feira, 28 de abril de 2004

A CONDENAÇÃO DOS ESTADOS UNIDOS NA OMC

A vitória do Brasil ao obter a condenação dos subsídios ao algodão pode até influenciar as eleições americanas, segundo o *New York Times*. A tática de Bush será a de impetrar recursos contra a decisão para ganhar tempo, mesmo sabendo que no fim vai perder. A vitória do Brasil é definitiva, segundo todos os analistas, e de grande importância (ver *Carta Crítica* especial).

CARTA CRÍTICA ESPECIAL: PRIMEIROS DIVIDENDOS DA POLÍTICA EXTERNA

O sistema de subsídios que os países ricos transferem à sua agricultura, combinado com as tarifas protecionistas que dificultam a entrada de nossos produtos, é hoje o principal mecanismo de sufoco das economias periféricas. Os números das perdas são impressionantes. Só os subsídios dados aos agricultores americanos somam US$ 19 bilhões por ano, segundo estimativa do *New York Times* de ontem. O *Boston Globe* estima em US$ 300 bilhões o total de subsídios dos países ricos a seus agricultores.

Por isso tem uma importância histórica a decisão da OMC contra os subsídios do algodão pagos pelo governo americano aos seus agricultores. Na imprensa mundial foi um dos grandes destaques ontem e hoje. Para o *Washington Post* foi "potencialmente a maior vitória que os países em desenvolvimento conseguiram" na luta contra os subsídios das nações ricas à sua agricultura e deverá encorajar outros países a desafiar os subsídios dos EUA, Japão e Europa.

Paralelamente começa a se configurar uma vitória mais geral à queda de braço entre Mercosul e União Europeia na negociação de uma zona de livre-comércio. *Valor* sugere que a União Europeia está melhorando cada vez mais a sua oferta. Vários jornais latino-americanos noticiam que a UE tenta seduzir o Mercosul com novas cotas de importação, mas que o Mercosul "não se deixou seduzir facilmente" e pediu uma oferta maior, com redução de tarifas de importação para todo o comércio. "As ofertas da União Europeia não correspondem às expectativas do Mercosul", disse o ministro da agricultura na Agrishow de Ribeirão Preto, frase que repercutiu na mídia internacional.

E as propostas da UE já estão melhorando bastante, o que sugere que jogar duro está dando certo. O *Valor* de ontem fala de uma oferta sensacional de uma cota de importação de 1 bilhão de litros de álcool, para compensar a não redução de tarifas sobre o açúcar.

Todos esses avanços ajudam a vencer as resistências internas à nossa política restritiva em relação à Alca. De fato, as críticas internas diminuíram bastante nas últimas semanas. Não impera mais o tom de ceticismo em relação à nossa política.

A insistência dos americanos em impor à Alca o seu modo é mais uma prova da importância que têm hoje as questões de comércio internacional. Está claro que a Alca é para eles um objetivo estratégico.

O jogo duro com os americanos em relação à Alca está dando resultados, na medida em que até agora os americanos não conseguiram dobrar o Mercosul. Alguns jornais, como *El Universal*, do México, avaliam "ser muito pouco provável, para não dizer impossível", que a Alca cumpra seu calendário e comece a funcionar em janeiro de 2005. O jornal considera decisiva a aproximação Lula-Kirchner na questão da Alca "por serem os líderes dos dois países mais sólidos da América do Sul".

Muitos jornais, inclusive a distante Agência Xinhua, da China, reproduzem a fala do presidente durante visita ao ABC, na qual ele diz que a Alca sairá "a partir do ponto de vista do interesse da América do Sul, do tamanho que os países da América do Sul entenderem que a Alca deva ter".

Segunda-feira, 14 de fevereiro de 2005

O QUE A MÍDIA DIZ DA VIAGEM À VENEZUELA

Todos os jornais brasileiros falam em "aliança estratégica". *O Valor*, mais específico e detalhado, diz que serão assinados 22 acordos de cooperação. O mais importante parece ser o que amplia os limites do Convênio de Crédito Recíproco (CCR).

A Bloomberg diz que Lula tentará persuadir Chávez a comprar os aviões de combate Tucano, da Embraer, e também a participar de manobras militares conjuntas na Amazônia, além de discutir um sistema de vigilância para a Amazônia venezuelana, construído por empresas brasileiras.

A matéria diz que a Embraer é a quarta maior fabricante de aeronaves do mundo. "O pacto militar é parte de uma 'aliança estratégica' que os dois líderes planejam assinar e inclui iniciativas conjuntas em petróleo, infraestrutura e mineração de carvão", diz a reportagem.

AMERICANOS TORCEM O NARIZ

A Bloomberg lembra que Lula aproveita para vender aviões militares para Chávez no momento em que os Estados Unidos criticam o presidente venezuelano por planejar comprar helicópteros e rifles russos. Na quinta-feira, o porta-voz do Departamento de Estado dos EUA disse que os planos de Chávez (de comprar aviões russos) levaram os EUA a advertir a Rússia "várias vezes" sobre o potencial desestabilizador dessa ação no hemisfério.

E INGLESES DUVIDAM DO ALCANCE DO NOSSO APOIO A CHÁVEZ

Richard Gott, um dos maiores especialistas ingleses em América Latina e ex-analista para a América Latina do jornal *The Guardian*, diz que não existe possibilidade de o presidente Lula virar à esquerda e abandonar o neoliberalismo "ou falar alto contra os Estados Unidos". Em uma longa análise sobre a popularidade do presidente Hugo Chávez no recente Fórum Social Mundial, publicada pelo *Socialist Worker*, da Inglaterra, Gott diz que Chávez está há seis anos no poder, mas levou três anos para explodir como líder das forças progressistas na América Latina. "Ele é quase um sucessor de Fidel Castro, que é imensamente popular na AL. Os novos movimentos políticos no Peru, Equador e Bolívia olham a Venezuela com entusiasmo", diz.

UMA REVOLUÇÃO EM MARCHA LENTA?

Richard Gott acha que uma revolução em câmera lenta está ocorrendo na Venezuela. Chávez fez profundas mudanças na Constituição e uma reforma agrária importante, embora pequena devido à grande urbanização da Venezuela. Em novembro de 2001, Chávez começou a assinar uma série de decretos radicais, reformistas, que mudaram as feições da indústria petrolífera, moradia e indústria pesqueira, além de criar o microcrédito.

"Chávez tem derramado dinheiro na saúde e na educação, especialmente para os pobres. Isto está trazendo de volta à sociedade aqueles que tinham sido marginalizados. Em dez anos, haverá uma classe de pessoas capazes de enfrentar o boicote da classe média ao programa de Chávez", diz Gott. O analista diz que a retórica anti-imperialista e antiglobalização de Hugo Chávez alarma os EUA e que tem certeza que Washington já planeja como derrubar o presidente venezuelano, o que só não teria ocorrido ainda porque os norte-americanos estão envolvidos com o Iraque.

Quarta-feira, 30 de março de 2005

LULA REJEITA AS ACUSAÇÕES CONTRA CHÁVEZ

A defesa enfática de Chávez foi destaque em toda a mídia nacional e latino-americana e projetou a liderança de Lula muito mais do que o anúncio da não renovação do acordo do FMI, no qual a figura central foi a do ministro da Fazenda.

No Jornal Nacional, depois de mencionar as desconfianças americanas quanto à compra de helicópteros e fuzis da Rússia, Burnier contou que o presidente Lula se dirigiu a Chávez e disse: "Não aceitamos difamações nem insinuações contra um companheiro. A Venezuela é um país soberano e tem o direito de tomar suas próprias decisões. Damos toda a nossa solidariedade ao presidente Chávez". Essa mesma frase aparece nos jornais latino-americanos, inclusive no *El Tiempo*, da Colômbia.

Comentário: A nova postura de apoio ostensivo a Chávez ainda vai ser muito comentada. É inevitável que, depois do anúncio da não renovação do acordo com o FMI, os analistas considerem que Lula está virando à esquerda.

UMA RESPOSTA AOS NORTE-AMERICANOS

Os jornais lembram que, há poucos dias, Donald Rumsfeld criticou Chávez por querer comprar armas da Rússia. *O Globo* e o *Correio* lembram que a declaração de Lula veio horas depois de o presidente George Bush ter ligado para [Nestor] Kirchner, para criticar Chávez.

Ao denunciar a prática da "difamação" Lula estava também respondendo às reportagens da revista *Veja* e criticando a cobertura geral da imprensa sobre a Venezuela. Todos os jornais registram que Lula mais uma vez rejeitou a acusação de que o PT foi apoiado pelas Farcs.

Terça-feira, 26 de abril de 2005

O QUE CONDOLEEZZA RICE VEM FAZER NO BRASIL

Vem tratar principalmente da instabilidade política na região, diz Tereza Cruvinel. Os americanos atribuem parte dessa instabilidade a intervenções de Chávez, o que sugere que ainda não entenderam a natureza e a profundidade das últimas sublevações populares que vêm derrubando presidentes na América Latina. Ainda consideram movimentos populares como "conspirações" comandadas de fora.

O fato é que essa situação relegou a plano secundário, por enquanto, o interesse estratégico dos americanos em reanimar as negociações para a formação da Alca. Segundo o *Washington Post*, a administração Bush ainda não tem uma estratégia para "conter a desordem na América Latina" – expressão do jornal que reflete bem a abordagem americana.

A visita de Condoleezza Rice, a quarta de um alto oficial americano em pouco tempo, faz parte do esforço para tentar chegar a essa estratégia. Em especial, os americanos gostariam de envolver o Brasil numa frente anti-Chávez. O tema Venezuela vai dominar as conversações, concordam hoje quase todos os repórteres que cobrem o Itamaraty.

TENTANDO DIVIDIR O NOSSO GOVERNO?

O *Estadão* observou ontem que uma das táticas do governo americano é a de ampliar os canais de comunicação com o governo brasileiro para além do Itamaraty, daí as conversações também com José Dirceu, e que essa tática teria se mostrado eficaz.

O jornal contrastou as declarações de Lula de que a Alca estava fora da agenda, "refletindo o desejo de adversários do acordo dentro do Ministério das Relações Exteriores, com a de José Dirceu dizendo o contrário a um grupo de emissários do governo e de empresários da Flórida.

QUAL PODERIA SER A ESTRATÉGIA AMERICANA PARA O SUBCONTINENTE?

Dois princípios norteiam hoje a política externa americana: o de usar o modelo americano de democracia de mercado como justificativa para as ações políticas de intervenção e o de intervir com a força, se necessário, em toda as situações que na avaliação do governo americano ponham em risco a segurança ou os interesses econômicos dos Estados Unidos.

A última crise no Equador, depois da que derrubou Sanches de Lozada na Bolívia, e decisão anunciada ontem por Chávez de pôr fim ao acordo de cooperação militar com os Estados Unidos deram aos americanos um sentido novo de urgência. Os Estados Unidos têm uma base militar em Manta, no Equador, e forte presença na exploração do petróleo equatoriano. Uma das primeiras medidas do presidente Alfredo Palacio foi justamente a de suspender a concessão de novos contratos de exploração de petróleo. Ontem, já mais cauteloso, ele recebeu a embaixadora americana em Quito e anunciou que o Equador vai respeitar todos os tratados internacionais e não vai mexer no acordo que lhes deu a base de Manta.

O *Estadão* diz que, por sua formação sovietóloga, Rice, que tende a ver o mundo em termos do jogo de poder entre países grandes, vê no Brasil um ator importante com o qual os EUA devem desenvolver uma agenda comum de segurança e estabilidade.

UMA NOVA DOUTRINA DE INTERVENÇÃO MILITAR...

A revista *Carta Capital* da semana passada revela a adoção pelo governo americano de uma nova doutrina de intervenção "mais truculenta" do que as anteriores. A nova "Estratégia de Defesa dos Estados Unidos", disponibilizada desde o mês passado, prevê "ações contra países que não são inimigos declarados dos Estados Unidos" e mesmo os que não estão incluídos na "lista de Estados renegados".

Uma semana depois, diz a revista, confirmou-se que o novo Conselho Nacional de Inteligência, que reúne todas as agências de informação e contrainformação, prepara uma lista de 25 países vistos como instáveis, e portanto candidatos à intervenção.

...QUE ABRE CAMINHO PARA IMPLANTAR UMA NOVA ORDEM INTERNA

A nova doutrina implica várias mudanças no papel atribuído às forças de intervenção americana, por exemplo, o de operar em parceria com forças locais – como estão fazendo no Iraque.

Mas a grande novidade é que inclui também preceitos políticos. Os Estados Unidos, diz a revista, preparam-se para ditar leis e instituições democráticas de mercado em países sob intervenção, criar corpos de reservistas e de especialistas civis para planejar antecipadamente contratos de reconstrução com empresas privadas e ONGs. A palavra-chave parece ser "democracia de mercado", que distingue democracias que os Estados Unidos aceitam, como a do Chile, daquelas que eles não reconhecem, como a de Chávez. Na semana passada,

Rice foi dizer a Putin que os americanos querem uma democracia de mercado na Rússia e estão de olho nos resultados do processo instaurado por Putin contra a petrolífera Yukos.

TENTANDO COOPTAR O BRASIL?

O *Washington Post* diz que Condoleezza vai tentar "forjar uma aproximação com os aliados democráticos dos Estados Unidos no continente", obviamente para conter ou isolar Chávez, hoje a maior pedra no sapato dos americanos na América do Sul. Nosso governo tem um papel-chave nesse propósito americano, como elemento moderador.

O *Washington Post* reconhece a má reputação do governo Bush hoje na região. Tentar desfazer a imagem ruim que tem na América Latina é outro dos propósitos específicos da diplomacia americana. Condoleezza Rice, segundo a Agência Brasil, irá se encontrar com a ginasta Daiane dos Santos e com os jogadores de vôlei Tande e Franco. De acordo com uma nota divulgada pela embaixada dos Estados Unidos, Rice também vai assistir a uma apresentação de grupos de capoeira e de crianças do Viva Vôlei. Tudo isso para mudar a imagem.

Terça-feira, 20 de dezembro de 2005

VITÓRIA DE MORALES DÁ NOVA DIMENSÃO À DISPUTA DE 2006

É unânime a interpretação de que, apesar de a Bolívia ser um dos países de menor população da América do Sul, a vitória de [Evo] Morales reforça substancialmente o sentimento de unidade dos países do continente e abre novas perspectivas de integração regional. "Reforça-se o arco autônomo latino-americano que passa por Cuba, Venezuela, Uruguai e Argentina e ao qual pode se somar no ano que vem o México", diz Emir Sader, enviado da Agência Carta Maior à Bolívia.

"A esquerda latino-americana constitui atualmente um importante bloco político que questiona a histórica ingerência de Washington na região e opõe sérias travas ao avanço da Alca proposto pelos Estados Unidos", admite até mesmo a cautelosa agência France Press.

Para a France Press, a chegada de Evo Morales à Presidência da Bolívia inscreve-se numa tendência regional de governos de esquerda na região, "críticos das políticas dos Estados Unidos na América Latina e aliados na busca de novos modelos econômicos que privilegiem as urgências sociais".

O PAPEL ESTRATÉGICO DO GOVERNO LULA

A agência lembra que Morales contou como aliados os presidentes Lula, Kirchner, Hugo Chávez e Tabaré Vázquez, todos eles com governos de esquerda "que esperavam que as coincidências ideológicas se estenderiam à Bolívia". Para Emir Sader, o Brasil é a espinha dorsal dessa nova estrutura, pelo menos até as eleições de 2006. Ele chama atenção para o fato de que esse processo de integração regional criou o único espaço hoje, em escala mundial, de construção de uma força relativamente autônoma em relação aos EUA e ao modelo neoliberal.

A ironia da história é que o governo Lula, que impulsionou esse processo e que tinha as melhores condições de superação do modelo neoliberal, "manteve o modelo econômico herdado e se viu metido na maior crise da história do PT, que não é causa, mas consequência daquela opção", diz ele. Assim, diante de um cenário continental favorável, para o qual contribuímos decisivamente, nos vemos na situação de propiciar o retorno da direita ao governo, o que vai destruir a espinha dorsal dessa estrutura.

Comentário: Se esse raciocínio estiver correto, o que está em jogo na campanha de 2006 é muito mais do que o nosso destino, é o destino de toda a América Latina e de toda uma nova experiência política de interesse universal.

NA MÍDIA BOLIVIANA, PREOCUPAÇÃO COM OS EUA E COM A REFORMA AGRÁRIA

A relação entre o novo governo e os Estados Unidos é preocupação central da mídia boliviana. O jornal *El Tiempo* avalia que houve cordialidade até agora, mas a situação é incerta e tudo dependerá das primeiras ações de Morales. Além da definição de uma nova política para o gás, o MAS pretende implantar a reforma agrária, e os proprietários rurais querem obter garantias de que a reforma não tocará em unidades produtivas, diz o *El Deber*.

NO JORNAL NACIONAL A PREOCUPAÇÃO COM A PETROBRAS

O correspondente José Roberto Burnier disse que Evo Morales deve se concentrar, no início de seu mandato, num projeto que considera prioritário – a nacionalização do comércio e da exploração de petróleo e gás natural. Um assunto que, segundo Burnier, interessa especialmente ao Brasil, já que a empresa estrangeira que tem mais dinheiro investido na Bolívia é a Petrobras. Em nota o JN acrescentou que o novo presidente esclareceu numa entrevista que não pretende fazer confisco e que o presidente da Petrobras deve se encontrar com Morales no dia 22 de janeiro.

Quinta-feira, 16 de março de 2006

CARTA CRÍTICA ESPECIAL: O QUE TABARÉ VÁSQUEZ VEM FAZER NO BRASIL

Vem pedir apoio do Brasil para a disputa das papeleiras em torno da construção das novas fábricas de celulose. A imprensa argentina considera a intensificação ontem dos bloqueios nas estradas como uma derrota de ambos os presidentes. Segundo o jornal uruguaio *Observador*, Tabaré Vasquez disse que as manifestações são um risco para o Mercosul.

O jornal informa que está sendo organizada para hoje uma manifestação em favor das fábricas na cidade de Fray Bentos, para defender a criação de empregos.

A briga piorou depois que fracassou uma tentativa de acordo no sábado, durante a posse de Michelle Bachelet. Os argentinos queriam a suspensão definitiva dos projetos, e o Uruguai propôs apenas parar as obras por noventa dias, para negociar. Mas não parou porque a oposição uruguaia de direita o acusou de "ceder aos argentinos". E questionou o futuro dos trabalhadores, se as obras forem suspensas. Seriam 1.500 empregados de uma empresa e 300 de outra, além dos empreendimentos colaterais, que somariam 2.000 empregos.

A Argentina argumenta que o Uruguai violou o Estatuto do rio Uruguai, assinado em 1975, pelo qual qualquer projeto relacionado ao rio que possa afetar o meio ambiente tem de ser discutido entre os dois países. O governo uruguaio alega que cumpriu todas as etapas legais e certificou-se de que as fábricas usarão a melhor tecnologia para fabricar celulose. E que em 2004 o então chanceler argentino, Rafael Bielsa, deu aval à instalação das fábricas, o que a Argentina nega.

Enquanto brigam, as obras avançam. Por isso, desde o ano passado, a fronteira entre os dois países vem sendo fechada por protestos de ambientalistas argentinos, que não aceitam as fábricas. Há quarenta dias o conflito se agravou, quando moradores das cidades de Gualeguaychú e Colón, do lado argentino, com apoio das autoridades locais, bloquearam o trânsito em duas das três pontes que ligam a província argentina de Entre Rios ao território uruguaio, prejudicando o fluxo de turistas argentinos para as praias uruguaias no auge da temporada. Os prejuízos ao Uruguai seriam de US$ 200 milhões.

Agora, o que era uma questão regional, uma "briga de vizinhos", se converteu no problema atual mais grave do Mercosul diz o *Valor*. A Argentina ameaça levar o caso à corte internacional de Haia, o Uruguai quer apelar ao Mercosul, já que o bloqueio das pontes viola uma das bases do bloco, a livre circulação de mercadorias e pessoas.

Além disso, o protesto argentino está atraindo simpatizantes da causa ambientalista. O Greenpeace enviou um grupo de ativistas à região, veio gente também da Espanha, país de origem de uma das empresas, a Ence (a outra é a finlandesa Botnia), e até do próprio Uruguai. A organização internacional Via Campesina também está apoiando os protestos.

A indústria de celulose é uma das mais poluentes do mundo, e as cidades do lado argentino vivem do turismo de pesca e estações de águas termais. Os argentinos temem que ninguém mais queira passar as férias em um lugar com cheiro podre e águas contaminadas. Mas para os uruguaios, na outra margem do rio, é impensável abrir mão das fábricas da Botnia e da Ence, um investimento de US$ 1,7 bilhão, que supera 10% do PIB do Uruguai. Tabaré Vázquez pretende apelar até à Justiça argentina, diz o jornal *El País*, do Uruguai. E está visitando diversos países do Mercosul, em busca de uma solução para tocar os projetos para frente. Além do Brasil, visita Bolívia, Venezuela, Chile e Paraguai.

O Greenpeace havia proposto várias saídas intermediárias. Entre elas, limitar a capacidade de produção das fábricas a 700 mil toneladas anuais (a maior, da Botnia, pretende produzir 1 milhão), o uso de tecnologia totalmente livre de cloro e a realocação de pelo menos uma das unidades, para que não haja um efeito ambiental acumulado. O biólogo uruguaio Oscar Gall diz que isso não vai resolver e que estudos científicos comprovam que as fábricas vão causar sérios efeitos nos ecossistemas locais. Ele é um dos sessenta cientistas que assinaram uma carta de protesto contra o governo uruguaio por ter autorizado o projeto.

Terça-feira, 2 de maio de 2006

A NACIONALIZAÇÃO DO GÁS E DO PETRÓLEO NA BOLÍVIA

A crise nas relações com o Brasil está sendo aproveitada para um ataque frontal à nossa política externa, um dos nossos trunfos eleitorais. O noticiário, alarmista, fala em possibilidade de "apagão" no fornecimento de gás, e os comentaristas tentam colar em Lula o rótulo de ingênuo ao esperar tratamento preferencial do "muy amigo Evo Morales".

O Jornal Nacional dedicou cinco minutos à ocupação das refinarias, mostrando como "a medida afeta a Petrobras, que investiu US$ 1,5 bilhão no país vizinho, e agrava o confronto entre Morales e o empresariado". O Jornal da Globo, em linguagem ainda mais dura, disse que "o exército boliviano recebeu ordens do presidente Evo Morales para invadir propriedades da Petrobras na Bolívia e interromper a exploração no país do que ele chamou de saque dos recursos naturais bolivianos".

A *Folha* acusa Lula de "criar corvos na América Latina", ao apoiar líderes como Morales e Chávez. No Bom Dia Brasil, Miriam Leitão atacou o conjunto da política externa brasileira dizendo que ela deveria "voltar a ser profissional como era antes e não ideológica". *O Globo* diz na primeira página que "o governo foi pego de calças curtas".

Comentário: Os jornalistas omitem que foi FHC quem construiu o gasoduto, assinou os contratos de fornecimento que agora vão mostrar se são sólidos ou não e levou a Petrobras aos campos de exploração da Bolívia em 1996, no contexto da privatização da indústria petrolífera boliviana, que Morales agora reverteu. Portanto nossa primeira providência é incluir na nossa fala a referência ao imbróglio criado na era FHC, que nós vamos resolver de um jeito ou de outro. Salvou a imagem do governo nesse primeiro dia da crise a reação dura de Sergio Gabrielli [Presidente da Petrobras]: "Não há possibilidade para viabilizar um novo investimento com 18% do retorno sobre a produção de gás. Essas soluções são condições que praticamente tornam inviáveis, economicamente, a operação de gás na Bolívia." É conveniente também que o governo emita um informe mais circunstanciado sobre nossa posição e estabeleça um rito de comunicação regular com a imprensa sobre suas decisões e ações, durante o período de pico da crise.

AS DECISÕES DE MORALES

O próprio Morales contribuiu para o tom alarmista com um decreto provocativo, pouco claro e baixado num clima de exaltação revolucionária. Nos cartazes de anúncio do decreto, Morales aparecia ao lado de Fidel, Chávez e Che, como os grandes líderes revolucionários da América Latina, observou o enviado do jornal argentino *Página 12*. Nas manifestações comparecem cerca de 60 mil pessoas, com bandeiras cubanas e venezuelanas, diz o jornal.

O decreto de Morales, que, segundo toda a mídia, pegou o governo brasileiro de surpresa, declara todos os recursos de petróleo e gás propriedade do estado boliviano, eleva os royalties cobrados sobre o valor dos combustíveis dos atuais 50% para 82% e determina que 51% das ações das refinarias e outras empresas petrolíferas passem para a propriedade da YPF. Ou seja: nacionalizou, estatizou e expropriou.

Mas ao mesmo tempo Morales anunciou que as companhias estrangeiras terão agora de fazer novos contratos no país, no prazo de 180 dias. Ora, se tudo passa às mãos da YPF, só há que negociar o valor das indenizações pela propriedade expropriada e sua forma de pagamento, já que a YPF tomará o controle de todos os campos de exploração e refinarias.

A NOVA REVOLUÇÃO BOLIVIANA

Os jornais bolivianos dão a entender que Morales agiu sob pressão popular, tanto do seu próprio partido MAS quanto de outros que o acusam de em cem dias não ter feito nada. Sua popularidade caiu 12 pontos em abril. Em julho há eleições para a Assembleia Constituinte, e Morales precisa ter uma boa maioria para não sofrer as sanções da nova forma de democracia plebiscitária da região, que derruba presidentes que não cumprem o que prometeram.

Que Morales está em ritmo de revolução não há mais dúvidas: ele anunciou mais nacionalizações de recursos naturais durante um discurso diante de milhares de pessoas do balcão do Palácio do Governo. Morales também antecipou que vai nacionalizar a mineração e os recursos florestais. "Serão todos os recursos naturais", disse Morales. Falou também da nacionalização das terras e disse que assim se constrói o novo regime econômico e o novo país que ele deseja.

TUDO É UMA QUESTÃO DE PREÇO

É indiferente a questão da propriedade dos campos e das refinarias. Tanto assim que fazia parte dos planos da Petrobras vender ao governo boliviano as refinarias, depois de as ter recuperado e modernizado. O que importa é o preço que a Petrobras terá que pagar pelo petróleo e principalmente pelo gás e a garantia de abastecimento.

Ocorre que a indústria do petróleo é de caráter interdependente. A construção do gasoduto pelo governo FHC tornou a interdependência no caso do gás ainda mais rígida: eles têm que vender o gás para nós e nós precisamos comprar deles.

Há limites até mesmo para renegociar preços: limites impostos pelos contratos originais e pelo mercado. É na repartição da renda do petróleo e do gás (mesmo dentro de um mesmo preço de comercialização) que se dá a principal disputa: Morales não acha justo que as companhias paguem apenas 50% de royalty pelo petróleo.

A elevação do royalty e a retomada do controle das reservas e da indústria do petróleo estão em linha com o que vêm fazendo os países da Opep, desde a primeira crise do petróleo de 1973. Lembremos que a própria Petrobras é estatal, tendo escapado da ameaça de privatização por FHC.

Mas, mesmo cobrando royalties mais pesados, a maior fatia da renda final de um derivado de petróleo, até hoje, ainda fica com os governos dos países consumidores através dos impostos cobrados no processamento e na ponta do consumo.

O RISCO PRINCIPAL É UMA SUBSTITUIÇÃO DA HEGEMONIA REGIONAL

São empresas europeias e brasileiras que dominam o cenário petrolífero boliviano. Historicamente, as crises do petróleo têm servido, uma após a outra, para a substituição do domínio europeu pelo domínio americano.

Dada a vulnerabilidade hoje dos norte-americanos a uma crise no abastecimento de petróleo, e a crescente aproximação entre Morales e Chávez, a situação pode evoluir para um conflito bem mais complexo, e dele resultar a entrada triunfal dos americanos na petróleo boliviano, provavelmente apoiando Morales por baixo do pano num primeiro momento. Ou, sem Morales, se não der certo.

O maior risco para o Brasil é perder sua hegemonia na Bolívia e em toda a região. Daí a importância de manter uma negociação muito dura e intensa com Evo Morales.

Quinta-feira, 4 de maio de 2006

CARTA CRÍTICA ESPECIAL: ACABOU A BRINCADEIRA NA AMÉRICA DO SUL

O tempo histórico se acelerou depois da eleição de Morales; exige um acerto no nosso relógio político. Agora, ou a agenda sul-americana ganha velocidade, ou será atropelada pela direita mundial e pelo avanço desordenado das lideranças regionais, forçadas a mostrar resultados a curto prazo, como faz Morales. Outros governos começam a levantar bandeiras nacionalistas e a endurecer o jogo com seus vizinhos, como é o caso do conflito das papeleiras entre Uruguai e Argentina e o conflito em torno da saída para o mar, entre Bolívia e Chile.

A lógica nacionalista só nos divide. Por isso ela é alimentada pelos mesmos setores da mídia e do empresariado que cinicamente denunciam os nacionalismo das lideranças "populistas", ao mesmo tempo em que pedem políticas de retaliação contra a Bolívia. Os telejornais enfatizaram a parte da fala de Lula que diz que um país não pode exercer sua soberania à custa da soberania do outro. O Jornal Nacional destacou que no "terceiro dia de ocupação militar nas indústrias de petróleo e gás da Bolívia, as refinarias da Petrobras foram supervisionadas por técnicos bolivianos e a Venezuela anunciou ajuda ao governo de Evo Morales". Em outra reportagem, Zileide Silva disse que "o presidente Lula admitiu que foi um erro estratégico o Brasil ficar dependente do gás natural da Bolívia. Com a decisão da Petrobras, de não aceitar aumento de preços e cortar novos investimentos naquele país, a estratégia do governo ficou clara. É a política do morde e assopra. Negociar. A Petrobras endurece por um lado, mas o presidente Lula não bota o presidente Morales num beco sem saída, que impeça qualquer negociação".

Está correto a Petrobras como empresa endurecer o jogo, e está correto o Brasil como país adotar uma visão política do problema. Os jornais bolivianos minimizam a decisão da Petrobras de cancelar investimentos. Segundo *El Deber*, a meta do governo boliviano é subir o preço de 5,50 para 8 dólares cada mil pés cúbicos de gás para o Brasil. Para *El Diário*, foi uma vitória para os bolivianos o fato de as três petroleiras confirmarem que permanecerão na Bolívia. O *Página 12* argentino dá destaque para a passagem de Chávez pela Bolívia, antes do encontro dos presidentes em Foz do Iguaçu. O presidente venezuelano disse que irá avançar o projeto do Gasoduto do Sul e que irá intermediar a relação entre Bolívia, Brasil e Argentina.

Só Lula tem condições de liderar uma nova arrancada que nos permita superar as divergências e dar um salto para a frente. Sua frase de ontem é histórica: "Existirá um ajuste necessário de um povo sofrido e que tem o direito de reivindicar maior poder sobre sua principal riqueza."

No boletim *Carta Maior*, Emir Sader, hoje um grande especialista em Bolívia, diz que: "...O Brasil deve se colocar em dia com essas tendências, retomando o Mercosul – para que não fique apenas um consórcio comercial entre o Brasil e a Argentina –, incorporando a Venezuela como membro pleno, convocando o Parlamento do Mercosul, projetando a construção de uma moeda única, assim como adotando a Telesul, a Petrosul e avançando em outras iniciativas afins." Uma bandeira atualizada de integração deve dar conta do novo tempo político ou será engolida – como já está sendo – pelo avanço da esquerda continental de um lado e das pressões americanas por acordos unilaterais de outro.

O ideal seria uma agenda de desenvolvimento sustentado e criação de emprego para todo o continente, integrando núcleos acadêmicos e empresariais, para enfrentar as novas condições do mercado mundial. Numa fronteira ampliada de dimensões sul-americanas, autossuficiente em alimentos, energia e minerais, isso seria possível. A simples proposta dessa agenda já galvanizaria atenções e facilitaria articulações.

Ontem, não por acaso, na abertura de sua XVI reunião regional, em Brasília, a OIT alertou que, se nada for feito, o déficit de emprego na América Latina deve saltar das atuais 126 milhões de pessoas para 158 milhões até 2015. A OIT conclamou os países envolvidos a implementarem políticas públicas, combinadas ao crescimento econômico na região, para reverter essa situação, diz o *Jornal do Commercio*.

Sexta-feira, 12 de maio de 2006

REPERCUSSÕES DAS ACUSAÇÕES DE EVO MORALES

Ao acusar a Petrobras de empresa contrabandista, entre outras declarações malcriadas, Evo Morales chocou os meios de comunicação. É Morales agora o principal alvo da crítica e não o presidente Lula. Todos dão manchetes às acusações. Muitos destacam as palavras "repúdio e indignação", da resposta da Petrobras.

Os telejornais não disfarçaram a contrariedade. O repórter do SBT, Marcelo Torres, já abriu a matéria questionando: "Diplomacia para quê?" Em todos, às acusações grosseiras de Morales seguia-se a resposta dura mas elegante do ministro [Celso] Amorim: "Se houve alguma intenção de dizer que a Petrobras, por exemplo, praticou contrabando, sim, há indignação."

O Jornal Nacional ainda mostrou outro trecho da entrevista em que Amorim disse: "o presidente Lula me pediu que dissesse que lamenta e estranha muito que declarações tenham sido feitas ... que contrastam não só com o que foi discutido em Puerto Iguaçu, mas também com o que foi discutido ontem pelo ministro de Minas e Energia e pelo presidente da Petrobras, acompanhado do nosso embaixador na Bolívia, com seus homólogos bolivianos".

Outro sintoma da mudança de postura da mídia é a forma discreta como foi tratada a reportagem da *The Economist*, segundo a qual Chávez humilhou Lula. Apenas Joelmir Beting na Band deu destaque. Os jornais desta manhã ou mencionam discretamente ou ignoram.

EM CHEQUE TODA A POLÍTICA PARA A AMÉRICA LATINA

Miriam Leitão abandonou o tom raivoso dos primeiros dias e hoje chama atenção para novos problemas que podem surgir com grande número de empresas brasileiras em outros países das América Latina. Em especial no Peru, se Humala vencer a eleição. Ele já prometeu seguir o exemplo de Morales. É grande o apoio do povo boliviano às atitudes de Morales, lembra Miriam Leitão.

De fato, a imprensa boliviana amanheceu hoje apoiando o endurecimento de Morales com a Petrobras e a Repsol em editoriais e artigos, como forma de obter mais recursos com a venda do gás. "Há uma realidade inegável que, para nós, bolivianos, há muito tempo temos vendido gás a preços infinitamente inferiores ao mercado internacional", diz Armando Mariaca, no *El Diário*. "Apesar do alto conteúdo ideológico da nacionalização, é preciso reconhecer que se trata de uma medida acertada, que garante a soberania nacional", diz o editorial de *El Deber*.

No entanto, há críticas sobre a forma como se conduz o processo e a opção pela PDVSA, ao invés da Petrobras. A empresa brasileira é tida como mais profissional e confiável que a venezuelana. O colunista de *Los Tiempos* Winston Estremadoiro diz que outras nacionalizações custaram caro e que é preciso ter em vista o pão e não o circo. Ele, e outros colunistas mais liberais temem também que Evo se torne um novo Chávez. Esse temor não está ligado apenas à questão do gás, mas principalmente da Reforma Agrária e da política externa. O Bom Dia Brasil entrevistou o povo boliviano e colheu declarações de apoio a Morales, porém, há o temor de rompimento com o Brasil, coisa que os bolivianos não querem.

A OFENSIVA ECONÔMICA DA VENEZUELA NA BOLÍVIA

Morales faz algumas críticas substantivas ao nosso governo que merecem registro, entre elas a de que Lula prometeu muito mas acabou fazendo pouco pela Bolívia, devido à morosidade do Estado brasileiro. Hugo Chávez, num tom amistoso, mas ampliando a abrangência da crítica, diz que Lula sofre pressões da oligarquia brasileira.

Em comum essas críticas refletem a percepção dos dois presidentes de descompasso entre nossas políticas e o ritmo dos acontecimentos na América Latina, e a determinação de se apoiarem mutuamente num projeto continental com outra dinâmica.

Chávez e Evo Morales devem anunciar na próxima semana alguns projetos importantes de parceria entre a estatal venezuelana PDVSA e a boliviana YPFB. "A intenção da Venezuela é conseguir uma alternativa à presença dominante dos Estados Unidos através dos Tratados de Livre Comércio", disse o ministro boliviano de Hidrocarbonetos, Andrés Soliz Rada. Mas obviamente é a presença dominante do Brasil que os dois pretendem substituir. Um dos projetos da nova associação é a instalação de uma unidade de liquefação do gás em Rio Grande, Santa Cruz.

Sexta-feira, 2 de junho de 2006

EDIÇÃO TEMÁTICA: A ESTATIZAÇÃO DO PETRÓLEO NA AMÉRICA LATINA

Depois da expropriação das empresas petrolíferas na Bolívia, e da principal empresa estrangeira de petróleo no Equador, os governos da Argentina e de Honduras também anunciaram planos para retomar o controle de concessões de prospecção de petróleo. O da Venezuela já impôs participação majoritária da PDVSA estatal nas empresas estrangeiras que atuam no país. Em toda a América Latina e no Leste Europeu, a palavra de ordem é estatizar o petróleo que foi privatizado nos anos 1980.

O governo argentino ainda não definiu os critérios para retomar as áreas. De acordo com a legislação argentina, uma empresa que recebe uma concessão para explorar uma determinada área tem de fazer investimentos. Mas o que ocorreu foi a deterioração progressiva das reservas de hidrocarbonetos após a privatização da YPF.

O *El Cronista* e o *Valor* noticiaram que o governo argentino já avisou às empresas petroleiras que irá retomar campos onde as companhias não estão investindo. Essa seria a razão de a Repsol-YPF espalhar boatos de que anunciará uma ampliação de seus investimentos.

Além de participar do ciclo nacionalista latino-americano iniciado pela dupla Chávez–Evo Morales, Kirchner pretende obter mais segurança no setor energético. Segundo avaliação de especialistas, se não forem feitas descobertas significativas de gás e petróleo nos próximos anos, antes do final da década o país passará de exportador a importador de petróleo e derivados. No ano passado, a produção de petróleo caiu 5% e a de gás, 1,4%.

As empresas que atuam na Argentina, por sua vez, reclamam do controle de preços interno, imposto depois das manifestações populares que ocuparam os postos da Shell no ano passado; e também da carga fiscal de 45% sobre o valor do barril exportado. Para as petroleiras, essa pressão do governo inibe a exploração de novas áreas e limita o interesse em reativar poços com pouca produtividade.

No Equador, sob influência direta dos acontecimentos na Bolívia, o governo ocupou militarmente os poços da norte-americana Oxy (Occidental Petroleum), para dar fim a uma disputa judicial que se arrastava há seis anos. Os equatorianos acusam a empresa de quebra de contrato por vender, indevidamente, 40% de suas ações para a canadense EnCana, em 2000. O campo é importante. A companhia produz 1/5 dos 550 mil barris diários de petróleo cru do país, que é o principal produto de exportação do país. A exportação de petróleo movimentou US$ 5,396 bilhões em 2005. A reação norte-americana foi dura: o rompimento das negociações do Tratado de Livre Comércio. E o *New York Times* fez um editorial alertando para a onda nacionalista no continente.

O governo equatoriano também aproveitou o aumento do preço do petróleo para gerar arrecadação. O Congresso aprovou uma lei para arrecadar 50% dos rendimentos extras devido ao aumento dos preços posteriores à assinatura dos contratos para a exploração de petróleo.

Na Venezuela, Hugo Chávez obrigou todas as companhias que operam em campos marginais a aceitar a parceria com a estatal PDVSA e em condição de sócios minoritários. Em média, 63% das ações são agora da PDVSA. Chávez também aumentou o imposto de renda na atividade petroleira de 35% para 50%.

A Petrobras teve que aceitar a PDVSA como sócia majoritária na exploração de cinco campos de petróleo. Pelos termos finais da renegociação, a PDVSA assume 60% do negócio da Petrobras na Venezuela, ou seja, a extração de 70 mil barris de petróleo por dia. O diretor internacional da estatal brasileira, Nestor Cerveró, disse que a PDVSA pagou uma indenização para assumir os 60% de participação nos campos, mas informou que as cifras são confidenciais.

A decisão do governo venezuelano já fez com que a norte-americana Exxon vendesse seus ativos. A italiana Eni e a francesa Total deixaram o país, enquanto outras multinacionais, como Shell e BP, decidiram aceitar a PDVSA como maior sócia. Nos anos 1980, a Venezuela abriu 32 campos maduros de petróleo do país para exploração por empresas estrangeiras.

Em Honduras, o novo presidente, Manuel Zelaya Rosales, também anunciou sua intenção de renegociar contratos e "preços justos" com as empresas petroleiras instaladas no seu país, segundo *O Globo*.

O que está ocorrendo na América Latina é a reversão da onda de privatizações da década passada, na área estratégica do petróleo. Esse processo está se dando no âmbito do que os especialistas chamam terceira onda do petróleo, desde o embargo árabe de 1973.

A onda atual é marcada principalmente por um novo patamar de preços do petróleo, pela retomada do controle de empresas petrolíferas e campos de gás e petróleo na América

Latina e no Leste Europeu, pela pressão dos governos por uma maior fatia nos lucros do petróleo e pela emergência da Rússia como potência petrolífera.

Nos intervalos de todas as ondas anteriores houve queda nos preços. Desta vez, segundo o último estudo do Banco Mundial, a tendência é de declínio lento dos preços até chegar em torno de US$ 60,00 o barril em 2008, e não de queda significativa. Além da crise nuclear no Irã e da violência na Nigéria, o temor de escassez é causado tanto pelo crescimento da demanda mundial, em especial a da China, como pela falta de capacidade das plataformas e refinarias norte-americanas para atender à demanda doméstica dos Estados Unidos, de longe o maior mercado mundial de combustíveis. Por isso não foi aceita a proposta original da Venezuela na reunião de ontem da Opep de cortar a produção do grupo em 20 milhões de barris/dia.

Também a longo prazo, por razões geopolíticas, o preço deverá se manter alto, segundo maioria dos analistas. José Luís Fiori mostra no jornal *Valor* que em todo o mundo a tendência é a mesma: nacionalização e estatização do petróleo. O caso mais importante foi, sem dúvida, o da reestatização da empresa Gazprom, em 2004/2005, que recolocou a Rússia na condição de "gigante mundial da energia". Mas este também foi o caminho tomado pelos governos da Nigéria, do Cazaquistão e pela própria Grã-Bretanha, que aumentou em 10% seus impostos sobre o petróleo do Mar do Norte no início de 2006.

A energia é sem dúvida uma das referências da nova ordem política mundial. O Fórum Nacional, que discutiu no Rio a nova ordem internacional, no mês passado, concluiu, segundo o jornal *Valor*, que "O mundo pós-Guerra Fria é dominado pela energia". Lenina Pomeranz, professora da USP, disse que essa é a disputa que marca a atuação de Bush no Oriente Médio. Para Lenina, a energia também garante uma participação estratégica da Rússia no cenário geopolítico mundial, já que o país é o segundo maior produtor de petróleo do mundo e supre boa parte das necessidades de gás da Europa.

"O petróleo é um elemento novo na economia mundial nos últimos anos", diz também Fishlow. Desde que começou a existir o nome "petrodólares", os economistas descobriram que a energia, por ser matéria-prima estratégica, é igual à moeda. Na década de 1970, quando o dólar enfrentava forte desvalorização em relação ao marco alemão e ao iene japonês, a moeda foi salva pelo enorme reajuste do preço do petróleo, na chamada primeira crise do petróleo. Nos Estados Unidos, os estrategistas do governo, segundo o *Financial Times*, prognosticam que, dentro de uma década, alianças serão formadas em função da energia, que deixará de ser assunto de empresas privadas, para se tornar questão de Estado.

GOVERNO BUSH

Quinta-feira, 19 de junho de 2003

EDIÇÃO ESPECIAL: BUSH E A POLÍTICA EXTERNA AMERICANA
O GOVERNO DOS MILIONÁRIOS

Bush filho, assim como seu pai ex-presidente e seu irmão, Jeb, governador da Flórida, pertencem à classe de governantes do Partido Republicano que personificam a tomada do poder pelas grandes corporações e homens de negócios.

A família Bush é rica, e suas campanhas políticas são custeadas com muito dinheiro de milionários americanos. O *Financial Times* da terça, dia 20, dedicou uma página inteira à campanha de reeleição de Bush, mostrando seus esquemas de financiamento e rememorando o esquema "pioneiros", criado na campanha de 2000, pelo qual 535 "pioneiros" se comprometeram a levantar US$ 100 mil cada para a campanha. Estavam entre eles alguns dos maiores picaretas do país. Eles levantaram cerca de US$ 101 milhões de dólares. O total dos fundos da campanha de Bush foi de US$ 190 milhões, incluindo US$ 67,6 milhões em fundos públicos. Bush quer dobrar o volume de contribuições de indivíduos na campanha 2003/2004.

E O PODER DAS CORPORAÇÕES

As propostas de políticas públicas e política internacional de Bush muitas vezes são as propostas das corporações. Isso reforça o poder já grande das corporações sobre a economia, considerando-se que, nos Estados Unidos, decisões privadas, mais do que as de governo ou Banco Central, definem o rumo da economia. Num governo democrata, ao contrário, esse poder das corporações sofre alguns limites.

Um bom exemplo do poder das corporações nos governos republicanos é a investida de Bush filho contra diversas leis que protegiam o meio ambiente nos Estados Unidos. O jornal *Valor* desta quarta-feira mostra em extensa reportagem que Bush se tornou o maior opositor das leis ambientais da história dos Estados Unidos. Relaxou a regulação para emissão de gases de automóveis, permitiu a exploração econômica de reservas ambientais e não aderiu ao protocolo de Kyoto, enfurecendo ambientalistas de todo o mundo.

Outra característica de governos republicanos é que muitos postos-chave da administração são ocupados por ex-executivos de grandes corporações. O governo Lula, a propósito, também tem quadros vindos de grandes corporações, o que nos facilita a compreensão do tema. A diferença é a hegemonia. No governo Bush, a hegemonia é das corporações.

A VELHA-NOVA EQUIPE DE BUSH

Bush filho trouxe para postos de primeira linha no seu governo grande números de assessores que já trabalhavam, alguns em posições de segunda linha, no governo Bush pai e em governos republicanos anteriores. Conseguiu combinar renovação com experiência, novidade com continuidade. Evitou também as surpresas e o mistério inerentes a novas nomeações. E economizou muita trabalheira, porque hoje, nos Estados Unidos, toda nova nomeação para o governo deve passar por um grande número de questionamentos e exames no Congresso.

Dick Cheney foi chefe de gabinete do governo Ford e responsável pela disciplina do partido no Congresso, depois foi secretário de Defesa de Bush pai. Condoleezza Rice foi adjunta de quem ocupava o seu cargo atual, no governo Bush pai. Esse padrão se repete para vários integrantes da equipe de Bush.

O PODER DA PRESIDÊNCIA

O estudioso das transições presidenciais americanas, Richard Neustadt, diz que a Presidência dos Estados Unidos é uma máquina de tomar decisões.

ORIGENS DA IMAGEM COWBOY DE BUSH FILHO

Um dos paradoxos do governo Bush filho é de que, apesar de tanta continuidade, ele promoveu a maior reviravolta da política externa americana desde que Franklin Roosevelt sabotou a Conferência Econômica de Londres em 1933. O unilateralismo exacerbado de Bush levou ao discurso hostil ao protocolo de Kyoto sobre clima e daí à sua imagem de cowboy.

Bush também repudiou o Tribunal Penal Internacional e boicotou a proposta de criação de um tratado de banimento de armas biológicas. Sua política externa tem como base rejeitar todo e qualquer compromisso que submeta os Estados Unidos a obrigações internacionais. Finalmente, a invasão do Iraque, sem a sanção do Conselho de Segurança, levou essa política a extremos perigosos.

Os jornais desta quarta publicam uma pesquisa de âmbito mundial que revela a grande insatisfação em relação aos Estados Unidos e a Bush. Mais da metade dos entrevistados não tem uma imagem positiva de Bush e também desaprova a invasão do Iraque. Ao atrair o presidente Lula, que, ao contrário dele, goza de excelente imagem em todo o mundo, Bush só tem a ganhar. Esse é certamente um dos motivos do tratamento supostamente vip dado ao presidente Lula.

Neustadt acredita que hoje o governo americano lamenta o impacto fortemente negativo de suas posições em Kyoto, em especial o tom de suas colocações – ainda que, na substância, as posições não tenham mudado um único milímetro.

NO LIMITE, CRIMES DE GUERRA

Os americanos sabem que podem ser acusados de crimes de guerra no Iraque e de crimes contra os direitos humanos e a humanidade em Guantanamo e são muito sensíveis a isso. Tanto assim que pediram que a última reunião da Nato não fosse na Bélgica porque lá qualquer cidadão pode processar qualquer dirigente mundial por crimes de guerra.

A BUSCA DO CONTROLE MILITAR ABSOLUTO

Além de recusar submissão a tratados internacionais, a política americana procura limpar do cenário todas as armas que possam desafiar seu enorme poderio, como é o caso das armas biológicas e químicas, que dão, mesmo a um pequeno país, grande poder de infligir dano a uma potência.

O *Financial Times* desta segunda-feira revela que os Estados Unidos vão intensificar até o limite do insuportável a pressão para que o Irã submeta seu programa nuclear à inspeção plena. Já obtiveram apoio europeu para essa pressão. Devem fazer isso gradativamente, com todos as potências regionais. Outra decisão com a qual os europeus já concordaram é a de promover uma grande transformação na Nato, para torná-la uma força de intervenção eficaz em qualquer parte do mundo.

O ALINHAMENTO DEFINITIVO COM ISRAEL

No conflito palestino, a política de Bush é ditada especificamente por um grupo de estrategistas conservadores que definiu como principal objetivo o desmantelamento de todas as organizações terroristas e a consolidação do Estado de Israel e sua segurança. A invasão do Iraque encaixou como uma luva nesse objetivo ao neutralizar ao mesmo tempo Iraque e Síria, dois dos estados apoiadores dos palestinos. O Estado palestino também pacificado é defendido, mas apenas porque é o que permite completar esse esquema.

A PERPLEXIDADE EM RELAÇÃO A LULA

O embaixador Rubens Barbosa mostra, em artigo publicado nesta quarta-feira, que a reunião entre Bush filho e Lula contará com quase uma dezena de ministros de cada lado e terá como objetivo definir um novo quadro nas relações entre os dois países. Certamente essa postura de Bush atende a análises realísticas que concluíram ser essa a melhor estratégia para amolecer as posições brasileiras em relação à Alca e outros temas. É um reconhecimento de que o Brasil já fortaleceu sua posição nos últimos meses. A agenda do encontro é ambiciosa, avalia Rosângela Bittar, de *Valor*.

A TRADIÇÃO PREDATÓRIA

Dificilmente os EUA abandonaram sua visão da história do Brasil como um competidor potencial, especialmente na produção agrícola. A Bolívia tem sido historicamente o único país da América do Sul para o qual a política americana não tem tido caráter predatório. O Brasil não escapa desse padrão.

A manchete da *Gazeta Mercantil* desta quarta foi dedicada a um Estudo do Departamento de Agricultura do Estados Unidos que parece ter sido feito para assustar os agricultores americanos com as projeções de crescimento da produção e principalmente da produtividade das culturas brasileiras.

A PRIORIDADE DE COMBATE ÀS FARCS

O combate ao terrorismo e ao narcotráfico tem prioridade na agenda americana. A questão da Colômbia, por isso, é central nas discussões entre os dois presidentes. A influência americana na Colômbia já é grande e se dá em todos os níveis. Mas Bush deve ter concluído que, com a ajuda do Brasil, ficaria mais fácil e menos arriscado acabar com as Farcs.

A iniciativa brasileira na Venezuela, num momento crucial em que os EUA não queriam problemas na sua retaguarda ao invadir o Iraque, agradou Bush, na avaliação de Michel Reed, de *Valor*. Mas, hoje, Bush deve preferir outra solução para a Venezuela. Não o fortalecimento de Chávez. Reed diz que, no caso da Colômbia, a visão brasileira "parece resultar de uma leitura errônea do conflito". Deve ser isso mesmo o que Bush vai dizer.

Os EUA objetivam desmontar a capacidade da guerrilha, principalmente em levantar dinheiro – que na visão americana pode chegar até a Al Qaeda. Essa nova percepção elevou um pouco a América Latina na escala de prioridades americanas. O *Financial Times*, em editorial recente, mostra a negligência americana em relação à América Latina e sinaliza – um tanto cético – que essa postura pode estar sendo corrigida.

Sexta-feira, 20 de junho de 2003

EDIÇÃO ESPECIAL PARA O ENCONTRO LULA-BUSH: OS ESTADOS UNIDOS E A GUERRA INTERNA NA COLÔMBIA

AMERICANOS ELEVAM DE PATAMAR O PROBLEMA DAS FARCS

A última mudança na percepção americana das Farcs que aparece na mídia é recente e importante. O painel do Congresso americano encarregado do tema avalia que elas não são apenas um problema em si, mas parte do problema maior das organizações terroristas mundiais – hoje definidas como o inimigo número 1 dos EUA. Principalmente, pela sua capacidade de financiamento próprio e de outros grupos.

É nesse contexto que as ações militares com apoio americano estão se intensificando na Colômbia. E podem se estender ao Peru, segundo revelou esta semana o correspondente em Lima do *Detroit Free Press*. Os americanos podem retomar a interceptação de voos, interrompida há dois anos quando um avião com passageiros civis foi derrubado matando uma missionária americana e seu filho.

OFENSIVA EM VÁRIOS NÍVEIS E EXPURGO DE GENERAIS

Prossegue com intensidade a nova ofensiva do governo de Uribe, que se desdobra em vários níveis, desde operações militares de extermínio seletivo de lideranças e grupos de guerrilheiros, através de uma força militar especialmente treinada pelos americanos para isso, até mudanças na legislação para facilitar a busca e prisão de terroristas ou guerrilheiros.

O Senado avançou esta semana na discussão de novas "leis antiterroristas", que vão permitir a interceptação de correspondência e de comunicações, assim como prisões preventivas, tudo ordem judicial, e a empregar unidades do Exército em operações policiais.

Ao mesmo tempo, as autoridades americanas iniciaram uma vasta operação política para melhorar as condições em que é oferecida a ajuda americana, provavelmente para satisfazer ao Senado americano. Conseguiram que o Exército passasse para a reserva esta semana dois importantes generais, acusados por ativistas norte-americanos de violação de direitos humanos.

Foram afastados os generais Pablo Rodriguez, comandante da III Brigada, e o general Gabriel Dias Ortiz, comandante da II Brigada. E também estão contatando os grupos paramilitares, revelou o *El Tiempo*, para persuadi-los a entregar as armas em troca de algum tipo de anistia, mesmo arranhando as normas do Senado americano.

A OPERAÇÃO "LIBERDADE"

A última ação militar, chamada "Operação Liberdade", no último fim de semana na cidade de Quipile, 50 quilômetros a noroeste de Bogotá, levou à prisão de 58 guerrilheiros, segundo a revista *Semana* e a agência *Reuters*. Na mesma operação, no município de Guayabal de Siquima, 30 quilômetros a noroeste da capital colombiana, o exército disse ter descoberto 1,7 tonelada do explosivo R-1, de alto poder destrutivo. Uribe também instalou 157 postos policiais em aldeias em que não havia polícia nenhuma.

CAMPONESES NO FOGO CRUZADO

Uribe também está multiplicando suas ações de recrutamento de camponeses através do programa "soldados-camponeses". Esta semana, segundo o *Washington Post* e jornais colombianos, foram incorporados mais 10 mil "soldados camponeses", originários de 426 cidades e vilas. Eles foram treinados durante três meses e agora estão retornando às suas localidades de origem para se incorporar no combate à guerrilha.

Essas histórias relatadas pela imprensa americana e colombiana se parecem um pouco com as histórias das operações de cooptação que os americanos tentaram no Vietnã, com resultados desastrosos. Mas os americanos aprenderam muito desde então, e a situação na Colômbia é mais complexa porque, além da guerrilha, que também faz recrutamento forçado, há os grupos paramilitares, que exterminam camponeses suspeitos. De modo que os camponeses ficam num fogo cruzado. O programa de Uribe lhes dá proteção à medida que o identifica como pertencente claramente a um dos lados.

ENDURECIMENTO DO DISCURSO

Como sinal adicional de endurecimento, Uribe referiu-se às Farcs como terroristas mais uma vez esta semana, em cerimônia oficial. Foi secundado pelo comandante das Forças Armadas, general Jorge Mora, que disse que esse é o sentimento dos colombianos e que as Farcs são "bandidos comuns sem ideologia, sem filosofia política". Mas seriam mesmo meros bandidos? A opinião pública na Colômbia não se identifica com as Farcs, abomina as ações terroristas e sequestros, mas conhece muito pouco das guerrilhas.

UM RETRATO INCOMPLETO DAS FARCS

A revista colombiana *Semana* decidiu investigar jornalisticamente o que são as Farcs hoje. E acaba de publicar sua análise. Eis um resumo de como a *Semana* definiu as Farcs hoje:

"A guerrilha é ao mesmo tempo uma organização política, um exército e uma empresa. A doutrina marxista continua sendo o discurso que os une e dá a eles uma unidade como organização militar. O objetivo revolucionário da tomada do poder é o que dá um sentido coletivo, quase messiânico, e a disciplina necessária para que os chefes não desertem, com seus homens, apesar de terem em seu poder grandes somas em dinheiro. Mas as guerrilhas começaram a visar mais os interesses econômicos do que os políticos. A lógica econômica se converte no eixo central sobre o qual gira toda a organização."

As Farcs dedicam hoje a maior parte de seu tempo a arrecadar dinheiro para acumular força militar que é utilizada para ganhar mais dinheiro. Os comandos do sul do país são os mais poderosos e numerosos porque representam 80% das Farcs e se dedicam, quase que exclusivamente, ao narcotráfico. A revista cita como exemplo um grupo de 96 guerrilheiros da região de Putumayo, dos quais 60 estavam dedicados exclusivamente à coca. Os produtores sabem que têm que vender toda sua produção para a guerrilha.

As Farcs têm controle total sobre as plantações e quanto produz cada uma. Todas as semanas, os guerrilheiros se postam em um ponto do rio e compram, em dinheiro vivo, toda a produção dos camponeses. Em algumas zonas, as Farcs vendem a coca para os donos dos laboratórios. A guerrilha, no entanto, está assumindo o controle desta etapa do negócio, que é muito mais lucrativa do que a simples compra e venda da pasta de coca.

UMA RECEITA QUE PODE CHEGAR A US$ 1 BILHÃO POR ANO

Ninguém sabe, com precisão, quanto dinheiro ganham as Farcs. Segundo as contas do Ministério da Defesa, recebem em torno de 569 milhões de dólares por ano. Desse total, entre 42 e 70% corresponderiam ao narcotráfico. Um informe do Banco Mundial calcula que as Farcs faturam 500 milhões só com o controle do cultivo da coca. Nestes cálculos não estão incluídos os que vêm do cultivo da papoula, que produz a heroína. Existem evidências de que as Farcs estão obrigando os camponeses a cultivar a flor maldita nas regiões de Cauca e Huila.

O mesmo informe do Banco Mundial calcula que, só com o pagamento de resgates, a guerrilha recebe 200 milhões de dólares anuais. Segundo a ONG Pax Christi, da Holanda, o ELN e as Farcs ganharam, na década de 1990, US$ 1,5 bilhão só com sequestros.

CRIANDO UMA FACHADA LEGAL

As Farcs estão se dedicando, nos últimos anos, a dirigir negócios legais. Possuem empresas de ônibus, supermercados e distribuidoras de gasolina que cumprem a função de lavar o dinheiro, dar liquidez, acabar com o problema do abastecimento e facilitar os trabalhos de inteligência.

Em alguns municípios, as Farcs têm o monopólio da distribuição de cerveja e de refrigerantes. Segundo a *Semana* não seria exagero afirmar que o orçamento anual das Farcs supera US$ 1 bilhão. Com todo esse dinheiro, é fácil para as Farcs comprar armas, povo, corromper governos e silenciar testemunhas. A infiltração nos diversos escalões do poder é outro dos tentáculos de sua luta.

Todo esse dinheiro também compra políticos. Alguns servem de intermediários entre as Farcs e os narcotraficantes. Em troca do dinheiro da guerrilha muitos políticos montam negócios que lavam o dinheiro das Farcs.

Existem guerrilheiros infiltrados em todos os escalões, até mesmo no Exército e na polícia. No ano passado, 120 militares foram afastados por seus laços com a guerrilha. Em Bogotá, estão identificando famílias que possuem laços com guerrilheiros para que, em troca de manter o status social, façam alguns "trabalhinhos".

As Farcs estão pagando a universidade dos familiares dos comandantes. A intenção é criar um celeiro de líderes que um dia cheguem a ser prefeitos e congressistas.

E OS PROBLEMAS DO EXCESSO DE DINHEIRO

Contraditoriamente, a revista *Semana* também sugere que o excesso de dinheiro está levando as Farcs a perderem a guerra da ideologia, da cabeça e do coração. Foi o que disse à revista um líder da Frente Farabundo Martí de Libertação Nacional (FMLN), de El Salvador. "A guerrilha precisa de recursos, mas não tanto que a leve à decomposição", afirma.

Eles estão se dedicando, cada vez menos, à doutrinação dos jovens e recorrem cada vez mais ao recrutamento forçoso. O excesso de dinheiro também corrompeu a dinâmica militar. Eles perderam o espírito de sacrifício. A superioridade aérea do Estado está obrigando a guerrilha a abandonar a guerra de movimentação. A Força Aérea localiza facilmente as grandes concentrações de guerrilheiros.

AS FARCS NUMA ENCRUZILHADA?

As Farcs estariam numa encruzilhada? É o que sugere ou deseja a revista *Semana*. Diz que as Farcs voltaram à guerra típica de guerrilha, que atua em pequenos grupos. Mas, para obter vitórias militares e voltar à ofensiva, necessitam de duas coisas que perderam: a disciplina e a ajuda do povo, que não quer mais colaborar como já começou a delatar.

O governo admite que só agora começou uma ofensiva para diminuir o espaço de manobra internacional da guerrilha. E que tampouco mexeu nas finanças da organização, onde mora sua fortaleza.

E A PROPOSTA DE DIÁLOGO COM O GRUPO DO RIO

Esta semana, impressionadas com relatos (muito imprecisos) da imprensa de que o Grupo do Rio teria apoiado parcialmente Uribe e teria discutido um eventual pedido de intervenção da ONU, caso não fosse possível retomar um processo de negociação de paz, as Farcs emitiram uma carta aberta ao Grupo do Rio, pedindo para serem ouvidas. Proclamaram-se uma organização revolucionária, político-militar de oposição ao Estado e ao regime político colombiano. A carta indica o comandante Raul Reys como seu embaixador para o contato. Saiu em todos os jornais da Colômbia e em alguns do exterior. Algo de novo parece que começa a acontecer.

Segunda-feira, 15 de setembro de 2003

(A *Carta Crítica* será escrita toda esta semana de Washington e dedicada ao cenário internacional, em preparação ao discurso do presidente na ONU).[14]

---

14 N.E.: As cartas escritas de Washington nesse período não foram arquivadas.

DESASTRES DA GUERRA AFETAM O FAVORITISMO DE BUSH

A primeira página do *Washington Post* deste domingo é totalmente tomada pelo tema da guerra do Iraque e seus desastres. O último foi uma emboscada que dizimou um comboio americano em Khaldiya. O jornal diz que por trás do ataque estava a polícia local, treinada pelos próprios americanos. A sublevação da polícia foi provocada pela morte de cerca de oito policiais iraquianos pelo "fogo amigo" americano, dias antes.

CRESCE E SE TORNA ABERTA A REJEIÇÃO À OCUPAÇÃO

A cada dia que passa, o projeto americano de impor a Pax Americana no Iraque se mostra mais frágil. O processo de rejeição aumenta e agora se torna ostensivo. O *Washington Post* estampa no topo da primeira página declarações de um oficial da polícia contrário à ocupação americana.

A cena de iraquianos atirando para o ar, em protesto, alguns encapuzados, outros não, está em todos os noticiários e jornais. O *New York Times* revela que Powell está indo de novo ao Iraque, numa viagem de emergência e mantida secreta até o último minuto, para reavaliar a situação.

PESQUISA MOSTRA REJEIÇÃO CRESCENTE TAMBÉM NOS EUA

Seis em cada dez americanos são contrários ao pedido de Bush de uma verba suplementar de mais US$ 87 bilhões para sustentar a ocupação do Iraque e do Afeganistão, onde o Talibã também voltou a agir.

O *Washington Post*, que fez a pesquisa, diz que esse índice é a mais notável virada de opinião pública contra Bush desde os ataques de 11 de setembro. Diz que o povo americano está pouco disposto a dar um cheque em branco a Bush.

BUSH SE TORNA VULNERÁVEL A UMA INVESTIDA DOS DEMOCRATAS

A pesquisa mostra que a proporção dos que desaprovam o modo como Bush lida com a situação no Iraque pulou de 37%, em agosto, para 46% agora. E a proporção dos que desaprovam a condução da política econômica também subiu, de 51% para 56%.

O jornal concluiu que índices declinantes de aprovação em questões fundamentais como essas denotam que o presidente pode ter se tornado vulnerável a uma investida democrata contra seu projeto de reeleição no ano que vem. A mesma pesquisa mostra que um candidato democrata genérico teria hoje 44% contra 49% de Bush.

MAS OS DEMOCRATAS AINDA NÃO TÊM UM CANDIDATO FORTE

A sorte de Bush é que esse candidato genérico que soma todos os votos democratas ainda não existe. Bush aproveita para acelerar seus encontros para arrecadação de dinheiro, inclusive neste fim de semana, o qual passou em encontros de levantamento de fundos.

FRACASSA TENTATIVA DE ENVOLVER A ONU SEM CONTRAPARTIDAS

Uma das soluções de Bush é envolver a ONU na ocupação do Iraque. Mas as conversações intensas de ontem em reunião convocada por Kofi Annan fracassaram porque os americanos delegaram autoridade à ONU.

Os americanos rejeitaram a proposta francesa de entregar o poder a um governo interino que se reportasse exclusivamente ao Conselho de Segurança da ONU e convocasse eleições gerais o mais breve possível.

Kofi Annan, que parece se aproximar lentamente da posição francesa, fez um apelo para que as potências que controlam o CS rompessem o impasse.

A ONU NUNCA MAIS SERÁ A MESMA

Kofi Annan parece movido muito mais por um processo de autoquestionamento que, segundo o *Washington Post*, está afetando profundamente todo o corpo de funcionários da ONU, desde o atentado que matou Sergio Vieira de Mello [diplomata brasileiro]. O que aconteceu em Bagdá no dia 19 foi para a ONU o que foi o 11 de Setembro para os Estados Unidos, é a frase de um funcionário da ONU, citado pelo jornal.

Um das razões da crise existencial da ONU é a suspeita de que um dos motivos da bomba pode ter sido a incapacidade da ONU de se mostrar independente dos Estados Unidos no Iraque. Essa independência está agora sendo buscada.

Segunda-feira, 22 de setembro de 2003

AS PEDRAS NO CAMINHO DE NOSSA POLÍTICA EXTERNA

A principal delas é a retórica antiamericana. Quanto mais nos opusermos à política de dominação dos EUA, menos retórica deveríamos usar. Essa é justamente a função principal da diplomacia: dobrar o outro lado, com um sorriso nos lábios. A retórica antiamericana, especialmente a ideologizada, enfraquece nossa posição.

O CASO DAS TROPAS PARA O IRAQUE

Neste final de semana, a suposta recusa do Brasil em enviar tropas para o Iraque foi manchete em muitos jornais, alimentando um sentimento de altivez. No entanto, a notícia não é estritamente veraz. Foi construída através de sucessivas mudanças num relato original do ministro Viegas [José

Viegas, Ministro da Defesa], em que ele diz que recebeu sondagens indiretas sobre o envio de tropas.

As sondagens indiretas viraram diretas e depois viraram um pedido mesmo. Esse tipo de cobertura realimenta o antiamericanismo.

No governo americano já está formada a percepção de que a política externa brasileira contém um fator de antiamericanismo, não por orientação do presidente. Algumas fontes dizem mesmo que o Brasil já está no alto da *"hit-list"* da diplomacia americana.

AS ARMADILHAS DOS IMPASSES PROLONGADOS

A outra armadilha, apontada por *Veja*, é de se ficar num impasse prolongado nas questões de comércio. E há armadilhas também nas nossas relações com Cuba e na disposição de estimular uma solução para o conflito na Colômbia. A diplomacia brasileira está testando seus limites. O *Los Angeles Times* de anteontem já chama atenção para a viagem de Lula a Cuba.

A DESCOBERTA DA NOVA POLÍTICA EXTERNA BRASILEIRA

Foi preciso um episódio específico sobre a formação do G22, articulado e liderado pela diplomacia brasileira, para que nossa imprensa finalmente se desse conta da desenvoltura e centralidade dessa política. O *Estadão* do domingo ainda procura diminuir nossa vitória, com uma entrevista de página inteira de Celso Lafer em que ele diz que "Nada do que está sendo feito é novidade". A dor de cotovelos dos tucanos é gritante.

Mas em toda a mídia o tratamento é favorável, inclusive em *Veja*, que normalmente chamaria nossa desenvoltura em Cancun de aventureira ou saudosismo terceiro-mundista, e no entanto reconheceu a seriedade da atuação brasileira e sua liderança. E ainda criticou o que chamou de "surdez dos ricos", em Cancun.

OS SENTIDOS DE CANCUN

Cancun demonstrou antes de tudo a habilidade da diplomacia brasileira, como comenta Luís Felipe de Alencastro em *Veja*. O fato é que Celso Amorim deu uma lição de competência ao Sr. Zoellick.

Outro sentido foi o da altivez. Diversos comentaristas se referiram ao fato de que Celso Amorim [Relações Exteriores] mostrou aos outros delegados como negociar com os americanos sem medo. Mas o principal sentido da vitória foi moral. Celso Amorim diz isso em *IstoÉ Dinheiro*: "A grande vitória foi transformar a causa agrícola em uma questão moral."

E O FUTURO DA OMC

O principal sentido foi o de que a OMC não vai mais poder continuar como um domínio americano. Ou muda, ou acaba. Isso é o que diz o especialista europeu Jean Pierre Lehman, em entrevista a *O Globo* do domingo. Ele diz também que a agricultura entrou definitivamente na agenda.

A resistência desse bloco às pressões americanas e a manutenção de sua unidade alteraram a correlação de forças na cena diplomática mundial, e já repercutiu na reunião do FMI em Dubai. Preservar a unidade do G22 e eventualmente alargar esse grupo deverá ser uma prioridade de nossa diplomacia.

A imprensa americana já fala numa manobra de Zoellick para rachar o grupo, formando um grupo de 18 países em torno dos EUA e UE, que absorveria alguns dos membros do G22.

HAMAS DIZ NÃO AO NOVO PRIMEIRO-MINISTRO PALESTINO

Mas continuará negociando com Ahmed Quria, segundo *Haaretz* de hoje. O argumento do Hamas é o de que não aceita as negociações de paz de Oslo como referência.

CHIRAC APRESENTA ALTERNATIVA PARA O IRAQUE

Enquanto os americanos tentam apoio de países como a Espanha para uma nova resolução da ONU que legitime sua presença no Iraque, Chirac, pela primeira vez, apresentou um plano definido de entrega do poder aos iraquianos em duas etapas, segundo o *New York Times* de hoje.

MAS BUSH VAI DEFENDER A OCUPAÇÃO

Esse vai ser um dos temas do presidente americano no seu discurso na ONU, segundo o *New York Times*. Um tema ingrato, porque até dentro dos Estados Unidos cresce o questionamento da guerra, a cada morte de soldados americanos. Ontem foram mortos mais três.

Quarta-feira, 24 de setembro de 2003

O DISCURSO DO PRESIDENTE NA ONU

Apesar de seu argumento central ter sido essencialmente moral e, nessa medida, ingênuo, o discurso do presidente na ONU acertou na mosca politicamente ao defender o multilateralismo e o reforço das Nações Unidas. Lula esteve em perfeita sintonia com o clima da Assembleia-Geral, que pode ser medido pela recepção fria ao discurso de Bush, segundo o insuspeito *New York Times*.

E O DISCURSO DE WOLFENSOHN EM DUBAI

Tão importante quanto o discurso de Lula foi o do presidente do Bird, defendendo amplamente e com ênfase as bandeiras levantadas por Lula nos últimos meses. A imprensa não deu a importância devida a esse discurso que assinala uma importante vitória na nossa batalha pela mudança da agenda mundial de debates.

ORIENTE MÉDIO

Segunda-feira, 6 de outubro de 2003

CARTA CRÍTICA ESPECIAL: A NOVA ESCALADA NO ORIENTE MÉDIO

Antes do surpreendente ataque israelense ontem à Síria, esperava-se a qualquer momento uma ação espetacular israelense contra Arafat, em resposta ao atentado de Haifa do sábado que matou vinte pessoas. O atentado não foi considerado pela mídia israelense apenas como "mais um" entre tantos outros. Zeev Sharif, o principal comentarista do *Haaretz*, comparou-o ao da Páscoa de 2002, em Natania, respondido pelo governo israelense com a vasta operação de ocupação dos territórios palestinos, inclusive o famoso cerco do QG de Arafat em Jenin que emocionou a opinião pública mundial.

ARAFAT A PERIGO

O *Haaretz* diz que os serviços de inteligência israelenses estão convencidos de que Arafat está hoje mais próximo das ações terroristas, mesmo não tendo tido papel direto neste atentado. Arafat sentia-se cada vez mais confiante de que não seria deportado, depois da conclamação da Assembleia-Geral da ONU contra essa decisão do gabinete israelense. O atentado mudou tudo. Antecipando-se a uma ação israelense, Arafat empossou Abu Ala como primeiro-ministro e decretou estado de emergência.

O ataque de Israel à Síria parece apenas uma tentativa de Sharon de ganhar tempo, e não o começo de um novo tipo de operação militar, ampliada, no Oriente Médio. Para isso, teria que ter o apoio americano, o que não aconteceu. No local funcionava um campo de treinamento de terroristas, como alegou o governo israelense. Na TV El Jazeera o porta-voz da Jihad Islâmica em Beirute negou que o local atacado fosse uma base da Jihad; outras fontes palestinas citadas pelo *Haaretz* dizem que havia ali uma base da Frente Popular pela Libertação da Palestina, mas que estava praticamente abandonada. O governo Bush procura manter alguma distância do ataque e da atual política de Sharon, segundo o *New York Times* de hoje.

O FIM DE ARAFAT SERIA O FIM DA AUTORIDADE PALESTINA

O distanciamento dos americanos pode se explicar por uma razão mais pesada; as indicações de que Sharon pode mesmo banir Arafat, e a avaliação, de analistas israelenses, de que isso significará o fim da Autoridade Palestina. Dany Rubinstein, do *Haaretz*, diz que os próprios palestinos estão chegando à conclusão de que não é possível viver sob uma autoridade palestina que não tem autoridade, e que nesse caso é preferível a ocupação israelense, direta como havia até 1993, inclusive do ponto de vista da luta de libertação.

Quinta-feira, 16 de outubro de 2003

MUDA O PADRÃO DOS CONFLITOS NO ORIENTE MÉDIO

O governo americano acredita que seus cidadãos tornaram-se agora o alvo dos ataques palestinos, segundo o *New York Times*. Ordenaram a saída de todos eles da região. Com isso, torna-se ainda mais difícil a retomada de negociações de paz intermediadas pelo governo americano, o único com suficiente poder de pressão sobre árabes e judeus.

O ataque de ontem em Gaza, que matou três americanos, foi extremamente bem-planejado, segundo o *Jerusalem Post*. Tanto pelo método como pelo alvo, pode indicar uma articulação entre a resistência iraquiana contra a ocupação americana e a resistência palestina contra a ocupação israelense.

ARAFAT ASSUSTADO

O atentado pode significar também a penetração de comandos iraquianos em território de Arafat, com políticas e objetivos próprios. Tanto a rede El Jazeera quanto o jornal israelense *Haaretz* noticiaram que os grupos palestinos Hamas, Mártires de El Aqsa e Jihad Islâmica negam a autoria do atentado. A Autoridade Palestina também demonstrou espanto com o atentado.

Pode ter sido a ação de um novo grupo, ligado à resistência iraquiana. Os americanos mortos eram seguranças de uma comitiva que ia entrevistar palestinos candidatos a bolsas Fulbright. É o primeiro ataque contra americanos na área desde 1967.

Segunda-feira, 10 de dezembro de 2003

CARTA CRÍTICA ESPECIAL: AUTORIDADE NACIONAL PALESTINA EM CRISE DE CREDIBILIDADE

O futuro da Autoridade Nacional Palestina, presidida por Yasser Arafat, está ameaçado, segundo análise do jornal *Financial Times*. Uma crise humanitária e econômica tem absorvido a maior parte da ajuda financeira à região nos últimos três anos e pode se aprofundar em 2004, gerando um déficit orçamentário de US$ 700 milhões.

Desde que foi criada, em 1994, a ANP já recebeu mais de US$ 6 bilhões, doados por entidades dos Estados Unidos, Comunidade Europeia, países árabes e organismos internacionais. Mas a rebelião dos jovens, conhecida como

Intifada, que recomeçou em 2000, as demandas geradas por outros conflitos (principalmente o Iraque) e iniciativas consideradas demasiado tímidas pela paz estão cansando os doadores.

Há também acusações de corrupção contra Arafat, desde a publicação de uma reportagem pelo *Daily Telegraph*, em setembro passado, acusando o desvio de cerca de 560 milhões de libras, ou equivalente a US$ 700 milhões, num período de cinco anos – entre 1995 e 2000. A descoberta do desvio deu-se graças a auditorias severas que começaram a ser feitas pelos doadores. As acusações de corrupção contra o grupo de Arafat são correntes na população palestina, e citadas de tempos em tempos pelo *Haaretz*.

Na sua grande reportagem sobre a crise da ANP da semana passada, o *Financial Times* diz que os doadores também temem, baseados em denúncias, que milhares de dólares estejam sendo desviados por grupos terroristas ou funcionários palestinos, inclusive para contas de Arafat,que teria recebido US$ 900 milhões, sem a devida prestação de contas.

A esperança dos palestinos está agora nas mãos do ministro das Finanças, Salam Fayad. Ex-funcionário do FMI, ele goza de grande credibilidade entre doadores internacionais, com os quais se reunirá em dezembro para pedir um comprometimento de urgência de US$1,2 bilhão para 2004.

A Agência das Nações Unidas de Assistência aos Refugiados Palestinos, criada em 1949 e que ampara 1,5 milhão de pessoas, está operando com menos da metade dos US$ 196 milhões requisitados para 2003. Em dezembro, a entidade também fará um apelo em prol de uma ajuda emergencial extra de US$ 190,5 milhões para 2004, que se somará à doação de US$ 330 milhões para o orçamento nas áreas de saúde, educação e outros serviços.

Quarta-feira, 3 de dezembro de 2003

FACÇÕES PALESTINAS INICIAM NEGOCIAÇÃO INFORMAL DE TRÉGUA

Onze facções palestinas iniciaram ontem no Cairo negociações entre si, para uma posição comum em relação a um cessar-fogo. Em junho, as facções palestinas haviam concordado em estabelecer uma trégua em seus ataques, mas alguns grupos mais radicais violaram o cessar-fogo, sob o argumento de que novas agressões israelenses os forçaram a reagir.

A trégua seria um passo fundamental para a revitalização do mapa da paz, o plano para a região que tem apoio dos EUA, Rússia, ONU e UE. As pressões pelo cessar-fogo aumentaram depois que Ahmed Qorei assumiu o cargo de primeiro-ministro, no mês passado.

ISRAEL PEDE A POWELL QUE NÃO LEGITIME O PLANO DE PAZ ALTERNATIVO

O plano de paz alternativo, visto antes com desdém, está incomodando cada vez mais a extrema direita de Israel. Sharon pediu ontem ao secretário de Estado dos EUA, Colin Powell, que não se reúna com os arquitetos do plano de paz alternativo para o Oriente Médio.

O apoio do Brasil à iniciativa, divulgado ontem, deverá ter boa repercussão nos meios progressistas que apoiam entusiasticamente o plano alternativo. Resultado de dois anos e meio de negociações secretas, o plano foi apresentado na segunda, em Genebra, pelo ex-ministro israelense da Justiça Yossi Beilin e o ex-ministro palestino de Informação Yasser Abed Rabb, na presença de quatrocentos palestinos, israelenses e personalidades internacionais.

Segunda-feira, 8 de dezembro de 2003

CRISE GERAL NO GOVERNO ISRAELENSE

Num desafio aberto ao primeiro-ministro Sharon, o vice-primeiro-ministro, Ehud Olmert, propôs numa entrevista ao vespertino *Iediot Aharonot* a retirada unilateral das tropas israelenses dos territórios ocupados e de parte de Jerusalém. Vários ministros do gabinete apoiaram sua proposta.

Analistas israelenses atribuem o anúncio de Olmert ao impacto do acordo alternativo de paz de Genebra, assinado entre ativistas árabes e judeus, e ao sentimento crescente em Israel, inclusive no Exército, de que a ocupação se tornou insustentável tanto do ponto de vista militar quanto moral.

PROPOSTA DE RETIRADA UNILATERAL RACHA O GABINETE DE SHARON

Olmert não é um político qualquer: ele acumula as pastas de comunicações e indústria e lidera um núcleo duro de direitistas no gabinete. Daí a importância de sua proposta, que também recebeu pesadas críticas de alguns ministros, inclusive da extrema direita. O ministro da Construção, Effi Eitam, líder do poderoso Partido Nacional Religioso, com seis ministros no gabinete, disse ontem à rádio Israel que, se as palavras do vice-primeiro-ministro se tornarem política de governo, o seu partido vai abandonar a coalizão.

Mas outros ministros, entre eles o da Imigração, aprovaram a proposta dizendo que devolver os territórios ocupados era inevitável. Alguns criticam a forma como Olmert expôs seu plano, pela imprensa, e outros gostariam que a retirada não fosse unilateral e sim no âmbito de uma negociação. Ehud Barak, o ex-primeiro ministro que negociou a paz em Camp David, rejeitada no último minuto por Arafat, apoiou Olmert e disse à rádio do Exército que, se ela for adotada, seu partido se juntará à base de governo.

O FRACASSO DA REUNIÃO DOS PALESTINOS NO CAIRO

Os treze grupos palestinos reunidos no Cairo para unificar sua estratégia em relação a uma trégua com Israel terminaram a reunião sem acordo, frustrando as enormes expectativas do presidente egípcio Hosni Mubarak e do primeiro-ministro Ahmed Qurei, que jogaram suas fichas num acordo. A principal divergência deu-se entre o Hamas e a El Fatah, que se acusaram mutuamente de sabotar as conversações, segundo a *Reuters* e o *Haaretz*.

O Hamas e quatro outras organizações rejeitaram a proposta de uma trégua geral, aceitando apenas a de suspender ataques a civis dentro de Israel. O endurecimento do Hamas foi confirmado por uma entrevista de seu líder espiritual Sheik Ahmed Yassin a uma revista alemã em que rejeita a coexistência lado a lado de um Estado palestino e o Estado de Israel. Ele disse na entrevista que os judeus poderiam erguer o seu Estado nacional na Europa.

A imprensa do Oriente Médio dava como certo o acordo, e muitos jornais o apoiavam abertamente. O *Al Watan*, do Qatar, classificou a reunião do Cairo de crucial para a causa palestina, e o *Al Quds*, da Palestina, disse que a reunião anularia o argumento de que do lado palestino não há com quem negociar. O *Haaretz* chegou a anunciar a ida a Washington, para reportar os resultados, do chefe de inteligência egípcia, general Suleiman, que organizou a reunião.

Terça-feira, 9 de março de 2004

MASSACRE EM GAZA

Foi a mais sangrenta incursão do exército israelense em muito tempo e parece ter dado início a uma nova Intifada. Segundo o *Haaretz*, a operação, que começou às três da madrugada, visava a aniquilar militantes de grupos terroristas, atraindo-os para um confronto armado.

A operação corria de acordo com o plano, quando o dia amanheceu e centenas de civis, muitos deles crianças, inundaram as ruas de Gaza, atirando pedras nos tanques israelenses, que promoveram um banho de sangue: quinze mortos, inclusive quatro jovens com menos de 16 anos, e oitenta feridos. Tanto Hamas como Jihad Islâmica prometeram retaliação.

Terça-feira, 23 de março de 2004

ASSASSINATO DE YASSIN TRANSFORMA O CENÁRIO DO ORIENTE MÉDIO

Os especialistas israelenses dizem que, ao matar o maior líder palestino depois de Arafat e dotado de uma autoridade moral superior à de Arafat, Sharon pode ter transformado o que vinha sendo até agora um conflito de baixa intensidade num conflito de alta intensidade. Um "evento transformador", diz o comentarista do *Haaretz* Amoz Narel, que compara o que aconteceu ontem à invasão do templo por Sharon, que provocou a nova Intifada.

Essa também foi a avaliação do primeiro-ministro egípcio Hosni Mubarak, segundo a imprensa egípcia. Mubarak imediatamente cancelou a visita a Israel ontem de uma delegação de legisladores egípcios que marcaria os 25 anos do acordo de paz entre os dois países. Assim como líderes americanos, Mubarak prevê um grande aumento da tensão em todo o Oriente Médio.

OFICIALIZANDO A POLÍTICA DE ASSASSINATOS SELETIVOS

Herói para os palestinos. Mas, para os israelenses, Yassin era o símbolo maior do terrorismo islâmico. O *Haaretz* diz que, com esse ataque, os israelenses "cruzaram a linha vermelha", E que os palestinos agora temem que isso seja feito mais vezes. A El Jazzera hoje dá destaque à declaração do ministro de defesa israelense Shaul Mofaz oficializando os assassinatos seletivos: "Vamos continuar a liquidar terroristas", disse Mofaz.

HAMAS DURAMENTE ATINGIDO

A inteligência israelense, segundo o *Haaretz*, prevê uma onda de ataques de vingança; mas diz que, a longo prazo, a morte do fundador e líder do Hamas deixará a organização acéfala. Ahmed Yassin era insubstituível.

O *Washington Post* também faz essa avaliação do papel de Yassin na formação do Hamas. Descreve-o como um organizador exemplar, além de sua personalidade ser carismática. Sob sua liderança, o Hamas já se tornou a principal força palestina de combate ao Estado de Israel, suplantando as forças de Arafat na Faixa de Gaza. Ao lado de ataques suicidas sangrentos contra a população israelense, o Hamas desenvolvia grande atividade de ajuda e solidariedade nas comunidades palestinas. E ao contrário de Arafat, o Hamas é considerado incorruptível.

A VISÃO MILITAR CURTA

O ataque ordenado por Sharon, em retaliação ao ataque suicida que matou onze pessoas em Ashkelon, há uma semana, tem sentido do ponto de vista militar. Mas não do ponto de vista político. O comentarista do *Haaretz* diz que a morte de Yassin eleva a um novo patamar a imagem de luta e autossacrifício do Hamas, contrastando com a imagem titubeante e corrupta de Arafat.

O golpe mais profundo será sentido pela Autoridade Palestina de Arafat, que não será mais capaz de restringir as atividades do Hamas em Gaza. Pode ser o colapso da Autoridade Palestina em Gaza. Houve casos recentes, diz o comentarista do *Haaretz*, Danny Rubinstein, em que soldados da Autoridade Palestina foram impedidos de prender militantes do Hamas por uma multidão de palestinos, apesar de haver 20 mil policiais da Autoridade Palestina em Gaza, contra apenas 2 mil militantes do Hamas.

EDIÇÃO ESPECIAL TEMÁTICA: A CRISE NO ORIENTE MÉDIO
OS CONTORNOS DA REBELIÃO ÁRABE

Centenas de palestinos marcharam nesta quarta-feira nas ruas de Ramallah e de Gaza saudando o que chamaram de "a Intifada iraquiana", uma referência à rebelião espontânea da juventude palestina que enterrou os acordos de paz negociados duramente entre árabes e judeus em Oslo.

Além da semelhança com a Intifada palestina, os ataques de ontem e anteontem aos soldados americanos em Faluja devem travar a já difícil transição negociada pelos americanos com as lideranças xiitas e o Conselho de governo

Diversas lideranças árabes solidarizaram-se ontem com os iraquianos rebelados e apontaram para as semelhanças entre a ocupação americana do Iraque e a ocupação israelense de territórios palestinos.

DE FALUJA PARA GAZA

Em Gaza, depois do assassinato do líder do Hamas, Ahmed Yassin, pelo exército israelense, o quadro político já se alterou completamente. Dezenas de militantes do El Fatha estão abandonando Arafat e se passando para o Hamas, segundo a imprensa israelense.

Assim, nas diversas partes do mundo árabe ocupado, são os líderes e grupos mais extremados, alguns deles, como o Hamas, promotores ostensivos de atentados terroristas suicidas, que estão ganhando os corações e mentes da juventude árabe.

A LUTA PELO CONTROLE DA FAIXA DE GAZA

Segundo a imprensa israelense, Yasser Arafat está perdendo rapidamente o controle da Faixa de Gaza, onde vive mais de 1,5 milhão de palestinos. Por isso se viu obrigado a convidar o Hamas a participar da Autoridade Palestina, desafiando até mesmo um veto explícito do governo americano.

O líder do Hamas, Sheik Said Siam, disse que aceita participar da Autoridade Palestina, e não na condição de mero figurante. Mas a participação do Hamas na Autoridade Palestina é incompatível com a concepção americana de guerra contra o terrorismo, o que mostra a crescente complexidade do quadro político no Oriente Médio.

E OS PLANOS DE RETIRADA ISRAELENSE

Por trás da disputa entre o Hamas e Arafat estão os planos do primeiro-ministro Ariel Sharon de desmantelar e retirar de Gaza todos os assentamentos judaicos. São apenas 7 mil assentados, mas que controlam 35% das terras da Faixa de Gaza.

Com a retirada, o território vai se tornar totalmente árabe. Alguns outros assentamentos vão ser também desmantelados nos demais territórios palestinos, mas apenas em Gaza a retirada dos judeus será total.

TAMBÉM EM ISRAEL HÁ UMA DISPUTA INTERNA

A direita israelense, inclusive diversos ministros do governo Sharon, não aceita os planos de retirada de Gaza. Para obter mais apoio de seu próprio Partido, o Likud, Sharon se comprometeu a fazer um referendo dentro de dois meses.

Será a primeira vez que se faz um referendo sobre uma questão nacional consultando apenas os membros de um partido político e não o conjunto da população.

Sharon também irá aos Estados Unidos logo depois dos feriados de Páscoa, pedir a bênção da administração Bush aos seus planos de retirada. Os planos são claramente unilaterais, mas Sharon quer que os americanos os aceitem como parte do mapa de paz.

O MURO DA SEPARAÇÃO ENTRE ISRAEL E A AUTORIDADE PALESTINA

Um dos problemas mais graves da retirada é o muro que Sharon está construindo separando árabes de judeus. Numa entrevista esta semana ao *Haaretz* ele disse claramente que, depois de completado o muro, "vai expulsar da parte judaica os árabes infiltrados".

Além dessa ameaça, o muro vai representar perda territorial para os palestinos e vai tornar ainda mais inviável um Estado palestino, tal a confusão que vai provocar em algumas regiões.

Em Kalkília, por exemplo, o muro rodeia toda a cidade, formando um verdadeiro gueto árabe. O acesso dos agricultores árabes às suas terras, que hoje leva alguns minutos, vai demandar uma viagem de uma hora. E Sharon insiste que não vai mudar o traçado do muro.

Quinta-feira, 28 de outubro de 2004

ARAFAT: A MORTE DE UM MITO

O abundante noticiário da imprensa israelense começa pela discussão da eventual culpabilização dos israelenses pela morte do líder palestino, já que o mantiveram confinado em Ramallah durante anos. Tudo vai depender da *causa mortis*. Por isso, não por simpatia, o governo de Israel reiterou a permissão dada no domingo para que Arafat seja levado para tratamento no lugar que escolher. O temor é que haja aumento generalizado no nível de violência em toda a região.

A morte de Arafat remove um mito que se tinha transformado em obstáculo ao progresso da causa palestina. Abre-se a possibilidade de reconstrução da Autoridade Palestina sob uma nova liderança. Arafat já tinha perdido poder político e militar, resumindo-se a um papel de símbolo da luta palestina.

O repúdio à liderança da Arafat por Sharon e Bush é total e definitivo. Ele só não foi assassinado pelos israelenses há dois anos por medo das consequências. Mas a Autoridade Palestina foi abalada nos seus fundamentos pela perda de controle sobre as organizações de luta armada e pelos sucessivos e impiedosos ataques israelenses à sua infraestrutura, que arrasaram os edifícios da Autoridade Palestina e mataram mais de cem palestinos na Faixa de Gaza só no mês de outubro.

O NÃO AO ESTADO PALESTINO

O objetivo de Sharon, segundo a mídia israelense, era inviabilizar a constituição do Estado palestino depois da retirada unilateral das tropas e dos assentamentos israelenses da faixa de Gaza.

Anteontem, Sharon conseguiu finalmente a aprovação do Parlamento israelense, com apoio dos trabalhistas, para a remoção de 8.800 colonos de toda a Faixa de Gaza e de quatro assentamentos na Cisjordânia. Com eles vão também as tropas de ocupação. Será a primeira retirada de judeus dos territórios ocupados desde a Guerra dos Seis Dias, há 37 anos.

Mas a perspectiva de morte iminente de Arafat fez o debate da retirada voltar à estaca zero. Se o obstáculo às negociações globais de paz foi removido, porque não esperar mais um pouco e retomar as negociações com uma nova liderança palestina? É o que pergunta hoje a imprensa israelense.

MORTE DA ARAFAT PODE PRECIPITAR UMA TERCEIRA VIA

O impasse e a estagnação no confronto com os palestinos estavam levando os estrategistas israelenses nos últimos meses à conclusão de que a guerra estava sendo conduzida com base em uma doutrina superada, a da separação entre Estado de Israel e um o Estado palestino, negociada em Camp David. E dizem que mesmo que Arafat tivesse algum grau de domínio sobre o Hamas e outros grupos de luta armada, o terrorismo voltaria a se impor.

Segundo o especialista do *Haaretz*, Aluf Benn, essa constatação levou os militares israelenses a desenterrarem as antigas ideias de retalhamento do território palestino entre os países vizinhos, que existia antes de Arafat levantar a bandeira de um Estado palestino independente.

É isso que está por trás da concordância do exército israelense de entregar as colinas do Golan para Síria, diz Aluf Benn. Gaza poderia ser entregue ao controle egípcio, como já foi na era dos otomanos, e a Cisjordânia voltaria a ser anexada à Jordânia.

Quinta-feira, 11 de novembro de 2004

EDIÇÃO EXTRA: YASSER ARAFAT (1929-2004)

O grande paradoxo da política: a morte aos 75 anos do líder-símbolo da resistência contra a ocupação israelense e da luta por um Estado palestino reabre as chances de paz e criação desse Estado palestino.

Arafat cometeu o seu mais perigoso ato político ao rejeitar no último minuto as propostas de paz de Ehud Barak, negociadas sob a proteção de Clinton em Camp David, que devolviam aos palestinos praticamente a totalidade dos territórios ocupados.

Ele já sabia que uma segunda Intifada estava prestes a eclodir e preferiu o caminho do martírio e da glória, a ser acusado de traidor pelos grupos militantes islâmicos que ainda não se dispõem a reconhecer o Estado de Israel.

A partir daquele momento, Arafat deixou de ser aceito por Israel como interlocutor confiável. Com o apoio dos Estados Unidos, Israel o manteve confinado em um complexo bastante deteriorado, a Mukata [sede do governo palestino], durante quase três anos.

Desgastado com o desastroso saldo da Intifada, Arafat vinha perdendo popularidade. Arafat também não preparou um sucessor e relutava em ceder poderes.

Em seu lugar, anuncia hoje de manhã a imprensa árabe e israelense, deverão ficar o ex-primeiro-ministro da Autoridade Nacional Palestina, Mahmoud Abbas [conhecido como Abu Mazen], e o atual primeiro-ministro, Ahmed Korei. Ambos são considerados mais moderados que Arafat, o que deverá facilitar ainda mais a retomada das negociações com Israel e Estados Unidos.

Embora os analistas da mídia israelense ainda expressem ceticismo quanto à retomada das negociações, é esse o desejo da população israelense. Já o governo de Israel agora terá que provar que de fato deseja a paz e que a rejeição a Arafat não era apenas um pretexto para uma política de expansão territorial e inviabilização do Estado palestino. O primeiro passo de Sharon nessa direção seria anunciar a disposição de transformar a retirada unilateral da Faixa de Gaza numa retirada negociada com as autoridades palestinas.

DO SETEMBRO NEGRO AO NOBEL DA PAZ

Arafat nasceu em 1929, no Cairo, com o nome de Mohammad Abdel Rauf Arafat al Qudwa al Husseini. Estudou engenharia no Egito. Exilado no Kuwait, em 1959 fundou o Fatah, movimento nacionalista que se tornaria, nos anos 1960, o núcleo principal da Organização para a Libertação da Palestina (OLP).

Ao fim da Guerra dos Seis Dias, em 1967, Arafat reapareceu após dois anos de clandestinidade usando o nome de Abu Ammar, pelo qual é chamado até hoje pelos palestinos. Instalou-se na Jordânia, país com grande população palestina, comandando milícias que realizavam ataques contra Israel e atentados contra alvos israelenses no mundo, atraindo grande destaque à causa palestina. Em 1970, o rei da Jordânia, Hussein, decidiu livrar-se da presença de Arafat e promoveu o grande massacre de palestinos, chamado "setembro negro". Arafat e a OLP acabaram expulsos do país. Foi para o Líbano, usado como plataforma para ataques contra o norte israelense. Israel ocupou o país em 1982, e Arafat e a OLP novamente foram expulsos, para a Tunísia.

Em junho de 1994, após a assinatura dos acordos de Oslo de 1993, Arafat voltou aos territórios palestinos. Ganhou o prêmio Nobel da Paz, juntamente com Yztzak Rabin. Em 1996 foi eleito presidente da Autoridade Palestina. Apesar de desmoralizado por denúncias de corrupção e por seu excessivo personalismo, ainda era o único comandante unificador de seu povo.

A LUTA PELA SUCESSÃO

Com o fim da era Arafat intensifica-se a disputa que já existia entre a velha guarda do movimento Fatah, controlado por ele, e facções com lideranças mais jovens, como o Hamas e a Jihad Islâmica.

Para evitar confrontos imediatos, o comitê executivo da Autoridade Palestina agiu com rapidez. Após reunião ontem em Ramallah, decidiu cumprir a legislação palestina. Assim, o porta-voz do Parlamento, Rawhi Fattouh, será nomeado presidente interino. Pela lei, Fattouh ficará dois meses no cargo. Depois, devem ser convocadas eleições. Haverá ainda eleições para o cargo de membro do comitê central da Fatah, que também era ocupado por Arafat.

Os palestinos viverão a primeira mudança de liderança desde que Arafat tornou-se presidente da OLP, em 1969. Será difícil encontrar um novo líder capaz de desempenhar todos os papéis e cargos concentrados nas mãos dele. "Toda essa agitação sobre a sucessão mostra o frágil nível de institucionalização da Autoridade Palestina", diz Gilles Kepel, especialista em Oriente Médio do Instituto de Estudos Políticos de Paris, segundo a Agência Bloomberg.

ALCA

Segunda-feira, 2 de junho de 2003

ESPECIAL: A ALCA NA NOSSA IMPRENSA

Comentários importantes mostram desconhecimento da nossa nova política externa

Dois dos nossos principais jornais, *Valor* e *Globo*, criticaram o Itamaraty por uma suposta falta de prudência nas negociações sobre a Alca. Nota-se nos comentários o temor de que o Brasil tenha decidido abortar as negociações.

O Valor discorre longamente sobre as negociações levadas pelo governo Fernando Henrique, sugerindo que não há necessidade de o novo governo mudar a posição. Critica o que chama de comportamento pouco prudente no encaminhamento da posição brasileira nas negociações. Cita a decisão do Itamaraty de substituir o embaixador Clodoaldo Hugueney do cargo de copresidente das negociações, e certos "arroubos oratórios de expressão antiamericana". *Valor* diz temer que as posições do secretário-geral do Ministério das Relações exteriores, Samuel Pinheiro Guimarães, contrário às negociações, tenham "contaminado" as posições do país. Segundo o editorial, "Negociar a Alca não significa render-se aos desejos americanos. Mas negociá-la bem do ponto de vista do Brasil tampouco quer dizer rejeitá-la nem atravancar-lhe ostensivamente o seu desenvolvimento".

Miriam Leitão, na sua coluna em *O Globo*, afirma que a diplomacia comercial do governo Lula está fazendo algumas manobras arriscadas. Recuperar o Mercosul e recompor o nível de comércio bilateral é bom para todos os países; fazer do bloco um "pretexto para atrasar, dificultar ou até minar as negociações da Alca não é a decisão mais inteligente". Diz que comércio não rima com ideologia e o melhor é tratar o assunto com pragmatismo.

Comentário: Essas abordagens, em especial o último comentário de Miriam Leitão, mostram que nossos jornalistas ainda não captaram o caráter estratégico das novas opções do governo Lula em sua política externa. Não sabem também que a nova política externa brasileira é definida como uma combinação de defesa de interesses nacionais com alguns princípios fundamentais (como os princípios da paz e da justiça). Ou seja, pragmatismo com princípios. Não tem nada de ideológico. Por isso, tomaram sintomas de mudanças de prioridades como ideologismo, ou infantilismo ou esquerdismo. **Sugestão:** Seria importante (a) o Itamaraty começar a formular a definição formal de nossa nova política externa; e (b) organizar um *briefing* com jornalistas importantes explicando e contextualizando essa mudança.

O CASO ESPECÍFICO DOS TÊXTEIS

Em parte os jornais refletem também o temor de empresários de determinados setores de que o Itamaraty feche as portas à Alca e que, com isso, os prejudique. Tanto Miriam Leitão como o *Estado de S. Paulo* referem-se à concessão trazida por Zoellick na área têxtil. O *Estadão* diz que "O mundo não vai parar à espera do Brasil". Diz que Robert Zoellick, principal negociador comercial dos Estados Unidos, trouxe pelo menos um recado útil aos brasileiros: não esqueçam a China. As cotas para importação de tecidos e roupas vão acabar no fim de 2004. Se a Alca for negociada até o fim do próximo ano, os americanos poderão eliminar as tarifas em cinco anos, dando ao Brasil e a outros países do Mercosul uma vantagem temporária sobre a China.

A matéria lembra, ainda, que é preciso olhar não só para a China. Outros países, alguns com economias bem menores que a do Brasil, estão avançando nos mercados com grande apetite. A Tailândia começou há vinte anos, ou pouco mais, um programa de modernização econômica, apoiado com financiamento e orientação técnica do Banco Mundial. No ano passado, essa economia, ainda pequena, exportou mercadorias no valor de US$ 68 bilhões. Esse é o valor que o Brasil poderá faturar nesse ano com o comércio exterior, se continuarem os bons ventos que sopraram nestes primeiros cinco meses.

O presidente da Associação Brasileira da Indústria Têxtil, Paulo Skaf, diz isso com todas as letras, e não é o único. A negociação com a Europa permitiu que, depois de mais de trinta anos, a venda de têxteis brasileiros não ficasse mais contida nas cotas. A suspensão das limitações quantitativas abre uma enorme chance para o produto brasileiro que, após a abertura comercial de 1990 e todo o esforço de investimento em modernização, ficou competitivo.

"Empresário não tem medo de negociar, tudo depende de como se negocia. Os países da Alca já recebem atualmente 73% de todas as exportações de têxteis brasileiros", disse Skaf. Para Miriam Leitão este não é o único setor interessado no sucesso dessa negociação. Em todos os países, há setores defensivos e ofensivos em comércio exterior. No Brasil, há os que querem negociar a Alca e os que temem a competição dos produtos americanos no mercado brasileiro.

A PROPOSTA 4 + 1

Apesar de confuso e impreciso, o noticiário traz a percepção da mídia de que Celso Amorim recuou um pouco da proposta de o Mercosul negociar em bloco com os EUA (4 + 1). Ao final das conversas, Amorim firmou que as negociações devem ser feitas em três "trilhos": a própria Alca, Mercosul com Estados Unidos (4 + 1), e no âmbito da Organização Mundial do Comércio. Zoellick, que um dia antes havia praticamente descartado a possibilidade de um acordo tipo 4 + 1 (Mercosul/EUA), deixou claro que seu país só aceitaria este tipo de tratado se fosse no âmbito da Alca e não de forma paralela, defendida pelos brasileiros.

O Globo diz que as divergências entre Brasil e Estados Unidos em torno da criação da Alca estão fazendo com que as negociações, iniciadas em 1994, retornem à estaca zero e que a tendência é que a Alca fique esvaziada no fim do processo de discussão, previsto para janeiro de 2005, com a transferência de temas considerados sensíveis pelos dois lados para a Organização Mundial do Comércio (OMC).

Diz que a mensagem passada pelo ministro Celso Amorim à Robert Zoellick foi de que, como os americanos se recusam a discutir a eliminação dos subsídios agrícolas e a revisão das regras antidumping na Alca, o Brasil também se vê no direito de levar para a OMC itens como compras governamentais, investimentos, serviços e propriedade intelectual. A *Folha* confirma essa posição: diz que o governo brasileiro avisou ao representante de Comércio dos Estados Unidos, Robert Zoellick, que pretende deixar de negociar na Alca temas considerados delicados para o país, caso ela seja realmente implementada. Assuntos como propriedade intelectual, compras governamentais, regras para investimentos e serviços, considerados complicados pelo Brasil, poderiam passar a ser tratados somente na OMC.

Para a *Folha*, a estratégia, que na prática esvazia parte das negociações na Alca, é uma resposta à intransigência norte-americana de negociar alguns temas do interesse do Brasil, como subsídios à agricultura, apenas na OMC.

A *Folha* afirma ainda que o governo americano fez propostas concretas para reduzir, no âmbito da Alca, os subsídios às exportações agrícolas dos Estados Unidos, o que superou as expectativas do ministro da Agricultura, Roberto Rodrigues. Mas sobre a principal reivindicação do Brasil, o fim ou a redução dos subsídios internos dados ao produtor agrícola americano – muito maiores do que os concedidos às exportações – , a posição americana foi mantida: será tratada somente na OMC.

Segundo técnicos brasileiros, a OMC autorizou os EUA a conceder até US$ 1 bilhão por ano de subsídios a alguns setores agrícolas do país, como o de frango e o de leite e derivados. Os subsídios internos, como a garantia dada ao produtor de preço mínimo de venda de sua mercadoria, somam US$ 19 bilhões por ano, mas a legislação americana permite que o valor seja ainda maior.

Sexta-feira, 3 de outubro de 2003

CONTRA-ATAQUE AMERICANO LEVA NOSSA DIPLOMACIA AO LIMITE

As negociações preparatórias da Alca que terminam hoje em Trinidad-Tobago devem resultar num fracasso tão completo quanto o de Cancun, em meio a um sensível aumento no grau de agressividade dos norte-americanos nas questões de comércio.

INTENSO ESFORÇO DE ZOELLICK PARA NOS ISOLAR

Se demos o troco nos americanos em Cancun, como disse ontem o presidente Lula, temos que nos preparar agora para a reação do gigante. Tudo indica que ela será impiedosa.

O representante do comércio Zoellick aprendeu com a diplomacia brasileira e está trabalhando 24 horas por dia amarrando acordos bilaterais com países da América Latina e do Caribe, procurando ao mesmo tempo claramente isolar o Brasil e rachar o Mercosul. Já começam a aparecer sinais de que a contraofensiva americana está fazendo estragos na unidade latino-americana.

ATÉ CHÁVEZ SE APROXIMA DA POSIÇÃO AMERICANA

Pode confirmar-se, pelo menos em parte, a previsão pessimista de alguns diplomatas brasileiros de que, no último minuto das negociações da Alca, seríamos abandonados por muitos de nossos parceiros latino-americanos.

O Valor de ontem noticiou com primazia que México, Panamá, Peru, Colômbia e até a Venezuela do muy amigo Chávez divulgaram um documento em defesa da posição americana de uma "Alca abrangente". Países centro-americanos também assinaram, mas isso já era esperado.

PRIMEIRO RECUO TÁTICO DA DIPLOMACIA BRASILEIRA

A diplomacia brasileira, segundo *O Valor*, acusou o golpe e recuou um pouco. Com isso atendeu a Argentina e Uruguai, garantindo, por enquanto, a unidade do Mercosul nas negociações.

A nova proposta brasileira é chamada dos "três trilhos". Pela proposta, haveria período de transição na introdução de reduções tarifárias, no qual cada país estabeleceria seu próprio cronograma. E as reduções tarifárias não seriam oferecidas aos países desenvolvidos da Alca: EUA e Canadá. Os temas chamados "sensíveis", como regras de investimentos e serviços, sejam deslocados para o âmbito da OMC, sem proibir que haja acordos bilaterais sobre serviços.

AMERICANOS QUEREM TUDO E NÃO OFERECEM NADA

Os americanos, como enfatizou Clóvis Rossi na *Folha* de hoje, "anunciaram de maneira formal pela primeira vez" que não aceitam discutir os dois temas que são do interesse do Brasil: regras *antidumping* e a subsídios agrícolas, ambas usadas intensamente pelo governo americano para limitar acesso de nossos produtos no seu mercado.

Paulo Sotero, no *Estadão* de hoje, cita delegados de outros países para os quais "as negociações não produzirão resultado algum". *O Valor* também acha que a reunião de Miami vai fracassar e que tudo que se passa agora é um jogo de cena para ver quem fica com a culpa pelo fracasso.

EXTREMA AGRESSIVIDADE NA POSTURA AMERICANA

Um bom exemplo da nova postura americana de partir para o confronto foi a declaração ontem na Costa Rica do representante de comércio norte-americano Zoellick, relatada pela *Gazeta Mercantil*.

Zoellick deu um virtual ultimato aos costa-riquenses, para que privatizem seu sistema de telecomunicações e abram os serviços do país aos capitais americanos. Falou isso em pleno Congresso da Costa Rica e sabendo que a maioria da população se opôs às privatizações.

Segunda-feira, 17 de novembro de 2003

BRASIL CONSEGUE EMPLACAR A IDEIA DA ALCA FLEXÍVEL

Do noticiário de hoje, deduz-se que Estados Unidos e Brasil, encarregados de fechar a proposta-base a ser apresentada ao conjunto dos 34 ministros de relações exteriores, concordaram em tornar a adesão à Alca um processo mais flexível, adaptado aos objetivos e desejos de cada país. A aceitação dessa abordagem como base para as negociações, pelo representante americano, é uma vitória da diplomacia brasileira.

E AS PRIMEIRAS REAÇÕES À PROPOSTA-BASE:

Os países que já têm acordos bilaterais avançados com os Estados Unidos reagiram com uma proposta de que haja pelo menos um conjunto mínimo de obrigações que entre em vigor logo. Esses países são México, Canadá e Chile.

Os correspondentes brasileiros tratam essa reação como se fosse contrária ao que foi acordado entre Brasil e Estados Unidos, mas há espaço para acomodação entre as duas abordagens, dependendo do que seria essa cesta mínima e a etapa em que ela seria decidida.

VISÃO ESTRATÉGICA DO MERCOSUL

Os países do Mercosul apresentaram sua própria cesta de requisitos, que *O Globo* dá com mais clareza. O Mercosul adotou a linha de não aceitar requisitos que tirem de nossas mãos instrumentos necessários a um projeto estratégico de desenvolvimento. Por exemplo, a exigência americana de isonomia em compras governamentais.

NOTICIÁRIO DEFICIENTE

O noticiário sobre as negociações da Alca permanece confuso, apesar de os jornais brasileiros terem enviado seus repórteres mais experientes num reconhecimento do caráter decisivo do encontro desta semana. Outra falha está em não relacionarem as negociações de Miami ao grande avanço nas negociações entre

Mercosul e União Europeia em direção a uma área de livre-comércio, noticiado isoladamente no sábado. A chance de se chegar a um acordo com a UE antes da Alca é agora muito grande, o que modifica nossa posição de barganha frente aos EUA.

HAITI

Sexta-feira, 5 de março de 2004

O CONVITE PARA LIDERAR A FORÇA DE PAZ NO HAITI

Feito por Chirac e Kofi Annan, consagra a política externa brasileira num momento em que ela precisa de reforço para amparar a ação bem mais arriscada de aproximação com Kirchner, que já está gerando críticas na mídia brasileira — tradicionalmente contrária a alianças estratégicas entre países sul-americanos.

(Ver no Especial desta edição a nova controvérsia sobre a derrubada de Aristide).

Está ganhando espaço na mídia internacional a tese de que Estados Unidos e França estimularam a queda de Aristide por motivos em parte antagônicos, mas que se combinaram num determinado momento. O objetivo principal e antigo do governo Bush era usar o Haiti como mais uma base de operações contra Fidel. O objetivo principal da França, que no momento crucial antecipou-se aos Estados Unidos, exigindo a renúncia de Aristide, seria o de enfraquecer o papel dos Estados Unidos nas ações de controle de crises internacionais. O convite feito ontem por Chirac a Lula para que o Brasil lidere a força de paz corrobora essa tese.

A tese da conspiração americana contra Aristide ganhou força com um artigo no *Financial Times* de Jeffrey Sachs, o importante articulador dos planos de reestruturação econômica da Bolívia e da Rússia, hoje diretor do Instituto Terra, da Universidade da Columbia. "A equipe de política externa do presidente George Bush já tomou posse com a intenção de derrubar Aristide, que há muito tempo vinha sendo insultado por conservadores poderosos dos Estados Unidos, como o ex--senador Jesse Helms, que obsessivamente via [o presidente do Haiti] como outro Fidel Castro no Caribe", diz Sachs ao *Financial Times*.

Jeffrey Sachs acusa os conservadores de retirarem prematuramente do Haiti as tropas enviadas por Bill Clinton, em 1994, para repor Aristide no poder antes que o país pudesse se estabilizar. Ao mesmo tempo, a "oposição" – formada por um grupo de haitianos ricos, ligados à ditadura dos Duvaliers, e operadores da CIA – teria feito um eficiente lobby junto a Washington contra o presidente Aristide.

"A facilidade com que os americanos derrubaram outra democracia na América Latina, sem virtualmente qualquer análise mais detalhada da mídia, é impressionante", diz o professor da Universidade de Columbia. Os EUA teriam estimulado e armado antigos integrantes do exército haitiano, que acusavam Aristide de fraudar as eleições parlamentares de 2000 – o que seria apenas parcialmente verdade, segundo Sachs. Diante do impasse nas negociações entre a oposição e Aristide, os EUA, juntamente com o Banco Mundial, BID e FMI, simplesmente congelaram US$ 500 milhões em ajuda humanitária. Com isso, o Haiti mergulhou em profunda crise econômica e política, que culminou com a queda de Aristide.

A análise de Sachs não é compartilhada por Michael Reid, diretor de Américas da revista *The Economist*, de Londres. "É difícil imaginar que o governo Bush desejasse ver Aristide transformar-se no sexto líder latino-americano eleito a ser derrubado desde 1999. É verdade que os republicanos conservadores nunca gostaram dele. Isso se devia, em parte, ao ódio dos conservadores a Bill Clinton, que tinha reconduzido Aristide ao poder em 1994", diz ele ao *Valor Econômico*. "Mas não há evidências de vínculos de Washington com os rebeldes. E nenhum governo americano arquitetaria um problema – e uma possível onda de refugiados – no Caribe, em um ano de eleições", completa.

Quanto à França, o *Financial Times* diz que o presidente Jacques Chirac deu apoio à derrubada de Aristide por razões muito particulares. "A França não tem absolutamente qualquer interesse estratégico no Haiti, a não ser o fato de o país ser uma ex-colônia", diz Guillaume Parmentier, diretor do Centro Francês dos Estados Unidos. Mais rápida que os EUA em reconhecer que o regime de Aristide se tornara indefensável, a França fez um cálculo sagaz de como a situação poderia ser usada em seu favor: o Haiti seria uma oportunidade para refazer o gerenciamento de crises internacionais com Washington, depois das profundas divergências sobre a invasão do Iraque. O pedido para que o Brasil lidere a força de paz confirma essa tese.

O jornalista e escritor francês Thierry Meyssan garante, no site Rebelión, que França e Estados Unidos já tinham um plano conjunto para dar um golpe de Estado contra Aristide desde julho de 2003. Segundo Meyssan, entre outras razões, Washington queria controlar estrategicamente a região do Caribe e utilizar o país como "base avançada" para tentar tirar Fidel Castro do poder, disse ele ao site Rebelión. O motivo da França seria a decisão de Aristide de exigir de Paris o pagamento ou devolução das dívidas contraídas com sua ex-colônia durante o século XIX. Ontem, Aristide, que está na República Centro-Africana, disse que foi pressionado por França e Estados Unidos. O *Jornal do Brasil* de hoje dá grande destaque às suas acuações.

Quarta-feira, 20 de outubro de 2004

A VISÃO CRÍTICA DA CRISE NO HAITI

Começa a se formar uma crítica substantiva e de profundidade à decisão de enviar tropas ao Haiti. O mote foi dado ontem na *Folha* por Mangabeira Unger. Hoje o *Estadão* fala em editorial sobre "O atoleiro do Haiti", e acusa o governo de "não ter calculado bem as consequências do envio da tropa".

O envio de um emissário especial do presidente para atuar como mediador é interpretado pela *Folha* como reconhecimento pelo governo de que a situação é preocupante, "com risco crescente de brasileiros serem vítimas de emboscadas".

ONU FRACASSA NA AJUDA HUMANITÁRIA

O foco da depressão do Brasil neste momento deveria ser a burocracia da ONU, porque o principal problema atual é a falta de comida, que faz com que a população se volte contra as forças da ONU e se alie aos grupos que estão em conflito.

A única ajuda humanitária que o Haiti recebeu foram doações feitas pelos países na época do furacão Jeanne. Nada mais está vindo da ONU, perdida na burocracia da licitação exigida para a ajuda humanitária. Os militares brasileiros tiram parte dos alimentos de suas próprias rações para ajudar orfanatos e hospitais. De 113 contêineres do Programa Mundial de Alimentos que chegaram ao Haiti, apenas 22 foram retirados do porto, diz um despacho de ontem da AP.

... E SUA DEMORA EM TRAZER MAIS CONTINGENTES

A ONU também está demorando demais para resolver a questão do envio do resto do contingente. Isso faz com que o Brasil, que deveria chefiar a missão em Porto Príncipe, tenha que executar tarefas em todo o país, especialmente após o furacão Jeanne.

Há muito lixo e sujeira a serem removidos. Os cadáveres servem de alimentos aos porcos. Os brasileiros estão exaustos. A ONU nem mesmo iniciou o recrutamento de civis voluntários. Tudo isso será mostrado em breve pela Globo, que está preparando um documentário. Pode ser tão devastador quanto o ataque ao Bolsa Família. Ontem, o Jornal da Band já mostrou a situação dramática em que estão as tropas brasileiras.

POLÍCIA HAITIANA DESPREPARADA

Bruta e despreparada, a polícia haitiana reage com truculência a qualquer incidente, provocando conflitos desnecessários. Atira, mata e tortura sem dó. Foi por causa dela que começou a atual Operação Bagdá, feita pelos partidários de Aristide. Eles faziam uma manifestação no dia 30 quando a polícia haitiana disparou contra o grupo. Os pró-Aristide, chamados de Partido Família Lavalas, decapitaram cinco policiais como retaliação.

O governo interino do primeiro-ministro Gérard Latortue é totalmente inoperante e odiado pelo povo por sua incompetência. A insegurança é tal que não dá para fazer a operação desarmamento.

O QUE FAZER?

Enquanto intensificamos a pressão sobre a ONU, e se tentam negociações políticas, precisamos bolar algumas operações de cooperação direta com os haitianos que possam ter efeitos de curto prazo e que não dependam de outros países. É vital também mandar uma equipe da Radiobrás para começar a construir uma percepção de conjunto de nossa presença no Haiti.

Segunda-feira, 21 de março de 2005

O RELATÓRIO NEGATIVO SOBRE NOSSA ATUAÇÃO NO HAITI

Grupos de defensores dos direitos humanos vão lançar um relatório nesta quarta-feira afirmando que há violações sistemáticas dos direitos humanos no Haiti, com a complacência da Força de Paz da ONU, liderada pelo Brasil. O relatório será lançado simultaneamente em Londres, na Universidade Harvard e no Rio de Janeiro.

O *JB* de hoje diz que o relatório acusa as tropas de paz de permitir a ocorrência de abusos, de favorecer a impunidade e de contribuir para a onda de violência no país.

O relatório conclui que a missão descumpre três objetivos básicos: promover um ambiente seguro e estável, apoiar o processo político e preparar as próximas eleições, e proteger e monitorar os distúrbios. E acusa a missão de ter dado cobertura à campanha de terror da polícia nas favelas de Porto Príncipe e de também ter violado os direitos humanos.

O QUE FAZER?

O general Augusto Heleno Pereira já reagiu, acusando o relatório de leviano. Mas é preciso mais do que isso: talvez um relatório nosso igualmente detalhado sobre os resultados da missão da ONU e cada um dos incidentes relatados pelos grupos de defesa dos direitos humanos.

Quarta-feira, 20 de abril de 2005

O QUE FAZER NO HAITI?

Esse é o título do instigante artigo na *Folha* de ontem de Ricardo Seitenfus em que ele coloca em questão, ainda que com muito cuidado, a validade da intervenção internacional. Ele acena com o perigo de uma guerra civil, que seria de todos os males o pior.

Ontem, o presidente deposto Aristide soltou um documento em que faz um chamamento ostensivo pela retomada de diálogo e o que chamou de "fim da repressão". Disse, segundo a agência EFE, que para que as eleições programadas para o fim do ano sejam livres é preciso que sejam libertados "milhares de seus seguidores que estão na prisão e permitida a volta dos que estão no exílio".

Aristide provavelmente estava reagindo à liquidação na semana passada de dois dos principais chefes de rebeldes, o comandante Ravix Remissainthe e René-Jean Anthony.

Seitenfus defende a tese de que é preciso redimensionar os objetivos e instrumentos de ação do sistema internacional no Haiti, "direcionando-os para o resgate da dignidade material do seu povo". (ver o especial sobre o Haiti, nesta edição)

Quarta-feira, 20 de abril de 2005

CARTA CRÍTICA ESPECIAL: ATAQUE DAS ONGS À NOSSA MISSÃO NO HAITI

O noticiário passa a sensação, cada vez mais forte, de que a missão está empacada, não conseguiu desarmar os rebeldes, e que a data das eleições se aproxima (outubro-novembro) em meio a um clima de instabilidade e desorganização política. O coronel Carlos Barcelos, chefe da Seção de Comunicação Social da brigada brasileira, chegou a congratular-se pelo assassinato de Ravix Remissainthe e René-Jean Anthony, no final de semana. Os dois lideravam o grupo rebelde formado por ex-militares. Barcelos disse que a morte deles "pode favorecer o desarmamento no país", reforçando a noção de impotência da missão frente aos grupos armados.

Merece atenção a denúncia de ONGs haitianas de que estão sendo cometidas violências sexuais pelos militares da força internacional liderada pelo Brasil no Haiti. Apesar da fraca fundamentação das denúncias, a *Folha* já comprou essa pauta e publicou uma grande matéria de página inteira afirmando que eles "estupram e usam prostituição".

O general Heleno Ribeiro negou as denúncias, e o presidente interino do Haiti, Boniface Alexandre, disse que "são obras de inimigos do governo" para desacreditá-lo. O problema é que há mais de 6 mil homens servindo na missão da ONU (Minustah). Impossível garantir que algum deles não cometa um abuso.

"São homens que vêm para cá sem mulheres, por tempo indefinido", diz uma médica ligada à organização Solidariedade pelas Mulheres Haitianas (Sofa). "Já é hora de soar o alarme", alerta Myriam Merlet, diretora da organização feminista Enfofanm. Segundo as entidades, a Minustah desqualifica os problemas, trata-os como casos de prostituição, fato que não tranquiliza a Sofa. "Os soldados estão fortemente armados e podem usar seu poder para tirar vantagens das mulheres", diz. "Começamos a documentar a organização de grupos que aliciam mulheres", acrescenta Merlet.

O general Heleno diz que recebeu três denúncias de abusos e que duas delas não tinham fundamento. O terceiro episódio é o suposto estupro de uma mulher de 23 anos, Nadège Nicolas, em fevereiro, em Gonaives, por três soldados paquistaneses. Segundo a Sofa, a mulher tem problemas mentais e não poderia ter consentido em praticar sexo. Os soldados alegaram que Nicolas era prostituta. Mas, após um inquérito da ONU, eles foram repatriados para serem julgados em seu país.

9. VIAGENS

Segunda-feira, 02 de junho de 2003

PROPOSTA DE FUNDO MUNDIAL CONTRA FOME IMPACTA A MÍDIA

Não apenas os jornais de referência nacional, também os jornais de capitais deram grande destaque à proposta de Lula em Evian, França, de taxar o comércio de armas para financiar um programa mundial contra a fome, assim como suas críticas ao protecionismo. Na TV, o Fantástico deu grande destaque à intervenção do presidente em Evian, durante reunião do G8.

O noticiário destaca: (a) a clareza do discurso de Lula; (b) o grande número de encontros mantidos pelo presidente com outros chefes de Estado; (c) a naturalidade com que se relacionou; e (d) o reconhecimento da liderança de Lula como um porta-voz da América Latina. Até mesmo a *Folha* deixou de lado sua má vontade editorial em relação ao governo e fez uma cobertura substantiva e objetiva.

Em contraste com os jornais brasileiros, jornais americanos e agências de notícia internacionais deram pouca atenção à intervenção de Lula, concentrando-se mais na atuação de Bush, nas relações Bush-Chirac e no tema da recessão mundial e de como superá-la.

Comentário: Essa é uma ocasião para se rever os esquemas de produção de informativos em língua estrangeira que reportem a atuação brasileira sob a ótica dos interesses nacionais, seja pela Radiobrás ou pelos serviços de imprensa do palácio. É preciso considerar que todas as agências internacionais nasceram e se desenvolveram a reboque do expansionismo de seus países-sede. Precisamos ter um serviço desse tipo à altura da importância que tem hoje nossa política internacional.

Sexta-feira, 26 de setembro de 2003

LULA EM CUBA: O PASSADO E O FUTURO

No *La Reforma*, do México, matéria de Sergio Muñoz Bata diz que, em Cuba, Lula deve mostrar sua estatura de líder continental, expressando com clareza seu apego incondicional à democracia, à liberdade de imprensa e seu respeito aos Direitos Humanos. "A esquerda latino-americana quer nos fazer pensar que Lula e Fidel são os dois lados da moeda. Não é certo. Fidel é o último representante dos dinossauros políticos latino-americanos, enquanto Lula é, até agora, o exemplo do novo tipo de líder que aspira à esquerda democrática". Durante sua estada em Cuba, Lula deve terminar de uma vez e para sempre com o mito de que são duas almas gêmeas.

Segunda-feira, 29 de setembro de 2003

VISITA À CUBA: SUCESSO POLÍTICO E DE MÍDIA

Ao contrário dos temores de antes da visita, ela se revelou um sucesso quase absoluto de mídia por dois motivos circunstanciais e um de fundo. Os circunstanciais foram o sucesso prévio do presidente na ONU e no México e a presença de quarenta empresários com a assinatura de acordos nas áreas da saúde, esportes e comércio exterior e a renegociação da dívida de Cuba com o Brasil. As reportagens mostraram um Brasil intervindo positivamente no processo de transição da sociedade cubana, antes dos americanos.

A RAZÃO DE FUNDO: RECUPERANDO O SENTIDO DE NOSSA HISTÓRIA

Todos os jornais destacaram a emoção do ministro José Dirceu no encontro com Fidel e sua frase: "Não cuspimos no prato que comemos." Mais do que uma simples frase de efeito, essa fala de José Dirceu uniu as pontas de um tempo político de meio século, recuperando o sentido unificador e estratégico da história do PT e de seus fundadores, algo de que estávamos precisando e muito, depois da sangrenta batalha da Previdência. Surpreende positivamente o fato de os jornalistas terem captado e transmitido esse sentido de modo tão natural.

Segunda-feira, 3 de novembro de 2003

O PRESIDENTE NA ÁFRICA

A TV noticiou a recepção festiva dada ao presidente Lula em São Tomé e Príncipe, mas, nos jornais, não foi esse o destaque principal. Duas abordagens negativas deram o tom ao noticiário nos jornais. Um deles, o diálogo absolutamente irrelevante com os jornalistas sobre a reforma ministerial. "Lula se irrita ao falar sobre a reforma ministerial" é o título da matéria do *Globo*. O *Correio* também destaca as declarações de Lula na matéria "Reforma em passo lento". Todo os jornais destacaram o neologismo de Lula ao responder: indico e desindico quando quiser.

PETROBRAS ESTRAGOU A FESTA

O outro fato foi ainda mais prejudicial: *JB*, *Folha* e *Estadão* destacaram o desagrado de Lula ao saber que a Petrobras não participou da licitação pelo petróleo das ilhas. O *Estadão* deu destaque: "Petrobras fica fora de licitação e deixa presidente irritado".

A reportagem diz que Fradique de Menezes, presidente de São Tomé e Príncipe, "admitiu ter ficado decepcionado" com a ausência da Petrobras na licitação; *A Folha* deu este título: "Na África, Lula critica falta de ambição da Petrobras".

PROBLEMAS DE COMUNICAÇÃO

Estranho isso só aparecer durante a viagem. Além da questão central – a bobeada da Petrobras e sua falta de sintonia com a política externa brasileira – ,a surpresa do presidente denota desorganização da própria viagem.

Algo poderia ter sido feito para remendar a falha. Certamente, a queixa do presidente não deveria dar o tom à visita.

Terça-feira, 2 de dezembro de 2003

EDIÇÃO EXTRA: O MUNDO ÁRABE E O GRANDE JOGO[15]

Os estrategistas do império britânico chamavam sua política para o Oriente Médio de "o grande jogo". E qual era o jogo? Não era o de dominar o Oriente Médio, era o de impedir que outros o dominassem. Barrar principalmente a França e depois a Rússia. Essa era a estratégia do ministro da Guerra britânico, Lord Kitchner.

Hoje, o controle do Oriente Médio é compartilhado por americanos, e ingleses, e em menor escala por franceses e alemães. Mas o jogo continua o mesmo. Impedir a entrada dos russos, e de outros. Qual será a reação das potências europeias e os Estados Unidos à primeira visita de um presidente do Brasil ao Oriente Médio, acompanhada de mais de uma centena de empresários? Em alguma medida, vão jogar de novo o grande jogo. Na geopolítica mundial as frentes de tensão quase não mudam. Algo vão fazer para que o Brasil não ocupe o espaço que quer ocupar.

Os americanos ocupam militarmente o Iraque, mas são os ingleses que detêm o conhecimento político e militar de toda a região, porque foram eles que moldaram o moderno Oriente Médio.

O Oriente Médio como existe hoje é uma criação inglesa, desenhada com a régua e o lápis, num escritório fechado no Cairo, sem consideração pelos povos da região, alguns deles de tradições milenares. O objetivo desse desenho era manter um controle ameno da região, através de governantes títeres,

---

15 N.E.: Carta especial de preparação do Presidente para a viagem ao Oriente Médio.

limitando a ocupação direta a certas regiões-chave, como o Canal de Suez a Pérsia e o Afeganistão, onde já havia guarnições inglesas desde o final do século XIX. Antes desse desenho, não existiam a Jordânia, Arábia Saudita, Síria, Iraque e Israel.

A base da repartição do moderno Oriente Médio foi o acordo secreto Sykes -Picot assinado entre os governos britânico e francês, com a anuência do governo russo em 1916, quando já era certa a derrota do Império Otomano. Por esse acordo, assinado entre Sir Mark Sykes, pela Inglaterra, François Picot pela França e Sergei Sazanov, pela Rússia, as províncias do antigo Império Otomano foram divididas em zonas de influência.

A França que tinha laços históricos com o Líbano desde a época das cruzadas, e mantinha um intenso comércio com libaneses maronitas através dos católicos franceses, ficou com o controle do Grande Líbano e o direito de exercer influência sobre Damasco e a Síria interior, até Mosul. As províncias de Basra, e Bagdá e as duas províncias de Mesopotâmia, hoje Iraque, ficaram sob controle britânico. A Palestina foi dividida: controle britânico até Haifa – Acre, e de lá para o Norte, controle francês, emendando com o Líbano. Cidades e regiões que já estavam sob controle direto dos ingleses, como os Emirados do Golfo, hoje chamados Emirados Árabes Unidos e o Egito com o Canal de Suez, continuaram sob domínio britânico.

Em 1922 os ingleses organizaram a grande reunião do Cairo para finalmente definir as fronteiras dos novos países e seus governantes. Sua estratégia: desenhar um novo mundo árabe formado por países tutelados, se possível divididos por rivalidades étnicas. Mas havia um pequeno problema: em troca da adesão do Emir de Meca, Hussein Ibn Ali, do clã dos hashemitas, à rebelião contra os turcos, os ingleses lhe haviam prometido uma Arábia independente indo de Damasco a Bagdá, mas não lhe revelaram a divisão de esferas de influência do acordo Sykes-Picot.

Hussein decidiu que seu filho predileto, Faisal teria o Reino de Bagdá, e o outro filho, Abdullah, o Reino de Damasco. O próprio Hussein permaneceria em Meca, reinando sobre a vasta, mas relativamente vazia, península arábica. Essa parte deu errado. Hussein foi suplantado na própria península arábica por seu rival Ibn Saud, do clã dos sauditas, que não reconheceu a divisão feita pelos ingleses e ameaçava atacar o Kuwait e o Iraque. Para acomodá-lo, os ingleses inventaram o reino da Arábia Saudita, definindo na régua e no lápis suas fronteiras.

Abdullah, o filho de Hussein se colocou em marcha para tomar Damasco, sem saber do acordo Sykes-Picot, e foi brecado pelos ingleses no meio do caminho num grande oásis chamado de Aman. Ali ficou acampado até que os ingleses resolveram o problema inventando para ele o Reino da Jordânia. Assim nasceu a Jordânia, com uma rala população camponesa governada por um rei beduíno do clã dos hasehimitas. Hoje, a Jordânia ainda é governada por descendentes de Abdullah, mas sua população tem grande influência palestina.

Faisal, o outro filho de Hussein, foi coroado pelos ingleses Rei de Bagdá, conforme o planejado e sua província renomeada Iraque. Tudo isso com muito jogo de cena, para dar a impressão de que ele foi escolhido pelas elites locais. No plano internacional, essa repartição toda foi camuflada na forma de "protetorados" outorgados da Liga das Nações. Nem o Iraque nem o Egito foram reconhecidos como estados independentes, mas sim como entidades com potencial de se tornarem estados. Os ingleses nomearam Fuad I para reinar no Egito sob sua tutela.

O povo curdo, uma etnia bem definida com passado histórico comum e língua própria, foi ignorado pelos ingleses, que desenharam as fronteiras da Síria, Iraque e Turquia cortando bem no meio do seu território.

Na Pérsia, hoje Irã, que não pertencia ao Império Otomano, os ingleses tinham guarnições militares há muitas décadas. Nomearam, em 1919, o jovem Ahmed Sha da dinastia Kadjar, para reinar sob sua tutela. Afeganistão e Irã foram ocupados pelos ingleses para barrar avanços da Rússia.

Mas o nacionalismo árabe eclodiu com muita força nos anos 1920, especialmente na Síria. Os ingleses e franceses tiveram que reconhecer a independência da Síria, do Iraque e do próprio Egito e do Irã, antiga Pérsia. No entanto, nunca tiraram suas tropas de pontos-chave da região.

Em 1953 o primeiro ministro do Irã, Mohamed Mossadegh, nacionalizou o petróleo. Os americanos organizaram sua derrubada e em troca assumiram o controle do petróleo do Irã, que perderiam de novo com a revolução islâmica de 1979.

A partir da criação do Estado de Israel em 1948, o antissionismo e o anti-imperialismo passam a ser as forças políticas motrizes do Oriente Médio. Surge Gamal Abd El-Nasser, o grande líder egípcio que galvaniza as massas árabe, nacionalizando o Canal de Suez e promovendo a união Egito-Síria, que durou de 1968 a 1971.

Com Nasser é retomada a ideia da modernização do mundo árabe e do desenvolvimento econômico, lançada pela primeira vez pela revolução dos jovens oficiais turcos ainda antes da Primeira Guerra Mundial quando eles aboliram o véu das mulheres, instituíram o sufrágio universal e separaram religião de Estado.

Com Nasser, a União Soviética finalmente ocupa um espaço no Oriente Médio através da ajuda militar à Síria e ao Egito e a ajuda na construção da grande barragem de Assuan. O grande jogo tornou-se perigoso.

Os ingleses decidiram que Nasser tinha que se derrubado e ele foi, com a cumplicidade dos israelenses. Hoje, Hosny Mubarak é de novo o governante dócil aos interesses anglo-americanos no Egito, assim como era Hussein, da Jordânia, até sua morte em 1999.

Restam duas forças indóceis aos interesses ocidentais, mas antagônicas entre si: a Síria, dirigida pela mesma tecnocracia do partido Baath, que dirigia o Iraque e o Egito da época do Nasser, uma espécie de partido nacionalista árabe que atravessa as fronteiras nacionais, e o Irã, no extremo ocidental da região, dominado pelo projeto do fundamentalismo islâmico. Por que são forças antagônicas? Porque o fundamentalismo nasceu da crise do projeto de modernização da Pérsia, sob o regime ditatorial do Xá, como negação dos ideais ocidentais de modernidade.

O fundamentalismo islâmico é hoje a força aglutinadora do mundo árabe, ao ponto de contaminar e em parte descaracterizar o movimento de libertação da Palestina, de origem laica e hoje marcado pelos preceitos da religião. Todos os governos de países de maioria muçulmana modernizantes sentem-se hoje ameaçados pelo fundamentalismo islâmico: Paquistão, Turquia, Algéria, Egito.

O fundamentalismo islâmico, sob as lideranças primeiro de Gadafi, na Líbia e posteriormente dos Aiatolás, no Irã, tornou-se a única força mundial capaz de fazer frente e oferecer uma alternativa à globalização comandada pelo consórcio Europa-Estados Unidos.

Por isso, não tem lógica a invasão do Iraque pelos americanos. Os americanos não entenderam o grande jogo. O grande jogo não consistia em ocupar e sim em não deixar que fosse ocupado. Com a ocupação do Iraque os americanos não destruíram a principal barreira ao avanço do fundamentalismo islâmico. Ao contrário, contribuíram para a penetração do fundamentalismo.

Quinta-feira, 4 de dezembro de 2003

REPERCUSSÕES DA VIAGEM DO PRESIDENTE AO ORIENTE MÉDIO

Nenhuma viagem do presidente contou com uma cobertura tão boa. Os temas dominantes do noticiário foram os acordos comerciais e o apoio do presidente à independência palestina e à devolução do Golan à Síria.

A ênfase em resultados concretos é importante para combater a percepção, que aparece nas pesquisas de opinião, de que o presidente viaja demais. A BBC Online comenta que, durante esse primeiro ano de governo, Lula tem sido um dos líderes mundiais que mais viajam e que seus rivais consideram que ele deveria cuidar mais dos problemas domésticos, como o desemprego.

Mas a própria BBC reconhece que esse é o período ideal para viajar com a intenção de ampliar negócios com o Oriente Médio, porque os investidores da região estão reticentes em investir nos EUA depois da guerra do Iraque.

Toda imprensa reproduziu a análise do *Financial Times* de que Lula está assumindo riscos políticos e desafiando os Estados Unidos, apesar de reconhecer os objetivos essencialmente comerciais da viagem.

Quarta-feira, 14 de janeiro de 2004

O AMPLO ALCANCE DO DISCURSO DE MONTERREY

A *Reuters* destacou o discurso do presidente em Monterrey[16] como a peça central da "resistência dos líderes latino-americanos às políticas econômicas impostas pelos Estados Unidos na América Latina".

Segundo o despacho, "o líder de esquerda brasileiro disse que o consenso de Washington que promoveu reformas e privatizações na América Latina não trouxe crescimento e manteve milhões de famintos nas vilas e favelas ".

Foi o mais forte discurso de Lula até hoje sobre o modelo defendido pelo FMI e pelo governo americano. Ele chamou o modelo de "perverso".

GRANDE IMPRENSA BRASILEIRA PERPLEXA

Esse discurso, por critérios puramente jornalísticos, seria manchete de página inteira em todos os jornais de referência nacional. O discurso situa a política macroeconômica que vem sendo adotada pelo governo não como algo em que acreditamos, mas como algo "perverso" e que nos foi imposto pelas circunstâncias.

A grande imprensa interpretou-o como prenúncio de uma inflexão na política econômica e espremeu-o em cantinhos da primeira página (*Folha* e *Estadão*) ou simplesmente escondeu-o de seus leitores (*JB* e *O Globo*). O *Estadão* publicou na íntegra, em corpo miúdo, no interior do jornal.

A CÚPULA DAS DISCÓRDIAS

A maioria dos jornais noticiou o resultado do encontro como uma derrota para Bush, devido ao predomínio da agen-

---

16 N.E.: Lula discursou, na abertura da II Sessão de Trabalho "Desenvolvimento Social", na Cúpula Extraordinária das Américas, em Monterrey, no México. O presidente destacou a importância das políticas sociais, citando o Bolsa Família e Fome Zero e defendeu o combate à pobreza e à exclusão social.

da social sobre a agenda "Alca", ainda que a Alca tenha sido mencionada. Foi uma cúpula que acentuou divergências em vez de aplainá-las. Foi também uma vitória para o conjunto dos países latino-americanos que não se curvaram ao discurso de Washington.

Em vez de melhorar, as relações entre os governantes das Américas azedaram por causa desse encontro. Até o primeiro-ministro do Canadá, Paul Martin, que foi a Monterrey com intenção, segundo a Associated Press, de melhorar suas relações com Washington, acabou criticando a insistência de Bush num tratado de livre-comércio com países menos desenvolvidos "que não podem competir em igualdade de condições num mundo globalizado". Bush teve que anunciar a aprovação da participação do Canadá na reconstrução do Iraque para o canadense.

QUEBRA DE CONFIANÇA NOS AMERICANOS

O diário mexicano *Crónica de Hoy* diz que os líderes se despediram divididos por divergências. Diz que seis dias de discussões sobre os termos da declaração final, primeiro entre os delegados e depois entre os presidentes, mostraram que não está havendo confiança mútua, exceto entre Estados Unidos e México.

The Washington Post já havia advertido em editorial, na véspera do encerramento, que, para reverter esse quadro de divergência, seria preciso grandes concessões dos Estados Unidos, atendendo aos interesses latino-americanos, como o corte nos generosos subsídios agrícolas.

Quinta-feira, 29 de janeiro de 2004

IMAGEM DE LULA SE CONSOLIDA COM A VIAGEM À ÍNDIA

Essa foi a viagem mais bem-tratada pela imprensa brasileira e com a maior repercussão na mídia internacional.

Ontem, vários jornais latino-americanos deram destaque à sua previsão de que "o século XXI será da Índia, Brasil, Rússia e China".

The Miami Herald, dos Estados Unidos, destacou a tese defendida por Lula de que Estados Unidos e União Europeia eventualmente cederão diante da grande unidade e do poder demonstrado pelos países em vias de desenvolvimento. Ontem, Chirs Patten, o "chanceler" da União Europeia, disse ter ficado "impressionado" com o que o presidente Lula disse sobre o futuro do Brasil. Patten visitou Brasil, Colômbia e Equador na semana passada e foi ao Parlamento Europeu nesta terça-feira relatar os resultados dos encontros que teve com os líderes desses países.

MAS É CONGELADA NO FÓRUM SOCIAL MUNDIAL

O *Guardian*, de Londres, deu grande destaque ontem ao IV Fórum, mostrando a importância de seu deslocamento para a Índia. Na Ásia vive metade dos pobres do mundo, diz o jornal. Eles eram também metade dos 100 mil participantes do Fórum, que, pela primeira vez, como notou a imprensa brasileira, foi dominado pelos pobres e não por intelectuais.

O *Guardian* diz que Bush foi o grande vilão do encontro. Seu rosto estava em todas as marchas de protestos, que deram o tom a esse Fórum, mais do que os debates e mesas-redondas.

E Lula? Os relatos dos que participaram foram de que predominou a percepção de que ainda é cedo para julgar o governo Lula. Mas há quase certeza de que, se a política não mudar no IV Fórum, desta vez de volta a Porto Alegre, o vilão poderá ser Lula.

Terça-feira, 21 de setembro de 2004

CARTA CRÍTICA ESPECIAL: LULA NA ONU

O presidente aparece muito bem no noticiário, mas o destaque nas primeiras páginas do *Globo* e do *Estadão* foi dado à rejeição dos EUA à proposta de Lula de criar mecanismos de financiamento para combater a fome mundial. O *Correio* destaca tanto o pronunciamento de Lula quanto a oposição dos EUA. A maioria dos jornais publica também o apoio à posição de Lula do presidente francês, Jacques Chirac. Pela primeira vez, no nosso governo, a imprensa brasileira não se perde em picuinhas e vai à substância das questões numa viagem internacional do presidente.

O *Estadão* diz que Bush diverge de Lula, mas aplaude a atuação externa do Brasil, seja lá o que isso significa. Com base em declarações de um alto funcionário da administração americana, o texto diz que a Casa Branca se opõe tanto aos impostos internacionais para combater a fome, quanto à pretensão do Brasil de ter assento permanente no Conselho de Segurança da ONU. Todos esses jornais também publicam o pronunciamento do presidente Lula na reunião da OIT, onde pregou a globalização da democracia, pedindo mudanças em instituições como a própria ONU, que deve ampliar o número de membros do Conselho de Segurança, e a OMC, com mudanças no comércio internacional e o fim dos subsídios agrícolas.

Editorial do *JB* comenta as dificuldades para Lula levar adiante suas propostas de combate à fome mundial, observando, porém, que a iniciativa do governo teve o mérito de repor a questão da pobreza de volta ao centro das discussões internacionais. No entanto, o editorial diz que pesa sobre os ombros do governo o saldo pouco animador do combate à fome no plano doméstico.

Nos telejornais, a viagem ganhou enorme espaço e bom tratamento. No Jornal Nacional, o correspondente em Nova York, William Waack, foi ao ponto principal logo na abertura: 'Dentro da ONU nem sempre é fácil encontrar o caminho. Mas ao presidir o encontro de líderes mundiais sobre o combate à fome e à pobreza, o presidente brasileiro encontrou pelo menos um consenso. E mostrou Lula discursando: "A fome é um problema social que precisa urgentemente ser enfrentado como um problema político." Depois de mostrar trechos do discurso de Lula, Waack disse que ele discursa amanhã, abrindo a Assembleia--Geral das Nações Unidas num momento internacional muito especial. "Há um grande esforço, do qual o Brasil também faz parte, para recuperar as Nações Unidas como instituição capaz de resolver problemas que vão da fome às guerras."

O Jornal da Record, embora confuso e prolixo, passou a impressão de que Lula esteve envolvido em compromissos importantes. A Band não mandou repórter a Nova York e teve que se basear nas informações das agências e imagens da Radiobrás. Joelmir Beting explicou: "o que o Brasil formalizou foi a proposta da criação de um fundo global de transferência de recursos dos países ricos para os países pobres. Fundo que seria abastecido por dois impostos: o imposto sobre o próspero comércio de armamentos entre os povos sem juízo. O outro sobre o trânsito, ou passeio do capital especulativo pelo mundo, da ordem de trilhões de dólares por dia. Seria uma espécie de CPMF global".

Quarta-feira, 22 de setembro de 2004

ESPECIAL: O DISCURSO DE LULA NA ONU

Transmitido ao vivo para o mundo inteiro pela CNN internacional, CNN em espanhol e BBC News, o discurso teve enorme repercussão em toda a mídia nacional e internacional, destacando-se as seguintes abordagens: 1) contraste entre a defesa da guerra por Bush e a defesa da paz por Lula; 2) a importância das ideias fundamentais e de sua livre expressão, independentemente dos resultados imediatos; 3) a importância de manter o tema da paz e da solidariedade na ordem do dia; 4) a desenvoltura com que se movimentou o presidente brasileiro; 5) Lula deu uma demonstração de força. Entre as poucas abordagens críticas estão as de que dificilmente haverá resultados imediatos e de que falta fazer a lição de casa, ou seja, adotar aqui dentro políticas mais voltadas ao social.

No Jornal Nacional, William Waack selecionou com sensibilidade os principais trechos do discurso, comentando que Lula estabeleceu a "ligação direta entre miséria e terrorismo" e que, no momento em que se repensa o papel da ONU, Lula "propõe algo mais abrangente". Ele mostrou ainda que "com a Índia, o Japão e a Alemanha, potências importantes nas respectivas regiões, o Brasil formou o G4, o grupo dos que pretendem ter assento fixo no poderoso Conselho de Segurança". E concluiu: "É a primeira vez que potências como a Alemanha e o Japão buscam o apoio de países em desenvolvimento como o Brasil e a Índia."

No Jornal da Record, Boris Casoy comentou que Lula fez "o discurso da paz", ao contrário de Bush, que defendeu a guerra do Iraque, a mesma comparação feita por alguns jornais. No Jornal da Globo, Franklin Martins diz que, muitas vezes, as ideias parecem só ideias, mas podem se tornar realidade. E que é muito importante que as pessoas digam o que pensam.

O Globo e *Estadão* notam que o presidente circulou com desenvoltura após seu discurso. A *Folha* deu na capa a acusação de Lula de que o mundo vive novo colonialismo. Em editorial, o jornal se mantém crítico, mas reconhece que o tema do combate à fome levantado por Lula é um debate necessário, sendo louvável a iniciativa de não deixar que caia no esquecimento.

A maioria dos colunistas elogia tanto o discurso como a mobilização feita pelo Brasil, considerada um grande feito. Merval Pereira diz que o presidente Lula deu uma demonstração de força política formidável ao conseguir reunir na ONU mais de cem chefes de Estado e de governo em torno de sua proposta de mobilização mundial contra a fome. A cobertura internacional foi exuberante. O tema da fome apareceu ontem em quase todos os grandes jornais e agências de notícias, que repercutiram o discurso do presidente na ONU. A *Reuters* cita a frase de Lula de que agências como o FMI e o Banco Mundial, criadas para estimular o desenvolvimento dos países mais pobres, tornaram-se tão rigorosas com o ajuste fiscal que viraram um novo problema ante as desgraças econômicas dessas nações. Jornais fizeram um contraponto entre o discurso do presidente brasileiro, pela paz, com o de Gorge Bush, defendendo a guerra no Iraque. Também repercutiu intensamente na imprensa latina o encontro de Lula com Kirchner. *Clarín* diz que o presidente brasileiro se comprometeu a fortalecer a relação com a Argentina. O *La Nación* diz que Lula defendeu uma relação estratégica com a Argentina.

Terça-feira, 12 de abril de 2005

A VIAGEM À ÁFRICA: DA RETÓRICA À REALIDADE

A cobertura, que vinha sendo favorável, azedou. Os primeiros sinais de mudança apareceram ontem à noite na TV. A ostentação do presidente de Camarões chocou os repórteres brasileiros. Tanto Celso Teixeira, no Jornal da Record, quanto Marcos Uchôa, no Jornal Nacional, abriram mostrando o contraste brutal entre a miséria do país e o luxo do governante, no cargo há 23 anos e reeleito por mais sete anos. A Record mostrou uma imagem de Lula cansado na reunião com o camaronês – sentindo a mudança no fuso horário, disse o repórter.

Hoje, os jornais amanheceram totalmente críticos, parecendo pauta combinada. Todos deram destaque aos problemas criados pelo rígido esquema de segurança nos deslocamentos da comitiva presidencial e, principalmente, à queixa do ministro Luiz Furlan por não ter sido recebido pelo ministro nigeriano correspondente. Furlan pautou totalmente a mídia e pautou negativamente.

FRUSTRAÇÃO DOMINA A PAUTA

As reportagens nos convencem de que a visita foi mesmo frustrante, porque o governo tinha objetivos importantes na Nigéria que não foram alcançados. Em especial, discutir formas de diminuir o forte desequilíbrio comercial com aquele país, da ordem de US$ 5 bilhões, o maior déficit comercial do Brasil com um país da África, como aponta o *JB*. Os nigerianos não tinham nada preparado e vieram só com "blá-blá-blá", expressão de Furlan que a *Folha* usou em seu título. As articulações comerciais entre os dois países empacaram, dizem os jornais, por isso nova missão deve ser enviada.

Apenas o *Correio* passa por cima dos incidentes, informando que Lula aceita ajudar a organizar a reunião da América do Sul com países africanos, a pedido do presidente Olusegun Obasanjo. O Bom Dia Brasil de hoje fala de um segundo encontro entre os dois presidente esta manhã, e salva um pouco a agenda, ignorando os incidentes de ontem.

O QUE FAZER?

É importante reverter a indisposição coletiva dos jornalistas, oferecendo informações diferenciadas a alguns deles. É preciso atentar mais para que avaliações como a de Furlan, ainda que corretas e até necessárias, não resultem em prejuízo generalizado à imagem do presidente.

Sexta-feira, 15 de abril de 2005

A VIAGEM À ÁFRICA: A SÍNTESE DRAMÁTICA DO ÚLTIMO DIA

A irrefreável emoção do presidente e seus ministros na Ilha de Gorée, de onde os escravos eram embarcados para o Brasil, mexeu com os sentimentos dos jornalistas de diversas maneiras e deu à viagem um fecho de alto poder simbólico. O mais forte impacto em toda a história de nosso governo.

A enviada do *Estadão*, Cida Pontes, conseguiu transmitir toda a emoção, o que é raro nos textos jornalísticos atuais. O Jornal Nacional atrapalhou-se todo, perdeu a frase mais expressiva de Lula e ilustrou uma cena dramática com danças alegres. Mas, também tomado de emoção, o repórter Uchôa apontou para a porta chamada "Nunca Mais" e disse: "Lula se conteve com dificuldade... vários ministros, também tocados pela tristeza do lugar, choraram. Essa era uma porta por onde os negros eram embarcados, como mercadorias, direto para os navios negreiros...". Até Boris Casoy se rendeu: "Bonito gesto do presidente da República, esse de pedir perdão aos nossos irmãos negros pela escravidão."

O SENTIDO POLÍTICO DO PEDIDO DE PERDÃO

Os jornais deram muito destaque ao pedido de perdão de Lula pelo "grave erro histórico", cometido pelos brancos, comparando o gesto ao perdão pedido aos judeus pelo papa João Paulo II. Por isso, o presidente do Senegal o chamou de "primeiro presidente negro do Brasil". Também recebeu grande destaque o canto de Gil [Gilberto Gil, Ministro da Cultura]: *La Lune de Gorée*.

Para o jornal *Valor*, além do sentido ético, o pedido de perdão "foi a maneira encontrada pelo presidente de enfatizar o aspecto político do recado transmitido por ele aos cinco chefes de Estado que encontrou esta semana sobre a prioridade da África na diplomacia brasileira".

Segunda-feira, 30 de maio de 2005

CARTA CRÍTICA ESPECIAL: A VIAGEM AO JAPÃO

O último dia foi o que gerou as melhores reportagens na TV. Tanto na Record quanto na Globo, a emoção e o carinho com que o presidente foi recebido pela colônia brasileira em Nagoya rendeu belas imagens. Também o balanço geral da viagem pela mídia tornou-se amplamente positivo ao seu final. *Veja*, sempre crítica da nossa política externa, deu à sua reportagem o título "Um gol no Oriente". Sua ênfase foi nos negócios, como fez a maior parte da mídia. Disse que essa viagem "foi uma da mais objetivas e proveitosas". Até a repórter do *Estadão*, que começou a viagem com visão depreciativa, no final derramou-se em elogios.

No último dia, a explosão de afetividade dos brasileiros que vivem em Nagoya provocou emocionantes imagens na TV. Os jornais, com menor boa vontade, jogaram as fotos para a última página e ainda tentaram escamotear a explosão de afetividade, dizendo que Lula estaria "em ritmo de campanha", como disse o *Estadão*.

Além da CPI dos Correios ter contaminado a cobertura, foi notável a ironia, não apenas no tom de voz, também na expressão do rosto dos repórteres. Isso aconteceu ao longo de toda a cobertura, exceto quando o tema especifico era negócios ou economia. Cristina Lemos, no dia 24, primeiro da visita à Coreia, abriu a matéria dizendo: "... entre convidados de pouco peso político, como Sri Lanka e Congo, o presidente Lula foi destaque. Desta vez, o tema democracia dominou a fala de Lula, ao contrário do polêmico discurso feito durante a Cúpula Árabe, em Brasília, há quinze dias".

No Japão, com Ernesto Paglia, as matérias do Jornal Nacional passaram a ter o mesmo lead e o mesmo enfoque do Jornal da Record. Na sexta-feira, quem deu o lead para os repórteres foi o governador gaúcho Germano Rigotto, segundo o Jornal Nacional: "O governador do Rio Grande do Sul, Germano Rigotto, que acompanha a comitiva brasileira no Japão, disse que o presidente Lula falou sobre a CPI dos Correios num encontro com o presidente português, Jorge Sampaio. Segundo Rigotto, Lula teria dito que a criação da CPI antecipa e faz parte da corrida eleitoral de 2006." A Record deu o mesmo lead sem citar a fonte.

Quinta-feira, 9 de março de 2006

CARTA CRÍTICA ESPECIAL: O PRECONCEITO NA MÍDIA BRASILEIRA

O preconceito correu solto na cobertura da viagem de Lula à Inglaterra: o *JB* ironizou: "Ex-operário, Lula viverá três dias de rei na Inglaterra. Ele e sua comitiva ficarão hospedados no Palácio de Buckingham." O *Estadão* disse que o presidente não se sentiu à vontade quando visitou a mostra de recordações brasileiras da família real: "Lula, sem falar inglês, estava um pouco inibido enquanto era apresentado às obras, ao contrário do ministro do Desenvolvimento, Luiz Fernando Furlan, muito à vontade com sua máquina digital, com a qual tirou fotos dele mesmo com a rainha e o presidente."

A *Folha* inventou que houve erro no discurso de Lula quando se referiu a Charles [brasileiro morto pela polícia em Londres] como inglês, quando ele nasceu no Brasil, filho de ingleses, para justificar a inclusão da palavra "gafe" no seu título. Mais comedido, o *Globo* mesmo assim fez os brasileiros parecerem caipiras na casa do primo rico. "As autoridades brasileiras pareciam fascinadas com a pompa britânica. Mesmo o ministro das Relações Exteriores, Celso Amorim, abriu um sorriso ao embarcar numa das carruagens." E demonstrou o preconceito do repórter ao inferir coisas que poderiam ter acontecido ou, ao menos, que eles gostariam que tivesse acontecido. "No brinde, Lula apenas bebericou a taça de champanhe para evitar uma gafe."

10. BANESTADO

Segunda-feira, 16 de junho de 2003

O MAL-ESTAR DO CASO BANESTADO

Dominou o noticiário do final de semana, em especial na TV, a revelação de que milhares de remessas ilegais foram feitas através do Banco do Estado do Paraná. A mídia acusa abertamente o governo de querer impedir a CPI. As acusações do delegado da PF José Castilho Neto de que o governo não está interessado nas investigações contribuiu para o estrago, apesar de rebatidas com veemência por Thomas Bastos [Ministro da Justiça]. Criou-se a convicção na mídia de que o governo quer enterrar a CPI. *IstoÉ* acusa o ministro José Dirceu abertamente de querer enterrar a CPI. Mas o assunto vai crescer. *IstoÉ* desta semana, *A Folha* e *Estadão* do domingo trazem importantes revelações de inquéritos sobre remessas ilegais para o exterior.

ALERTA I — LUIZ FRANCISCO VAI JOGAR GASOLINA NA FOGUEIRA

O Globo anuncia hoje que Luiz Francisco [Procurador] assumiu as investigações por parte da Procuradoria. A reportagem de *O Globo* é um resumo de parte da entrevista dada por Luiz Francisco à publicação especializada Consultor Jurídico, na qual ele anuncia que hoje, segunda-feira, vai entregar à Receita Federal 6 mil documentos que listam mais de 50 mil pessoas que teriam "lavado US$ 30 bilhões a partir do Banestado de Foz do Iguaçu". Segundo ele, o maior foco de suspeitas cai sobre o presidente do PFL, Jorge Bornhausen, acusado por ele de "lavar" US$ 5 bilhões. O presidente da Federação Nacional dos Policiais Federais também critica o governo.

Comentário: O governo acenou com a explicação de que uma CPI serve apenas de palco para os políticos e atrapalha as investigações em vez de ajudar. Deve se preparar para sustentar sua posição, ou esclarecer que é a favor da CPI desse ou daquele jeito. Comentaristas alegam que Collor [ex-presidente

Fernando Collor de Melo] nunca teria caído se não fosse a CPI. Luiz Francisco também diz que sem CPI fica tudo mais difícil.

Segunda-feira, 23 de junho de 2003

OS PERIGOS DA CPI DO BANESTADO

A *Época* diz que "é nitroglicerina pura e pode jogar pelos ares a votação das reformas". A mídia faz sensacionalismo com revelações verdadeiras e chutadas, antes mesmo de a CPI começar. No *Estadão* surge a conta "Maria Rodrigues que teria sido usada no desvio de dinheiro do projeto Água Espraiada, de Maluf." *IstoÉ* fala da entrada no caso do promotor distrital de Manhattan Robert Morgenthau. *IstoÉ Dinheiro* fala em conta "tucano". Helena Chagas questiona em *O Globo* de hoje se a CPI vai ser mesmo para valer, e diz que tucanos e pefelistas estão bastante incomodados.

LAVAGEM DE DINHEIRO OU A TRADICIONAL FUGA DE CAPITAL?

A mídia começou mal, tratando como lavagem de dinheiro milhares de remessas pelas contas CC5, das quais apenas algumas devem ser decorrentes de operações criminosas. O *Estadão* do domingo mostra em editorial que as remessas pela CC5, que eram na ordem de US$ 4 a 5 bilhões por ano até 1995, saltaram para US$ 13 bilhões em 1996, 21,2 bilhões em 1997 e US$ 24,8 bilhões em 1998, os três anos principais do esquema Banestado. A função original das contas CC5 era permitir que não residentes (como técnicos estrangeiros ou executivos de multinacionais) enviassem seus rendimentos para seus países de origem. Acabaram sendo usadas para todo tipo de remessa. Serviu para a burguesia mandar seu dinheiro para Miami

É por aí que se deu boa parte da fuga de capital do Brasil. O tema, portanto, é muito mais o sistema – implantado pelos tucanos – que permitiu a fuga ilimitada de capital, do que a lavagem de dinheiro por organizações criminosas.

Comentário I: Por isso, já na sexta, o sistema financeiro acusou seu nervosismo, e o risco Brasil subiu, logo depois de instalada a CPI e apesar das excelentes notícias do encontro Lula-Bush. Os bancos temem esse mergulho nas suas práticas.

Comentário II: Essa é uma excelente oportunidade para se fechar essa torneira, sem que isso seja entendido ou noticiado como uma nova política de controle da remessa de divisas.

O GOVERNO DO PT APARECE COMO ACOBERTADOR

Época diz que "o governo trabalhou dois meses para evitar que o Congresso Nacional investigasse as remessas..." Os outros veículos e comentaristas dizem a mesma coisa, com outras palavras. Boris acusou abertamente o governo de ter feito tudo para abafar a CPI.

Comentário: O episódio mostra que vivemos numa era em que não se pode escamotear ou camuflar posições impunemente. Os jornalistas que cobrem política, mesmo despreparados para questões técnicas, detectam toda e qualquer situação em que o governo tenta disfarçar sua posição.

Terça-feira, 10 de agosto de 2004

AS VERTENTES DA GUERRA DE DESGASTE

A CPI do Banestado surge nesse contexto como fonte providencial de denúncias a conta-gotas. A tática é agendar os vazamentos de modo a não deixar o assunto esfriar.

Os telejornais mostraram que as suspeitas de vazamento se concentram na CPI do Banestado, que tem um gigantesco estoque de informações sigilosas.

Uma segunda fonte de vazamentos tem sido a Receita Federal. Os vazamentos da Receita são os mais condenáveis eticamente porque são ilegais e porque podem se constituir em ferramentas de chantagem política e pessoal.

Os vazamentos da CPI são politicamente mais problemáticos porque podem se arrastar por um longo período e porque a rigor tratam de procedimentos que a opinião pública tem o direito de saber e o Congresso o dever de revelar, ainda que cuidando para preservar a imagem de indivíduos.

OS DADOS 'ESTARRECEDORES' DA CPI

É assim que a eles se refere Ribamar Oliveira no *Valor* de ontem, ao analisar dados importantes revelados pelo jornal. Entre eles o de que 94,6% das 412 mil remessas de dinheiro pelas CC5, via Banestado, não traziam os campos identificadores do banco e da conta beneficiária.

Ribamar diz que o BC deve explicações ao país. Mesmo operações de US$ 500 milhões passavam batidas pela fiscalização totalmente omissa do BC. Na verdade o BC foi cúmplice desse arrombamento dos controles cambiais ao permitir que agências de cinco bancos em Foz do Iguaçu fizessem as remessas sem identificação.

O *Estadão* em editorial hoje, avalia em US$ 30 bilhões a sangria dessas remessas e defende que a CPI conclua em ordem seus trabalhos. O governo vai se desgastar se insistir, como noticiam os jornais de hoje, numa linha de abafamento geral da CPI.

Quinta-feira, 12 de agosto de 2004

...E A PERDA DE CONTROLE TAMBÉM NA CPI DO BANESTADO

Está claro no noticiário do *Estadão* de hoje que João Paulo Cunha [presidente da Câmara] veta a proposta de destruição dos documentos obtidos por quebra indiscriminada de sigilo. Com isso, ajudou a derrubar a tentativa de acordo que previa a anulação dos pedidos de quebra de sigilo fiscal e bancário feitos em bloco, com a devolução dos documentos obtidos dessa forma.

No Jornal Nacional, Zileide Silva explicou que a tentativa naufragou porque "os deputados acham que estão sendo excluídos das decisões. No Jornal da Record, Boris Casoy ironizou: "Mexeram com os banqueiros e aí a coisa fedeu, e muito, e não adianta guardar nem queimar esses documentos, já tem um monte de gente que tem disquete, estão em vários computadores."

TUCANOS ELEVAM O TOM DE SUAS ACUSAÇÕES...

No *Estadão*, PSDB e PFL acusam o PT de usar informações sigilosas da CPI do Banestado para montar banco de dados sobre os adversários e setores importantes da sociedade, para reutilizá-los como munição política na campanha eleitoral de 2006. É uma acusação grave e se encaixa na tendência geral da mídia de nos retratar como um governo de propensão totalitária.

Nessa matéria, o senador tucano Tasso Jereissati diz ter certeza de que esse banco de dados existe e é indesmontável, porque já existem cópias dos documentos. O senador José Agripino, do PFL, diz que no começo dos trabalhos foi quebrado o sigilo de expoentes da mídia nacional e, logo depois, de empresários e banqueiros.

O *Estadão*, que ontem criticou [Antero] Paes de Barros [presidente da CPI], hoje em editorial condena duramente o relator da CPI, José Mentor [PT-SP], chamado de pau-mandado do chefe da Casa Civil, por utilizar a comissão para a quebra de sigilo fiscal e bancário de pessoas físicas e jurídicas para montar dossiês com fins políticos

...E PETISTAS PASSAM RECIBO DAS ACUSAÇÕES

A matéria do *Estadão* diz que nos bastidores alguns petistas confirmaram que têm documentos capazes de comprometer o núcleo do PSDB, o que segundo eles explicaria o desespero desses oposicionistas. Eles admitem que esses dados confidenciais, obtidos com as seguidas quebras de sigilo da CPI, permitem montar dossiês que serão usados se necessário.

As notícias dadas hoje em primeira página, de que o governo prepara uma minuta que impede servidores de falar à imprensa e outra que permite o compartilhamento de informações sigilosas, não ajudam nada no combate à versão de uma propensão totalitária.

OPORTUNIDADE PERDIDA?

Assim se perdeu a chance oferecida pelo pedido de convocação de Fernando Henrique, José Serra e Ricardo Sérgio, "para que deponham sobre os registros de movimentação ilegal de recursos financeiros", do deputado petista de Rondônia, Eduardo Valverde. Foi esse pedido que deu ao governo a munição para forçar os tucanos e pefelistas a porem um fim à guerra de denúncias oriundas de quebras de sigilo.

A convocação de FHC e Serra, feita pelo deputado petista Eduardo Valverde, era uma espécie de aviso ao comando tucano que havia usado a tática de criar o máximo de confusão para evitar a criminalização de Gustavo Franco, o grande mentor do esquema escandaloso das CC5.

A DEVASSA DO CAPITAL FINANCEIRO

Mas crises políticas são paradoxais e imprevisíveis. Esta CPI se tornou a maior devassa na vida financeira das elites enricadas e quadros dirigentes do sistema financeiro já feita no Brasil e a maior ameaça à cúpula dos tucanos.

O *Valor*, o jornal mais bem-informado sobre o assunto, deu na capa de ontem que "A CPI tem mais dados do que o SNI". Entre esses documentos, diz o jornal, "todos os contratos de câmbio realizados entre 1996 e 2002... os cadastros dos CPF e do CNPJ de todas as pessoas física e jurídicas...os censos do capital brasileiros no exterior feitos pelo BC... que nem a Receita Federal possui...e a relação de todos os brasileiros que têm imóveis no exterior."

Mais de mil pessoas teriam sofrido quebra de sigilo bancário, diz o *Estadão* em editorial". O abuso da CPI permitiu a quebra do sigilo fiscal dos principais banqueiros brasileiros", diz Eliana Cardoso, em *Valor*.

BANQUEIROS ASSUSTADOS

A convocação de FHC, em especial, assustou os altos escalões dos bancos. Merval Pereira atribui à CPI à decisão do Credit Suisse First Boston de orientar investidores a saírem dos títulos brasileiros. Entre os banqueiros circula desde ontem a informação de que os registros da CPI incluem uma transação de Fernando Henrique via Santander de valor elevado (segundo alguns, da ordem de US$ 800 mil) e outra de José Serra.

Muitos altos quadros do setor financeiro também estão nas listas da CPI, entre eles Sérgio Werlang. O grau de preocupação nesses setores é muito grande e já está afetando o ambiente financeiro, apesar das excelentes notícias na área econômica.

Sexta-feira, 13 de agosto de 2004

PERIGO DE ADENSAMENTO DE UM CLIMA DE CRISE INSTITUCIONAL

O novo estopim, diz *O Globo*, foi a divulgação de fita em que Mentor e Valverde admitem ter munição para combater a oposição no caso desta querer convocar Roberto Teixeira, amigo do presidente. Tasso elevou consideravelmente o tom de suas acusações e já começa a lembrar a retórica lacerdista que provocou três crises institucionais. Ontem, acusou o governo de usar técnicas fascistas para intimidar a oposição e disse que "assim as PPPs são para o Delúbio deitar e rolar".

O *Estadão* de hoje confirma a informação da *Carta Crítica* de ontem de que o banco de dados da CPI inclui os nomes de FHC e Serra. Diz que o arsenal da CPI está assustando a oposição e criando um clima de crise.

UMA BOMBA ATÔMICA DE REVELAÇÕES

O *Estadão* diz que Mentor tem a relação de todas as pessoas que enriqueceram entre 1996 e 2002, as operações de mesa de câmbio do BC no governo anterior e nomes de todos que fizeram saques superiores a R$ 50 mil em bancos de Foz do Iguaçu. A *Folha* diz que o grupo de 29 banqueiros que teve seu sigilo quebrado enviou para o exterior por meio de contas CC5 R$ 1,7 bilhão entre 1996 e 2002. Apenas um dos banqueiros de São Paulo é responsável por 92% do total das remessas.

Em outro texto, a *Folha* diz que o presidente Lula vetou a convocação de FHC para depor a respeito de uma operação do BC no valor de US$ 840 milhões, que foi autorizada na época de Gustavo Franco, com o banco espanhol Bilbao Viscaya, destinada à compra do Excel Econômico. A *Folha* diz ainda que a base de dados enviada à CPI aponta Paulo Maluf [ex-governador de São Paulo] como beneficiário de depósito de US$ 406 mil em Nova York, além de movimentação em empresa offshore que seria de sua propriedade.

GUERRA DE DOSSIÊS À VISTA

O *Estadão* endossa o temor da oposição de que nem mesmo Mentor tenha mais controle sobre os papéis, dos quais já teriam sido feitas muitas cópias. Revela que um alto funcionário do governo exibiu ontem a movimentação bancária de um usuário da CC5, com três remessas que somavam US$ 900 mil, dizendo que o país inteiro já tem cópias. O texto diz que a maioria dos parlamentares que fala sobre o assunto acha que o ministro José Dirceu é que está por trás de tudo.

Sexta-feira, 3 de setembro de 2004

POLÍTICOS E FUNCIONÁRIOS NA LISTA DO BANESTADO

O assunto estava ontem em todos os telejornais e está hoje nos jornais de referência nacional: 137 políticos e 411 funcionários públicos estão sendo investigados pelo Ministério Público por suspeita de remessa ilegal de dinheiro para o exterior.

Para o Jornal da Globo, são números de um megaescândalo. Na abertura, Ana Paula Padrão disse que as cifras também não são pequenas: "só em 2001 esses servidores teriam enviado pra fora meio bilhão de reais... e segundo o procurador-geral da República, a investigação ainda nem começou a pegar os peixes grandes".

O JN deu a informação em nota lembrando que "os nomes, ainda mantidos em sigilo, apareceram nas investigações do caso Banestado e da Operação Farol da Colina, da Polícia Federal, que prendeu mais de 40 doleiros".

Terça-feira, 21 de setembro de 2004

SARNEY JOGA ÁGUA FRIA NO CASO BANESTADO

Apenas o *Globo* noticiou o surpreendente recuo do senador José Sarney, que levantou a tese de que os dados sigilosos colhidos pela CPI sobre movimentação de contas bancárias no MTB Bank podem ter sido entregues a outras autoridades brasileiras, além dos membros da CPI do Banestado. Com isso, ele virtualmente livra José Mentor do risco de cassação.

Dois dias antes, Sarney havia dito que o vazamento dos dados "era um dos fatos mais graves ocorridos atualmente no Congresso", e havia iniciado trâmites para abrir um procedimento ético contra Mentor.

11. ARQUIVOS DA DITADURA

Segunda-feira, 28 de julho de 2003

OS MORTOS DO ARAGUAIA

A *Folha* e o *Correio Braziliense* dão extenso tratamento ao tema. O conjunto das demais matérias, especialmente as entrevistas de Greenhalgh, de familiares de desaparecidos e do general Felix, é bom. Mostra um governo digno. A entrevista de Greenhalgh para dar o tom certo à questão colocada por ele como um direito natural irrecusável e retirando toda conotação de afronta ou revanchismo. Também mostra o envolvimento do governo anterior no problema.

Comentário: Mas é preciso cuidado com a forçada de barra de Eliana Cantanhêde, que acusa antecipadamente o governo de querer endossar a desculpa dos militares de que os documentos não existem mais.

Quinta-feira, 14 de agosto de 2003

OS FANTASMAS DO ARAGUAIA

Começam a incomodar os militares e o governo, segundo relatos em *O Globo* e *Estadão*. A origem do problema é a série sensacional de documentos sobre o caso que vem sendo publicada há alguns dias pelo *Correio Braziliense*, depois que a justiça mandou abrir os arquivos do episódio. *O Globo* diz que "o descontentamento dos militares já chegou ao Palácio". Cesar Giobbi sugere, em sua coluna no *Estadão*, que os militares têm informações para usar em momentos estratégicos, capazes de causar embaraços a "cabeças coroadas" do atual regime.

Comentário: O *Correio* tem lidado bem com a documentação, mas começa a surgir, a partir da nota do Giobbi, a abordagem que coloca os militantes dos anos 1970 como os vilões da história. O tema merece uma reflexão. Deve haver alguma forma de intervenção do PT, da Secretaria de Direitos Humanos e das entidades de familiares que reposicione o foco dessa agenda.

Terça-feira, 23 de março de 2004

OS DESAPARECIDOS DO ARAGUAIA

IstoÉ desta semana apresenta aos leitores coronéis que exterminaram guerrilheiros do Araguaia e que ainda estão vivos e lúcidos. Ficou a percepção de que, se a revista foi capaz de encontrá-los, o governo também seria. Esses militares não são obrigados a falar onde estão enterrados os corpos dos desaparecidos do Araguaia, já que foram anistiados, mas o governo poderia convidá-los a colaborar.

As buscas praticamente pararam depois da divulgação de que as Forças Armadas teriam destruído os documentos da operação de repressão à guerrilha. A *IstoÉ* diz que um dos mais importantes relatórios sobre o que aconteceu no Araguaia (relatório Hugo Abreu) estaria intacto e ainda inédito. O documento relata detalhes da "Operação Sucuri", que levou à infiltração de elementos do governo militar na guerrilha e colaborou para a derrota do movimento.

Segunda-feira, 18 de outubro de 2004

O CASO HERZOG

É perturbador o silêncio da mídia frente às fotos da humilhação de Herzog no DOI-Codi de São Paulo, reveladas pelo *Correio Braziliense* do domingo. Só *O Globo* e o *Jornal do Commercio* reconheceram o furo jornalístico e a gravidade das fotos, reproduzindo-as nas suas primeiras páginas de hoje.

Mesmo assim, O *Jornal do Commercio* escolheu para a primeira página não as novas fotos de Herzog e sim a do agente Firmino ao lado de Lula no encontro nacional do PT de 1993. Foi Firmino, arrependido, quem entregou o material à Comissão de Direitos Humanos do Congresso.

A CUMPLICIDADE DO SILÊNCIO...

É como se os grandes jornais, exceto *O Globo*, endossassem a tese do Exército de que o episódio é mero ato de revanchismo ao qual não querem se associar. Foi o que aconteceu em 1971 quando *Veja* publicou as suas duas capas sobre torturas. Ficou sozinha, e deu no que deu.

Nos anos seguintes, a repressão política evoluiu para atos ainda mais escabrosos como desaparecimentos, atropelamentos e "suicídios", inclusive o de Herzog. Quem sabe Herzog não teria morrido em 1975 se seus colegas de profissão tivessem sido menos covardes em 1971?

...OU SIMPLES PERPLEXIDADE COM A NOTA DO EXÉRCITO?

É ainda mais preocupante o silêncio da imprensa frente à nota do Exército, toda ela moldada na linguagem da Doutrina de Segurança Nacional dos anos 1960, que via em todo contestador um inimigo a serviço do "Movimento Comunista Internacional".

A nota, em primeiro lugar, falseia grosseiramente a história, ao justificar o golpe militar como uma reação à luta armada, quando o oposto é o verdadeiro.

A partir dessa inversão de papéis, justifica o golpe militar, a tortura e a morte de presos políticos dizendo que "as medidas tomadas pelas Forças Legais foram uma legítima resposta à violência dos que recusaram o diálogo e optaram pelo radicalismo e pela ilegalidade...".

Pode ser também que os jornais tenham ficado simplesmente tão estupefatos com essa nota que ainda não sabem como reagir.

A IMPRENSA COMO PRENUNCIADORA DE TENDÊNCIAS

A mídia é sempre uma prenunciadora de tendências políticas, mesmo com o seu silêncio. Tanto a nota do Exército quanto a ausência de uma crítica a essa nota nos editoriais de hoje podem ser parte de postura mais geral de endurecimento e intolerância de parte de nossas elites em relação à presença de quadros que combateram a ditadura, no aparelho de Estado.

Essa intolerância já vinha se verificando na virulência com que alguns articulistas, antes moderados, se referem ao "aparelhismo" no governo Lula e na concentração de ataques a José Dirceu, visto como a referência maior dos que pegaram em armas contra a ditadura.

E O QUE MAIS PODE HAVER POR TRÁS DA NOTA DO EXÉRCITO

É um equívoco atribuir o tom dessa nota a um mero despreparo do setor de Comunicação Social do Exército. Houve despreparo dos superiores que deixaram a nota passar, mas não de quem a redigiu.

Sabe-se que já há um movimento de aproximação entre a extrema-direita civil e ex-militares, inconformados com a presença, no aparelho de Estado, de tantos ex-combatentes da luta armada.

Um dos que têm propagado esse inconformismo é Heitor Aquino. Ele vem conversando ultimamente com empresários paulistas e formadores de opinião de extrema direita, como Carlos Tavares.

O tom da nota também sugere que não deve ser tão tranquila a aceitação do dirigente do PCdoB Aldo Rebelo no eventual posto de ministro da Defesa.

O QUE FAZER?

O presidente perderá autoridade se deixar passar em branco a nota do Exército. É adequado também emitir o nosso juízo de valor sobre aquele ciclo histórico passado pelo país e especificamente sobre as revelações do *Correio*, seja pela Secretaria de Direitos Humanos, ou pelo Ministério da Justiça.

A FALTA QUE FAZ UMA NOVA DOUTRINA MILITAR

Essa nota nunca teria sido redigida se as Forças Armadas tivessem uma doutrina militar clara, moderna e operacional. É no vazio da falta de uma nova Doutrina Militar compatível com os tempos atuais e com a democracia que sobrevive, e pode até estar se revigorando, a velha Doutrina de Segurança Nacional.

As doutrinas são fundamentais às Forças Armadas porque são elas que definem o inimigo principal, as hipóteses de guerra, as táticas e estratégias, os planos de contingência, a logística, tudo. São o fundamento da preparação militar. Um Exército sem doutrina é como uma escola sem currículo.

Primeiro, as nossas Forças Armadas tiveram que abandonar a hipótese da guerra com a Argentina, que durante um século foi o fundamento de nosso ensino militar e nossa logística. Depois é que veio a Doutrina de Segurança Nacional, implantada pelos americanos, e que deveria estar na cesta de lixo da história.

Quarta-feira, 20 de outubro de 2004

DETERMINAÇÃO E CAUTELA NA PRIMEIRA CRISE MILITAR

O fato maior foi a reafirmação da autoridade do presidente com o enquadramento do Exército no espírito democrático, ressaltado por todos os jornais, sem exceção, inclusive nas manchetes. Isso foi muito bom.

Alguns jornais, como a *Folha*, relatam que o presidente praticamente ditou os termos da nova nota ao general Albuquerque. *O Globo* diz que o presidente foi duro, exigiu uma nota mais enfática, cobrou o pedido de desculpas do Exército pela morte de Herzog, assim como o compromisso democrático. São relatos não conflitantes de um presidente que impôs sua autoridade num momento crítico e na medida certa.

Tereza Cruvinel resumiu essa avaliação dizendo no *Globo*: "De uma crise militar, o presidente Lula não estava precisando. Soube evitá-la rejeitando as pressões de setores do governo e do PT para que demitisse o comandante do Exército, general Albuquerque, mas fez valer a ordem democrática ao desaprovar a nota...".

MAS ABRE-SE UMA NOVA E DELICADA FRENTE

O problema agora é como lidar com a pesada questão dos mortos e desaparecidos. As novas fotos de Herzog e os depoimentos de Firmino ao *Correio*, em que ele diz que há grande quantidade de documentos que podem ajudar a desvendar o destino dos desaparecidos políticos, reabriram as pressões por uma investigação. A crise latente na Comissão de Mortos e Desaparecidos tornou-se explícita. Esse é o novo problema.

Sexta-feira, 22 de outubro de 2004

O QUE REVELAM AS FOTOS QUE NÃO ERAM DE HERZOG

Tudo aconteceu como se a sociedade quisesse que as fotos fossem de Herzog. E por quê? Porque, ao contrário do que fez Mandela na África do Sul com os crimes do apartheid, o Chile e a Argentina com os crimes da ditadura militar, nós optamos pelo caminho fácil do não esclarecimento dos fatos.

Foi uma decisão sábia? Talvez não. A memória dos mortos e desaparecidos vai nos perseguir para sempre. Só o pleno esclarecimento – que não significa necessariamente punição física dos culpados – poderia aplacar nossas culpas.

RECOMEÇA A COBRANÇA PELO ESCLARECIMENTO DOS FATOS

"O episódio", diz Tânia Monteiro no *Estadão* de hoje, "mostra que a Abin tem uma vasta documentação não arquivada." No Jornal da Record, Cristina Lemos anunciou que o movimento Tortura Nunca Mais, lançou ontem uma campanha internacional pela abertura dos arquivos secretos do regime militar.

Há mais de um ano nossos advogados barram com recursos o cumprimento de uma sentença judicial, determinando o acesso à papelada. "O presidente Lula considera que há questões de Estado que impedem a divulgação." Disse Cristina Lemos.

Ouvido a seguir, Luiz Eduardo Greenhalgh ponderou que "é importante que o Estado brasileiro, que o governo brasileiro, que as Forças Armadas brasileiras ponham na cabeça que, enquanto essa questões não forem esclarecidas, elas vão ficar vagando na memória e na história do nosso país".

Segunda-feira, 25 de outubro de 2004

A PRESENÇA DE VLADIMIR HERZOG

Faz 29 anos hoje que Herzog morreu no DOI-Codi, mas o seu espírito ainda persegue os jornalistas, assim como nos perseguem as almas de dezenas de amigos e familiares mortos e desaparecidos no regime militar.

Em São Paulo, será entregue pelo Sindicato dos Jornalistas, hoje à noite, o prêmio Herzog aos melhores trabalhos sobre direitos humanos publicados na imprensa. Ontem, o *Estadão* publicou uma dramática entrevista em que Clarice Herzog diz a Laura Greenhalgh que as "feridas ainda estão abertas".

Clarice defende a abertura dos arquivos. A mídia se mostra moderadamente simpática à ideia, especialmente no contexto da polêmica em torno das fotos de Herzog. Se algum momento for propício à abertura não traumática dos arquivos, este pode ser o momento.

O governo tem uma oportunidade única de demarcar uma nítida diferença em relação ao governo FHC, numa questão ética fundamental, contando com um razoável grau de apoio da mídia e da sociedade civil.

QUESTÕES FUNDAMENTAIS ESTÃO EM JOGO

Uma delas é o direito do cidadão à informação. Fernando Rodrigues mostra na *Folha* o contraste entre a nossa posição e a da sociedade americana, que, através do Freedom of Information Act, garante acesso aos documentos do Estado a todos os cidadãos, agora também pela internet.

A outra questão é a dos valores que queremos transmitir a nossos filhos. Em editorial, a *Folha* diz que "é necessário que os arquivos da repressão sejam de uma vez por todas divulgados e que os fatos ainda obscuros sejam esclarecidos – em nome da história e do aprendizado das futuras gerações".

Há ainda a questão da educação específica das Forças Armadas no ideal democrático e dos direitos humanos. Ela não pode ser feita enquanto permanecem entulhos da ditadura dessa magnitude. Josias de Souza cobra na *Folha* mais rapidez na reciclagem da imagem e da postura dos órgãos de segurança.

Mas a mãe de todas as questões é o esclarecimento dos desaparecimentos políticos. Esse foi de todos o mais doloroso método de repressão política, porque perpetuou o sofrimento. Todos os povos possuem um mito no qual as almas dos mortos não sepultados perseguem os vivos eternamente.

A OPORTUNIDADE POLÍTICA

Também do ponto de vista político, abrir os arquivos pode ser a melhor solução. Há vários encaminhamentos possíveis, pouco conflituosos, inclusive o de convocar uma comissão de notáveis para decidir o melhor procedimento.

Em *Valor*, o especialista em questões militares Marco Antonio Villa atribui o decreto de FHC, que proíbe a divulgação dos documentos da ditadura, ao caráter excessivamente conciliatório da transição brasileira. "Ele não entende, por exemplo, por que o chefe da Comunicação Social do Exército não foi exonerado", diz o jornal.

A Comissão de Justiça e Paz da CNBB, no sábado, cobrou a abertura dos arquivos. Também a OAB cobrou a abertura dos arquivos. Duas comissões da Câmara, a de Constituição e Justiça e a de Direitos Humanos, já iniciaram reuniões conjuntas para encontrar uma saída legal que dê acesso aos documentos.

CRISE SE VOLTA PARA DENTRO DO GOVERNO...

Os jornais de hoje mostram claramente que há divergências profundas dentro do governo. O fantasma de Herzog esgotou a fórmula inicialmente acertada no nosso governo, mas nunca aceita integralmente, de intensificar as buscas pelos desaparecidos, mas sem abrir os arquivos.

Uma das manifestações da crise interna é a divergência entre o secretário de Direitos Humanos, Nilmário Miranda, e o presidente da Comissão de Mortos e Desaparecidos, que não se mostrou leal ao governo no episódio e provavelmente terá que ser substituído.

...E GERA PERIGOSO BATE-CABEÇAS

Na mídia de hoje, a divergência interna é ostensiva demais, a tal ponto que esse bate-cabeças poderá ele mesmo desencadear uma crise de outra forma desnecessária. Basta, por exemplo, que comecem a circular manifestos de grupos militares a favor de um ou outro dos protagonistas da divergência. E os principais protagonistas são nada mais nada menos que o presidente de um lado e o ministro da Defesa de outro.

A manchete de página inteira do *Estadão* de hoje proclama que Lula disse ontem aos comandantes das três forças que "os arquivos militares devem ficar trancados". A manchete de página inteira da *Folha* diz (forçando um pouco a barra): "Viegas confirma a abertura de arquivos". O corpo da matéria é uma entrevista de página inteira em que Viegas defende a tese de que algum grau de abertura terá que ser feito. A entrevista pode ser lida como a confirmação de que o ministro da Defesa é demissionário, como a *Folha* havia informado um dia antes.

No meio das duas posições aparece o ministro José Dirceu, também com grande destaque, dizendo-se favorável à abertura dos arquivos, mas de modo cauteloso, para não provocar uma crise.

Quinta-feira, 22 de dezembro de 2005

EDIÇÃO TEMÁTICA: A QUESTÃO DOS ARQUIVOS DA DITADURA

Para grupos de direitos humanos, nosso governo perdeu duas oportunidades de mandar abrir os arquivos da ditadura com amplo apoio da sociedade: a primeira foi em outubro de 2004, quando fotos de um homem nu, parecido com Herzog, feitas pelo SNI, circularam na mídia causando comoção entre familiares e amigos do jornalista. Nem parentes nem autoridades da Secretaria de Direitos Humanos sabiam dizer se as fotos eram de Herzog. Os documentos que poderiam elucidar este e outros crimes cometidos durante o regime militar continuavam fechados. Foi preciso negociar com o general Jorge Armando Félix, do Gabinete de Segurança Institucional, a liberação das fotos com a Abin para que se soubesse que se tratava do padre Leopold B'Astoir. A outra oportunidade deu-se em 12 de dezembro de 2004, quando o Fantástico mostrou que documentos que comprovam que brasileiros foram vigiados pelos militares durante e após a ditadura tinham sido queimados na Base Aérea de Salvador. Era o desmentido cabal da nota divulgada antes da reportagem, em que o Ministério da Aeronáutica dizia que toda a documentação do período havia sido destruída em fevereiro de 1998, por um incêndio no Aeroporto Santos Dumont, no Rio.

Em entrevista ao *Correio Braziliense*, em 19 de setembro, Augustino Veit, presidente da Comissão Especial de Mortos e Desaparecidos Políticos, diz vir acumulando frustrações com o tratamento dado pelo governo Lula aos direitos humanos. Primeiro, foi a falta de poder do ex-ministro Nilmário Miranda para agir preventivamente e intervir em outras pastas. Resultado: o governo comeu mosca na morte da irmã Dorothy porque não houve ação preventiva sobre as denúncias que ela fez — nos ministérios do Trabalho e do Meio Ambiente — de trabalho escravo, desmatamentos e tráfico de madeira. Depois, veio a tentativa de rebaixar o status de ministério da Secretaria Nacional de Direitos Humanos, só revertida por pressões internas e externas.

Veit diz ter certeza de que o governo Lula fez dois grandes acordos na transição, um na área econômica e outro na militar. A prova deste último seria a manutenção do decreto assinado pelo ex-presidente Fernando Henrique prorrogando os prazos dos sigilos da documentação para cinquenta anos, conclui. A situação só muda se houver uma articulação com as Forças Armadas, afirma. Articulação que não existe hoje entre ministérios. Fiscais do Ibama encontram fazendas com trabalho escravo e nada fazem porque não é da competência deles, e sim do Ministério do Trabalho. Não há previsão para a diária dos fiscais do trabalho escravo em 2006. Nos três anos do governo Lula, morreram mais lideranças indígenas do que nos dez anos anteriores, diz Veit.

Em carta aberta em novembro de 2005, o grupo Tortura Nunca Mais diz que "nenhum dos governos pós-ditadura, especialmente o atual, se dispôs de fato a esclarecer as circunstâncias dos sequestros, prisões, torturas, assassinatos e desaparecimentos dos opositores do regime militar". O cardeal-arcebispo de São Paulo, dom Paulo Evaristo Arns, diz que ainda há muito o que fazer para que toda a verdade venha à tona.

A ditadura brasileira durou de 1964 a 1985. A repressão e a tortura durante esse período resultaram em cerca de trezentos mortos e desaparecidos, pelos cálculos mais recentes das entidades de direitos humanos. Em 1978, entidades civis, políticos, estudantes e parte dos militares iniciaram o movimento pela formação do Comitê Brasileiro de Anistia (CBA), em defesa de uma Anistia Ampla, Geral e Irrestrita. Em 28 de agosto de 1979, o presidente João Figueiredo sancionou a Lei de Anistia. Segundo o Superior Tribunal Militar, havia 52 presos políticos no país. Entre cassados, banidos, presos, exilados ou simplesmente destituídos dos seus empregos, 4.650 pessoas teriam sido beneficiadas logo a seguir.

A lei concedeu seus benefícios a todos quantos, entre 2 de setembro de 1961 e 15 de agosto de 1979, "cometeram crimes políticos ou conexos com estes, crimes eleitorais, aos que tiveram seus direitos políticos suspensos e aos servidores da administração direta e indireta de fundações vinculadas ao poder público, aos servidores dos poderes Legislativo e Judiciário, aos militares e aos dirigentes e representantes sindicais, com fundamento em Atos Institucionais ou Complementares".

Mas a lei de anistia considerou como conexos, para seus efeitos, crimes de qualquer natureza relacionados com crimes políticos ou praticados por motivação política (§1o). Este dispositivo, segundo Hélio Bicudo, serviu de argumento para beneficiar os que torturaram e mataram em nome do Estado. Juristas ligados ao regime diziam que a lei tinha "duas mãos", a contemplar vítimas e seus algozes, sendo que estes jamais foram processados, segundo o Tortura Nunca Mais. O "Projeto Brasil Nunca Mais" registrou, através dos próprios processos instalados na Justiça Militar no período, os nomes de 444 torturadores e 242 localidades onde as torturas foram realizadas. Esses nomes caíram no esquecimento.

Outro problema é que a lei, ao fixar como data final de sua abrangência 15 de agosto de 1979, deixou de fora os crimes perpetrados após esta data. A datação seria copiada por todas as reparações federais e estaduais, em documentos que consideram a ditadura terminada em agosto de 1979 e não em 1985, como de fato ocorreu. De lá para cá, os avanços foram poucos. Algumas reparações financeiras foram feitas, mas a abertura dos documentos está empacada, e a identificação dos corpos é precária.

A lei nº 9.140/1995, assinada pelo ex-presidente Fernando Henrique, reconheceu a responsabilidade da União nos crimes da ditadura. Porém não elucidou nenhum dos casos. Para as entidades, a lei foi perversa ao impor o ônus das provas aos familiares. A Comissão Especial de Mortos e Desaparecidos, formada a partir dessa lei, conseguiu a duras penas comprovar a participação dos agentes do Estado nos casos em que a versão oficial afirmava que as mortes se deram em "confrontos", "suicídios" ou "atropelamentos". Foram examinados quase trezentos casos, e alguns receberam reparação financeira. Atualmente, a comissão estaria semiparalisada, aguardando reestruturação, segundo relatos de ativistas que acompanham suas atividades.

Quanto aos documentos da ditadura, para serem divulgados, ainda precisam passar pelo crivo da Comissão de Averiguações e Análise de Informações Sigilosas, formada por representantes de seis ministérios e pela Advocacia-Geral da União, sem nenhum representante sequer da sociedade civil.

Para piorar a situação, o Decreto presidencial nº 4.553, editado em 27 de dezembro de 2002, por Fernando Henrique, ampliou os prazos de segredo de todas as categorias de documentos públicos – reservado, confidencial, secreto e ultrassecreto –, permitindo que os ultrassecretos tenham sigilo aumentado por prazo indefinido "de acordo com o interesse da segurança da sociedade e do Estado". E ampliou o número de autoridades com poder de classificar os documentos como " ultrassecretos" (antes restritos a presidentes da República, do Congresso e do Supremo Tribunal Federal), estendendo-a aos ministros e comandantes do Exército, da Marinha e da Aeronáutica.

Esse decreto, que até hoje não foi revogado, contraria a Lei de Arquivos (Lei nº 8.159 de 1991), que fixa o prazo máximo de sessenta anos para o sigilo de documentos referentes à segurança da sociedade e do Estado. Também contraria o inciso XXXIII do artigo 5º da Constituição, que determina que "todos têm direito a receber dos órgãos públicos informações de seu interesse particular, ou de interesse coletivo ou geral, que serão prestadas no prazo da lei, sob pena de responsabilidade, ressalvadas aquelas cujo sigilo seja imprescindível à segurança da sociedade e do Estado".

Mas, escorados no Decreto nº 4.553, militares mantêm em sigilo os arquivos dos Centros de Informação do Exército (CIE), Marinha (Cenimar), Aeronáutica (Cisa), DOI-Codi e SNI. Somente os dos Dops encontram-se abertos, embora desfalcados. A anistia ainda é tratada como concessão dos militares, dizem os ativistas.

O Grupo Tortura Nunca Mais/RJ, que luta há vinte anos pela abertura de todos os arquivos da repressão, diz que as autoridades sempre alegaram que tais arquivos foram destruídos ou nunca existiram. Mas o caso das supostas fotos de Herzog, provenientes de "investigação ilegal conduzida no ano de 1974, pelo antigo SNI", conforme a nota do secretário de Direitos Humanos, Nilmário Miranda, em 22 de outubro de 2004, assim como sua rápida identificação pela Abin na época, são provas da existência dos arquivos.

Em 18 de novembro de 2005, o presidente Lula assinou o Decreto nº 5.584/2005, fixando a data-limite de 31 de dezembro de 2005 para tornar públicos os documentos da ditadura que se encontram em sigilo sob a guarda da Abin. A agência teria mais de 400 mil documentos, entre fichas e processos. O material contém dados de investigação feita por três órgãos já extintos: SNI, Comissão-Geral de Investigações e a Secretaria-Geral do Conselho de Segurança Nacional. Depois de abertos, os arquivos deveriam ser transferidos para o Arquivo Nacional do Rio de Janeiro. Entretanto, conforme a Lei nº 11.111/2005, assinada pelo próprio presidente em 5 de maio de 2005, todos os documentos que resultem em ameaça "à soberania, à integridade territorial ou às relações exteriores" continuarão sob sigilo. Entre eles estão todos os relacionados à Guerrilha do Araguaia.

Em de 2 de outubro de 2003, o presidente foi criticado por assinar o Decreto nº 4.850, que instituiu a Comissão Interministerial para informações restritas à localização dos restos mortais de participantes da Guerrilha do Araguaia, tomando como base o famigerado Decreto 4.553, de 27/12/2002, de FHC. Em 30 de junho de 2003, a juíza Solange Salgado, da 1ª Vara Federal, Seção Judiciária DF, assinou a Sentença 307/2003 sobre as operações de combate à Guerrilha do Araguaia: "(...) intimar a prestar depoimentos todos os agentes militares ainda vivos que tenham participado de quaisquer das operações, independentes dos cargos ocupados à época".

Mas um relatório do Comitê de Direitos Humanos da ONU, divulgado no dia 6 de novembro de 2005, afirma que: "Não houve qualquer investigação oficial ou responsabilização direta pelas graves violações de direitos humanos da ditadura militar no Brasil." E recomenda que, para combater a impunidade, o Estado parte deve considerar outros métodos de responsabilização para crimes de direitos humanos sob a ditadura militar, inclusive a desqualificação de grandes violadores de direitos humanos de cargos públicos relevantes, e os processos de investigação de justiça e verdade. "O Estado parte deve tornar públicos todos os documentos relevantes sobre abusos de direitos humanos, inclusive os atualmente retidos de acordo com o Decreto Presidencial nº 4.553", diz o relatório.

Em 20 de novembro de 2005, a ministra da Casa Civil, Dilma Roussef, informou "àqueles que têm documentos sobre o período da ditadura militar e quiserem enviá-los, serão bem-vindos e remetidos para o Arquivo Nacional". Esses documentos, que hoje se encontram nas mãos de muitos militares, foram retirados ilegalmente do governo, e alguns têm sido divulgados em reportagens publicadas em revistas e jornais nos últimos anos. Poucos acreditam que esses militares os devolvam.

Os grupos de direitos humanos dizem que, para que o Brasil possa fazer a revisão histórica e necessária da ditadura militar, é preciso: a anulação do Decreto nº 4.553, de 27/10/2002, que amplia os prazos de segredo de documentos, permitindo que os ultrassecretos tenham sigilo eterno; e a abertura de todos os arquivos da repressão.

É preciso avançar nas buscas dos corpos dos 160 desaparecidos. A própria Lei 9.140/1995 prevê isso nos artigos: 4º - § II, "envidar esforços para a localização dos corpos de pessoas desaparecidas no caso de existência de indícios quanto ao local em que possam estar depositados"; 9º - " ... a Comissão Especial poderá solicitar: I – documentos de qualquer órgão público; II – a realização de perícias; III – a colaboração de testemunhas; e IV – a intermediação do Ministério das Relações Exteriores para obtenção de informações junto a governos e a entidades estrangeiras".

Outra providência urgente é incluir representantes de familiares de mortos e desaparecidos e entidades de direitos humanos na Comissão Especial da Lei nº 9.140/1995. A implantação de um Banco de Dados de DNA dos familiares dos mortos e desaparecidos também é fundamental para identificar os corpos que forem achados no futuro, quando os parentes da vítima já tiverem falecido.

12. ALCÂNTARA

Terça-feira, 26 de agosto de 2003

AS LIÇÕES DA TRAGÉDIA DE ALCÂNTARA

O desastre[17] terá efeitos profundos na capacidade brasileira de gerar tecnologia porque destruiu toda uma geração de cientistas qualificados. O coordenador do projeto, Tiago Ribeiro, diz em *O Globo* de hoje que "foi um golpe profundo" e que há até a possibilidade de "esfriar toda a equipe". Ele propõe uma reação "clara e rápida", para tentar salvar o projeto. A cobertura de hoje permite ainda tirar duas outras lições:

PRIMEIRA LIÇÃO: MUDAR A ESCALA E O PATAMAR DO COMPROMETIMENTO BRASILEIRO EM CIÊNCIA E TECNOLOGIA

O desastre está revelando toda uma nova consciência nacional sobre a necessidade de um comprometimento muito mais sério do país com ciência e tecnologia. É preciso "investir mais seriamente em pesquisa", diz editorial da *Folha*. "Não é admissível que se abandonem os esforços para colocar em órbita um satélite artificial", diz editorial de *O Globo*. O editorial do *Estadão*, mais informado que os dos outros jornais, faz algumas críticas à atualidade do programa espacial, mas diz que o Brasil "precisa dispor de tecnologias e recursos que só um programa espacial pode proporcionar".

SEGUNDA LIÇÃO: REVISAR O MODELO MILITAR DE GERENCIAMENTO

Essa tese é desenvolvida por extenso na *Folha* de hoje, por Jerzy Sielwa, apresentado como um dos maiores especialistas do Brasil em tecnologia aeroespacial. Ele diz que a gestão militar em ciência e tecnologia é inadequada por causa de dois problemas: o ambiente militar não é favorável à

---

17 N.E.: No dia 22 de agosto de 2003, três dias antes da data prevista para o lançamento, uma enorme explosão destruiu um foguete brasileiro em sua plataforma em Alcântara durante os preparativos para o lançamento, matando 21 técnicos civis.

troca livre de ideias e certos cargos-chave ficam com oficiais aviadores e não com oficiais engenheiros. De fato, o próprio projeto do VLS já explodiu nas duas tentativas anteriores de lançamento. O projeto do submarino nuclear, conduzido pela Marinha, arrasta-se por três décadas.

Quarta-feira, 27 de agosto de 2003

ALCÂNTARA: GOVERNO BATE CABEÇA E CIENTISTAS PEDEM INQUÉRITO INDEPENDENTE

O ministro da Defesa, José Viegas, disse que o programa vai ficar parado até a conclusão dos inquéritos e que qualquer decisão hoje sobre a continuação do uso do combustível sólido seria prematura. Mas o ministro de Ciência e Tecnologia, Roberto Amaral, disse que vai ser feita uma quarta tentativa e não vai ser abandonado o combustível sólido – declarações justamente prematuras, desnecessárias e em contradição com a do ministro Viegas.

Enquanto isso, ganhou apoio do presidente da SBPC, Ênio Candotti, a ideia formulada originalmente pelo engenheiro do Inpe, Pedro Noronha de Souza, de que o inquérito sobre a tragédia seja independente. Candotti propôs que seja conduzido por um cientista de renome.

Comentário: A cobrança de um inquérito independente e conduzido por cientistas é correta, mas formulada de fora para dentro, e nas nossas circunstâncias, pode evoluir para uma crise no meio militar, já profundamente abalado pela tragédia. Proponho que o governo consiga que a própria comissão de investigação convide formalmente um representante da SBPC para acompanhar o inquérito como observador.

A LIÇÃO QUE VEM DOS ESTADOS UNIDOS

Vale também para o Brasil o relatório da comissão especial do governo americano que investigou a tragédia da Columbus. Trata-se de um admirável e raro exemplo da disposição de ir fundo na verdade. Não usa meias palavras. E diz que serão necessárias mudanças profundas nos procedimentos da Nasa antes de serem retomados os voos espaciais. O relatório diz que havia uma cultura de negligência em relação à segurança. Localizada na direção da Nasa e não entre os seus técnicos.

É de um relatório sincero assim que precisamos para o desastre de Alcântara. Se a investigação tivesse sido conduzida nos EUA pela direção da Nasa nunca teria chegado a essas verdades. Por isso está certo o presidente da SBPC ao exigir uma investigação independente.

Segunda-feira, 25 de abril de 2005

CARTA CRÍTICA ESPECIAL: O FRACASSO ANUNCIADO DO ACORDO DE ALCÂNTARA

O deputado André Luiz Costa de Souza, do PT pelo Rio de Janeiro, alertou em audiência pública na Câmara, há duas semanas, que o acordo de cooperação com a Ucrânia para o lançamento conjunto de foguetes em Alcântara corre o risco de fracassar. O alerta já gerou um comentário negativo de Jânio de Freitas na *Folha*. Segundo ele, a demora do Brasil na implementação de sua parte do acordo pode levar até mesmo a um atrito diplomático com a Ucrânia.

Desde maio do ano passado não são mais realizados encontros de trabalho para implementar o acordo. Nem o decreto presidencial que promulga o acordo, já ratificado pelo Congresso, foi redigido para sanção do presidente. Não foi constituída a empresa brasileira participante do programa e muito menos redigidos os estatutos e outros instrumentos que a lei brasileira exige. O prazo para o acordo termina em dezembro de 2006. Depois disso, o acordo caduca.

Se caducar, o acordo com a Ucrânia pode se tornar um dos maiores fiascos de nosso governo. Alcântara permite o lançamento de satélites a um custo 30% inferior ao de outros lugares, uma vantagem comparativa que nos permitiria ganhar uma boa fatia de uma indústria de importância crescente, pois cada lançamento custa, hoje, US$ 20 milhões e são feitos dezenas deles por ano.

Todas as potências que dominam esse mercado, exceto a França, que tem uma base de lançamento na Guiana, estão de olho em Alcântara: Estados Unidos, Rússia e Ucrânia. Mas a Ucrânia é o parceiro ideal, pois possui uma das mais desenvolvidas indústrias de foguetes do mundo – era a fornecedora da União Soviética – , e desde que se tornou independente ficou sem local adequado de lançamento.

AS RAZÕES DA ESTRANHA DEMORA

A principal causa dessa demora, conforme indicações, é a resistência da Infraero, a empresa designada pelo Brasil para se tornar a parceira da binacional a ser formada com a Ucrânia para a realização do programa de cooperação e lançamentos de satélites de Alcântara. Mas há resistências também na Agência Espacial Brasileira, a se deduzir pelo questionamento do representante do CTA, Sérgio Bambini, na audiência pública.

Um editorial no *Estadão* deste sábado confirma que a Infraero não quer nem saber do programa. O editorial foi escrito com o claro objetivo de contestar a decisão da Fazenda de obrigar a Infraero a destinar R$ 128 milhões de seu lucro para a formação do superávit primário. E apoia a decisão do BNDES de canalizar R$ 400 milhões à Infraero, dizendo que se trata de uma necessidade de "segurança nacional". O editorial descreve os trabalhos da empresa, engajada em um vasto programa de modernização de aeroportos, com obras em andamento em Vitória, Goiânia, Maceió, São Paulo e Rio de Janeiro. Nem uma palavra sobre a designação da Infraero como parceira brasileira na empresa binacional do programa conjunto de lançamento de satélites.

Fica claro por esse editorial que, mesmo se pudesse gastar todos os seus recursos e mais os financiamentos do BNDES, a Infraero se vê como uma grande e lucrativa empresa construtora e administradora de aeroportos em fase de expansão, que não cogita entrar num negócio tão remoto aos seus propósitos como é o lançamento de foguetes, mesmo tendo sido designada para isso pelo governo.

OS PRETEXTOS DA INFRAERO

Na reunião do Conselho de Administração da Infraero, dia 29 de março, que deveria aprovar a mudança no estatuto para que a empresa pudesse ser sócia da binacional com a Ucrânia, um dos participantes alegou que o combustível a ser usado no projeto – a hidrazina – era cancerígeno. Um mero pretexto, pois, apesar de potencialmente cancerígena, a hidrazina é neutralizada facilmente pela água, sendo usada há muito tempo pelos russos e ucranianos. Os lançamentos ucranianos têm a maior taxa de sucessos em toda a indústria espacial.

Foi a senha para as decisões serem adiadas. Depois, o assunto parece ter caído num buraco negro. Quase um mês depois, a Agência Espacial Brasileira ainda não forneceu o parecer sobre o combustível que lhe foi pedido e, com isso, a mudança do estatuto não está na pauta da próxima reunião do Conselho da Infraero, marcada para a próxima sexta.

Dentro do governo, nem mesmo se sabe que unidade ou ministério responde pelo assunto. Só se sabe que a bomba vai estourar no Ministério da Ciência e Tecnologia, que listou o projeto de construção do Veículo Lançador de Satélites (VLS), objeto principal do acordo, como uma das suas prioridades máximas para 2005. Pior ainda: um terço da verba para a reconstrução física da plataforma de lançamento do VLS – uma das responsabilidades brasileiras no acordo – já estava garantida, mas foi devolvida ao MCT pela Agência Espacial Brasileira.

13. SANEAMENTO

Quinta-feira, 18 de dezembro de 2003

O GRANDE PACOTE DO SANEAMENTO

Depois do Plano de Reforma Agrária, este é o maior projeto de investimentos de alcance social do governo. Foi destinado R$ 1,4 bilhão para obras de saneamento e infra-estrutura. A esses recursos somam-se R$ 300 milhões que sobraram do orçamento de 2002.

O Ministério das Cidades precisou fazer muita ginástica para conseguir celebrar os convênios, por causa das restrições do acordo com o FMI. O presidente repetiu ontem, pela terceira vez, que, quando anunciou a existência desses recursos, em fevereiro, não sabia que seria tão difícil liberá-los. Lembrou o ex-presidente Fernando Henrique Cardoso, que anunciou a mesma quantidade de verbas para saneamento em 2002 e só liberou, efetivamente, R$ 262 milhões.

E SEUS LIMITES

Mesmo assim, o Tesouro conseguiu vetar a aplicação dos recursos em projetos de saneamento que não gerem remuneração – ou seja, exclui as favelas, que hoje constituem até 30% das cidades brasileiras grandes e médias. Essa é uma das limitações impostas pelos acordos com o FMI. O Tesouro também quer impedir que, em 2004, os recursos do FGTS para habitação e saneamento sejam reajustados de acordo com o aumento da arrecadação do FGTS, que vem sendo substancial.

Quinta-feira, 25 de fevereiro de 2004

CARTA CRÍTICA ESPECIAL: A GREVE DA VIGILÂNCIA SANITÁRIA

Por enquanto está tendo pouca repercussão na imprensa a operação-padrão dos fiscais da Anvisa (Agência Nacional de Vigilância Sanitária), que vem prejudicando embarques e desembarques em diversos portos. Mas hoje acontece aqui em Brasília a Plenária Nacional da Greve, às 13 horas, na qual os grevistas vão decidir se aceitam ou não uma nova proposta do governo, o que poderá chamar a atenção dos grandes jornais e da TV.

Segundo o Comando Unificado da Greve, todos os estados já aderiram ao movimento, com exceção de Mato Grosso, e a adesão já chega a quase 100% dos 1.200 funcionários. As situações que mais preocupam são as do Rio de Janeiro e Fortaleza. Segundo o coordenador técnico da Anvisa, os procedimentos básicos estavam sendo mantidos, e os navios estão podendo atracar. O problema é o acúmulo de carga já desembarcada, mas não liberada.

A situação tem tudo para se agravar. Segundo representante do Ministério do Planejamento, o movimento não está disposto a abrir mão das suas reivindicações. Para piorar, os fiscais agropecuários já deram indicativos de que vão também entrar em greve. Se isso acontecer, a situação poderá chegar ao caos nos portos e aeroportos. Isso porque os fiscais da Agricultura são responsáveis pela liberação e fiscalização dos produtos agrícolas que entram e saem do Brasil. As inspeções da Anvisa, além de abrangerem alimentos processados e medicamentos, têm o objetivo de manter o controle sanitário de viajantes, alimentos servidos a bordo, enfermaria de bordo, água potável, sistema de climatização, vetores, resíduos sólidos, tanque de dejetos e água de lastro. Está prevista a chegada de 22 navios de passageiros com aproximadamente 25 mil passageiros. A liberação das embarcações está sendo feita via "Livre prática via rádio". Ou seja, a Anvisa conversa com o comandante, se este não relatar nenhuma anomalia, a embarcação pode atracar no porto. Isso pode gerar a ideia de que o controle sanitário não está sendo rigoroso e de que podemos estar vulneráveis a doenças, oriundas de regiões endêmicas. Neste sentido, os portos mais críticos são: Rio Grande (RS); Itajaí (SC); Paranaguá (PR); Santos (SP); Rio de Janeiro (RJ); Vila Velha e Tubarão (ES); Salvador (BA); Recife e Suape (PE); Belém (PA); e Manaus (AM).

As pressões tendem a crescer. A Federação Brasileira das Indústrias Farmacêuticas (Febrafarma) colocou no seu site nota pedindo ao governo para dar fim ao movimento. Eles são interessados porque a maioria das matérias-primas para fabricação de medicamentos é importada. Apesar de não haver nenhum navio esperando liberação, existem as cargas que começam a se avolumar nos portos. Existem apenas dois funcionários para dar conta da liberação. A partir desta nota da Febrafarma, a demanda da imprensa começou a crescer. Hoje a Anvisa voltou a ser procurada pelo *Estadão* e pelos jornais regionais Correio do Povo e A Tribuna de Santos.

Os grevistas estão desde o final de janeiro em negociação com o governo federal, que já fez duas propostas, ambas rejeitadas pelo comando de greve. Atualmente, os fiscais sanitários da Anvisa são divididos em três categorias: os que são do quadro da agência, os terceirizados (via convênios PNUD, Unesco etc.) e os cedidos por outros órgãos. Os que são cedidos querem ser enquadrados nos mesmos benefícios a que têm direito os que são do quadro – basicamente, diz respeito à isonomia salarial. O movimento também está brigando por causa da MP 155, cujo prazo para votação no Congresso encerrou-se ontem e que prevê que os "cedidos" de outros órgãos não podem ser enquadrados como fiscais. Por outro lado, o governo propôs enquadrar os "cedidos" nas regras previstas na MP 158, que regulamenta o trabalho dos "fiscais" da Abin. É exatamente o que o movimento não quer e não aceita.

A Anvisa teme que o comando de greve plante na mídia a informação de que o país não está tendo controle sanitário, o que poderia ser danoso. Já o Ministério do Turismo está preocupado com a imagem do país lá fora.

Poderia ser muito danoso economicamente sair na imprensa que o Brasil não está tendo controle sanitário do que entra ou sai do país. Se isso não bastasse, representante do Ministério da Agricultura, Jorge Salim, advertiu que os seus fiscais também ameaçam paralisação para depois do carnaval. Se isso ocorrer, "este país para", disse ele.

Quinta-feira, 5 de janeiro de 2006

EDIÇÃO TEMÁTICA: O PROBLEMA DO SANEAMENTO

Se o governo conseguir investir o que está planejado para ser solto entre março e abril, com recursos do FGTS, a administração Lula terá contratado 24 vezes mais em saneamento do que no último mandato de FHC. Como não herdamos muitas obras em andamento e os contratos são de longo prazo, o aumento do desembolso é menor, mas, mesmo assim, significativo: se a meta for atingida, a União irá investir efetivamente 80% mais recursos do fundo agora do que entre 1998 e 2002.

A decisão saiu tarde, no final de novembro, porém ainda há tempo para contratar os R$ 2,8 bilhões previstos e desembolsar R$ 1 bilhão em 2006, mesmo com o limite da lei eleitoral contra início de obras no segundo semestre. Esses recursos correspondem a R$ 2,2 bilhões do FGTS (empréstimo oneroso) mais cerca de R$ 900 milhões em emendas de parlamentares (repasse de verba do Orçamento).

O problemas são os novos requisitos colocados pela equipe econômica, que por princípio se opõe a investimentos sem retorno financeiro do capital, adequado e direto. O saneamento dá seus maiores retornos de modo indireto e difícil de quantificar monetariamente, na forma de redução dos gastos com saúde. Primeiro, a Fazenda impôs à CEF uma norma semelhante à Instrução Normativa nº 1, de outubro de 2005, que impede repasse de recursos a estados e municípios que não estejam em dia com suas obrigações com a União em qualquer de seus setores e não apenas no saneamento. Assim, por exemplo, se uma estatal de saneamento quisesse dinheiro, a empresa de ônibus daquele determinado estado também deveria estar em dia com suas obrigações com a União.

Em virtude da gritaria generalizada contra essa norma, da CEF e também do governo, a Fazenda recuou. Mas, depois, passou a exigir que o atestado de adimplência das prefeituras e estados sejam de no máximo três dias atrás. Antes a verificação valia por um mês. Para a Caixa, trata-se de uma dificuldade burocrática a mais, mas que não irá impedir os empréstimos.

O fato é que o cronograma para fechar contratos complicados como os das grandes obras de infraestrutura está apertado demais. As equipes não têm tempo de vencer todas as exigências que certamente serão feitas pelas autoridades monetárias. O ideal seria não mudar regra alguma neste setor até o final deste processo para poder colocar o máximo possível de contratos na rua. Isso porque as licitações, autorizações ambientais e desapropriações já são um desafio para a máquina.

Se o governo quer colocar o dinheiro em movimento, é necessário apoiar politicamente a equipe responsável pelo saneamento, ainda formada por técnicos do PT num Ministério controlado pelo PP. Seria interessante ter um capataz geral para ficar de olho na execução do cronograma para não atrasar e todas as metas sejam cumpridas. Não é possível haver jogo de empurra da culpa de eventuais atrasos para o colo de outro departamento. Esse risco é bem concreto, como estão envolvidas instâncias muito diferentes.

Houve muita pressão dos ministérios, Caixa e do conselho curador do FGTS para que fosse rompida a paralisia imposta pela equipe econômica em 2005, que puxou para baixo os resultados do governo. Entre janeiro de 2003 e novembro de 2005, foram contratados R$ 3,57 bilhões e desembolsados R$ 829,8 milhões com recursos do FGTS. Mas, ao somar os empréstimos do BNDES e os recursos orçamentários, a conta aumenta para R$ 7,23 bilhões, com desembolso de R$ 2,71 bilhões. Veja a tabela.

Nos dois primeiros anos do governo Lula, o investimento em saneamento foi recorde, porém, por causa de normas do CMN, foi-se formando uma fila de projetos sem recursos, que ganhou o apelido de fila burra. Isso porque ela é uma trava feita para não se investir em saneamento. Todo e qualquer pedido de empréstimo com FGTS e do BNDES entra nessa fila. Enquanto um projeto estiver em análise ou seus problemas sendo discutidos e resolvidos, e às vezes nunca resolvidos, não se analisava o próximo da fila. Projetos às vezes pequenos, ou outros tecnicamente inviáveis, ficavam travando o processamento de outros de grande relevância.

Por isso, apesar de ter os recursos, no ritmo atual, o Brasil não vai cumprir os objetivos do milênio em saneamento. Segundo o Ministério das Cidades, água e esgoto para todos só seria possível com investimentos anuais de R$ 6 bilhões. Além disso, a falta de regularidade na liberação de recursos dificulta o surgimento de empreiteiras especializadas que poderiam trazer inovações e redução de custos de produção.

Se dependesse da equipe econômica, a situação não mudaria, pois o plano era que os processos fossem analisados seguindo a fila antiga, que já somava mais de R$ 4 bilhões em pedidos. Mas o Ministério das Cidades brigou contra essa limitação, porque estavam na frente muitos projetos inviáveis, que só tomariam tempo. Foi feita uma nova chamada para recolher propostas, as mesmas que estão na fila ou não. O prazo para os estados e municípios enviarem o material termina no final de janeiro, mas já havia projetos em análise desde o início de dezembro.

Mesmo com a liberação de parte dos recursos do FGTS, ainda há recursos do FAT retidos pela fila burra. O Estado de Minas (em 12/12/2005) dedicou a manchete e mais três páginas para criticar a existência de R$ 200 milhões do FAT disponíveis, porém trancados por ordem da equipe econômica no Banco de Desenvolvimento de Minas Gerais. O jornal diz que teriam sido alcançados limites de financiamento do BDMG, que seria o repassador dos recursos. Os municípios não estão inadimplentes. "Segundo o vice-presidente do BDMG, José Trópia Reis, todas as cidades estão em dia com as contas e com a Lei de Responsabilidade Fiscal", diz o jornal. Segundo o jornal, há 180 municípios na fila, alguns há mais de três anos, mas o BC controla todo aumento da dívida pública com mão de ferro. No entanto, verificamos que o verdadeiro motivo na maioria dos casos de Minas nesse caso é mesmo a fila burra.

Em editorial logo após a liberação dos recursos do FGTS, o Estadão critica o fato de que, até aquela data (13/11/2005), a Caixa tinha emprestado apenas R$ 33,4 milhões, ou 1,2% do total disponível para o ano. Ao mesmo tempo, cerca de 18% das casas brasileiras não têm água encanada e 52% estão sem esgoto. "Justamente por isso, um dos pontos fortes da campanha de Lula à Presidência da República em 2002 foi a promessa de aplicar muito mais do que o governo anterior aplicara. Nos dois primeiros anos do governo Lula, isso até foi feito. Nesse período, os financiamentos totalizaram R$ 3,59 bilhões, o que animou o setor. Em 2005, porém, os financiamentos secaram", diz o jornal.

Para o *Estadão*, as regras do CMN [Conselho Monetário Nacional] e BC asseguram a saúde das instituições financeiras do país e a geração de déficits públicos crescentes. "Mas, em alguns casos, como é o do saneamento básico, a consequência está sendo uma economia besta".

14. FEBRE AFTOSA

Terça-feira, 29 de junho de 2004

FALHAS E RUÍDOS NA COMUNICAÇÃO FITOSSANITÁRIA

No *Globo* e na *Folha* de hoje, o ministro Roberto Rodrigues explica o atraso no anúncio da ocorrência de febre aftosa no Pará. É uma tentativa do governo de mudar a percepção desenvolvida pela mídia nos últimos dias, de que as autoridades sanitárias do Ministério da Agricultura não têm comunicado com clareza e presteza os problemas sanitários surgidos ultimamente. Primeiro foi a crítica de Carta Capital, ontem foi a vez de um editorial bastante forte de *Valor*.

Segundo o ministro, o foco de aftosa foi comunicado à Organização Internacional de Epizootias [OIE] em menos de 24 horas, como é recomendado pelo órgão. E pode ter havido problema de comunicação no repasse feito pela OIE aos países membros.

O editorial de Valor cobra especificamente o fato de o governo não ter feito nenhuma comunicação especial do surto de aftosa "para os maiores compradores de carne brasileira, como Rússia e Argentina".

O noticiário dos últimos dias revela também muito choque entre a informação emitida pelo Brasil e a dos países compradores. O fato é que está suspensa a importação da carne brasileira pela Argentina e pela Rússia, com grande repercussão na imagem do produto em outros mercados. Valor lembra que o embargo russo à carne suína dá prejuízo de US$ 1,3 milhão por dia aos exportadores catarinenses.

Sexta-feira, 16 de julho de 2004

ATRASO TAMBÉM NO COMBATE À AFTOSA

A *Folha* de hoje acusa o governo federal pela lentidão das campanhas de combate à aftosa nos estados de Mato Grosso e Mato Grosso do Sul. Diz que esses dois estados esperam desde o início do ano a liberação de R$ 15 milhões do Ministério da Agricultura. A conferir.

Quarta-feira, 13 de outubro de 2004

O GRAVÍSSIMO PROBLEMA DA AFTOSA

Mesmo depois de respondermos a um questionário de mais de trezentas páginas, e da intervenção do vice José Alencar, os russos não se deram por satisfeitos e mantiveram ontem o embargo à carne brasileira.

O governo acordou tarde para a necessidade de se modernizar o sistema fitossanitário brasileiro. Somente esse ano iniciamos os concursos para contratação de fiscais de defesa sanitária, parados há vinte anos. O problema tende a se agravar porque 40% dos 2.500 fiscais sanitários estão para se aposentar. Estima-se que, mesmo na região Sul, metade dos frigoríficos são clandestinos: não passam pela vigilância sanitária.

Com as exportações de carne atingindo US$ 1,5 bilhão este ano, podendo chegar a US$ 2,4 bilhões em 2005, a defesa sanitária deveria ser questão de segurança nacional. Além do prejuízo direto em divisas, regiões inteiras podem entrar em crise, criando centenas de desempregados, se outros países embargarem nossa carne. A cadeia produtiva da carne emprega 8 milhões de pessoas, segundo estimativa do Mapa.

NEGLIGÊNCIA CRIMINOSA E IMPUNIDADE

A Rússia suspendeu as importações de carnes do Brasil por causa de um surto no Pará, que nem é exportador. Muitos países podem fazer o mesmo a qualquer momento, assim como surtos maiores de aftosa podem e certamente vão acontecer em algum momento.

Já surgiu o segundo foco, perto de Manaus. Assim, depois de cinco anos livres de focos de aftosa, de repente, dois focos sucessivos, um no Pará e outro no Amazonas, mancharam a imagem de toda a carne brasileira.

Outro empecilho é a mentalidade atrasada de parte dos pecuaristas, que compram as vacinas apenas para poder mostrar as notas fiscais aos inspetores, mas não as aplicam, por negligência ou economia. O surto no Amazonas aconteceu porque o governo do estado se atrapalhou numa licitação e não vacinou em tempo hábil. O Amazonas é região sensível porque os americanos temem que a aftosa chegue ao Caribe e, de lá, aos Estados Unidos, de onde já foi erradicada desde os anos 1930.

Segunda-feira, 28 de março de 2005

CARTA CRÍTICA ESPECIAL: O PERIGO DO DESCONTROLE DA AFTOSA

Uma longa reportagem do DCI [Diário Comércio Indústria e Serviços] da última quinta-feira adverte que "o contingenciamento de R$ 15 bilhões no orçamento de 2005 da União" vai cortar 72,6% da verba para sanidade animal do Mapa. Inácio Kroetz, diretor do programa da área animal, disse ao jornal que os R$ 89 milhões previstos inicialmente para sanidade animal caíram para apenas R$ 24,3 milhões. Para o combate específico à aftosa, um dos seus programas principais, "o orçamento inicial de R$ 35 milhões foi reduzido a apenas R$ 9,6 milhões", disse ao jornal o diretor de Saúde Animal, Jorge Caetano.

Os recursos são geralmente investidos em duas principais frentes: o incentivo à vacinação e a fiscalização do rebanho. O trabalho é feito em conjunto com as Secretarias de Agricultura de estados e municípios. Para os técnicos do ministério, o corte orçamentário aumenta geometricamente o risco do surgimento de focos de aftosa e dificulta a fiscalização dos animais comercializados.

As consequências poderão ser desastrosas. Somos hoje o maior exportador de carne do mundo, com cerca de 1,2 milhão de toneladas/ano. Só no primeiro bimestre deste ano exportamos US$ 958,8 bilhões. Está claro que, com esses valores em jogo, o combate à aftosa assume papel estratégico.

Com esse desempenho, passamos a "incomodar" os grandes produtores de carne. Qualquer deslize leva os concorrentes a pressionar os países compradores a erguer barreiras sanitárias. Foi o que aconteceu no ano passado, após a descoberta de focos de aftosa no município de Careiro da Várzea, no Amazonas, e em Monte Alegre, no Pará. A Rússia, que compra carne do Paraná, confundiu os nomes e suspendeu por um bom tempo as importações brasileiras. O pessoal do Mapa teme o mesmo efeito quando outros países descobrirem que o Brasil restringiu o orçamento para a fiscalização e o controle da febre aftosa.

Toda semana recebemos auditorias de países estrangeiros que vêm fiscalizar a nossa estrutura de vigilância da doença. Um relatório negativo de um país comprador pode detonar o processo para outros, fechando toda a exportação.

O controle da aftosa não é a única ação da Secretaria de Defesa Agropecuária. Mas é um importante termômetro da eficiência do sistema de fiscalização do ministério. "Quando abre um escritório de fiscalização da aftosa em determinado estado ou município, o Mapa abre um canal para o controle de outras doenças e pragas, como a mosca da carambola. Esse inseto veio do sudeste da Ásia e entrou no Brasil via Guiana Francesa. A praga foi identificada em março de 1996 e, até agora, está restrita ao Amapá. Mas ainda é uma ameaça às exportações brasileiras de frutas in natura, caso chegue às grandes regiões produtoras, como os vales do São Francisco, em Pernambuco e Bahia; e o do Açu, no Rio Grande do Norte.

Na mesma velocidade que liquida com a produção, a mosca da carambola pode comprometer nossas exportações para países que mantêm rígidas barreiras sanitárias, como os Estados Unidos e o Japão, principais mercados importadores de frutas produzidas no Brasil.

Terça-feira, 11 de outubro de 2005

AFTOSA: A TRAGÉDIA ANUNCIADA

O surto revelado ontem é um desastre para as exportações e, desta vez, nem pode ser atribuído a gado trazido do Paraguai. O foco tomou cinco municípios em Mato Grosso do Sul. O foco é um "balde de água fria" para as exportações brasileiras de carne, disse Roberto Gianetti no Jornal Nacional.

A mídia deu grande destaque à notícia. É a manchete do *Estadão* e matéria principal de economia da *Folha*. O Bom Dia Brasil tratou longamente do surto mostrando as covas sendo abertas para enterrar os animais já sacrificados.

Segundo o Jornal Nacional, o Ministério da Agricultura vai investigar outros quatro municípios da região e reconhece que "o controle sanitário foi insuficiente". O Jornal Nacional lembrou problemas ocorridos no ano passado quando a Rússia suspendeu a importação de carne brasileira. Roberto Gianetti, da Fiesp, classificou a notícia de "balde de água fria no setor de carne bovina brasileira".

O prejuízo pode ser enorme. A Associação de Comércio Exterior do Brasil estimava um crescimento de 28% nas vendas de carne in natura este ano, para o valor de US$ 2,5 bilhões, ante US$ 1,962 bilhão em 2004, informa o *Estadão* de hoje. O foco também pode atrapalhar a entrada no mercado americano de carne não industrializada, disse ao *Estadão* o vice-presidente da AEB, José Augusto de Castro. Ele disse que as negociações estavam avançadas e que havia a expectativa de liberar o mercado americano para o produto.

ECONOMIA DA PORCARIA

Mas o pior foi a explicação do Jornal Nacional: faltou dinheiro para o programa de prevenção da doença. Gabriel Maciel, secretário do Ministério, apareceu admitindo "a falta de recursos não só financeiros, mas principalmente, humanos...".

Segundo William Bonner, "o secretário de Defesa Agropecuária do Ministério da Agricultura admitiu que o governo deveria ter liberado R$ 3 milhões para o combate à febre aftosa em Mato Grosso do Sul. O ministro da Fazenda, Antonio Palocci, prometeu hoje a deputados da bancada ruralista a liberação de recursos emergenciais".

No Jornal da Record, Boris Casoy cutucou: "Por causa dos cortes no orçamento para pagamento de juros da dívida, o governo reduziu este ano os recursos para o combate à aftosa." O Bom Dia Brasil também culpa Palocci.

CARTA CRÍTICA AVISOU

Há quase oito meses advertimos que podíamos perder o controle sobre a febre aftosa devido ao contingenciamento que cortou fundo o programa de Segurança Fitozoossanitária do Mapa, que tem, entre suas principais ações, o controle da aftosa. Na ocasião, a Secretaria de Defesa Agropecuária do Mapa ainda estava refazendo seus cálculos e previa que o corte provocado pelo contingenciamento podia ser brutal: de R$ 140 milhões no ano passado para cerca de R$ 30 milhões neste ano. Dificilmente haveria melhor exemplo de economia que acaba custando caro.

Também advertimos sobre o tamanho do patrimônio que estava sendo posto em risco: possuímos o principal rebanho comercial bovino do mundo, atingindo em 2003 – último levantamento disponível – 195,551 milhões de animais.

MINISTRO CULPA O CONTINGENCIAMENTO

Em entrevista à *Gazeta Mercantil*, dias antes da notícia, o ministro Roberto Rodrigues fez um relato amargo acerca do que não conseguiu fazer no ministério devido ao contingenciamento e relacionou entre os exemplos os programas de defesa sanitária, modernização e aparelhagem de laboratórios necessários.

O ministro deu nota quatro ao governo, ao qual ele mesmo pertence, como observou ironicamente no *Zero Hora* de ontem Paulo Brossard.

DEPOIS DA PORTA ARROMBADA

Chinaglia [o líder do governo, Arlindo] disse, segundo o *Estadão*, que Palocci prometeu ontem os recursos necessários para o combate do foco em encontro com parlamentares da Comissão de Agricultura da Câmara. O presidente da comissão, Ronaldo Caiado, disse que foi definido na reunião um programa de ação emergencial, com a contratação de veterinários para uma operação-cinturão na região do foco, a fim de evitar sua expansão; o controle animal nas barreiras existentes nas divisas e fronteiras.

Também foi decidido o envio de missão brasileira à Organização Internacional de Epizootias, em Paris, para tentar evitar que o foco resulte em algum tipo de embargo internacional às exportações brasileiras de carne. Tudo isso mostra a gravidade do desastre.

15. PLANOS DE SAÚDE

Segunda-feira, 8 de março de 2004

DENÚNCIAS SEMIVAZIAS ALIMENTAM UMA OPOSIÇÃO CHEIA

Os jornalistas continuam acusando o governo de corrupção, usando malfeitos em sua maioria herdados do governo passado, alguns deles até consertados pela nossa administração. Essa característica é sutilmente omitida pelas reportagens através de uma redação maliciosa que joga tudo para o nosso governo.

Os tucanos e alguns políticos do PFL, percebendo o perigo dessas denúncias se voltarem contra eles, saem na frente com uma grande gritaria, como é o caso de Alberto Goldman, que está hoje no *Estadão* bradando que "isso tudo é muito grave... o PT está com a canga solta".

O método se realimenta. Com base nesse tipo de jornalismo pouco ponderado, produzem-se seguidas manchetes espetaculares contra o governo, como a do *Estadão* de hoje: "Empresas recorrem contra monopólio da Geap".

SEMANA COMEÇA COM DOIS NOVOS CASOS

Esse é o padrão das duas novas denúncias deste final de semana: a de que a CEF não teria entregue aos procuradores todos os documentos sobre o contrato com a Gtech e a de que o governo teria dado a uma entidade particular, o Geap, o monopólio para os serviços de seguro-saúde dos servidores federais e empresas públicas.

A primeira denúncia, mais consistente, é furo de *Época/O Globo*, a segunda, menos consistente, uma denúncia vazia, é do *Estadão*, que deu ao caso a manchete da edição do domingo e volta ao assunto hoje, apesar do pronto desmentido/esclarecimento da Casa Civil.

CASA CIVIL É O ALVO PRINCIPAL

A denúncia do *Estadão* foi editada com o claro objetivo de esvaziar o impacto da entrevista de José Dirceu na *Veja* que circulou desde o dia anterior. Dizia a manchete do domingo: "Casa Civil favorece entidade com monopólio em planos de saúde".

Por trás dessa denúncia vazia está o deputado distrital de Brasília pelo PPS, Augusto Carvalho, que rompeu com o PT de Brasília, do qual guardou mágoa profunda. A história estava mal contada, mas havia alguns pontos constrangedores, entre eles o de que o governo sugeriu à própria entidade, a Geap, que redigisse o decreto a ser depois assinado pelo presidente. A resposta da Casa Civil, publicada hoje, está satisfatória, mas o assunto não vai sair da pauta porque a Geap não tinha boa fama entre os médicos.

Sexta-feira, 2 de julho de 2004

A GRANDE E LAMENTÁVEL CONFUSÃO DOS PLANOS DE SAÚDE

Os telejornais deixaram no ar a sensação de que os usuários estão completamente desamparados, depois da confusão criada por uma liminar concedida por um juiz de Pernambuco que suspendeu a propaganda do Programa de Migração dos Planos de Saúde veiculada pela Agência Nacional de Saúde. A ANS vai recorrer, mas desde já suspendeu o programa e não apenas a propaganda.

Quinta-feira, 8 de julho de 2004

O IMBRÓGLIO DOS PLANOS DE SAÚDE

Finalmente a Agência Nacional de Saúde, segundo *O Globo* de hoje, decidiu advertir os operadores de seguro-saúde contra os aumentos que, no caso da Bradesco Saúde e da Sul América, chegam a 47% e, em alguns casos, a 82%. A ANS considerou os aumentos abusivos e ameaçou as operadoras com multas de até R$ 3 milhões.

Mas o usuário do plano de saúde continua confuso sobre seus direitos e opções, enquanto o Ministério da Saúde e o governo em geral mostram-se totalmente omissos, como se isso não tivesse nada a ver com o Executivo. O governo deveria tomar a iniciativa, com ou sem a ANS, de consolidar a legislação dos planos de saúde, produzindo uma súmula de entendimentos simples e de leitura fácil, ordenando todos os dispositivos dos planos de saúde. Uma espécie de CLT dos planos de saúde.

ANS CRIOU A CONFUSÃO

A última confusão começou quando a Agência Nacional de Saúde Suplementar (ANS) lançou uma campanha para estimular a migração para novos planos de saúde. Depois da Lei nº 9.656/1998, que obrigou todos os planos a incluir doenças preexistentes e outras que alguns excluíam, os usuários passaram a ter o direito de migrar para um plano novo ou pagar mais para seu plano antigo incorporar as mudanças.

Os jornais acusam a ANS de não dar informações corretas e claras e de fazer o jogo das operadoras em detrimento dos usuários.

Na última terça, a presidente do TRF manteve uma liminar que suspende a campanha da ANS, chamada Programa de Incentivo à Adaptação dos Contratos. O *Estadão* reclamou em editorial que era preciso impor ordem e clareza nas normas sobre planos de saúde.

E QUEM LEVA A CULPA É O EXECUTIVO

Um dos mais violentos ataques à ANS veio de Aristodemo Pinotti, no *Correio Braziliense* da segunda-feira. Ele argumenta que a ANS, um órgão público, estava gastando uma fortuna em dinheiro do contribuinte para fazer propaganda das operadoras dos planos de saúde e estimular cerca de 18 milhões de pessoas a assinarem um novo contrato, pagando 15% a 25% a mais na sua mensalidade.

Denunciou ainda que, ao migrarem para os novos contratos, os usuários caem na armadilha das faixas etárias, que até os 59 anos de idade aumentarão em seis vezes a mensalidade. Pinotti diz que a propaganda da ANS omite esse fato, quando teria obrigação de esclarecê-lo.

E mais, a ANS deveria dizer também que quem assinou planos de saúde antes de 1999 tem um contrato juridicamente perfeito, amparado pelo Estatuto do Consumidor e por toda uma jurisprudência que já assegura o tratamento, sem limitação do tempo de internação ou exclusão de determinadas doenças.

GRAVES ACUSAÇÕES AO GOVERNO

Pinotti diz que tudo isso ocorreu com o conhecimento da Presidência da República, pois a Medida Provisória (MP nº 148), de dezembro de 2003, atribuiu à ANS liberdade total para regulamentar a migração, e essa agência o fez apenas sete dias depois, nas vésperas do Natal de 2003, por meio de duas resoluções normativas – as de nº 63 e 64 – sem discussão com as inúmeras entidades interessadas e antes da votação da MP no Congresso.

Pinotti diz que foi relator dessa MP e da medida de conversão discutida com todos os estamentos envolvidos e fazendo a correção dos equívocos da MP, mas que o governo encaminhou contrariamente e a medida não foi aprovada.

Quinta-feira, 15 de julho de 2004

AINDA O DESASTRE DOS PLANOS DE SAÚDE

O verdadeiro objetivo dos aumentos extraordinários nos preços das mensalidades, segundo o painel da *Folha* de ontem, é forçar a saída dos usuários individuais que assinaram contratos antes de 1998. Alguns reajustes superam os 80%. A acusação é grave. O jornal atribui essa interpretação a técnicos do próprio governo.

A explicação é de que uma parcela significativa dos 7 milhões desses usuários antigos são idosos que acarretam uma relação custo-benefício desfavorável às operadoras.

GOVERNO FEDERAL CONTINUA OMISSO

Poucos desacertos poderiam causar estrago maior na percepção do eleitorado sobre a ação de governo. Na *Folha* de hoje, o diretor-presidente da ANS confessa-se impotente frente à confusão. A única iniciativa governamental para proteger os usuários partiu de um governo estadual: o Ministério Público paulista montou uma força-tarefa para coibir os aumentos abusivos nos planos de saúde, em associação com os Procons.

Enquanto isso, o procurador Luiz Fernando Lessas, do Ministério Público Federal, ainda "estuda a possibilidade de propor uma ação contra os aumentos", informou *O Globo* de ontem. Só que as mensalidades continuam vencendo, e as pessoas não sabem o que fazer. O JN dedicou longa reportagem ontem ao caos que se instalou na saúde. São 38 milhões de usuários, dos quais 16 milhões detentores de planos novos, explicou o JN.

MÍDIA COBRA UMA ATITUDE MAIS FIRME

Vários jornais, em especial os de circulação popular e regional, criticam asperamente a ANS e as operadoras. Hoje, em editorial, um jornal classifica os reajustes dos planos de "escandalosos".

Elio Gaspari interpretou corretamente a gravidade do problema pedindo intervenção nas operadoras. Diz que, apesar de poder parecer populismo, talvez seja o melhor remédio. E sugeriu que o ministro [da Saúde] Humberto Costa prepare uma força-tarefa para essa intervenção. "É para isso que o Estado existe", diz ele. Se continuarmos omissos, certamente vamos pagar a conta nas urnas de outubro.

Terça-feira, 20 de julho de 2004

O CUSTO DO SEGURO-SAÚDE E A IMAGEM DO GOVERNO

O maior prejuízo dos aumentos abusivos do seguro-saúde pode ser à imagem do governo. O comentário mais comum entre os segurados é "e o governo não faz nada?". Esse é o pano de fundo da pesada charge de Chico Caruso na primeira página de *O Globo* de ontem, mostrando o presidente montado numa tartaruga e reclamando que ela anda depressa demais.

A crise afeta profundamente metade da classe média brasileira e menos profundamente a outra metade. Repercute muito nos jornais populares e regionais. O jornal popular de maior circulação do país, *O Dia*, do Rio de Janeiro, diz em editorial que os aumentos abusivos, de até 82%, das prestações dos planos de saúde evidenciam que as agências reguladoras "estão a léguas de distância dos interesses da maioria dos cidadãos... e foram solenemente ignorados pelas grandes empresas seguradoras".

Quarta-feira, 21 de julho de 2004

O FRACASSO DA ESTRATÉGIA PARA OS PLANOS DE SAÚDE

Aos poucos vai emergindo na mídia a causa determinante da crise dos planos de saúde: o governo foi traído pelas empresas, na estratégia combinada em comum de estimular a migração para os novos planos. "A ANS considera perdida a maior aposta do órgão para esse ano – a migração e adaptação de contratos antigos para os novos", diz o *Jornal do Commercio*, do Rio de Janeiro, de ontem, na apresentação de uma longa entrevista com o presidente da ANS, Fausto Pereira dos Santos.

Nessa entrevista, Fausto Pereira acusa as empresas "de se valerem da migração e do período de reajuste para reequilibrar problemas financeiros", e propor reajustes que não poderiam ser absorvidos para dificultar a permanência nos planos, e não apenas dos idosos, porque os planos com vida média de 15 anos eram considerados deficitários pelas empresas.

Ou seja, ao lançar a campanha de estímulo à migração para os novos planos, o governo foi cúmplice de uma manobra lesiva aos usuários dos planos e só reconheceu isso quando os juízes de todo o país começaram a dar liminares proibindo os reajustes e inviabilizando a migração. Isso explica a paralisia do Ministério de Saúde frente à crise. Fracassada sua estratégia principal, o Ministério da Saúde não sabe o que fazer.

Segunda-feira, 06 de setembro de 2004

O QUE FAZER COM OS PLANOS DE SAÚDE?

O problema está longe de solução, como demonstra a decisão da ANS, divulgada na sexta, de prolongar por mais um mês o prazo para os mutuários optarem pela migração ou adaptação aos novos planos. Aos mutuários muito confusos, a ANS deu mais prazo, mas não deu mais orientação.

No *Globo* da sexta, o especialista da FGV e diretor de Saúde da Fundação Cesp, Cláudio da Rocha Miranda, aponta um novo problema. Diz que "a cada dia mais pessoas retornam e retornarão ao atendimento público – ao SUS" – pressionando ainda mais os serviços públicos de saúde.

OS PERCALÇOS DA ESTRATÉGIA DE MIGRAÇÃO

Foi para aliviar os serviços públicos e proteger o consumidor que a ANS lançou o programa de estímulo à migração, adaptação ou ajuste aos novos planos, depois que o Supremo decidiu que os planos antigos são contratos jurídicos perfeitos, apesar de não oferecerem assistência integral, como manda a Lei dos Planos de Saúde.

Os operadores dos planos aproveitaram a campanha da migração para impor aumentos de mais de 85%. As entidades de defesa do consumidor entraram na justiça contra a ANS, acusando-a de perder o controle do processo, um caso insólito em que a defesa do consumidor é feita não pela agência reguladora, mas contra a agência reguladora.

O IMBRÓGLIO DAS LIMINARES

A liminar obtida pelas entidades de defesa do consumidor determinou a imediata suspensão do Programa de Incentivo à Adaptação dos Contratos e tirou a campanha do ar, por considerá-la propaganda enganosa. Mas essa liminar acaba de ser derrubada. O que permitiu que a ANS retomasse o programa original e sua campanha, abrindo mais prazo para a decisão do consumidor.

A ANS proibiu os aumentos abusivos, mas como as empresas não aceitaram o índice da agência, o governo precisou de uma liminar. Desta vez, contra as operadoras (Itaú Seguro Saúde, Sul América Seguros e Bradesco Seguros). O governo reconhece que alguns planos estão em desequilíbrio, mas entende que o ajuste não pode ser de uma única vez, extrapolando a capacidade de pagamentos dos usuários. Uma das consequências do desequilíbrio é o movimento nacional dos médicos contra a baixa remuneração dos planos de saúde, muitos deles preferindo se descredenciar.

16. MORTES NAS RODOVIAS

Sexta-feira, 13 de agosto de 2004

EDIÇÃO EXTRA: AS MORTES NO TRÂNSITO UM ESTUDO DE CASO SOBRE OS EFEITOS DO CONTINGENCIAMENTO

Na semana passada, a mídia dramatizou a morte no trânsito em dois acidentes envolvendo a Presidência da República. Em Belo Horizonte, a comitiva presidencial atropelou e matou um velhinho. E, em Brasília, duas pessoas morreram quando o motorista que corria demais jogou o utilitário para dentro do pátio inferior do Palácio do Planalto, ao tentar se desviar da comitiva do vice-presidente que saía naquele momento.

Na terça-feira desta semana, o Jornal da Cultura mostrou, numa longa reportagem, que morrem duas vezes mais brasileiros em acidentes de trânsito do que iraquianos em consequência da guerra. São 33 mil mortes por ano aqui contra 17 mil mortes lá. São quatro pessoas vitimadas por hora. Há ainda os que sobrevivem com sequelas graves para o resto da vida.

Na quarta, o *Zero Hora* dedicou sua manchete principal ao paradoxal aumento de 26% no número de mortes nas rodovias gaúchas mantidas com pedágio no primeiro semestre do ano.

OS CUSTOS DA GUERRA DO TRÂNSITO

Além do drama humano, os acidentes de trânsito têm um alto custo econômico e social, incluindo a emissão de um grande número de licenças médicas prolongadas e aposentadorias precoces.

O Relatório de Gestão do Denatran de 2003, primeiro ano de nosso mandato, cita estudos do Ipea que avaliam em R$ 5,3 bilhões por ano os prejuízos causados por acidentes de trânsito. Só em 2003 o Denatran registrou 300 mil acidentes com vítimas, que resultaram em 350 mil pessoas feridas.

AS CAUSAS DO AUMENTO NO NÚMERO DE MORTES

Falando ao *Zero Hora*, o representante das concessionárias das estradas gaúchas justificou o aumento no número de mortes, com o argumento de que nessas rodovias as pessoas correm ainda mais, o que faz com que ocorram mais mortes por acidentes do que em rodovias com pior manutenção.

Disse também que o tráfego de caminhões aumenta muito com a reativação econômica, o que aumenta bastante a probabilidade de acidentes. O Relatório de Gestão do Denatran também enfatiza a relação entre a segurança no trânsito e o aumento contínuo na frota nacional de veículos.

UMA BANDEIRA A SER EMPUNHADA

O *Jornal da Cultura* endossou a tese do especialista em trânsito de São Paulo, Roberto Scaringella, de que muito precisa ser feito para reduzir os acidentes. Ele citou entre as medidas mais importantes: aumentar a fiscalização nas estradas, diminuir a sensação de impunidade, obrigar as autoescolas a melhorarem o treinamento e, principalmente, introduzir a educação para o trânsito nas escolas.

Tudo isso pode ser feito, caso o governo adote uma nova política pública para o trânsito. O Código Nacional de Trânsito, que já tem sete anos, prevê aulas de educação no trânsito para as crianças nas escolas, mas isso não é feito porque até hoje ainda não foi regulamentado, segundo Scaringella.

O relatório do Denatran também destaca a "extrema importância de campanhas educativas de segurança e educação no trânsito para a prevenção dos acidentes".

AS TAREFAS E RESPONSABILIDADES

A atribuição central da educação para o trânsito e prevenção de acidentes é do Denatran, órgão máximo do Sistema Nacional de Trânsito, hoje vinculado ao Ministério das Cidades. Em especial, a Lei nº 9.503/1997 diz que cabe ao Denatran "promover, em conjunto com órgãos competentes do Ministério da Educação e do Desporto, de acordo com as diretrizes do Contran, a elaboração e implementação de programas de educação de trânsito nos estabelecimentos de ensino".

Mas no relatório de gestão de 2003 não consta nenhuma ação para instituir o ensino ou educação do trânsito nas escolas. Constam apenas duas campanhas de curtíssima duração: a Semana Nacional do Trânsito, com o mote "Dê preferência à vida", e a de fim de ano, com o mote "Álcool e velocidade".

POR QUE PAROU, PAROU POR QUÊ?

O MEC havia começado a produzir material didático de prevenção de acidentes de trânsito, mas, com a troca de ministros[18], o projeto parou. O projeto Rumo à Escola, criado no governo FHC com apoio da Unesco, que levava questões de prevenção a 250 escolas em quinze estados, de modo extracurricular, acabou no início do nosso governo, em 2003, e não foi renovado. Um novo programa desse tipo, o Programa de Educação para a Cidadania no Trânsito, está sendo estudado, mas só em setembro vai ficar pronto o projeto e não há a menor perspectiva ainda de sua implantação no horizonte visível. O mais dramático retrocesso em relação ao governo FHC foi a interrupção das campanhas de prevenção pela TV e rádio, que eram eficazes, mas custam até R$ 4 milhões por semana. Técnicos do Denatran avaliam que haveria a necessidade de fazer pelo menos uma campanha dessas por mês, o que seria impossível com o atual orçamento do órgão.

---

18 N.E.: O ministro Cristovam Buarque deixou a pasta em 27 de janeiro de 2004 e foi substituído por Tarso Genro.

O DESASTRE DO CONTINGENCIAMENTO

Em maio de 2003, início de nosso governo, o presidente criou a Câmara Interministerial de Trânsito, com a atribuição de "harmonizar e compatibilizar políticas e orçamentos que interfiram ou repercutam na Política Nacional de Trânsito".

Mas apesar de ter receita própria de R$ 100 milhões, oriunda do seguro obrigatório, e mais R$ 100 milhões de participação nas multas, o Denatran ficou praticamente sem nenhum dinheiro para implantação de seus projetos educativos, por causa do contingenciamento. Grande parte dos R$ 58 milhões que recebeu tiveram que ser gastos para pagar o Serviço Federal de Processamento de Dados (Serpro), que faz a manutenção do Renavan e do Renach.

Somente R$ 553 mil foram aplicados em campanhas educativas. Foram totalmente cortados pelo contingenciamento, segundo o Relatório de Gestão de 2003, cinco programas relevantes para a segurança do trânsito: Campanha Educativa para Prevenção de Acidentes de Trânsito em Regiões Metropolitanas (PNSP); Programa Estudos para Inserção Curricular de Educação para o Trânsito no Sistema de Ensino; Implantação da Rede Nacional de Formação de Habilitação de Condutores; Implantação de Sistema de Inspeção de Segurança Veicular; Capacitação de Agentes para Fiscalização e Habilitação de Condutores.

O Relatório de Gestão de 2003, sóbrio e objetivo, não deixa dúvidas de que, na área de prevenção dos acidentes de trânsito, o contingenciamento nos empurrou ao limite da irresponsabilidade. Nada indica que no primeiro semestre deste ano tenha havido mudanças fundamentais.

Terça-feira, 28 de setembro de 2004

ECOS DA TRAGÉDIA DE ERECHIM

Continua a repercutir nos jornais o acidente que vitimou quase duas dezenas de crianças e adolescentes em Erechim na semana passada. O *Zero Hora*, logo após a tragédia, já havia cobrado em editorial "uma profunda reflexão sobre a qualidade dos serviços que o país presta a seus cidadãos e a responsabilidade pública e privada de melhorá-los".

Para o jornal, "as crianças que morreram e o luto das famílias merecem, pois, mais do que a simples solidariedade".

Foi exatamente esse o tom de um dos três comentários de ontem que ocuparam uma página inteira do *O Globo*. "As vítimas e seus familiares precisam muito mais do que a solidariedade das autoridades", diz o especialista em estradas e coordenador do SOS Estradas, Rodolfo Rizotto.

O PAPEL DA FATALIDADE...

O segundo texto é de um pai que perdeu o filho num outro tipo de acidente. Ele discute o papel dos homens, do destino e da fatalidade nos acidentes. E comenta a reação do presidente, com a qual concorda, de que: "no acidente de Erechim, provavelmente os culpados são vários".

Mas ele discorda da segunda parte da fala do presidente, quando Lula diz que "neste momento não adianta buscar culpados, porque deve haver muitos culpados".

Para ele, os acidentes são, na maioria das vezes, consequência de ambientes inseguros. Além disso, para que atinjam seu efeito máximo, várias regras são quebradas.

...E O PAPEL DO ESTADO

Tanto nesse texto quanto no texto principal, que abre a página de debate, escrito pelo tenente-coronel do Exército Milton Correa, há uma cobrança incisiva do papel do Estado na segurança do trânsito.

Diz o coronel: É preciso que o governo federal acorde e acredite na recente proposta de uma nova Política Nacional de Trânsito, preconizada pelo Denatran, com base em pesquisas e estudos efetuados, investindo prioritariamente em educação e segurança de trânsito.

OS NÚMEROS DA TRAGÉDIA NO TRÂNSITO

No mês passado, o *Jornal da Cultura* mostrou numa longa reportagem que morrem duas vezes mais brasileiros em acidentes de trânsito do que iraquianos em consequência da guerra.

São 33 mil mortes por ano aqui contra 17 mil mortes lá. São quatro pessoas vitimadas por hora. Há ainda os que sobrevivem, com sequelas graves para o resto da vida. *O Globo* de ontem cita números ainda maiores: 42 mil mortes por ano, das quais 24 mil em acidentes nas estradas. "Somente os acidentes com ônibus nas rodovias brasileiras são mais de 16 mil por ano que matam 2.400 pessoas."

E A NOSSA RESPONSABILIDADE

O Relatório de Gestão do Denatran de 2003 já havia destacado a "extrema importância de campanhas educativas de segurança e educação no trânsito para a prevenção dos acidentes". Mas na gestão de 2003 houve apenas duas campanhas de trânsito de curtíssima duração.

Deu-se mesmo um retrocesso em relação ao governo FHC: a interrupção das campanhas de prevenção pela TV e rádio, que eram eficazes, mas custam até R$ 4 milhões por semana.

Técnicos do Denatran avaliam que haveria a necessidade de fazer pelo menos uma campanha dessas por mês, o que seria impossível com o atual orçamento do órgão.

Apesar de ter receita própria de R$ 100 milhões, oriunda do seguro obrigatório, e mais R$ 100 milhões de participação nas multas, o Denatran ficou sem recursos para implantação de seus projetos educativos, por causa do contingenciamento.

17. PROGRAMA NAVAL

Quinta-feira, 11 de março de 2004

O DURO PARTO DA CONSTRUÇÃO NAVAL

Tanto o editorial da *Gazeta Mercantil* de ontem quanto as manchetes de anteontem desse jornal e do *Jornal do Brasil* anunciam um ambicioso programa de construção de 52 navios petroleiros a um custo de US$ 3 bilhões, gerando 240 mil empregos. A construção dos navios reduziria em US$ 200 milhões por ano os gastos com fretes de nosso balanço de pagamentos. Mas uma leitura cuidadosa das reportagens revela que, apesar de anunciadas para abril, as licitações ainda não estão garantidas.

A SAGA DA FALTA DE GARANTIAS

Segundo as reportagens, esse programa está demorando porque os estaleiros não têm patrimônio suficiente para as garantias fiduciárias exigidas nos contratos de financiamento com o BNDES, que é o agente gestor do Fundo Nacional de Marinha Mercante (FNMM). O dinheiro existe, é do Ministério dos Transportes, que arrecada cerca de R$ 650 milhões por ano com a cobrança de um adicional sobre o frete, mas não pode ser usado. Enquanto isso, fica no Tesouro, engrossando o superávit primário.

A Petrobras, que precisa dos navios, inventou um modelo engenhoso, descrito pelos dois jornais, pelo qual ela mesma assume a responsabilidade pelos financiamentos, subcontratando os estaleiros. Mesmo assim, a Fazenda e o BNDES não aceitaram.

A SOLUÇÃO QUE NÃO DEU CERTO, DA PETROBRAS

Mesmo sendo a Petrobras a tomadora do empréstimo, o BNDES continuou exigindo uma garantia pesada de cada estaleiro, na forma de uma carta de fiança de 130% sobre o valor a ser financiado. Cada petroleiro custa, em média, US$

120 milhões. O problema voltou à estaca zero. Durante cinco meses, as discussões se arrastaram na Fazenda.

A SOLUÇÃO FINAL, OU QUASE

Finalmente, a Fazenda aceitou que os estaleiros substituam as garantias por um Seguro Performance, mais barato, adquirido junto a empresas de seguro. O texto foi então alterado e analisado previamente pela Casa Civil. Na quarta-feira, estava sendo analisado pelo ministro Furlan, do Desenvolvimento. Só precisa agora da assinatura do ministro da Fazenda, Antonio Palocci.

PODE ENCALHAR DE NOVO

O setor naval teme que, se a MP não for editada até sexta, último dia no cargo do ministro dos Transportes, Anderson Adauto[19], tudo pode voltar à estaca zero. Adauto não assinou a medida provisória porque a licitação será feita pela Transpetro. Mas Adauto deve passar a pasta na segunda-feira para Alfredo Nascimento, prefeito de Manaus, que não participou das negociações e desconhece a MP. Se o novo ministro quiser analisar novamente todo o processo, a previsão é de que a medida demore pelo menos mais três meses para sair do papel.

Sexta-feira, 4 de junho de 2004

A SAGA DO FUNDO DA MARINHA MERCANTE

Um novo conflito de interesses atravessou-se no caminho da MP nº 177, que permitiria o financiamento pelo Fundo da Marinha Mercante dos 22 novos petroleiros que a Petro-

---

19 N.E.: Alvo de denúncias, Adauto deixou o ministério em fevereiro de 2004 para disputar a Prefeitura de Uberaba.

bras quer construir no Brasil. Faz oito meses que essa MP rola pelos labirintos do poder.

Os armadores, segundo *Monitor Mercantil* de ontem, ficaram eufóricos com a aprovação da MP no Senado na terça-feira. Mas a Fazenda reclama da inclusão pelos parlamentares do direito de os armadores repactuarem pela TJLP antigas dívidas indexadas ao dólar. A medida, fruto de um forte lobby dos armadores, talvez com o apoio da Transpetro, é retroativa a janeiro de 1999, quando houve a desvalorização do real. A Fazenda teme que sirva de precedente para outros setores pedirem a mesma mamata. Aceita a repactuação, mas não retroativa.

A Fazenda também não gostou da reintrodução pelos parlamentares do "fundo de aval", que já havia sido extirpado da MP e substituído por um "seguro desempenho".

LESSA VERSUS FAZENDA

Ontem, no jornal *Valor*, Carlos Lessa saiu em defesa do direito de repactuação, que, além de estimular ainda mais a indústria nacional, vai facilitar ao BNDES a recuperação de dívidas vencidas.

A MP foi aprovada na terça pelo Senado. Na quarta, *O Valor* informava que a Fazenda se opunha a esse novo incentivo. Se ele não for derrubado quando a MP voltar à Câmara, acredita-se que a Fazenda poderá pedir ao presidente que o vete. Os donos de estaleiros alegam que isso poderá ser fatal. Justamente neste mês a Braspetro deve lançar os editais para a construção de 22 novos petroleiros.

TRÊS MIL EMPREGOS POR NAVIO CONSTRUÍDO

Os editais serão lançados em lotes de três a quatro navios cada um. Os empresários dizem estar descapitalizados e contam com o aval do Fundo da Marinha Mercante, criado pela MP, como única maneira de poder disputar as licitações.

Os empresários calculam que a construção de um navio petroleiro empregue de 2 a 3 mil pessoas. E lembram que a geração de empregos nessa área é uma promessa de campanha do presidente Lula. Cada petroleiro custa cerca de US$ 80 milhões. O Fundo de Aval somaria R$ 400 milhões, e o resto do R$ 1,4 bilhão, que tem o Fundo da Marinha Mercante, financiaria a construção dos navios.

Isso se a Fazenda não pedir ao presidente que vete o Fundo de Aval, o que é altamente provável. Nesse caso, tudo voltará à estaca zero.

Domingo, 4 de julho de 2004

ZÉ DIRCEU LEMBRA QUE O TEMPO POLÍTICO É CURTO

O *Estadão* mostrou o contraste entre a fala de Zé Dirceu e a do presidente. Diz que Zé Dirceu expressou a angústia do Planalto: "abandonou o discurso escrito e, num improviso, admitiu que o tempo é curto e está conspirando contra nós". A *Folha* destacou mais as cobranças substantivas de Zé Dirceu por uma política de mais crédito e juros mais baixos. Dirceu disse que "as famílias pagam quase um terço de sua renda em juros, impostos e tarifas públicas".

UM EXEMPLO DE PROJETO IMPORTANTE QUE NÃO VAI DECOLAR

Os jornais cariocas deram muito destaque à decisão do presidente de vetar os artigos da MP nº 177 que previam a criação de um Fundo de Aval para os estaleiros poderem contratar a construção dos 22 navios que a Petrobras quer encomendar. Sem esse Fundo de Aval, resultado de negociações no Congresso, os navios não vão sair do papel.

O *JB* diz que entre os motivos alegados para o veto está o impacto da despesa no superávit primário. *O Globo* diz que o governo vetou porque o fundo colocava o BNDES como garantidor, "deixando o governo vulnerável". E o *Monitor Mercantil* diz que o veto provocou revolta no PT carioca. O governo quer substituir o Fundo de Aval por um outro mecanismo, mas tudo isso são mais meses de demora.

O PIOR É QUE O DINHEIRO EXISTE E ESTÁ PARADO NO BANCO

Além do desastre político, esse é um exemplo claro de um governo amarrado por regrinhas burocráticas. Só de fretes com navios estrangeiros, gastamos US$ 6 bilhões por ano, lembrou no *Monitor Mercantil* de ontem um dos dirigentes do Sindicato dos Armadores.

O Fundo da Marinha Mercante tem mais de R$ 1,8 bilhão originário de taxação, mantido no BNDES, portanto, dinheiro não falta. Mas o BNDES exige um aval de mais de 100% do valor de cada encomenda, e os estaleiros descapitalizados não têm como dar essa garantia. Daí a ideia do Fundo de Aval.

Segunda-feira, 28 de fevereiro de 2005

AGORA, A BATALHA JUDICIAL EM TORNO DO PROGRAMA NAVAL

Os estaleiros cariocas conseguiram barrar provisoriamente na justiça a licitação de pré-qualificação para a construção dos 42 navios petroleiros da Transpetro. Uma liminar foi concedida pelo juiz da 1ª Vara Cível de Angra dos Reis, a partir de ação popular impetrada pelo vice-prefeito de Angra dos Reis, Jorge Gonçalves, que é do PL.

O juiz aceitou os argumentos contra a participação do que eles passaram a chamar de "estaleiros virtuais", os dois estaleiros ainda a serem construídos no Rio Grande (RS) pelo consórcio Aker-Promar e o de Suape (pela Camargo Correa). As regras do edital da Transpetro permitem que empresas ainda sem estaleiros possam apresentar projetos de construção das unidades e se qualificar para a solicitação. Ao mesmo tempo exclui estaleiros existentes, exigindo uma largura superior à que a maioria deles tem hoje.

O juiz proibiu estaleiros ainda não existentes de participarem da licitação e também vetou o uso de critérios na pré-classificação que excluam estaleiros já existentes. Seu despacho diz que a participação dos "estaleiros virtuais" não atende ao interesse público, e a cláusula que exige tamanho mínimo da carreira é um "exagero de exigências" que deve ser evitado, para aumentar a concorrência.

A POLITIZAÇÃO POLÍTICO-ELEITORAL DA DISPUTA

Ao *Monitor Mercantil* o prefeito disse que logo "estarão preservados empregos em uma região que passa por uma grave crise no setor naval e depende dele. Houve a demissão de aproximadamente 4 mil funcionários. A medida veio contra este cenário desfavorável".

O deputado estadual Aurélio Marques, do PL, com base eleitoral em Angra, já está explorando a vitória. Disse ao *Monitor Mercantil* que não se pode aceitar a perpetuação de cláusulas consideradas "de risco ao desenvolvimento do estado". "Não sou contra o edital na íntegra, mas contra partes e cláusulas que favorecem os estaleiros virtuais."

NEGOCIAÇÃO FRACASSOU

O *JB* diz que o presidente da Transpetro, Sérgio Machado, tentou convencer o vice-prefeito de Angra a retirar a ação, mas ele se mostrou irredutível, o que obriga a Transpetro a iniciar uma batalha judicial que pode ser desgastante.

O estaleiro Brasfels (antigo Verolme), de Angra dos Reis, está apto a construir os petroleiros de maior porte, do tipo Suezmax, segundo o estudo da Coppe, resumido recentemente pelo jornal *Valor*. Mas pelos critérios de pré-classificação e as regras da licitação, ficaria excluído. Daí a bronca do vice-prefeito de Angra.

A licitação já havia sido adiada de 31 de janeiro para 28 de fevereiro, depois para 16 de março. O FMM acabou de aprovar os financiamentos da ordem de US$ 300 milhões para a construção dos dois novos petroleiros, na certeza de que eles vencerão a concorrência, da qual acabam de ser excluídos por essa liminar.

O QUE FAZER?

É muito provável que acabemos derrubando essa liminar e todas as que vão pipocar. Mas seria politicamente adequado pactuar com os estaleiros cariocas, dando garantias de que tem encomenda para todo o mundo, inclusive porque há também as encomendas das plataformas e barcos de apoio.

É preciso rever também a viabilidade econômica dos novos estaleiros, principalmente depois do aumento extraordinário que está sendo anunciado do preço do aço. Essa indústria é altamente cíclica. O estudo da Coppe alertou que a demanda interna para os próximos anos sustentaria o funcionamento dos estaleiros nacionais apenas por cinco a dez anos, "passado esse ciclo, os estaleiros fechariam as portas, como aconteceu no passado".

18. RELAÇÕES COM A MÍDIA

Sexta-feira, 16 de maio de 2003

ALERTA — O PRESIDENTE NÃO FALA AOS JORNALISTAS

Três matérias tratam desse tema em *Valor* de hoje. Uma diz que foram 135 dias sem que o presidente desse uma entrevista. A outra, de um dos editores do jornal, Carlos Eduardo Lins da Silva, antigo militante e fundador do PT em Santos, elabora sobre esse fato dizendo que o presidente optou pelo monólogo. E a terceira diz que o presidente é o mais refratário à imprensa de todos os presidentes eleitos.

Comentário: Essas matérias tocam num problema mais complexo, que é a ausência de ritos de comunicação entre governo e mídia, exceto o do porta-voz. Todo o sistema de comunicação do governo está inadequado e precisa ser repensado.

Quinta-feira, 28 de abril de 2005

SUPLEMENTO ESPECIAL PREPARATÓRIO PARA A PRIMEIRA COLETIVA DO PRESIDENTE

PRELIMINARES SOBRE A POSTURA

Os jornalistas premiados com o direito de perguntar serão movidos pelo desejo pessoal de se destacarem. Dois tipos de perguntas atendem a esse objetivo: as muito inteligentes (*Estadão, Globo*) ou muito provocativas (*Folha, Correio*). Sendo a primeira coletiva, as perguntas também vão ser discutidas pelos editores, refletindo a postura geral da mídia em relação ao governo.

Ao presidente, a postura de estadista é mais adequada do que a coloquial, mas evitando a pompa e a autossuficiência. Algumas referências simbólicas podem ter bom efeito, mas não a repetição de metáforas já muito manjadas, como as do futebol ou da plantinha que precisa crescer. A opinião pública espera a confirmação de seu comprometimento com os interesses da maioria e não novas promessas, lamúrias ou balanços ufanistas.

O ideal é que o presidente dê o tom da coletiva, antecipando na sua apresentação inicial, que deve ser breve, algumas respostas substantivas às questões mais relevantes do momento. Mergulhando em dois ou três itens, pode mostrar que a Presidência é um posto de comando e de muito trabalho.

Nessa antecipação, o presidente não deve se valer de argumentos falaciosos, pois não se trata de convencer e sim de explicar, inclusive contextualizar dificuldades. É aconselhável responder às perguntas mais capciosas descendo a minúcias, para mostrar a dificuldade do problema e que o acompanha de perto. Não faz mal o presidente consultar rapidamente uma ou outra anotação ao responder. Quanto mais afirmativo e incisivo nas repostas, melhor.

PRELIMINARES SOBRE O CONTEXTO

No campo econômico, temos os primeiros sinais de fadiga da política macroeconômica, em especial a perda de dinamismo do PIB e retorno de pressões inflacionárias, a despeito da alta na taxa de juros Selic. O questionamento deve surgir na coletiva.

No campo político, há perda de confiabilidade na base parlamentar e a crescente desenvoltura do presidente da Câmara na construção de uma agenda própria. A questão das relações com o Congresso deve surgir.

No Executivo, temos os pepinos Jucá[20] e Meirelles[21]. O de Jucá deve ser cobrado com energia. O de Meirelles pode ser ignorado pelos jornalistas.

Na política externa, temos um quadro dinâmico em que Lula e nosso governo protagonizam papéis cada vez mais importantes, mas que por isso mesmo geram polêmicas cada vez mais fortes. Devem surgir muitas perguntas.

No campo social, a mídia demonstra relutância em informar nossos avanços a ponto de distorcer o quadro geral com denúncias de irregularidades isoladas, que são generalizadas de modo forçado. Devem manter essa postura.

---

20 N.E.: Romero Jucá foi afastado da Previdência após denuncias de fraude para obtenção de empréstimos junto ao Banco da Amazônia.
21 N.E.: Em maio de 2005, a Procuradoria-Geral da República abriu inquérito para averiguar o presidente do Banco Central, Henrique Meirelles, por suspeita de remessa ilegal de dinheiro para o exterior.

TÓPICOS MAIS PROVÁVEIS POR ORDEM ALFABÉTICA

Aborto: Entendemos que é um problema de saúde pública grave, de grandes proporções e que exige solução urgente.

Apagão na infraestrutura: Principalmente a precariedade de algumas estradas vitais ao escoamento e movimentação das pessoas e a demora no licenciamento ambiental de hidroelétricas.

Admitir o atraso: Mostrar com números e datas a retomada das licitações. Mostrar que a resolução democrática de conflitos ambientais é mais demorada. É um preço que a sociedade tem que pagar. Tema bom para o presidente demonstrar acompanhamento minucioso.

Bolsa Família: Dar os números principais, mostrar o empenho em resolver os problemas de cadastro de modo permanente e a grande contribuição da imprensa em denunciar os desvios. Bolsa Família já é referência mundial. Anunciar novas frentes do Fome Zero, como os restaurantes populares.

Câmbio: O vigor das exportações demonstra que, do ponto de vista macroeconômico, o problema ainda não é grave e há vantagens do dólar barato no custo das importações e no combate à inflação. No entanto, parte do mistério se explica pela aplicação que as empresas fazem de seus lucros e antecipações de contratos de câmbio no mercado de títulos. Assim, o exportador compensa na especulação financeira o que perde na exportação física. Algumas cadeias produtivas, como calçados, já estão demitindo. Anunciar que o governo precisa estudar a situação dessas cadeias e reexaminar a política cambial.

Carga tributária: Responder curto e grosso que é mentira que aumentou a carga tributária. Procurar mostrar os aumentos que ocorreram no governo passado. Dar os dois ou três números principais. Dizer que repetir uma mentira dezenas de vezes não faz dela uma verdade.

Copom e taxa de juros: Tem sido um remédio amargo, e reconheço que seus efeitos colaterais foram pesados, especialmente no aumento da dívida interna. Por esse motivo, já instruí o ministro Palocci a estimular a busca de outras formas de combater a inflação. Não vamos recuar no combate à inflação, mas temos que buscar outros meios, mesmo porque boa parte da inflação é de custos e de preços administrados, que precisam de outro tipo de tratamento.

Corrupção: Mencionar as grandes operações da PF que mostram o empenho de nosso governo em acabar com formas seculares de corrupção, quadrilhas atuando há décadas no aparelho de Estado e fora dele.

Combate ao narcotráfico: Mostrar a abrangência de nossa polícia, com novos acordos internacionais contra lavagem de dinheiro, aumento das prisões como resultado da Lei do Abate, operações com base em inteligência que, pela primeira vez, pegam barões do tráfico e não só bagrinhos; reconhecer que no combate ao uso de drogas ainda falta uma política mais ousada e abrangente.

Desemprego: Infelizmente em alta de novo. Estamos criando empregos formais na razão de 100 a 120 mil por mês. Mas é pouco. O governo já está adotando novas medidas, por exemplo, na área do microcrédito e desoneração de investimentos, para estimular a criação mais acelerada de emprego.

Entrevista: Por que demorou tanto a primeira coletiva? Na verdade, foram dadas entrevistas, muitas coletivas de menor porte, a grupos de jornalistas. Estamos dando um salto de qualidade, no sentido de inaugurar entrevistas mais amplas ao conjunto dos jornalistas que cobrem o Palácio.

Haiti: Um grande desafio que enfrentamos. Anunciar, se for o caso, se as tropas brasileiras continuam, até quando e em que termos. Reconhecer que a situação é difícil, mas houve avanços e obtivemos a garantia dos Estados Unidos e da ONU de que vai ser reforçada a ajuda humanitária e de reconstrução econômica, essencial a qualquer solução de longo prazo.

Hugo Chávez: Divergimos da postura americana que insiste em qualificar o governo venezuelano como não democrático. Não vamos ser cooptados para nenhuma aventura intervencionista na América Latina. É bom uma ou outra frase forte como essa no decorrer da entrevista. Uma frase que marque o atual desejo de emancipação e integração da América Latina pegaria bem.

Inchaço da máquina: Mentiras e sofismas. O governo tem obrigação de garantir serviços à população. Como combater o crime sem uma boa Polícia Federal? Como acabar com as terceirizações? Só no PND o governo reduziu os 30 mil contratos de serviços herdados do governo FHC para apenas 3 mil.

Jucá: O assunto está na justiça. O ministro tem direito à presunção da inocência até prova em contrário. À mídia cabe o importante papel de informar e quebrar instâncias de segredo. Mas julgar cabe à justiça. Na mídia não há contraditório e presunção de inocência, o réu na verdade é pré-julgado.

Meirelles: A mesma resposta do caso Jucá.

Nepotismo e "nepetismo": É um mal antigo que precisa ser combatido. A imprensa tem prestado um grande serviço ao país denunciando o nepotismo. Mas é preciso ser sensato e justo. Distinguir casos em que se justifica, por exemplo, a transferência de um funcionário para manter a unidade da família, de casos sem nenhuma justificativa. Concordar com a postura da Câmara de propor a PEC contra o nepotismo. Mas é preciso ver o quanto disso é jogo de cena. Quanto à acusação de que o PT ou os sindicalistas aparelham o Estado, ela é falsa, reflete um viés de classe e partidário. Por que nunca se acusaram os patrões de aparelharem o Estado ou os tucanos de aparelharem o Estado?

Microcrédito: Torcer para que alguém faça uma pergunta. Ou aproveitar a pergunta sobre Copom. O presidente pode dizer com segurança que se trata de uma revolução em curso, com um grande potencial pela frente. O microcrédito é uma dessas políticas públicas que podem mudar o Brasil.

MPs: Concordamos que o excesso deve ser combatido. Mas isso só pode se dar no contexto de um aperfeiçoamento do funcionamento do Congresso. O governo tem que governar. Tem responsabilidades sobre os rumos do país, da economia, da segurança nacional e não pode ficar parado.

Pedido de perdão aos negros: Vão cobrar o que adiantou pedir perdão, se ficou só nisso. Além de que já tinha pedido antes. É claramente uma pauta tucana de tanto que ficaram incomodados com o gesto. Responder com uma lista de medidas para a inclusão social, em especial a política afirmativa de cotas para negros nas universidades incluída no Prouni.

Política externa: Quanto mais se avança, mais despertamos resistências e até ciúmes. É natural. Além disso, quando se avança demais é preciso, de vez em quando, dar uma parada para retomar o fôlego. Outra parte das críticas vem de setores acostumados a uma postura de dependência e subserviência. São interesses contrariados ou o medo de sermos independentes e soberanos.

PT: É admirável a eleição direta para a direção do PT. Nenhum outro partido no Brasil faz isso, e poucos fazem isso no mundo. As críticas das tendências são naturais. Ocorre que o governo é mais amplo do que o PT. É um governo de coalizão. É preciso dizer que a crítica das tendências de esquerda é muitas vezes formulada de modo pouco criativo, sem oferecer alternativas claras e convincentes. Em quem o presidente vai votar? No Genoino, é claro.

Reforma agrária: Precisamos acelerar a reforma agrária, mas a custos menores para a sociedade. Os custos da terra têm sido proibitivos, por problemas seculares de sacralização da terra e falta de atualização dos parâmetros de produtividade. A lei manda atualizar os parâmetros, mas isso não tem sido feito há quase trinta anos. A lei tem que valer para todos.

Reeleição: Todo governante é um postulante natural à sua reeleição, mesmo porque quatro anos de mandato é pouco tempo. Só não é reeleito se a população se convenceu que não deu certo. Espero que não seja esse o sentimento da população em 2006. Fui eleito para mudar o Brasil e acredito que já lançamos as bases para a mudança, que agora deve se acelerar.

Reforma sindical: São alguns pelegos apenas que se opõem à reforma. A grande maioria dos sindicalistas é a favor, mesmo porque foi detalhadamente negociada, inclusive com os empresários, antes de seu envio ao Congresso.

Reforma universitária: Está em debate. Reconhecer que há resistências. Mas ensino não pode ser tratado como uma mercadoria igual às outras. O governo espera que se chegue a um consenso no Congresso.

Segurança pública: Reconhecer a lentidão do programa. Mas ressaltar ações da PF e a campanha de recolhimento de armas. A responsabilidade direta é de governos estaduais, que muitas vezes demoram em assinar os convênios.

Roraima: A lei tem que prevalecer; o governo não vai recuar.

Segunda-feira, 23 de janeiro de 2006

EDIÇÃO TEMÁTICA ESPECIAL: A COMUNICAÇÃO DE GOVERNO

Apesar da recente melhora na comunicação do governo, em especial na comunicação direta do presidente, persistem lacunas fundamentais na estrutura e no nosso modo de comunicação, entre as quais a falta de um comando unificado, falta de rituais de comunicação através do corpo da imprensa e de um planejamento estratégico para disputar a agenda da mídia, hoje totalmente dominada pela oposição.

"Houve uma sensível melhora na comunicação do governo" observou Tereza Cruvinel no *Globo* deste sábado. Ela elogiou o pronunciamento do presidente sobre a liquidação antecipada da dívida com o FMI, a entrevista ao Fantástico e a nova campanha institucional regionalizada mostrando o que o governo federal tem feito em cada região "sozinho ou em parceria com prefeituras e governos estaduais".

A campanha regionalizada ataca um dos problemas da imagem do governo que era a apropriação da paternidade de obras financiadas pelo Governo Federal, Caixa Econômica e BNDES e por governos estaduais e municipais, muitas vezes os mesmos adversários políticos que nos acusavam de " incompetência administrativa".

A mudança na linguagem do presidente resolveu outro de nossos problemas que era a saturação das suas formas de falar anteriores. O pronunciamento foi especialmente bemsucedido ao relacionar o pagamento antecipado do FMI com o quotidiano das pessoas.

Para as pessoas mais pobres que formam o grosso do eleitorado, o dia a dia melhorou com programas como o Prouni, Bolsa Família, e crédito contingenciado e financiamento barato de material para autoconstrução. Ao tratar desses temas, com simplicidade e clareza, o presidente cria as condições para a retomada de um diálogo com a população em termos que não podem ser contestados pela oposição. Pode até "reconquistar eleitores decepcionados", como observou Tereza Cruvinel.

Houve também melhoras que a mídia ainda não notou, entre elas a maior prontidão do governo em responder erros de informação ou distorções graves de enfoque da mídia, e a qualidade da revista especial de balanço de três anos de governo, muito superior às edições de anos anteriores, ainda que igualmente escrita em linguagem de propaganda.

Mas ainda não foram encontradas soluções para outros problemas igualmente importantes da nossa comunicação, especialmente o da deterioração nas relações entre governo e jornalistas. E continuamos sem um comando unificado de comunicação. O governo também confia excessivamente nas ações de comunicação pagas ou verticais, concebidas em geral em linguagem propagandística. Investimos pouco na comunicação espontânea, no relacionamento mais intenso com os jornalistas e na ocupação natural dos espaços de pauta e de debate na mídia. É pela comunicação espontânea que a oposição vem conseguindo pautar a mídia nacional.

Também perdemos regularmente as oportunidades de criar fatos, permitimos que divergências internas tomem conta do noticiário de governo e não capitalizamos adequadamente ações importantes de órgãos autônomos como a Caixa Econômica.

Num diagnóstico sucinto, hoje os principais problemas da comunicação que dependem do governo, além da falta do comando unificado são: 1) a falta de rotinas de comunicação junto à imprensa e junto aos jornalistas credenciados no Palácio, em especial coletivas regulares de imprensa; 2) a cultura de "medo de dar entrevista", que se manifesta na recusa sistemática de ministros e assessores importante em dar entrevistas; 3) o quase desaparecimento dos *briefings* do porta-voz à imprensa; 4) a falta de "*briefings* de profundidade de assessores credenciados a jornalistas formadores de opinião ou especializados; 5) a pouca divulgação das realizações de governo ou dificuldades de seu aproveitamento; 6) o pouco uso que fazemos de nosso mais importante recurso de comunicação, o sistema Radiobrás; 7) a esterilização em atividades meio ou burocráticas do enorme corpo de jornalistas e especialistas.

O principal problema de comunicação que independe do governo e que precisamos enfrentar num novo programa de comunicação é a convicção unânime dos jornalistas brasileiros de que o governo não presta, que o PT "é do mal". Em virtude dessa postura, que é generalizada, tudo o que fazemos é mal-tratado e todas as nossas iniciativas são vistas com desconfiança. Para quebrar essa parede será preciso algum tratamento de choque, além da retomada de um elenco importante de medidas regulares de comunicação.

PROPOSTAS PARA UM REFORÇO DA COMUNICAÇÃO.

1. Criar um comando unificado de natureza política, na forma de um Secretário Especial de Comunicação do governo, ligado diretamente ao presidente e ao qual se reportariam SID, Secom, porta-voz e Radiobrás. A esse "secretário" caberia, em nome do presidente, não a tarefa burocrática de chefiar todos esse setores que já possuem suas chefias, mas sim a tarefa política de dar unidade conceitual às ações de comunicação. Sua atividade deveria incluir (a) uma reunião diária com

os quatro setores para definir o fato do dia, foto do dia, frase do dia e resposta do dia; (b) uma reunião semanal de planejamento e definição da principais coletivas e *briefings* da semana e formas de comunicação dos atos do presidente; (c) uma reunião mensal e reuniões extras de aprofundamento de análise da conjuntura.

2. Lançar o *Jornal do Executivo*, projeto já elaborado pela Secom, mas infelizmente engavetado. Esse projeto pode ser facilmente atualizado. Seus modelo são o *Jornal do Senado* e o *Jornal da Câmara*. Sua função é traçar um panorama abrangente dos trabalhos do governo, em linguagem factual. Sua pauta abarcaria os trabalhos das diversas câmaras setoriais, estudos, reuniões sobre andamento de políticas públicas, sínteses de relatórios, agendas importantes. O *Jornal do Executivo* começaria com uma edição semanal. Seria um dos elementos do "choque" para tentar quebrar a parede de ceticismo da mídia em relação ao governo. Devido à sua regularidade funcionaria também como um organizador do próprio governo.

3. Lançar uma série de *Cadernos do Governo*, cada um deles devotado a uma política pública importante de nosso governo. Também em linguagem factual, não de propaganda, o caderno explica as razões da introdução daquela política pública, seus objetivos, seu histórico, os obstáculos para implementá-la, o que já foi alcançado e próximas etapas desejáveis. Tem como objetivos servir de referência básica sobre essas políticas, consolidá-las e torná-las um fato irrefutável na esfera da comunicação.
Os *Cadernos* devem ser produzidos com primor e numa linguagem clara e precisa, com gráficos, mapas e tabelas, que lhes confira a qualidade de textos de referência, para jornalistas, políticos e acadêmicos. A série deverá ser numerada e ter toda ela a mesma cara. As

seguintes políticas públicas deveriam dar inicio à série: Prouni, Bolsa Família, Luz Para Todos; Micro-Crédito e Crédito Consignado; Reforma Agrária; Reforma da Previdência; Computador para Todos, Transposição do São Francisco, Pró-Jovem;

4. Lançar uma outra série de *Cadernos de Governo*, com outro visual, devotada às propostas de políticas públicas que o governo endossa em algum grau mas que por seu caráter polêmico ainda se encontram em fases diversas de debate na sociedade. Esses cadernos teriam o propósito de facilitar a discussão, mostrar com mais clareza o empenho do governo nas reformas e o modo democrático como as encaminha e ainda sinalizar que nosso primeiro mandato foi apenas o começo de um rico processo de mudanças que precisa ser aprofundado. Entre os temas desses cadernos: Reforma Sindical; Reforma Política; Energia Nuclear (Angra 3); Marco Regulatório do Saneamento; Lei Geral das Telecomunicações;

Muitos dos cadernos podem ser produzidos facilmente a partir de documentos e publicações já existentes nos respectivos ministérios, que precisariam apenas serem revistos e completados para se encaixarem todos no mesmo padrão. O *Jornal do Executivo* precisa ser produzido do zero.

Os dois projetos podem ser tocados ao mesmo tempo e as primeiras edições podem sair já no prazo de dois meses ou a partir de março se forem criadas duas redações distintas na Secom, uma para o jornal outra para os cadernos. São precisos apenas quatro jornalistas para o *Jornal do Executivo* e cerca de dez para todos os cadernos. Essas equipes podem ser montadas com relativa facilidade a partir da redação já existente na Secom, reforçada por jornalistas hoje dedicados a tarefas burocráticas.

5. Reunir num só ambiente os diversos serviços de sinopse e acompanhamento de mídia que hoje se superpõem. Essa "sala de acompanhamento" adquire importância cada vez maior devido à incidência hoje do jornalismo on-line no conjunto do noticiário e devido ao ritmo novo que nos impõe a campanha sucessória.
Sinopses quase iguais são feitas diariamente pela Secom, SID e Radiobrás, num grande desperdício de mão de obra altamente qualificada. O lugar ideal para instalar a sala de acompanhamento é o Palácio, mas nesta altura dos fatos a maior concentração de acompanhamentos está na Secom (Bloco A), portanto recomenda-se que esse serviço fique lá concentrado, liberando os profissionais dos outros setores. É preciso que no âmbito da presidência haja uma única sinopse de cada mídia: mídia impressa, mídia regional, mídia internacional, e acompanhamento contínuo de rádio, TV e on-line.

Terça-feira, 18 de abril de 2006

CARTA CRÍTICA ESPECIAL: MÍDIA E PODER

As recentes derrotas eleitorais do projeto neoliberal estão servindo também para realçar a profunda vinculação da mídia ao neoliberalismo, a ponto de em muitos países, não apenas no Brasil, ela se arrogar o papel de condutora de processos políticos de defesa do neoliberalismo, mesmo contrariando frontalmente a vontade popular manifesta no voto. É a mídia o setor da sociedade que mais resiste ao declínio do projeto neoliberal.

Na Itália, Berlusconi, o barão da mídia, recusa-se, até hoje, a aceitar a derrota pelo voto. No Peru, Humala teve na mídia o seu principal inimigo no primeiro turno, e de novo está sendo combatido pelos donos dos grandes jornais e cadeias de rádio e TV. Assim, o fogo cerrado da mídia contra o governo Lula não é fenômeno isolado.

No segundo turno do Peru, de novo é a mídia que comanda a reação contra Humala, exigindo que os dois derrotados, Alan García, do Apra, e Lourdes Flores, a candidata do empresariado, se unam, para derrotar Humala no segundo turno: "Alguns dos principais meios de comunicação – que fazem ampla campanha contra Humala – pressionam para um acordo político", diz o enviado especial da *Folha*, Fabiano Maisonnave.

Uma emissora de rádio, a *Rádio do Peru*, chegou a organizar um encontro entre os dois para forçar o acordo anti-Humala. O jornal *El Comércio* defendeu o acordo em editorial falando em nome da nação: "trata-se de advertir a cidadania sobre o risco patente que vivemos e dialogar amplamente para derrotar esse perigo, deixando de lado interesses partidários antigos", diz o jornal. Os analistas peruanos, diz o enviado da *Folha*, duvidam da eficácia de uma frente anti-Humala, pois ela reforçaria sua imagem de opositor das forças tradicionais, um dos lemas de sua campanha. Mas a mídia peruana não quer saber, tamanho é o seu ódio ao nacionalismo de Humala.

Foi preciso se generalizar a crise do neoliberalismo para percebermos esse padrão na relações entre mídia e neoliberalismo. O que começou aqui, com a vitória isolada de Lula, espalhou-se pela América Latina e pipoca também na Europa; multiplicam-se os sinais de esgotamento do ciclo neoliberal, que prometeu tanto e entregou tão pouco. Em Israel, o Partido Trabalhista recuperou posição estratégica no Parlamento com sua agenda alternativa que colocou a questão social acima da questão da segurança nacional. Na França, Chirac foi obrigado a retirar a Lei do Primeiro Emprego, por uma rebelião nacional de jovens. "Vivemos os momentos iniciais de uma virada no eixo do conflito ideológico na humanidade", diz Mangabeira Unger, no seu último artigo, na *Folha*.

Por que em alguns desses países a grande mídia assume a tarefa de sustentar o projeto neoliberal? Uma hipótese é a de que esses países têm em comum a hegemonia de elites que desprezam seu próprio povo, como são os casos do Brasil, Itália e Peru. Os comentaristas da nossa imprensa não se conformam. Miriam Leitão, no *Globo*, reclamou contra a emergência dos novos líderes, que ela chama de retrógrados. "Expressões caducas de uma retórica que ficou perdida nos anos 1970." Ela não pergunta por que o eleitorado aderiu à "retórica nacionalista e desenvolvimentista".

19. O CASO LARRY ROHTER

Terça-feira, 11 de maio de 2004

O CARÁTER POLÍTICO DO ATAQUE JORNALÍSTICO A LULA

Em vez de se sentir ofendido por ter sido falsamente descrito como alcoólatra por um jornalista americano, o presidente Lula deveria estar orgulhoso de ter virado alvo da fúria do establishment americano. Porque é disso que se trata: um ataque do porta-voz máximo do Império ao presidente do Brasil, usando a técnica vil da difamação.

O que importa no episódio não é a péssima qualidade da reportagem e sim a decisão dos editores do jornal de dar destaque a um ataque à honra de um chefe de Estado brasileiro sem uma sólida base factual. Essa decisão só se explica num contexto político.

O brasilianista Thomas Skidmore diz que, se o país estivesse crescendo e o governo Lula estivesse bem, talvez a reportagem nem tivesse saído. Mas isso não explica por que a reportagem foi publicada.

ESSE SEMPRE FOI O PAPEL DO *NEW YORK TIMES* NA AMÉRICA LATINA

Noam Chomsky cansou-se de estudar os editoriais e reportagens do *New York Times*, mostrando como, em relação aos países ao sul da América, o jornal sempre atuou como um braço ideológico da política externa americana.

Por isso, quando se trata de América Latina, é funcional ao jornal ter repórteres preconceituosos e sensacionalistas. Larry Rohter não é uma aberração: ele desempenha uma função que outro jornalista, de melhor formação, se recusaria a desempenhar.

É o mesmo motivo que leva jornais brasileiros a terem repórteres despreparados para cobrir áreas sensíveis, como economia e mercado financeiro. Não se trata de uma disfunção do jornalismo e sim de uma função político-ideológica de certo tipo de jornalismo.

GEORGE BUSH: DE BÊBADO A EMBRIAGADO PELO PODER

A mais interessante crônica sobre o episódio é de Merval Pereira, em que ele lembra o passado de ex-alcoólatra de Bush, que por isso hoje atribui a Deus sua posição de presidente.

Jânio de Freitas, em "O bêbedo e o equilibrista", publicado na *Folha* de hoje, defende a tese de que se tratou de um ataque político a Lula no momento em que Bush se mete em novas aventuras na América Latina, tentando derrubar Chávez e Fidel.

GOVERNO ESTÁ EXAGERANDO NA REAÇÃO

É unânime a condenação de jornalistas e políticos dos mais diversos matizes à reportagem do *NYT*. *O Globo* mostra que outras reportagens desse jornalista provocaram desmentidos no Brasil e na América do Sul, como a que vinculava exportações brasileiras à exploração de mão de obra escrava ou que acusava o Exército de conflito com índios ianomâmis.

Mas Dora Kramer observa que foi exagerada a preocupação com esse episódio, avaliação feita também pelo *Estadão* em editorial.

IGNORAR É O MELHOR REMÉDIO

Está errada a decisão do governo de acionar o jornal ou o jornalista. Só vai alimentar uma polêmica que não nos interessa. E nunca vai resultar numa condenação. O *Estadão* diz que, segundo um juiz americano, as chances de processo são nulas.

Quarta-feira, 12 de maio de 2004

O ALTO CUSTO POLÍTICO DA DEFESA DA HONRA

Apesar de justificável do ponto de vista ético, é péssima do ponto de vista político a decisão de expulsar o jornalista americano Larry Rohter Júnior. De imediato, transformou o culpado em vítima, como diz Tereza Cruvinel, no *Globo* de hoje.

No exterior, vai ser vista como medida autoritária que nos remete à imagem de uma republiqueta de bananas, expressão já usada ontem por Tasso Jereissati [PSDB]. As condenações da medida dominaram o noticiário das TVs.

A mídia atribui a expulsão a uma decisão pessoal do presidente. Nesse sentido estrito, ela é inquestionável. Talvez até restitua à pessoa do presidente um pouco da autoridade que aos olhos do público vinha perdendo. O povão provavelmente vai gostar. Na esfera estritamente jornalística, provocou amplo mal-estar, em especial entre os jornalistas que trabalham no governo.

E OS POUCOS PRECEDENTES DE EXPULSÃO

Há precedentes de jornalistas expulsos ou que perdem suas credenciais, o que muitas vezes dá na mesma. O mais recente foi a cassação pelas autoridades israelenses de credenciais de jornalistas da BBC que cobriam o conflito palestino, por terem veiculado reportagens que falseavam a verdade dos fatos. O governo deve insistir, se questionado, que o motivo do cancelamento do visto de Larry foi o falseamento da verdade dos fatos.

Quinta-feira, 13 de maio de 2004

AS REPERCUSSÕES NEGATIVAS DA EXPULSÃO DO JORNALISTA

A medida provocou um enorme estrago na imagem do governo e do presidente na mídia nacional e internacional. O maior estrago desde o início do governo, superando em sua dimensão internacional e seus significados políticos o caso Waldomiro[22]. O assunto explodiu na manchete de todos os telejornais e jornais num tom de gravidade extrema.

FORMADORES DE OPINIÃO UNIDOS CONTRA A EXPULSÃO

Todos os editoriais de jornais e todos os colunistas condenam a expulsão. Tereza Cruvinel diz que, com ou sem recuo, o estrago já foi feito. Miriam Leitão diz que o governo errou por não ter pensado de forma estratégica, como nunca pensa, na comunicação. Merval Pereira, do *Globo*, diz que a decisão deixa no ar ameaça contra todos os correspondentes estrangeiros e os próprios jornalistas brasileiros. Editorial do *Globo* fala que fica abalado o projeto de Lula tornar-se um líder mundial e de ampliar o espaço do Brasil nos fóruns multilaterais.

Nas televisões o noticiário foi extenso e crítico do começo ao fim. No Jornal da Record, só a matéria de Cristina Lemos durou quatro minutos e incluiu a opinião de Fernando Gabeira, qualificando o caso de "mancha na relação do governo com a imprensa". O Jornal Nacional dedicou um bloco inteiro de dez minutos de críticas explícitas contra a decisão do governo, além da charge do Chico.

SÍNTESE DAS POSIÇÕES E INTERPRETAÇÕES

Do extenso noticiário destacam-se os seguintes aspectos: 1) ampla condenação de entidades nacionais e internacionais ligadas à imprensa, de jornais estrangeiros e de juristas e entidades jurídicas, como OAB e associações de magistrados, dizendo que a expulsão representa ameaça à liberdade de imprensa; 2) ampla condenação na área política, que vai da oposição, naturalmente, até a base aliada, que se sente desconfortável; 3) existência de um racha no governo e de movimentos tentando fazer com que o presidente Lula volte atrás; 4) a informação de que o presidente se mostra inarredável em

---

22 N.E.: Assessor da Casa Civil, Waldomiro Diniz foi flagrado negociando propina do jogo do bicho.

sua decisão e que considera a punição exemplar, como disse a líderes da base na Câmara; 5) A decisão do *NYT* de recorrer judicialmente contra a expulsão do jornalista Larry Rohter, além de pedido de *habeas corpus* feito pelo senador Sérgio Cabral, o que poderá levar a novo desgaste do governo se o profissional do *NYT* for beneficiado por decisão favorável; 6) a informação de que o ministro Luiz Gushiken foi o maior defensor da punição, o que poderia ter desdobramentos sobre sua permanência no cargo; 7) ainda a avaliar, as consequências internacionais para a imagem do presidente e do país, já que o caso foi amplificado para o mundo todo.

O QUE PENSAM OS CORRESPONDENTES ESTRANGEIROS

Alguns correspondentes estrangeiros enxergam no incidente os dedos de Brizola, que nunca engoliu "o sapo barbudo[23]", e de Garotinho, candidato declarado à sucessão de Lula. Larry Rohter serviu de instrumento desses dois, que se reconciliaram recentemente. Por essa teoria, caímos ingenuamente na armadilha. Declarações de Brizola dadas com destaque no *Estadão* de hoje corroboram essa interpretação. Ele deita e rola nas insinuações contra o presidente.

Os correspondentes estrangeiros, em sua maioria simpáticos a Lula e esperançosos com a vitória do PT, estão estupefatos. Não conseguem entender como foi tomada essa decisão.

DANO MAIOR AINDA À IMAGEM DO BRASIL

Do ponto de vista político, o dano causado à imagem do Brasil supera em muito qualquer dano que tivesse sido provocado pela reportagem de Rohter.

O dano à imagem do presidente também é muito grande. E vai ser ainda maior quando se descobrir que o jornalista talvez nem possa ser expulso porque é casado com uma

---

23 N.E.: Apelido que Brizola deu a Lula na eleição de 1989: "Tenho que engolir o 'sapo barbudo'" — disse Brizola ao não ir para o segundo turno e declarar apoio ao PT.

brasileira. A lei não permite a expulsão se o casamento tiver mais de cinco anos.

Além de acusações de viés autoritário, vai sobrar a de ineficiência do processo decisório.

O QUE VAI PENSAR O POVO?

Ainda não se sabe. Mas o papo é outro quando se mergulha nos mistérios do imaginário coletivo. É forte o sentimento antiamericano do povo. É forte o sentimento de que a autoridade do presidente precisa ser preservada.

As primeiras indicações da reação popular mostram rejeição muito acentuada à matéria difamatória do jornalista americano, e rejeição menos acentuada à decisão de expulsá-lo, conforme enquetes iniciadas ontem nos sites de *O Globo* e da *Folha*.

No *Globo*, metade apoia a expulsão e a outra metade critica. Na *Folha*, uma maioria de 58% classifica a reportagem de desrespeitosa, por se tratar de um chefe de Estado e se basear em fontes "duvidosas". Cerca de 11% achou a matéria indelicada, porque pode refletir nas relações bilaterais entre os países, enquanto 31% achou que a reportagem está correta, por tratar-se de um jornal com credibilidade internacional. Mas apenas 39% aprovam a expulsão, contra 61 que desaprovam.

Sexta-feira, 14 de maio de 2004

AINDA A QUESTÃO DA EXPULSÃO DE LARRY ROHTER

Ao governo cabe acatar a liminar. O presidente usou os recursos legais que julgava adequados. A Justiça é independente e julgou de outra forma. Ponto final. Melhor, do ponto de vista tático é não recorrer, não fazer mais nada. É a sugestão dada pela *Folha* hoje em editorial.

Mas não é o que vai acontecer, diz Tereza Cruvinel no *Globo* de hoje. Ela informa que, segundo fonte próxima a

Lula, a AGU defenderá para valer a decisão do presidente, deixando clara a sua obstinação sobre o assunto.

OUTRAS VISÕES DENTRO DO GOVERNO

Ainda segundo Tereza Cruvinel, há outras visões dentro do governo. Alguns acham que se Lula tivesse tomado outra posição não teria turvado um clima que começa a melhorar: a economia dá sinais de crescimento, a pesquisa CNT/Sensus mostra o fim da sangria de sua popularidade, e ontem ele anunciou medidas objetivas em favor do emprego e crescimento. (Ver *Carta Crítica* especial e anexos sobre a pesquisa Sensus)

COMPORTAMENTO DA MÍDIA

Não há dúvida sobre o potencial negativo do episódio na alimentação de uma agenda negativa ainda mais prolongada. Já há uma corrida nas redações, especialmente das revistas semanais, por fotos e fatos negativos à imagem do presidente, semelhante à corrida desencadeada pelo caso Waldomiro.

O novo caso substitui nas redações a mesma síndrome de caça a fatos que possam maltratar o governo. A televisão continua dando grande espaço aos desdobramentos do caso.

O Jornal Nacional, por exemplo, deu ontem mais de sete minutos de reportagens ao caso, fora a charge do Chico. Teve espaço até para mostrar Larry Rohter recebendo o Prêmio Embratel. E uma reportagem de Nova York para mostrar que o *NYT* elogiou o STJ.

OS ARGUMENTOS DO GOVERNO COMEÇAM A CONVENCER

O argumento principal do governo é o de que as calúnias foram graves porque colocaram em dúvida a capacidade do presidente de governar e atingiram o patrimônio pessoal maior do presidente, sua honra.

Também o histórico das tentativas do governo de obter uma retratação do *New York Times*, antes de se decidir pela expulsão, descritas minuciosamente por André Singer no seu artigo de ontem na *Folha*, ajudam a mudar ligeiramente a percepção dos fatos.

Aos poucos, a Presidência está conseguindo convencer o mundo político de que estava certa em reagir com dureza às difamações do *New York Times*, ainda que taticamente todos concordem que expulsar não era conveniente.

No encontro de ontem com correspondentes estrangeiros, o ministro Luiz Gushiken defendeu com firmeza o argumento de que ninguém tem o direito de caluniar e que não houve atentado nenhum à liberdade de imprensa, que é plena no Brasil.

A *Folha* diz que Gushiken não convenceu os correspondentes estrangeiros. O fato é que eles saíram impressionados pela força dos argumentos do governo. Mas expressaram o temor de que possa haver mais punições no futuro. Como saber onde está o limite?, perguntaram. O limite é a verdade dos fatos, e isso cabe a vocês saberem, disse Gushiken.

RACHADURAS NA MURALHA DE CONDENAÇÕES

A mídia também reflete com nitidez a insistência do presidente numa retratação do jornal. Ao insistir em princípios mesmo com prejuízo à conveniência de governo, o presidente começa a provocar algumas rachaduras na muralha das condenações à expulsão.

O principal sintoma dessa sutil mudança de percepção é o manifesto da Associação dos Correspondentes Estrangeiros de São Paulo, a ACE, que reclama contra a cassação do visto de Larry Rohter, mas ao mesmo tempo desqualifica a reportagem. Também a Fenaj [Federação Nacional dos Jornalistas] criticou o artigo de Rohter.

Vinda dos próprios colegas de Larry Rohter, a crítica da ACE é o mais forte argumento hoje em nossas mãos. Diz o trecho principal do manifesto:

"A ACE não concorda com o conteúdo da matéria do Sr. Rohter, por considerar que foi tendenciosa. Não concordamos, como correspondentes, com as afirmações de que "o hábito de beber" do presidente seja uma 'preocupação nacional' nem de que 'suas preferências por bebidas fortes' esteja afetando sua performance no cargo, como foi declarado no artigo. Consideramos também que as fontes ouvidas foram parciais e que a apuração da matéria ficou incompleta."

Segunda-feira, 17 de maio de 2004

O RESCALDO DA CRISE LARRY ROHTER

Na frente externa, o assunto tende a morrer rapidamente, se formos prudentes e não o alimentarmos. O melhor é guardar silêncio total ou o presidente se limitar a algum comentário leve e irônico que desarme a tensão. Mas na frente interna, o momento que vivemos é muito delicado. A imprensa nacional está aproveitando a situação para tentar consolidar uma imagem definitiva de que o presidente é um alcoólatra.

Esse é o sentido da reportagem de *Veja* que sutilmente tenta passar a percepção de um presidente que luta contra o alcoolismo, às vezes com sucesso, outras não. Na *Folha*, Josias de Souza se trai ao dar à sua matéria, que remonta à avó de Lula, o título: "Alcoolismo marca três gerações dos Silva".

O QUE FAZER?

Creio que essa situação exige uma análise rápida, mas cuidadosa, do governo, com o objetivo de estudar medidas que estanquem de imediato esse processo. Pode ser que ele se esgote por si mesmo. Mas não é bom aceitar passivamente um processo de destruição da imagem do presidente que se vale da injúria e da difamação. O ideal é acionar todos os jornalistas que recorrem à injúria e à difamação. Mas é preciso estudar a natureza jurídica dessas ações e sua conveniência política.

SUPLEMENTO DA EDIÇÃO DE 18 DE MAIO DE 2004
O *NEW YORK TIMES* E A POLÍTICA EXTERNA AMERICANA

I - As relações íntimas entre os editores do *NYT* e os diretores da CIA

"O entendimento entre os homens do *NYT* e os homens da CIA se baseava no pressuposto de que eles estavam do mesmo lado, numa parceria moralmente justa."

O debate da mídia brasileira sobre o caso Larry Rohter ignorou que o *New York Times* já é estudado há muitos anos por pesquisadores importantes, que o consideram um braço da política externa americana. Não só por legitimar ideologicamente a política do Departamento de Estado no seu noticiário, mas também por colaborar operacionalmente com o Estado americano, trocando informações e combinando posturas, em particular com a CIA.

Noam Chomsky foi quem mais estudou os vários mecanismos de distorção da verdade nas narrativas do *NYT* sobre os conflitos da América Latina e, em menor grau, de outras regiões do mundo, como o Oriente Médio e o Sudeste Asiático.

Outros se debruçaram sobre as estreitas ligações entre o *New York Times* e os formuladores da política externa americana, inclusive relações pessoais dos editores do *NYT* com os criadores da CIA, a partir da Segunda Guerra Mundial.

Unia-os o fato de serem da mesma geração, tendo cursado os mesmos colégios, e uma crença comum de que a América promovia valores superior no mundo e, portanto, jornalistas e agentes da CIA viam-se como parceiros de uma mesma empreitada moral. Essa comunhão moral foi abalada na cobertura da guerra do Vietnã, mas pode ter renascido por causa dos ataques do 11 de Setembro.

Gay Talese, no livro traduzido no Brasil com o título *O reino e o poder* (Companhia das Letras), conta na página 467 como o famoso James Reston "não só defendera a limitação do *Times* na cobertura do episódio da Baía dos Porcos, como sabia secretamente havia um ano que aviões U-2 americanos de alta altitude, com base no Paquistão, estavam voando sobre a União Soviética e o *Times* só deu a informação depois que um deles foi derrubado. Reston estava certo de que fora uma decisão correta, pois era do interesse nacional proteger as operações de informação do país. Acreditava que a CIA era essencial para a preservação de democracia..."

O relato mais detalhado de como editores do *NYT* e fundadores da CIA foram farinha do mesmo saco está no livro de *Powers of the Press*, de Martin Walker (Pilgrim Press, NY, 1982), não traduzido no Brasil. Leiam estes trechos selecionados, das páginas 225 a 227:

"A guerra não apenas fez do *NYT* uma instituição nacional, também mudou radicalmente seu caráter e as raízes sociais do jornalismo americano sério. Parte da mudança veio com a forma como Scotty Reston dirigiu o escritório de Washington, contratando jornalistas que cursaram o colegial e a universidade junto com futuros banqueiros, políticos e diplomatas americanos. James Angleton, o chefe da contraespionagem da CIA; McGeorge Bundy, da administração Kennedy; e o editor do *NYT* Walter Sullivan editaram juntos o jornal literário de Yale. A CIA era parte desse circuito universitário, e o chefe dos correspondentes estrangeiros do *NYT*, Cy Sulzberger, era um amigo íntimo e de longa data de Frank Wisner, o chefe de operações da CIA, e de Richard Helms, que depois dirigiu a agência.

"...Durante a Segunda Guerra Mundial, a Inteligência americana era chamada OSS, e John Oakes, que depois se tornou editor dos editoriais do *NYT*, e Ben Welles, depois um alto funcionário do *NYT*, serviram na mesma unidade da OSS em que serviu James Angleton. A OSS, assim como os colégios da Ivy League, foi o palco do crescimento dessa geração da elite americana. Os homens do *NYT* foram parte desse processo...

"...É a partir dessa perspectiva que deve ser visto o curioso relacionamento do NYT com a Inteligência americana durante o golpe da CIA na Guatemala, durante a invasão da Baía dos Porcos e durante a crise dos mísseis soviéticos em Cuba.

"...Cord Meyer, depois chefe da estação da CIA em Londres, falou dos 'laços de confiança' entre a CIA e os correspondentes do *NYT*. Sulzberger permitiu que a CIA lesse as cartas não publicadas que os correspondentes do *NYT* lhe enviavam; ...quando os correspondentes do *Times* e os agentes da CIA tomavam uns drinques juntos e trocavam fofocas, não era uma conspiração para subverter o livre fluxo de informações, mas uma socialização de pessoas que andavam juntas desde o colegial.

"... a CIA conseguiu que Sulzberger transferisse o correspondente da Guatemala Sydney Gruson, enquanto preparava o golpe. Jornalistas do *NYT* sabiam dos voos do U-2 sobre a União Soviética, mas não contaram a história. O *Times* soube antes dos planos da CIA de invasão da Baía dos Porcos, mas censurou a história para não expor a iminência da operação e o papel da CIA. Como escreveu o presidente Kennedy ao editor do *NYT*, quando ele reteve a informação de que havia mísseis soviéticos em Cuba: 'um importante serviço aos interesses nacionais foi prestado pela sua concordância em reter informações...'.

"Quando o *NYT* publicou uma grande série de matérias críticas sobre a CIA em 1996, o jornal pediu a John McCone (que depois se tornou diretor da CIA) para examinar o texto e sugerir modificações. A relação também funcionava na outra direção: foi a CIA que vazou para o *NYT* o discurso de Kruschev de 1956 denunciando os crimes de Stalin. A coluna de Sulzberger, apontando agentes da KGB que no mundo todo se valiam de disfarce diplomático, veio de seu amigo da CIA Richard Helms.

"Não havia aliança formal entre o *NYT* e a CIA. Mesmo durante a Segunda Guerra Mundial, Sulzberger recusou um pedido da OSS para que agentes da CIA pudessem usar as credenciais do *NYT*. Era menos uma questão de identidade da instituição *NYT* com o Estado americano e mais uma questão de amizades e confiança pessoal. Talvez o mais dramático episódio do processo foi como essa confiança e amizade foram quebradas pelo caso Watergate e pela Guerra do Vietnã. O entendimento entre os homens do *NYT* e os homens da CIA se baseava na pressuposto de que eles estavam do mesmo lado, numa parceria moralmente justa..."

II - A síndrome do anticomunismo como critério editorial

"...em seis anos e meio de conflito em El Salvador os editoriais do *NYT* nunca se referiram ao assassinato do arcebispo Romero, ao fechamento da universidade pelo Exército, à destruição física de dois jornais independentes e à expulsão de seus editores..."

Muito antes da Guerra Fria fazer história, o anticomunismo fez a cabeça dos editores do *New York Times*. Desde a revolução bolchevique, o anticomunismo e não a busca da verdade tornou-se o principal critério editorial do *NYT* na cobertura da política internacional, como podemos constatar por este trecho, da página 26 de *Necessary Illusions*, de Noam Chomsky (South End Press, Boston, 1989):

"Em 1920, Walter Lippmann e Charles Merz estudaram a cobertura da revolução bolchevique pelo *NYT* descrevendo-a como 'nada menos do que um desastre... do ponto de vista do profissionalismo jornalístico.' Editoriais profundamente hostis... influenciados pelo noticiário, que por sua vez aceitava tudo o que diziam as fontes do governo americano e do antigo regime...

"...o *NYT* desqualificou as ofertas de paz dos bolcheviques como mera tática 'para concentrar energias numa revolução mundial'... e descrevia os bolcheviques ora como cadáveres ora como uma ameaça mundial.

"...Quando o presidente Wilson propôs uma intervenção, o *NYT* pediu que eles fossem varridos de Moscou e Petrogrado..."

Troque alguns nomes e as datas, diz Chomsky, e teremos uma razoável descrição do tratamento do *NYT* e do resto da mídia americana aos conflitos de ontem na Indochina e de hoje na América Central.

O fundamento político-ideológico dessa postura, diz ele, está no entendimento de que "os inimigos principais (dos Estados Unidos) são os habitantes da grande área de influência dos americanos que caíram, vítimas das ideias erradas." Torna-se então necessário superar esse desvio através da guerra econômica, ideológica e militar, ou pelo terror ou ainda pela subversão. "A população local precisa ser atraída apara a causa (da democracia) na defesa contra o comunismo."

Essa análise de Chomsky pode soar panfletária, mas ela é a chave para se entender os diferentes aspectos da postura do *NYT* em relação aos conflitos na América Latina.

Primeiro, ela explica o desprezo do *NYT* pelo que pensam as populações locais e seus líderes e pensadores quando são críticos aos Estados Unidos (já que, por definição, foram todos enganados).

Segundo, justificam-se todas as medidas de combate a essas populações, inclusive golpes, como os promovidos ou apoiados pela CIA na Guatemala em 1954, no Brasil em 1964, na Indonésia em 1965, e no Chile em 1973.

Terceiro, justifica-se a aliança entre o jornal e o sistema de poder americano, já que estão ambos numa mesma guerra contra o comunismo.

Chomsky estuda então como o *NYT* aplicou esse critério nos diferentes conflitos na América Central. Durante a agressão dos contras à Nicarágua, em vez de denunciar o terrorismo dos contras, hostilizou o governo sandinista legalmente constituído.

"Nos primeiros três meses de 1986, quando a controvérsia sobre o apoio aos contras na Nicarágua atingiu o seu apogeu... o *NYT* e o *Washington Post* publicaram 85 colunas sobre a Nicarágua, metade a favor e metade se opondo à ajuda aos contras, mas todas hostis aos sandinistas, e a maioria delas extremamente hostis."

Na cobertura do conflito em El Salvador, o *NYT* alinhou-se ao anticomunista José Napoleón, o chefe da Guarda Nacional que disse um dia que "as forças armadas estavam preparadas para matar 200 mil ou 300 mil pessoas, o que fosse necessário para impedir a tomada do poder pelos comunistas".

Diz Chomsky: "Quando esse torturador e assassino em massa foi nomeado ministro da Defesa, o *NYT* o descreveu como um homem amável de fala macia, com a reputação de excelente administrador."

Na cobertura dos conflitos em El Salvador, conforme um estudo da Universidade de Washington, citado por Chomsky, "mais de 80% das fontes das matérias do *NYT* eram favoráveis ao governo, e apenas 10% eram fontes da oposição".

Analisando seis anos e meio de editoriais do *NYT* sobre a conflito de El Salvador, o jornalista Marc Cooper, citado por Chomsky, notou que eles nunca se referiram a fatos como assassinato do arcebispo Romero, ou o ataque das tropas do Exército ao escritório do arcebispado para destruir evidências de envolvimento militar na sua morte, a destruição, o fechamento da universidade pelo Exército, a destruição física dos dois jornais independentes de El Salvador e a expulsão de seus editores.

Esse mesmo estudo mostrou que tanto em El Salvador como na Nicarágua os camponeses e moradores comuns das cidades e dos campos não eram ouvidos: apenas 9% das fontes eram de moradores locais, e um terço delas, cidadãos americanos.

Chomsky designa o jornalismo do *NYT* de modelo propagandístico. Um dos traços centrais desse modelo é a dicotomia no tratamento de situações semelhantes, conforme os protagonistas sejam comunistas (na classificação do *NYT*) ou anticomunistas.

Nesse modelo, diz Chomsky, "o assassinato de um padre na Polônia em 1984 por um policial que foi logo preso julgado e condenado merece mais cobertura do que o assassinato de cem proeminentes religiosos latino-americanos, inclusive o arcebispo de El Salvador, e quatro freiras que foram violentadas, vítimas de forças de segurança apoiadas pelo governo americano".

Nesse modelo, as mentiras da mídia americana podem ser tão suaves quanto o silêncio, diz outro autor, Norman Salomon, em seu livro *The Habits of Highly Deceptive Media* (Common Courage Press, Monroe, 1995). Basta não destacar certos fatos importantes ou simplesmente omiti-los. Ele dá o exemplo, na página 143, de uma reportagem do *NYT* sobre Pinochet:

"...Um quarto de século depois do golpe que derrubou Allende, o general Augusto Pinochet ainda envenena a vida pública chilena. O editorial diz que Allende e seus oficiais mataram e torturaram milhares de pessoas, mas omite que o golpe foi planejado pela CIA. A única e suave referência aos Estados Unidos é o trecho que diz:

"Sob Allende, os chilenos nunca sabiam se as escolas estavam abertas ou fechadas ou se eles poderiam comprar pão. O caos, intensificado pelos esforços da administração de solapá-lo, era profundamente perturbador para a maioria dos chilenos."

Mas o anticomunismo do *NYT* pode ser assustador. Sufoca todos os princípios morais, como mostra Chomsky, ao descrever a postura editorial do jornal diante do massacre dos comunistas indonésios, em que famílias inteiras foram liquidadas e o número de vítimas atingiu a escala de algumas centenas de milhares.

" ...em dezembro de 1965, os editores do *NYT* elogiaram Washington por ter sabiamente ficado nos bastidores enquanto ... os militares indonésios desmantelaram a bomba política do país, o Partido Comunista Indonésio (PKI) ...eliminando virtualmente todo o primeiro e o segundo escalões do partido..."

Como pode um jornal dessa importância, ou qualquer jornal, aplaudir um massacre? Decorre, naturalmente, de terem jornal e Estado americano, naquele momento, os mesmos propósitos que Chomsky chama de "estabelecer os princípios (adequados) na grande área de influência no mundo e vender as necessárias ilusões dentro de casa". E isso, diz Chomsky, "nem sempre se faz pelas mãos escondidas do mercado. Precisa do apoio periódico da força bruta".

20. POPULARIDADE DO PRESIDENTE

Segunda-feira, 17 de janeiro de 2005

"A CONTROVÉRSIA ATERRISSOU"

Com esse título criativo de duplo sentido, o *Correio Braziliense* expressou muito bem a sensação de que a polêmica em torno do novo avião presidencial não tem como se sustentar.

Apesar do viés negativo adotado principalmente pela *Folha*, prevaleceram no noticiário os argumentos substantivos apresentados pelo comando da Aeronáutica, em especial o de que a compra foi a opção mais econômica. Até a *Folha* se viu obrigada a aceitar esse argumento, e deu a ele um grande destaque no tratamento interior, apesar de colocá-lo em dúvida no título: "Governo diz que Aerolula paga seu custo em 11 anos."

Outros argumentos também apareceram no noticiário, como o de que o Sucatão já pagava taxas maiores de aterrissagem devido ao seu excesso de ruído e, em alguns aeroportos, nem era autorizado a aterrissar. O *Estadão* destacou o investimento da AirBus no Brasil, como contrapartida à escolha do seu avião.

LIÇÕES PRINCIPAIS DO EPISÓDIO

Nada disso aconteceu por caso. Desde a decisão de entregar o comando das informações ao brigadeiro Carlos Bueno, até o desenvolvimento da argumentação, tudo foi planejado cuidadosamente pelo grupo de trabalho formado pela Secom, SID e Aeronáutica. O brigadeiro submeteu-se ainda ao *media training* da Secom.

Esse é o modelo a ser adotado para todos os casos sensíveis na área de comunicação de governo: está se vendo que ele só funciona se existe: (a) planejamento, ou seja, antecipação aos fatos; (b) coordenação ou comando unificado da comunicação; e (c) investimento substancial de horas de trabalho na preparação.

E DUAS ADVERTÊNCIAS

A primeira é a do vazamento dessa estratégia um dia antes, na sexta-feira. A *Folha* do sábado antecipou a nossa argumentação, dizendo que ela foi elaborada deliberadamente para esvaziar as críticas ao novo avião. Mesmo assim, nossa estratégia teve sucesso, porque os jornais acabaram dando nossos argumentos como se fossem um "furo de reportagem". Mas poderia não ter sido assim. Para que as ações planejadas de comunicação tenham sucesso é importante que possamos ter a garantia de que não haverá vazamentos – exceto os propositais, que fazem parte da própria estratégia.

A segunda observação crítica é quanto ao nome Aerolula. Tínhamos como evitar esse apelido? Talvez não. Mas e se o nome oficial do avião fosse mais imaginativo e não o previsível e banalizado "Santos Dumont"? Por exemplo: "Tancredo Neves" ou "JK", ex-presidentes, ou "Villa-Lobos", nosso mais conhecido compositor de música erudita, ou "Chico Mendes", ou "Paulo Freire". Moral da história: o planejamento estratégico em comunicação não é um mero exercício burocrático, exige também criatividade e experiência.

Sexta-feira, 24 de junho de 2005

PRIMEIROS SINAIS DE FRUSTRAÇÃO EM RELAÇÃO AO GOVERNO LULA

Lula e o PT traíram seus compromissos de campanha?

A pergunta foi feita na semana passada pelo telefone, a pedido do Partido Liberal, a 1.400 pessoas. Só uma em cada três respondeu que sim. A maioria (46%) disse que ainda era cedo para opinar, e uma minoria disse que nós não traímos. Os resultados estão hoje no *Estadão* e no *Jornal de Brasília*.

Mas entre as pessoas com formação superior, as proporções se inverteram: a maioria diz que nós traímos (47%); um em cada três disse que ainda era cedo para avaliar, e apenas 15% acham que nós não traímos.

Em outra pesquisa, qualitativa, as acusações de corrupção acentuaram uma sensação já existente de frustração. É como se dissessem: "já não basta deixarem de cumprir muitas das promessas da campanha e não fazer as mudanças que esperávamos, ainda vêm com mais essa, de corrupção, algo que nunca imaginávamos nesse governo", diz o relatório da pesquisa.

A PERCEPÇÃO POPULAR DA CRISE POLÍTICA

Na pesquisa qualitativa, o povo revela maturidade na avaliação da crise política: não aceita a corrupção, mas preocupa-se muito mais com os efeitos a longo prazo de "momentos de crise" na estabilidade das instituições e na qualidade da democracia. Acham que esses "momentos de crise" prejudicam, gerando voto branco e nulo, abstenção, voto de protesto.

Há um atordoamento com a sucessão de denúncias, mas o clima não é de uma "crise sem volta". E, na pesquisa quantitativa, só uma em cada quatro pessoas acredita que as denúncias são totalmente verdadeiras. Para 37% são mais verdadeiras que falsas, e para 17%, mais falsas que verdadeiras. Os eleitores ainda não fizeram seu julgamento definitivo.

OS EFEITOS DAS DENÚNCIAS NA IMAGEM DO PRESIDENTE

Enquanto entre as mulheres prevaleceu a versão de que Lula só tomou conhecimento das denúncias recentemente e reagiu de modo adequado, entre os homens, prevalece a opinião de que o presidente sabia há mais tempo e foi omisso. Os homens, nessa pesquisa qualitativa, fazem duras críticas a Lula, não só na reação às denúncias, mas na Presidência em geral. Dizem, por exemplo, que o presidente está "muito apagado", não é mais aquele "homem de briga" que conheciam.

Mas tanto entre mulheres como entre homens, a sensação geral é de que, mesmo tendo ouvido falar a respeito de alguma forma, o presidente Lula estava bem distanciado e, de jeito nenhum, foi o "cabeça" desses processos.

O QUE ESPERAM DO PRESIDENTE

Os eleitores pesquisados esperam que o presidente Lula "dê mais satisfação" e tenha um papel mais ativo durante todo o processo de investigações. Em todos os grupos há uma percepção geral de que "agora é a hora da verdade para o presidente Lula", a oportunidade de conduzir o país para fora dessa potencial crise institucional, além de rearrumar sua administração para alcançar melhores resultados.

Os leitores lembram que Lula não governa só para o PT, e exigem a expulsão de todos os envolvidos em corrupção. No âmbito do Congresso, querem que se deixe rolar livremente a CPMI, no âmbito do governo, querem que Lula pegue no pé dos ministros e se livre dos que atrapalham.

O QUE AS ELITES PENSAM DA CRISE

Há dias vêm se realizando reuniões de pesos-pesados do empresariado na Fiesp, para avaliação da crise. O diagnóstico dos empresários é o de que a crise pode pôr em risco as instituições e pode paralisar o país. Parece que as elites temem a entrada em cena dos movimentos populares. Nesse contexto, receberam mal a saudação de "companheiros de armas" na passagem dos cargos entre Zé Dirceu e Dilma. Avaliam que a mídia está agindo de modo descontrolado e incendiário. E identificaram setores do PFL em São Paulo e em alguns outros lugares que querem derrubar Lula, para que assuma Alencar.

Pacturam isolar o Lula presidente e a majestade do cargo de presidente da República. Decidiram que Lula não pode nem deve ser atingido. As instituições e o que chamam de capacidade operacional do governo devem ser preservadas. Segundo eles, além da própria figura de Lula, por tudo o que representa, atingi-lo seria ferir a história republicana brasileira. Também temem os efeitos na imagem e na economia brasileira.

O RECADO DE PALOCCI AOS MOVIMENTOS SOCIAIS

No encontro de ontem, de apoio ao presidente Lula, os representantes dos movimentos sociais, segundo a Agência Brasil, cobraram mudanças estruturais na política econômica. Ficou combinado um calendário de discussões entre governo e movimentos sociais. A primeira delas deverá ocorrer em um mês, sobre a atual política econômica.

Mas Palocci foi mais rápido e está em todos os jornais hoje garantindo que não haverá mudança nenhuma. Diz o *JB*: "Num recado claro aos governistas, petistas ou não, que pressionam por mudanças na política econômica, o ministro da Fazenda, Antonio Palocci, não deixou dúvidas, nada será alterado e a meta de inflação de 4,5% se estenderá até 2006.

O recado, diz o *JB*, foi confirmado pela ata do Copom – "os juros vão se manter nas alturas por um bom tempo".

Quarta-feira, 13 de julho de 2005

INACREDITÁVEL: AUMENTA O APOIO A LULA

Em vez de cair pelo menos uns quatro pontos, como esperavam os especialistas, os índices de aprovação de Lula subiram ainda mais depois dos últimos escândalos de corrupção. A aprovação pessoal do presidente subiu de 57,4% para 59,9%, e a desaprovação caiu de 32,7% para 30,2%, na pesquisa CNT/Sensus divulgada hoje. São resultados impressionantes.

Chega a ser inacreditável, depois do bombardeio cerrado e diário dos meios de comunicação de massa contra o governo e contra o PT. Mas os demais dados da pesquisa são consistentes com esse resultado. Nada indica que se trata de uma pesquisa forjada.

IMAGEM DO PT AFUNDA

Enquanto o presidente mantém sua blindagem, o PT começa a perder a aura de ética que tinha até há pouco. Dos entrevistados, 31,2% acreditam que os casos de corrupção envolvem o PT; 35,4% acreditam que envolvem a Câmara dos Deputados como instituição. Ricardo Guedes, presidente da Sensus, diz que o percentual dos que vinculam o PT à corrupção "é muito alto". Os deputados petistas não gostaram nem um pouco desse resultado.

MAS O CAPITAL POLÍTICO DO PRESIDENTE PARECE PRESERVADO

Apenas 12% dos entrevistados acham que as denúncias envolvem o presidente da República. Para Helena Chagas, diretora da redação do *Globo* em Brasília, a pesquisa mostra que Lula ainda tem uma boa dose de capital político a queimar, que a maioria da população está um tom abaixo das elites e dos formadores de opinião e que "o presidente não está totalmente fora do páreo para a reeleição em 2006". Mas ela alerta que isso pode mudar à medida que a percepção das acusações for penetrando nas classes mais baixas.

PESQUISA JÁ MUDA A ESTRATÉGIA DO PSDB

O PSDB faz, nesta quarta-feira, a reunião da Executiva Nacional do partido – já sob as novas condições dadas pela pesquisa. Para eles, a tese da reeleição ganha força em detrimento da proposta de um acórdão de governabilidade com os tucanos.

Ontem, segundo o *Estadão on-line*, a executiva do PSDB decidiu por unanimidade que a questão do fim da reeleição não deve ser tratada pelo partido e qualquer iniciativa nesse terreno caberá ao governo e ao presidente Lula. Os tucanos temem muito ser acusados de golpe.

Entre outras alternativas, o PSDB poderá adotar uma postura mais agressiva ainda no Parlamento. Se o objetivo da oposição era desgastar a imagem do presidente, ela deve se tornar ainda mais agressiva daqui para a frente. Já o PFL tem novos motivos para sua estratégia paragolpista. A mídia deve sofrer um choque com os resultados de ontem, que apontam para o seu descolamento em relação aos sentimentos populares, quase um autismo. Mas é duvidoso que recue de sua campanha.

MELHORA É PEQUENA, MAS GERAL E CONSISTENTE

As variações estão dentro da margem de erro da pesquisa, de mais ou menos 3 pp, mas a diferença entre o percentual dos que avaliam bem o presidente e os que avaliam negativamente alargou-se em nada menos que 5 pp.

São menos notáveis as variações na avaliação do governo, embora também com tendência para melhor. A avaliação positiva do governo subiu meio ponto percentual, de 39,8% para 40,3%. A negativa também subiu, de 18,8% para 20%, e a regular caiu de 38,3% para 37,1%. Nesse caso, deu-se uma ligeira polarização.

É importante observar que a sondagem foi feita entre os dias 5 e 7 de julho, portanto, já absorvendo o grosso das denúncias contra o PT e contra o governo, exceto a do dinheiro na cueca, que estourou na sexta, dia 8.

LULA AINDA É O FAVORITO NUMA REELEIÇÃO

Ainda mais impressionantes são os indicadores de intenção e rejeição de voto da pesquisa: Lula vence em todos os cenários por ampla margem, e em todos, menos um, no primeiro turno.

Lula é ainda o candidato com menor índice de rejeição, numa escala em que o mais rejeitado é FHC, com 50,9%, quase o dobro do índice de rejeição de Lula.

Serra cresce e se consolida como principal concorrente de Lula. Só ele se mostra capaz de levar Lula a disputar o segundo turno. Se a eleição tivesse sido entre os dias 5 e 7 de julho, Lula derrotaria Serra no segundo turno por 46,6%

dos votos contra 32,7%, margem bem menor que a de maio (49,7% a 27,1%).

REFLEXÕES SOBRE A PESQUISA

Se as denúncias não afetaram negativamente a imagem do presidente, devem ter contribuído para sua melhora, já que foram o fenômeno dominante de mídia do último mês. Como isso seria possível? Seria possível pelo fato de levarem o presidente a intervenções que, de outra forma, não teriam ocorrido. As intervenções agradaram o público. Essa é, aliás, a interpretação de Césio Andrade, da CNT.

Se essa avaliação estiver correta, concluímos que o modo de intervenção, os gestos, argumentos e falas do presidente em resposta à crise são adequados e eficazes e devem ser mantidos em sua essência. O povo se identifica com Lula, inclusive com os seus defeitos, dizem os analistas.

Também podem ter contribuído para esses resultados a melhora na avaliação dos brasileiros sobre suas condições de vida, em especial renda, atendimento à saúde, educação, segurança pública e o desempenho da economia. Pode ter sido determinante o aumento do salário mínimo, que passou de R$ 260 para R$ 300 a partir de 1º de maio, e a queda no desemprego. Além disso, os programas sociais do governo já atingem cerca de 7,5 milhões de famílias.

Se essa avaliação estiver correta, é crucial manter a política de recuperação do poder de compra do salário mínimo, o que implica criar desde já as condições para permitir um novo aumento real em 2006.

O QUE O POVO SABE DA CORRUPÇÃO

Aumentou de forma considerável, de 16,4% em maio para 38,1% em junho, o percentual das pessoas que tomaram conhecimento de corrupção nos Correios. As denúncias sobre o mensalão são de conhecimento de 76% das pessoas.

O povo já sabe muito da corrupção, mas é pequena a proporção de pessoas que acha ter aumentado a corrupção na gestão Lula, embora tenha subido de 13% para 20,2% dos entrevistados.

Esses resultados sugerem que a maioria da população vê a corrupção como um mal geral, e não um mal do governo Lula especificamente. Isso pode se dar devido à profusão de denúncias vindas de todas as direções, atingindo os mais diferentes alvos. Mas o aumento na proporção dos que consideram verdadeiras as denúncias de Roberto Jefferson [autor da denúncia sobre o Mensalão] e dos que temem que tudo acabe em pizza é um alerta para o risco de fissura na blindagem que até agora protegeu o presidente e o governo.

Para Helena Chagas, tudo vai depender de o Planalto conseguir esboçar uma reação política convincente. Ela recomenda que, além da reforma ministerial e da intervenção no PT, também a operação "doa a quem doer" seja comandada pelo próprio presidente. Nesse momento, "o que resta do governo do PT – e com chances de salvá-lo – é o próprio Lula".

Quinta-feira, 4 de agosto de 2005

SOBRE O ENCONTRO DE LULA COM O POVO DE GARANHUNS

São muitos os significados do que se passou ontem durante o lançamento do Pronaf 2005-2006. A mídia optou pelo significado eleitoral. Na primeira página de todos os jornais está a frase: "vão ter que me engolir outra vez". E a foto – desta vez muito bonita – do presidente com o chapéu de couro. O *Correio* deu o título garrafal: "Candidatíssimo".

Lula mudou o jogo. Prevalecendo as regras do jogo eleitoral, é mais fácil atribuir a interesses eleitoreiros a grande onda que as oposições e a mídia fazem em torno das acusações de corrupção. É como criar outro fio condutor.

E a agenda eleitoral deve pegar no breu. Jornais e políticos da oposição estão fadados a morder a isca. A *Gazeta Mercantil* já faz uma retrospectiva hoje das últimas pesquisas eleitorais, concluindo que, se nada mudar, Lula ganha tanto de [José] Serra quanto de [Geraldo] Alckmin, mas com segundo turno. *O Globo* dedica um editorial ao Bolsa Família, tachado de "programa eleitoreiro." O *Correio* dá grande destaque à decisão de Rigotto de lançar-se pré-candidato pelo PMDB.

APOSTANDO NA POPULARIDADE

Ao buscar o calor popular num encontro com 7 mil pessoas, segundo a PM local, Lula consolidou um movimento que já vinha se esboçando há alguns dias. Em Garanhuns, esse movimento atingiu forte simbolismo, porque as pessoas que ali estavam eram o povo de Lula, no sentido literal da palavra.

É a retomada da iniciativa política plena. Lula saiu da defensiva, do estado de semiletargia política em que estava desde o começo da crise, e partiu para o ataque.

Merval Pereira comenta que, ao dizer que seus adversários vão ter que o engolir se decidir se candidatar, "Lula confia na manutenção dos índices de popularidade de que dispõe até o momento... e mostra bem onde vai buscar os votos que perdeu nas classes médias e nos formadores de opinião".

Finalmente, há o significado do tensionamento. Sob esse aspecto deu-se um fenômeno curioso: os comentaristas abandonaram temporariamente a acusação de "chavismo", como se o movimento de Lula os tivesse atropelado. Usavam o mote para intimidar. Lula os ignorou e valorizou aquilo que só ele tem – o apelo eleitoral. Com isso deve deixar os adversários atônitos.

UM OUTRO BRASIL

A viagem de Lula a Pernambuco e Piauí foi tratada pela mídia de massa com aspereza e ironia. Não fizeram justiça ao carinho com que Lula foi recebido e aos aplausos ao seu discurso. Ainda omitiram as vaias ao prefeito tucano Sílvio Mendes, que mal conseguiu ler o seu discurso.

Dentro da estratégia de mostrar Lula como populista e inimigo da imprensa, o Jornal Nacional anunciou que "Lula ataca a imprensa mais uma vez e diz que, se for candidato, vencerá". A reportagem enfatizou que a recepção a Lula foi preparada com antecedência – carros de som convocando a população, crianças dispensadas das aulas, caravanas de agricultores, como se fosse algo montado, sem adesão espontânea.

No *Jornal da Globo*, o ministro Jacques Wagner não conseguiu reverter o clima desfavorável ao presidente, acusado de estar usando o palanque para escapar das denúncias. E Boris Casoy já estabeleceu um paralelo entre o comportamento de Lula e o de Collor em 1992[24].

A CRÍTICA AO DENUNCISMO DA IMPRENSA

A referência à necessidade de preservar a justiça foi correta na formulação e no tom. Os formadores de opinião certamente vão rejeitar, mas provavelmente as falas pegaram bem no povão.

Lula disse que espera punição para todos os envolvidos nas denúncias de corrupção, e que o Ministério Público mova ação contra os culpados. "Quem deve pagar pagará. Seja do PT, católico, evangélico, do PMDB. Não tem cor, não tem raça, não tem sexo e não tem ideologia. Todos precisam pagar." Depois emendou que espera que pelo menos a imprensa brasileira "divulgue e peça desculpa aos acusados injustamente".

A OPOSIÇÃO REAGE SUBINDO DE TOM

Também se pode interpretar o movimento do presidente como um reconhecimento de que o jogo das CPIs estava se tornando perigoso demais. Nos últimos dias reapareceu a tática de cutucar diretamente o presidente, surgida com o caso Fábio-Telemar e depois abandonada.

E voltou o refrão de que "era difícil o presidente não saber". Ontem, no *Programa do Jô*, Cristiana Lobo lembrou que o PT sempre foi um partido onde as decisões eram tomadas

---

24 N.E.: Fernando Collor, durante o processo de *impeachment*, pediu que os brasileiros vestissem verde.

em assembleias, "...e agora parece que escolheram três dirigentes – Genoino, Delúbio e Silvinho[25] – para assumir todas as responsabilidades... A gente sabe que não era assim".

No programa do dia anterior, Jefferson Perez insistiu na tese de que é impossível que Delúbio Soares tenha feito "toda essa lambança" sozinho, sem que ninguém desconfiasse, inclusive o presidente Lula. Comentando o saque da funcionária do PT Solange Oliveira em datas coincidentes com pagamentos de débitos do presidente Lula junto ao PT, Jefferson disse que isso "é grave e chega muito próximo do presidente".

Também Roberto Freire subiu o tom das críticas a Lula. Disse ao *Zero Hora* acreditar que, depois do surgimento do nome de Duda Mendonça [marqueteiro do PT] nas listas, não duvida mais do envolvimento do presidente. E bateu duro: "Lula é o centro da corrupção."

Hoje, os jornais fizeram um novo resumo atualizado das denúncias, colocando no centro a Portugal Telecom, com o propósito evidente de envolver a Presidência. "A essa altura, quem não aposta no quanto pior, melhor, só pode desejar que as conexões portuguesas trazidas por Jefferson sejam tão frágeis como tudo indica serem os desmentidos de Dirceu", diz o editorial do *Estadão*.

Quarta-feira, 21 de setembro de 2005

EDIÇÃO EXTRA: A PESQUISA IBOPE

A pesquisa Ibope que acaba de ser divulgada pela CNI confirma a queda na avaliação do governo e nos índices de aprovação do presidente, já apontada na semana passada pela pesquisa Sensus, mas Lula continua batendo todos os possíveis candidatos para 2006.

Caiu de 56% dos entrevistados em junho para 44% este mês a proporção dos que confiam no presidente. Ao mesmo tempo, subiu de 38% para 51% a proporção dos entrevistados que dizem não confiar. Portanto, as posições se inverteram.

---

25 N.E.: José Genoino, presidente do PT; Delúbio Soares, tesoureiro; Silvio Pereira, secretário-geral do PT.

São deslocamentos importantes, mas que precisam ser relativizados pelo fato de acontecerem depois de três meses de um massacre midiático sem precedentes na nossa história política.

A mesma inversão deu-se na avaliação do governo. A proporção dos que avaliam o governo ótimo ou bom caiu de 35% em junho para 29% em setembro, enquanto a desaprovação (ruim ou péssimo) subiu de 22% para 32%.

Ainda predomina a opinião de que o governo é regular, mas a proporção dos que assim pensam, que vinha se mantendo em torno de 41% desde março de 2004, subitamente caiu para 36%.

CAUSA PRINCIPAL DO DECLÍNIO: A COBERTURA DAS ACUSAÇÕES DE CORRUPÇÃO

O Ibope diz que, apesar de se manter alta a preocupação com segurança pública e impostos, foram as acusações de corrupção que derrubaram a imagem do governo e do presidente.

Os próprios entrevistados admitem isso. Para 61% dos entrevistados, as notícias têm sido mais desfavoráveis ao governo, contra 41% em junho. O salto é expressivo. E a proporção dos que tomaram conhecimento das denúncias saltou de 58% para 81%.

Infelizmente, a pergunta feita pelo Ibope não deixa claro se o entrevistado considerou a cobertura isenta ou não. Ou seja, não fica claro se a cobertura foi considerada desfavorável porque essa era a natureza dos fatos, ou se houve exageros e abusos – e em que grau. Mas 46% dos entrevistados acreditam que as denúncias são totalmente verdadeiras. E outros 30% acreditam que são mais verdadeiras do que falsas. Essas proporções não mudaram muito de junho para cá.

Também foi feita uma coleta de duas lembranças espontâneas principais da cobertura. Cerca de 28% lembram da acusação de que "o PT dava mesada a parlamentares", e 22% lembraram a denúncia da corrupção nos Correios. As denúncias contra Severino foram lembradas por 10%, e as de caixa 2 do PT, por 8%. Ou seja, o que mais lembraram foi o que ainda não se comprovou: o mensalão.

ONDE ESTAMOS PIOR

As percepções e expectativas em relação a emprego, inflação e bem-estar em geral não variaram muito nestes três meses. As variações mais negativas de avaliação deram-se entre os jovens, nas periferias das grandes cidades, na região Sudeste e entre famílias com renda de 5 a 10 salários mínimos, ou seja, classe média.

Houve uma perda surpreendente de nove pontos na avaliação das políticas de combate à fome, em contraste com ligeira melhoria nas avaliações das políticas para saúde e educação. É bom ir atrás desse índice para saber melhor a razão dessa queda.

E ONDE ESTAMOS MELHOR

Estamos melhor na frente político-eleitoral. Quando chega na hora do voto, Lula ainda bate todos os possíveis adversários, confirmando também a pesquisa Sensus da semana passada. Apesar de perder cinco pontos no confronto com Serra em relação a junho, Lula ainda o derrota por 33% a 30%. Nessa simulação, Garotinho fica com 10%. Isso significa que a pauleira em cima de nós vai continuar, talvez até com mais força.

Se o tucano é Alckmin, Lula o derrota por 35% a 14%, Nesse caso, Garotinho passa a segundo, com 15%. Isso significa, a esta altura, que o adversário tucano quase certamente será Serra. Heloísa Helena começa a despontar, já tendo 5%

dos votos, mais do que César Maia. Mas o Ibope verificou que novos nomes não mobilizam muito o eleitorado.

O resultado mais sensacional: 43% dos entrevistados ainda acham que nosso governo é melhor do que o de FHC (eram 48% na pesquisa de junho). Os que acham que ficou pior são 27% contra 21% em junho.

21. CRISE DOS BINGOS

Quarta-feira, 18 de fevereiro de 2004

A PROPOSTA INOPORTUNA DE LEGALIZAÇÃO DOS BINGOS

Muito estranha a inclusão de proposta de legalização dos bingos na mensagem do presidente ao Congresso, destaque do *Globo* de hoje. Parece mais cochilo, do que gesto pensado.

A reportagem do *Globo* diz que o governo propõe, inclusive, uma nova loteria, a Timemania. O mesmo jornal mostra que os procuradores são totalmente contrários à legalização dos bingos, argumentando que eles são apenas lavanderias de lavagem de dinheiro do crime organizado.

Quinta-feira, 25 de fevereiro de 2004

A NARRATIVA MAIS PLAUSÍVEL É A DE QUE O GOVERNO É CORRUPTO

Esse é o enfoque que orienta a reportagem. Os repórteres não procuram esclarecer os fatos; procuram fatos que corroborem o pressuposto de que o governo foi corrompido. Daí o excesso de ilações e meias verdades. Como enfrentar uma situação desse tipo?

Além de um trabalho mais intenso de mídia, através de veículos diferenciados e da Radiobrás, temos que nos adiantar aos repórteres, assumindo que pode mesmo ter havido corrupção ou influências indevidas, inclusive no contrato da CEF, e abrindo o jogo das investigações. Doa a quem doer. A Caixa deve assumir publicamente que pode ter havido influência de Waldomiro ou de outros. A nova direção já suspeitava disso, tanto assim que mandou abrir uma auditoria e, logo depois, uma sindicância. A CEF tem que se antecipar e sair na frente dos jornalistas e não ficar correndo atrás do prejuízo.

OS FOCOS DA CRISE: WALDOMIRO

O principal é Waldomiro, cujos passos e contatos nas diversas administrações pelas quais passou passam a ser vasculhados pelos repórteres. O *JB* de ontem dedica uma página inteira a Waldomiro, tentando ligá-lo, inclusive, ao projeto de governo eletrônico e à iniciativa do governo de tentar romper o monopólio da Microsoft, adotando os programas livres da Linux. Uma das matérias descreve uma suposta briga entre Palocci e José Dirceu pelo controle do Serpro.

Outra reportagem sugere que ele poderia ter se apresentado a empresários para falar da revolução do governo eletrônico e adoção do software livre.

Considerando que Waldomiro ainda vai depor e seus telefonemas serão devassados, o governo precisa considerá-lo sem nenhuma contemplação como um estranho no ninho, repudiar todos os seus atos e dele se desvincular de todos os modos.

OS FOCOS DA CRISE: O CONTRATO GTECH-CEF

O Globo de ontem divulgou troca de correspondência entre a Gtech e as empresas de Cachoeira, o que reforça a suspeita de que Waldomiro tentou se imiscuir em contratos com a CEF e talvez tenha conseguido influir nesses contratos sem que a direção da CEF percebesse. Essa é mais grave revelação dos últimos dias.

A CEF sustenta que os pareceres técnicos recomendavam um contrato de 25 meses. Mas esses pareceres foram escritos por funcionários que pertenceram à antiga administração e antes haviam dado pareceres diferentes. Quem nos garante que não tenha havido influência de Waldomiro?

A única solução é a CEF sair na frente, admitir essa possibilidade e abrir uma nova sindicância para apurar, de preferência, com a participação do TCU.

Quinta-feira, 26 de fevereiro de 2004

A IMPRENSA JÁ DECIDIU QUE HOUVE CORRUPÇÃO

E só se interessa por fatos que confirmem esse enredo. Esse é o enfoque que orienta a maioria das reportagens e a linguagem dos títulos das matérias. Um exemplo é o título dado pelo *Globo* à entrevista com o ex-presidente da CEF, Valdery Albuquerque: "Nove meses seriam suficientes".

O título se encaixa com perfeição no roteiro presumido da corrupção. Se o prazo de 25 meses acertado pela nova direção não era necessário, certamente resultou da influência de Waldomiro. Mas Valdery, na entrevista, deixa em aberta a possibilidade de haver razões legítimas para uma extensão mais longa do contrato. Essa pauta os repórteres não exploraram.

O QUE FAZER?

Além de um trabalho mais intenso de mídia, sugerindo pautas diferenciadas tanto à imprensa convencional como à Radiobrás, temos que nos adiantar às denúncias, assumindo a hipótese de que pode mesmo ter havido influências indevidas, inclusive no contrato da CEF, e abrindo o jogo das investigações. Doa a quem doer.

Na sua nota oficial, a Caixa continua negando algo que não precisa negar. Pois a própria administração petista da CEF instaurou em maio uma auditoria interna com foco nas relações entre a CEF e a Gtech, então é porque não estava tranquila.

O relatório dessa auditoria foi entregue à direção da CEF em 26 de junho. Vinte dias depois, a presidência da CEF abriu sindicância para "apurar indícios de irregularidades" constantes no relatório da auditoria. Por que nada disso consta da nota oficial da CEF publicada hoje nos jornais?

JÁ NÃO SE FALA NA SAÍDA DE JOSÉ DIRCEU

A saída deixou de ser cobrada pela mídia. Só ampliaria uma crise, que na opinião de Merval Pereira, no *Globo* de hoje, foi superdimensionada. Criaria novos problemas, sem resolver nenhum dos que já existem.

Mas a melhor garantia da permanência de José Dirceu é justamente a plena investigação de tudo. Luís Weiss, que não simpatiza com o PT, escreveu no *Estadão* de ontem:

"Se ficar provado que Waldomiro traiu o ministro... louvados sejam os céus, porque isso, embora não dê um atestado irrestrito de inocência nem a Dirceu nem ao governo, permitirá que a vida siga."

Luiz Nassif defende o papel de José Dirceu no governo como "o único que tem condições de enfrentar a armadilha da atual política econômica sem entrar nos limites irresponsáveis do populismo". Paulo Nogueira Batista defende a mesma tese.

Terça-feira, 2 de março de 2004

AS PRESSÕES CONTRA ZÉ DIRCEU CRESCEM DE NOVO

Está claro no noticiário que a oposição quer a cabeça de José Dirceu para desferir um golpe fulminante no governo Lula. Uma nova rodada de acusações surge agora contra outro assessor de Dirceu, Marcelo Sereno. O vice-líder do PDT promete para hoje novas revelações sobre a relação de Zé Dirceu com Waldomiro. Alguns jornais, em especial o *JB*, começaram a usar linguagem insultuosa ao se referirem a José Dirceu e seus assessores.

A *Folha* divulga pesquisa na qual 43% dos entrevistados acham que José Dirceu deve se afastar do cargo. Nessa pesquisa, uma ampla maioria aprova a MP dos bingos. E a imagem do presidente resiste incólume, o que agrava ainda mais a exposição de José Dirceu. Nesse momento, é ainda mais importante manter a cabeça fria e agir corretamente.

O PROBLEMA QUASE INSOLÚVEL DA AGENDA NEGATIVA

A persistência da agenda negativa em torno do caso Waldomiro, que voltou com grande força ao noticiário, é hoje um dos nossos grandes desafios. Trata-se de uma agenda sobre a qual não temos controle, alimentada por uma sucessão de depoimentos nos diversos inquéritos em andamento, além dos debates no Congresso, que os tucanos prometem explorar ao máximo, criando uma caixa de ressonância adicional.

O CONGRESSO COMO TERMÔMETRO DA CRISE

O Congresso tende a ser o principal termômetro da crise política nas próximas semanas. Já no noticiário de ontem à noite na TV e de hoje nos jornais, um dos recortes mais fortes é o do esforço da pressão do governo para que os senadores da base aliada retirem suas assinaturas ao pedido de CPI dos bingos. Também em torno do outro pedido de CPI, o do Caso Waldomiro, que carece de cinco assinaturas, deve ser travada a grande batalha entre governo e oposição.

Quarta-feira, 3 de março de 2004

O COMPORTAMENTO PERSECUTÓRIO DA MÍDIA

Os repórteres continuam espalhando cada vez mais suas coberturas em busca de novos fatos que incriminem o governo. Hoje os fatos novos são o envolvimento do presidente da Cobra Computadores com a Gtech e uma entrevista de Waldomiro numa edição antiga da *newsletter* dos donos de bingos.

IMOBILIZAR AS FORÇAS MAIS PROGRESSISTAS DO GOVERNO

O sentido geral que emerge da cobertura é de imobilizar o governo ou mantê-lo na defensiva, num momento em que ele pode ser persuadido pelas bases petistas a sair da armadilha em que foi colocado pela gestão macroeconômica, e começa a se alinhar com Kirchner nas relações com o FMI.

Isso explicaria o aumento das pressões da mídia quando a crise começa a arrefecer e o seu recuo, quando a temperatura parece subir demais. Ninguém quer ruptura, seja qual for, como fica claro no comentário de hoje de Delfim Netto. A *Veja* e o *Estadão* são os dois veículos mais determinados por esse objetivo.

QUEREM ENFRAQUECER O PT

Também se nota o propósito de derrubar Zé Dirceu, por motivos específicos e como forma de enfraquecer o governo num ano eleitoral. Nesse caso, os repórteres são pautados principalmente por grupos interessados no desgaste de Dirceu e do governo: promotores públicos de São Paulo e de Brasília, políticos tucanos.

As pesquisas mostram que o PT disputa com chance de ganhar cerca de 18 capitais. Uma vitória desse porte garantiria o PT no poder municipal até 2010 e no governo central até 2012. Impedir isso é uma necessidade estratégica dos partidos, mesmo de alguns, como o PMDB, que estão hoje na base aliada. César Maia confessa que esse é o objetivo principal da oposição, em minientrevista no *Globo* de hoje. A *Folha* é o jornal mais determinado por esse objetivo.

E TALVEZ INTIMIDAR O GOVERNO

Nos últimos dias desenvolveu-se uma autonomia relativa na mídia, que vai além dos objetivos que sempre existiram, de competição editorial. As coberturas agridem o governo. A Record adota essa linha desde o início. O *JB* e o sistema Globo adotaram essa postura nos últimos dias. O sistema Globo vem se tornando mais agressivo na cobertura, tanto no Jornal Nacional, como na CBN. Deslocaram para a cobertura do Caso Waldomiro repórteres de peso, como Delis Ortiz e Heraldo Pereira.

MÍDIA AUTOCENTRADA

Um dos sintomas da autonomia relativa da pauta da mídia é a descoberta do Datafolha de ontem de que somente 53% dos entrevistados tinham conhecimento do Caso Waldomiro. É um índice muito baixo, para resposta estimulada. Foi destaque e ganhou detalhamento na edição de hoje do jornal. Em respostas não estimuladas temos verificado índices de conhecimento ainda mais baixos, da ordem de 25%.

Quinta-feira, 4 de março de 2004

A DIMENSÃO POLÍTICA DA PROIBIÇÃO DOS BINGOS

O governo deve se preparar para uma batalha mais pesada contra os empresários do jogo e presumivelmente, por trás deles, contra o crime organizado, depois da decisão da bancada do PT de fechar questão a favor da MP que proíbe os bingos.

A tese da proibição muda a natureza do enfretamento, que para esses setores se torna uma questão de vida ou morte. Devem usar todos os recursos de que dispõem, desde um substancial incremento nas manifestações dos desempregados e falsos desempregados, que ontem chegaram aos milhares às portas do Palácio, até golpes mais baixos típicos do crime organizado.

UM CADÁVER QUE FALTAVA

O assassinato ontem do primo do senador Paes de Barros pode não ter nenhuma relação com suas denúncias recentes, mas a existência de um cadáver, como mostram os casos de Celso Daniel e do cientista britânico David Kelly, muda a qualidade dos embates políticos e atiça a sua cobertura pela imprensa. Embora "não associe a morte do primo à sua atuação parlamentar", Paes de Barros diz que também não descarta essa hipótese.

A EXPLORAÇÃO ELEITORAL DA PROIBIÇÃO

As grandes manifestações de desempregados fornecem a legitimação social para a exploração política do fechamento dos bingos. Até aí vai a aliança dos empresários do jogo político da oposição, em particular Paulinho Pereira, que fez da reabertura dos bingos sua grande e única bandeira eleitoral.

Mas os tucanos e pedetistas querem mais e estão pedindo instalações de CPI em toda parte onde seja possível. Foi aprovada ontem a instalação de CPI no Rio de Janeiro, e já há pedidos no Piauí, Mato Grosso do Sul e Rio Grande do Sul, não por coincidência, estados que foram ou são governados pelo PT.

A QUEM INTERESSAM AS CPIS?

Mas as CPIs representam riscos para políticos, muitos deles financiados com dinheiro do jogo, e para os empresários do jogo, que verão seus negócios vasculhados. Por isso, os pedidos de CPI podem ser em grande parte um blefe.

Provavelmente, os tucanos e pedetistas visam a nos desgastar aos nos obrigar ao que chamam de "operações abafa", mas não têm a coragem de instalar uma CPI. Um sintoma disso é o recuo de ontem da Assembleia gaúcha, que adiou a instalação da CPI sobre a Lotergs.

Ontem, pela primeira vez, exatamente quando o assunto definhava, José Serra, suspeito de ser o orquestrador silencioso de toda essa crise, pediu abertamente a instalação de uma CPI no Congresso. Não por acaso, nos acusou de "operação abafa". E no programa gratuito de hoje à noite os tucanos vão explorar abertamente o episódio Waldomiro. (Ver o Especial desta edição sobe a mídia e os bingos)

CARTA CRÍTICA ESPECIAL: BINGOS RACHAM A IMPRENSA

Os jornais de referência nacional estão divididos em relação à proibição ou não dos bingos. *O Globo*, mais afinado com a Igreja Católica, tem apoiado a proibição. No editorial "Gritaria", publicado nesta quarta-feira, *O Globo* diz que "o desemprego não serve de argumento em favor dos bingos" e cita o ministro Márcio Thomaz Bastos: "Se a questão se resumisse ao emprego, passariam a ser defensáveis o tráfico, a prostituição e qualquer atividade criminosa que, por alguma forma, emprega pessoas."

O *Estadão*, de linha republicana, também apoia a proibição, a partir de um viés produtivista. Já a *Folha* e o *Jornal do Brasil* questionam a proibição dos jogos. O *JB* pergunta em editorial desta quarta-feira "Bingos: quem pagará a conta?". Diz ainda: "ficamos tão perplexos com ... a canetada presidencial que, da noite para o dia, proibiu a exploração da atividade econômica das casas de bingo, provocando inúmeras situações que certamente haverão de ser objeto de questionamento no Judiciário".

Esse racha na grande imprensa sobre a MP dos bingos reflete a perplexidade da sociedade, que ainda não tomou posição clara contra ou a favor da proibição dos jogos. Há um vácuo de elementos balizadores, predominando os editoriais em cima do muro. Os próprios jornalistas pouco sabem sobre o mundo dos jogos e suas eventuais relações com o crime organizado ou lavagem de dinheiro.

O universo dos negócios nessa área é dominado, em sua maioria, por gente recém-saída do submundo do jogo do bicho, o que ainda assusta a classe média e os donos de jornais. São "empresários" que não costumam falar abertamente de seus negócios. Os jogos são dominados por máfias que não gostam muito da atuação da imprensa. Assim, faltam conhecimentos técnicos aos jornalistas até para analisar com maior profundidade a questão.

Ainda tateando o assunto, a mídia prefere cobrir aspectos mais factuais, como a questão da perda dos empregos no setor. Abre grandes espaços aos ataques ao governo no Congresso e às manifestações que a Força Sindical vem realizando nos últimos dias, nas principais capitais, justamente para tentar convencer a opinião pública de que os donos de bingos são gente de bem, que dá trabalho honesto a milhares de pessoas. Mesmo essas coberturas são falhas. Na manifestação de ontem em Brasília, por exemplo, muitos dos participantes não eram trabalhadores de bingos, foram trazidos em troca de presentes e favores, para engrossar o ato. Mas isso os jornais não dizem.

Nesse cenário, o governo está perdendo espaço, não mostrando como o setor lava dinheiro da droga, da prostituição, suborna funcionários públicos, perverte concorrências e sonega bilhões de seus lucros monumentais – dos quais uma ínfima parte é destinada ao pagamento de funcionários. Ou seja, que o preço para a sociedade é muito maior que os benefícios.

Quadros políticos e intelectuais ligados ao governo poderiam contribuir para clarear o debate. Também os meios de comunicação do governo, como a Radiobrás, poderiam desenvolver essas pautas diferenciadas. Mas a impressão é de que até entre o governo não há ainda consenso sobre o dilema: proibir o jogo permanentemente ou proibir agora para abrir o espaço para o debate sobre a regulamentação.

Sexta-feira, 5 de março de 2004

O CUSTO POLÍTICO DO ENGAVETAMENTO DA CPI

Está sendo alto, num primeiro momento, especialmente junto às bases do PT. As manchetes dos jornais usam palavras pesadas como engavetamento, bloqueio, caracterizando exatamente a "operação abafa", que os tucanos queriam que fosse caracterizada. O *Estadão*, mordaz, publica a íntegra de um artigo de José Dirceu contra operações "abafa CPI" do governo FHC, publicado em 2000 no site do PT.

Havia solução melhor? Tereza Cruvinel, no *Globo*, acha que "o governo poderia ter se poupado do desgaste", aceitando a proposta da CPI, que, na sua avaliação, era um blefe dos tucanos. Por essa tese, se o governo pagasse para ver, talvez os tucanos recuassem.

PREVISÃO SOBRE OS PRÓXIMOS CAPÍTULOS

É possível que esse episódio seja o estertor de uma crise que já está morrendo, como prevê Tereza Cruvinel. A CPI só não será enterrada definitivamente se surgirem denúncias novas e graves. Tucanos e pedetistas acham que há novos flancos a serem explorados.

Os jornais de ontem e de hoje confirmam que o PSDB, agora com apoio tático do PFL, quer usar o Caso Waldomiro como tema estratégico na campanha eleitoral. O *Estadão* informa que Serra e [Jorge] Bornhausen combinaram isso ontem num almoço. Gilberto Amaral, no *JB*, ressalta a atuação no caso dos promotores José Roberto Santoro e Marcelo Serra Azul, "ambos com ligações íntimas com o presidente do PSDB, José Serra".

MOBILIZANDO O EXÉRCITO DE REPÓRTERES

Para manter a crise viva, os jornalistas lançaram-se nos últimos dias na busca frenética de novos fatos. Os jornais não querem perder espaço, e a ordem dada aos repórteres é produzir furos. Na *Folha*, Otávio Frias Filho reclamou abertamente por mais empenho na busca de furos, numa reunião esta semana. O *Estadão* remontou sua equipe de jornalismo investigativo.

COMO ENFRENTAR A CAMPANHA DOS BINGUEIROS

A batalha contra os bingos promete ser dura e relativamente longa, alimentada pela transformação dos desempregados dos bingos em massa de manobra tanto dos empresários do jogo como da Força Sindical.

Já está criada uma aliança tática entre os empresários do jogo e a Força Sindical que, a médio prazo, pode dar origem a um sindicalismo do tipo Hoffa no Brasil, no qual a reivindicação sindical se mistura a interesses clandestinos, dando origem a ações criminosas.

A longo prazo, o governo Lula precisa estar atento para não entrar na história apenas por sua luta contra os bingos, como os governos de Gaspar Dutra, que ficou conhecido apenas porque proibiu o jogo em 1946, e de Jânio [Quadros], que ficou conhecido pela proibição da briga de galo.

Iniciativas desbravadoras e ousadas são ainda mais necessárias, para deslocar a batalha contra os bingos do centro de gravidade de nossa ação.

Segunda-feira, 15 de março de 2004

DESDOBRAMENTOS DO CASO WALDOMIRO

A menção a Rogério Buratti [Assessor de Palocci] nos depoimentos da sexta, citada por todos os jornais, ainda que sem estardalhaço, atiçou de novo a oposição. O *Correio Braziliense* anuncia que a oposição reanimada vai para uma nova ofensiva, com o apoio de Brizola. José Serra e Arthur Virgílio teriam procurado Leonel Brizola ontem mesmo, para montar essa operação em conjunto.

As denúncias abriram uma brecha inesperada na muralha do discurso ético do PT, que era o maior problema da oposição, avalia José Carlos Aleluia, o novo líder do PFL, segundo o *Correio Braziliense*.

Mas Helena Chagas, no *Globo* de hoje, considera positivo para o governo o avanço do inquérito, porque deixa menos espaço para a ofensiva da oposição. No entanto, se diz assustada com as evidências de que, em torno de pessoas importantes e sérias do governo, tenham circulado figuras como Waldomiro.

O ALVO É LULA E NÃO ZÉ DIRCEU

Ilimar Franco endossa, em sua coluna de hoje, a avaliação de Francisco Dornelles, qualificado por ele como político experiente da política, segundo o qual "o tiroteio contra Zé Dirceu tem como alvo o presidente Luiz Inácio Lula da Silva". Dornelles compara o papel de Zé Dirceu ao de Golbery no governo Figueiredo. "Quando Golbery caiu acabou o governo Figueiredo", diz ele. E diz mais: o objetivo da oposição é desestabilizar o governo.

Quarta-feira, 31 de março de 2004

OS FATOS: ERA MESMO UMA TRAMA PARA "FERRAR" O PT

As gravações revelam claramente a motivação política do subprocurador José Roberto Santoro e seu colega Marcelo Serra Azul. *O Globo* também ressalta o caráter "quase clandestino" do encontro.

Essa gravação explica por que o procurador regional Marcelo Serra Azul indiciou Mattoso no inquérito da CEF, mas perdoou Carlos Cachoeira. Entre ele e Cachoeira havia um conluio. Tudo combinado desde o começo.

E A INSTRUMENTALIZAÇÃO DA MÍDIA PELOS TUCANOS

As revelações já colocaram na defensiva a revista *Época*, que ontem precisou se justificar pela Globo News. Desvendado o conluio bicheiros-procuradores, resta desvendar o conluio procuradores-imprensa e procuradores-tucanato. O comportamento da mídia hoje dá algumas pistas de engajamento dos editores na operação "ferrar o PT".

Por critérios estritamente jornalísticos, a denúncia deveria ser manchete principal. Havia tempo para isso, porque a notícia foi dada ainda no Jornal Nacional. Mas só *O Globo* e o *Correio Braziliense* deram à fita sua manchete principal e no contexto correto de denúncia de uma trama para "ferrar o PT". Tomados de surpresa, ou mancomunados com a trama?

Folha, *Estadão* e *JB* espremeram a notícia em uma ou duas colunas na primeira página. No interior desses jornais, apenas a *Folha* abriu grande espaço à nova fita.

Estadão saiu com um editorial defasado em relação aos fatos que ataca nosso pessoal na CEF, e que a rigor deveria ter sido substituído. Também dividiu o espaço com o depoimento rancoroso contra o PT de Luiz Soares no Rio. O *JB* deu Soares na cabeça, o que é em parte justificável, por ser um jornal carioca.

Nas tevês, além obviamente dos telejornais da Globo, que tinha o furo, predominou a omissão, ou a desclassificação, como fez Boris Casoy.

POR TRÁS DE TUDO, O DEDO DE SERRA?

Poucos comentaristas políticos analisaram o episódio, o que deve acontecer a partir de hoje. Tereza Cruvinel recomendou ontem à noite na Globo News que o PT parta para a ofensiva. Eliane Cantanhêde diz que, desde a campanha presidencial de 2002, o procurador Santoro é acusado de fazer o jogo de Serra, e relaciona os fatos de ontem ao caso Lunus. Jorge Mattoso já partiu ontem mesmo para a contraofensiva.

Denunciar a trama política, em especial a maquinação do alto tucanato, parece ser para nós o melhor caminho, porque contextualiza o Caso Waldomiro como um fato entre muitos de uma história mais complexa. Com isso também somamos com os sarneyistas e enfraquecemos Serra, que ainda brinca com a ideia da candidatura à Prefeitura de São Paulo.

UMA REABERTURA ESPETACULAR DA AGENDA WALDOMIRO NÃO NOS INTERESSA

Ainda mais nesse momento em que começam a dar um ar mais positivo à cobertura jornalística das ações e decisões do governo, como os acordos em torno dos impedimentos ambientais, o anúncio da política industrial e a proposta de aumento dos servidores.

Não devemos trazer de volta às manchetes principais uma agenda negativa que já estava se esvaziando, mesmo com mudança de enfoque. Mesmo porque a mídia vai aproveitar para, a todo instante, relembrar o Caso Waldomiro, porque, afinal, Waldomiro existe, confessou e ainda está para ser julgado.

A solução para uma contraofensiva dentro desses limites, que intimide a imprensa e os tucanos, mas não faça disso uma nova onda, talvez seja a de deixar que apenas Fonteles fale e atue sobre a trama dos procuradores. E atue com firmeza. Nosso mote é a denúncia do uso político dos recursos da polícia e de justiça pelos tucanos em conluio com bicheiros.

A ESFERA ESTRITAMENTE POLÍTICA DE DENÚNCIA

É preciso tomar cuidado também para que: (a) as acusações de motivação política que vamos fazer no contra-ataque aos tucanos não sejam usadas como pretexto para a reabertura do debate da CPI. Ontem, a oposição já gritava no plenário por uma CPI; e (b) não sejamos nós os acusados de uso político dos recursos da polícia, o que poderia acontecer se formos acusados de ter promovido esta última gravação.

Quinta-feira, 6 de maio de 2004

O LENTO DESGASTE DA MP DOS BINGOS

A MP que proibiu o bingo já vinha sendo desmoralizada na prática, com a abertura de bingos através de liminares em vários estados. Junto à opinião pública vinha perdendo apoio, em parte por causa da campanha da Força Sindical denunciando o desemprego criado pela proibição do jogo.

Na última pesquisa de opinião, o apoio à proibição, que de início foi de 68% dos entrevistados, havia caído para 49%. Mesmo assim, a proporção dos que apoiam o fechamento dos bingos ainda supera a dos que não apoiam, que ficou em 40%.

A TESE DA MUDANÇA ESTRUTURAL NA ESFERA DO CONGRESSO

No *Estadão* e *JB*, Dora Kramer explica o conjunto de derrotas ontem, incluindo a da instalação da comissão que vai discutir a MP do mínimo, dizendo que o cenário favorável mudou e só o Palácio do Planalto não viu. Diz que a ausência dessa percepção em boa parte deve ter sido responsável pela derrota da MP dos bingos no Senado. Foi-se o tempo de enquadrar.

Um exemplo é a reunião realizada terça-feira com o coordenador político do governo, Aldo Rebelo, da qual os aliados saíram insatisfeitos com a colocação do governo de proibir a discussão do reajuste do salário mínimo, considerando que isso era barrar a atividade parlamentar.

Ontem foi criada a comissão mista do Congresso, composta à revelia do que queria o governo. Nos jornais de hoje, João Paulo Cunha aparece dizendo que "se sente traído".

Sexta-feira, 7 de maio de 2004

OPOSIÇÃO TEME PERDAS E DANOS COM A VOLTA DOS BINGOS

Ao apresentar rapidamente uma nova proposta proibindo caça-níqueis e jogos on-line, os três partidos de oposição, PSDB, PFL e PDT, reconhecem que, a médio e longo prazo, podem ser eles os perdedores com a manobra da derrubada da MP que proibia bingos.

O Jornal Nacional mostrou ontem aspectos profundamente negativos da volta do jogo, que tocam na sensibilidade do telespectador e no viés moralista da classe média: uma moça jogando no caça-níqueis "antes de ir para o trabalho", um jogador compulsivo, um médico psiquiatra e o arcebispo primaz do Brasil manifestando desapontamento com a volta dos bingos.

22. CRISE DOS CORREIOS

Quinta-feira, 26 de maio de 2005

EDIÇÃO VESPERTINA, FECHADA ÀS 19H50, HORA DE BRASÍLIA

CPI DOS CORREIOS APROFUNDA CRISE NO PT

É o que prevê a Agência Estado. O líder do governo na Câmara, Arlindo Chinaglia, disse ao jornal que poderá propor ao diretório nacional punição para os deputados que ajudaram a oposição a fazer a CPI.

Dos 14 deputados petistas que assinaram a CPI dos Correios, dois estão livres da ira dos dirigentes do PT. Antonio Carlos Biscaia (RJ) e Virgílio Guimarães (MG) tinham entregue ao líder Chinaglia documento em que desistiam do apoio à CPI. Os documentos só não foram usados porque o governo não conseguiu número suficiente para inviabilizar a iniciativa das oposições.

Os que apoiaram a CPI são: Chico Alencar (RJ), Doutor Rosinha (PR), Doutora Clair (PR), Gilmar Machado (MG), Ivan Valente (SP), João Alfredo (CE), Maria José Maninha (DF), Mauro Passos (SC), Nazareno Fonteles (PI), Orlando Fantazzini (SP), Paulo Rubem Santiago (PE) e Walter Pinheiro (BA). O senador Eduardo Suplicy (PT-SP) foi o único petista no Senado a apoiar a CPI dos Correios.

Para Genoino, os 12 deputados e o senador Suplicy preferiram fazer uma aliança contra o governo do presidente Luiz Inácio Lula da Silva. "Eles preferiram uma aliança com a oposição, com o PFL e com o PSDB, para combater o presidente Lula. Essa CPI tem de tudo, menos combater irregularidade. Essa CPI vai ser um palanque de ataque ao governo, porque não é preciso que seja aberta uma investigação no Congresso para que eventual deputado ou funcionário público seja punido", disse ele.

ESQUERDA NÃO ACEITA PUNIÇÃO

Para o deputado Ivan Valente, um dos que assinaram a CPI, nem a direção do partido nem o governo têm razão quando criticam os dissidentes. Ele afirmou ainda que não tem como ser punido, porque o diretório nacional do PT não fechou questão contra o apoio à CPI dos Correios. "No documento prévio havia algo a respeito dessa questão, mas isso foi tirado", disse ele.

Para Ivan Valente, muita coisa está em jogo hoje, mas a direção do PT e o governo não percebem isso. "O que está em jogo é a ética na política, a consciência, a concepção de fazer política. Entendemos que o governo erra politicamente. Ele deveria ter tomado a iniciativa de abrir a CPI, porque cuidaria da ética, em primeiro lugar. Também coibiria a corrupção e intimidaria a chantagem de setores da base aliada que não têm consistência ideológica", disse Valente.

Denise [Chrispim] carregou pesado na ironia. Vejam este trecho: "Nem mesmo o simpático lobby que Lula pretendia fazer a favor da carne brasileira, oferecendo um churrasco às autoridades japonesas, deu certo. O Japão barrou a entrada do produto. Pelo visto, Koizumi não sente saudades do filé mignon que lhe foi servido no Itamaraty, em setembro passado".

A repórter também gastou enorme espaço descrevendo uma suposta gafe do cerimonial japonês, que deixou Marisa para trás, quando Lula saía de um salão do Senado.

No meio dessa moldura totalmente negativa, estão as informações concretas de acordos que devem ser assinados amanhã em várias áreas, muitos deles com valores significativos; outros importantes para a vida dos dekasseguis.

Quinta-feira, 14 de julho de 2005

CPMI DOS CORREIOS

Foi onde se deu ontem o pior ataque contra o governo. Primeiro foi o frisson provocado pelo vazamento do e-mail do diretor da Abin, Mauro Marcelo, enviado aos servidores da Abin chamando a CPMI dos Correios de "picadeiro" e os integrantes da comissão de "bestas-feras". Acabou demitido à noite pelo presidente em exercício, José Alencar, com aval de Lula. À tarde, veio a bomba maior. O ex-presidente dos Correios, Airton Dipp, confirmou que a Secom tinha maior participação na comissão de licitação de contratos de publicidade do que a própria estatal.

Conforme decreto assinado pelo presidente Lula, os Correios teriam o direito a indicar dois integrantes da comissão; o Ministério das Comunicações, outro participante; e a Secom, mais dois. Dipp confirmou que os editais tinham maior participação dos técnicos da Secom do que de funcionários dos Correios. Gushiken emitiu nota explicando a participação da Secom nas licitações.

GUSHIKEN NA MIRA

A oposição dizia ontem no Congresso que conseguiu colocar Gushiken "definitivamente na mira da CPMI dos Correios". A convocação já foi pedida e pode ser votada hoje. O relator Osmar Serraglio disse que "seria esclarecedor" um depoimento de Gushiken à comissão. "Temos informação de que nada acontecia nas estatais (em relação à contratação de publicidade) sem a homologação da Secom." Mas a nota divulgada pela Secom contextualizando seu papel nas licitações dos Correios parece ter tido efeito, e não se falou mais da convocação de Gushiken. Tereza Cruvinel diz hoje que deve ser votada, isso sim, a convocação de Delúbio e Sílvio Pereira.

Comentário: Vai ser ruim um colaborador tão próximo ao presidente ser convocado para depor logo no início dos trabalhos da CPMI. Por isso, foi importante a nota emitida ontem pela Secom, que relativiza e contextualiza o seu papel na licitação dos Correios.

QUEM É AIRTON DIPP

A dureza do ataque de Dipp surpreendeu até a oposição. Mas há motivos de sobra para explicar sua atitude. Dipp é prefeito de Passo Fundo (RS) pelo PDT. O Rio Grande do Sul é um dos estados onde é mais acirrada a briga entre PDT e PT.

Além disso, Dipp foi demitido dos Correios em dezembro de 2003 e ficou profundamente ressentido com o governo. Isso aconteceu quando Miro Teixeira, que era do PDT, foi substituído por Eunício Oliveira, do PMDB, no Ministério das Comunicações. Eunício tirou Dipp dos Correios e nomeou seu correligionário peemedebista, João Henrique de Almeida Souza. Souza, por seu turno, foi demitido por Lula há poucas semanas, em meio às denúncias de corrupção envolvendo a estatal.

Terça-feira, 19 de julho de 2005

NA MIRA AGORA, OS FUNDOS DE PENSÃO

Jornais de ontem deram como certo que a CPI dos Correios quebrará o sigilo dos fundos de pensão de estatais para identificar vendedores e intermediários e tentar identificar fraudes. Na *Folha* de ontem, Marcelo Sereno foi acusado de manipular o fundo de pensão Núcleos, dos empregados das estatais de energia nuclear. A acusação foi feita por um dos representantes dos empregados no Conselho Diretor do Núcleos, Neildo de Souza Jorge, também um "petista", segundo o jornal.

O Globo conta a história de um assessor da área de investimentos do Real Grandeza, Jeronymo Monteiro de Sá, que teria enricado demais da conta, para o salário que ganha. Jeronymo, assessor da área de investimentos, nos últimos anos, construiu um robusto patrimônio de aproximadamente R$ 3 milhões. Os bens seriam incompatíveis com o seu salário. Documentos obtidos em cartórios do Rio demonstram que, entre 2001 e 2004, Sá se tornou proprietário de dois apartamentos de luxo no Rio.

Estão na mira os fundos Previ (Banco do Brasil), Postalis (Correios), Petros (Petrobras) e Real Grandeza (Furnas e Eletronuclear), cujas diretorias foram partilhadas entre PT, PTB, PP, PL e PMDB. A comissão quer examinar as negociações com títulos financeiros feitas nos últimos 24 meses para identificar vendedores e intermediários.

Quarta-feira, 27 de julho de 2005

FUNDOS DE PENSÃO: QUEM MANIPULA QUEM?

A mídia está sendo inundada por reportagens denunciando manipulação dos fundos de pensão pelo governo. Mas é a imprensa que está sendo manipulada na maioria das vezes. Por exemplo: por trás das duas reportagens confusas de ontem do *Estadão* acusando Gushiken e Sérgio Rosa de manipulação no fundo de pensão da Previ, está uma manobra desesperada de Daniel Dantas de impedir a assembleia marcada para hoje pela Previ, para destituir o Opportunity da gestão da Brasil Telecom. Ambas as matérias foram simplesmente "plantadas", como se diz no jargão jornalístico.

A reportagem do *Globo* acusando a empresa da qual Gushiken foi sócio de ter conseguido um contrato sem licitação é incongruente. A própria reportagem mostra que a empresa perdeu dois processos seletivos de que participou. Depois, recebeu um contrato de pequeno valor para um serviço bem específico de treinamento, sem licitação. Ora, como ela poderia estar sendo favorecida, se perdeu duas licitações? Quando perde, não é prova de isenção. Quando ganha, é prova de favorecimento.

Na *Folha*, a denúncia de ontem é de tentativa de ingerência do Refer, fundo de pensão dos ferroviários. A história é bem-contada e bem detalhada: resumo, a tentativa de ingerência no fundo "foi rechaçada pelo Conselho Deliberativo". Ou seja, não houve manipulação do fundo. Houve no máximo uma tentativa que não deu certo. Mesmo assim, a *Folha* manteve a pauta e ainda deu o título mentiroso de que "Fundo Refer teve ingerência do PT".

De todas as denúncias, as únicas que têm os atributos da verossimilhança até agora são a de manipulação do Fundo Núcleos, que teria gerado desvio de R$ 6 milhões, e do fundo Real Grandeza. Já é coisa muito séria. A mídia não precisava inventar mais.

23. MENSALÃO

Segunda-feira, 6 de junho de 2005

ROBERTO JEFFERSON DETONA A ESTRATÉGIA DO GOVERNO

Até ontem, o cenário era dominado por dois processos relativamente autônomos: um de natureza jornalística, de corrida da mídia para ver quem descobria o "Pedro Collor do governo Lula". Outro de natureza política, no qual o governo e o PTB tentavam se livrar, de modos diferentes, da batata quente da denúncia da corrupção nos Correios.

Com a entrevista à *Folha* em que denuncia que Delúbio pagava mensalmente uma "mesada" a deputados do PL e do PP, para assegurar seu apoio ao governo, Roberto Jefferson [presidente do PTB] entrega à opinião pública o "Pedro Collor do governo" e, com isso, joga para segundo plano a corrida da mídia, alcançado que foi o seu objetivo principal.

Ao mesmo tempo, Jefferson detona toda a estratégia do governo para o enfrentamento da crise política criada pela fita dos Correios. Agora, a crise de natureza política se aprofunda e se torna dominante. A não ser que esteja mentindo, Jefferson cria uma nova situação de gravidade extrema. A rigor, a denúncia não é nova. O próprio Jefferson lembra que Miro Teixeira falou nessa "mesada", e depois voltou atrás. Mas as circunstâncias são muito diferentes.

A CRISE AGORA É DEFINITIVAMENTE INSTITUCIONAL

A primeira pergunta que se vai fazer é: de onde vinha o dinheiro para o pagamento dessa mesada? A segunda pergunta é: quais os deputados que recebiam a mesada? O Congresso também é atingido pela denúncia, de modo comparável ao da crise dos anões do orçamento. Por isso, a crise é institucional.

Roberto Jefferson disse na entrevista que Delúbio pagava a parlamentares, em troca de apoio no Congresso, R$ 30 mil mensais entregues a representantes do PP e do PL, pelo menos até janeiro. Num outro trecho dá a entender que isso era a despesa total. O pagamento por parlamentar seria de R$ 1.500 a R$ 3.000.

O próprio caso dos Correios tem um novo contexto. Apesar de Jefferson negar com veemência as acusações da fita, elas fazem mais sentido na medida em que ele diz que seu partido não aceitou o esquema das "mesadas".

E O GOVERNO É ACUSADO POR JEFFESON DE PREVARICAÇÃO

Jefferson faz questão de livrar o presidente no plano moral, dizendo que: (a) Lula chorou ao ser informado do esquema; e que (b) depois disso, o esquema parou. Mas, observam os comentaristas da *Folha*, Fernando Rodrigues e Vinicius Torres Filho, isso não livra Lula de uma eventual acusação de prevaricação. O presidente do PTB torna boa parte do governo e, por tabela, o próprio presidente vulneráveis à essa acusação. "Cabe ao presidente mandar apurar e punir com rigor todos os envolvidos", diz Fernando Rodrigues.

Jefferson diz que sabiam da história [os ministros] José Dirceu, Palocci, Ciro Gomes e Walfrido dos Mares Guia. Diz que a mesada era tática do PT: "É mais barato pagar o exército mercenário do que dividir poder."

Questionado sobre sua mudança de postura, Jefferson disse que o governo agiu para isolar o PTB. "Vai ter que sangrar a cabeça de alguém na guilhotina, tem que haver carne e sangue aos chacais. Estou percebendo que estão evacuando o quarteirão, e o PTB está ficando isolado, para ser explodido."

COMO VÃO REAGIR OS DIFERENTES ATORES POLÍTICOS?

Vai depender da densidade e grau de sustentação das acusações de Jefferson. Mas certamente o tumulto vai se instalar no Congresso e nos meios políticos. Todos os atores vão mudar de comportamento. A mídia vai redirecionar parte de seus esforços em busca de novos escândalos reais ou imaginários, como mostra a própria *Folha* de hoje, ao insinuar superfaturamento dos tucanos nas obras da calha do rio Tietê.

Os tucanos, que tinham como objetivo inicial apenas nos desgastar, para abrir caminho a uma candidatura tucana em 2006, serão eles próprios atropelados pela mídia. Devem estar agora com muito medo da crise que ajudaram a criar.

Os grandes grupos de interesses que vêm se beneficiando da nossa política econômica, ainda que temerosos de uma consolidação do poder petista a longo prazo, ainda não estão preparados para assumir formalmente o Poder Executivo. Mas podem se decidir por essa alternativa rapidamente, já que a agenda neoliberal é muito mais ambiciosa do que estaríamos preparados apara aceitar; incluindo, entre outras propostas estratégicas, a liquidação do BNDES e dos fundos compulsórios de poupança, a conversibilidade total do real e a autorização de abertura de contas em dólar.

UM CENÁRIO PREOCUPANTE

De imediato, com as reportagens da *Folha* de hoje e do *Globo* de ontem, além das peças menores que tentam nos incriminar, voltamos a cair numa posição defensiva e de fragilidade no âmbito da CPI. A CCJ da Câmara vai votar o recurso do deputado João Leão num clima muito adverso a qualquer proposta de engavetamento. Ainda é possível a derrota da proposta, mas o que o parecia uma certeza, tornou-se agora uma mera e remota possibilidade.

Também pouco ajudou a reunião do presidente com a bancada na Granja do Torto. Fortemente decepcionado com essa reunião, o deputado Biscaia pode propor o andamento da CPI, ainda que limitando seu âmbito aos Correios, se não for para uma posição ainda mais negativa para o governo.

OUTROS COMPONENTES ESPECÍFICOS DESTA CRISE

Um deles é obviamente a situação em que se encontra o PTB, encurralado num movimento de pinças que tem, de um lado, a mídia, que não hesitou em sacrificar o PTB para atingir o PT, e, de outro lado, as investigações da Polícia Federal. Daí a reação de Jefferson.

De início éramos acusados de criar as condições políticas para a corrupção devido ao tipo de aliança que forjamos com o PT – não programática e sim fundada na troca de favores.

Desde a Operação Curupira, somos acusados pela mídia de partícipes da corrupção, através do destaque dado por *Veja* à participação de dois ou três petistas, num esquema de mais de cem pessoas. O noticiário está todo voltado à tarefa de nos criminalizar.

OS DIFERENTES FATORES ACESSÓRIOS DA CRISE

Não foram menos violentos os ataques da mídia a Juscelino e a Getulio.

A diferença é que, desta vez, além do complicador "PTB", há outro fator altamente negativo: o colapso da unidade interna do PT e até mesmo da solidariedade no momento da adversidade. Gestos como o de Suplicy ajudaram a criar o clima de legitimidade da caça ao PT. Estamos também pagando pelo descaso com que tratamos dissidentes intelectuais.

A crônica de Fernando Gabeira na *Folha* de ontem teve ampla e devastadora repercussão entre petistas e simpatizantes de nosso governo. Já na *Folha* de quinta, é citado entre aspas um desabafo do ministro José Dirceu, de ampla repercussão, em que ele diz que "não dá mais" que estava "no seu limite". Falou que se cansara "de executar tarefas a pedido de Lula e vê-las desconsideradas..."

O QUE FAZER?

Seja qual for o encaminhamento da crise, ele deve passar pela restauração plena da autoridade do presidente, muito abalada pelos últimos acontecimentos. A reportagem da *Folha* do sábado, em que o deputado [petista] Fernando Ferro revelou tudo o que o presidente pediu que não fosse revelado de sua reunião com a bancada petista na Granja do Torto, demonstra não apenas essa quebra total de disciplina, mas também a perda de autoridade do presidente.

Nos meios petistas e nos movimentos populares, foi considerada mais grave a declaração do ministro Paulo Bernardo de que não tinha liberado os R$ 700 milhões acordados entre Lula e o MST para a reforma agrária porque "não tinha recebido nenhuma ordem do presidente". Isso quase dez dias depois do acordo.

"CORTAR NA PRÓPRIA CARNE"

A nova linha-dura contra militantes do PT que tenham incorrido em erro, expressa tanto no discurso "duro" de Marina [Silva] ontem como no pronunciamento de Genoino, poderia resolver o problema da dimensão ética da crise, antes da entrevista de Jefferson.

A ministra disse que a apuração do esquema de corrupção irá até o fim, ainda que isso signifique "cortar na própria carne" do governo e do PT. Genoino disse que serão abertos processos internos para expulsar do partido os políticos envolvidos no esquema. Na Operação Curupira, quarenta funcionários de carreira foram afastados, e 21 deles ocupavam cargos de confiança ao longo de vários governos. Mas, entre eles, integrantes do PT, como o ex-gerente-executivo do Ibama em Mato Grosso, Hugo José Werle, que arrecadava verbas junto a madeireiras para a campanha do candidato do PT à prefeitura de Cuiabá, Alexandre Cesar.

OUTRAS FRENTES DE CONTRA-ATAQUE

Há uma convicção crescente entre juristas e analistas políticos de que a raiz do problema da corrupção política está no sistema político. Nesse sentido, outra iniciativa ousada do governo seria a de propor uma reforma política já. Talvez isso ajude a levar o problema para um plano superior e genérico.

As outras iniciativas, como a liberação de amplos recursos para investimentos e a MP do bem, já estão sendo tomadas, com pouco efeito no ambiente geral, primeiro porque ninguém acredita que os recursos serão liberados com rapidez, e segundo porque que as medidas não são assumidas como uma grande narrativa de governo. O nosso discurso dominante ainda é o do combate à inflação.

Quinta-feira, 9 de junho de 2005

SOBRE A OPORTUNIDADE DA REFORMA POLÍTICA...

A crise vai ser longa e repleta de surpresas. Mas Lula pode sair fortalecido ao assumir o comando ostensivo da luta contra a corrupção, e ao propor a aceleração da reforma política. As primeiras reações da proposta na mídia são muito positivas, tanto entre colunistas como nos editoriais e telejornais.

O Jornal Nacional deu a Lula um tratamento positivo que não se via há muito tempo. Na reportagem de quase 4 minutos sobre a necessidade de uma reforma política, a repórter Zileide Silva dedicou mais de 3 minutos ao resgate do discurso pronunciado pelo presidente na abertura do Fórum Global na noite anterior. Esse é um exemplo claro de como uma proposta formulada no momento certo leva a uma agenda positiva.

...E SUA IMPORTÂNCIA ESTRATÉGICA

Além de criar um espaço nobre de manejo da crise, a reforma política é a alternativa petista à receita neoliberal de ataque à corrupção que já está sendo formulada: a de retomada acelerada das privatizações. O argumento neoliberal, agora reforçado pelo caso do IRB[26], é o de que empresas estatais são mais propícias à corrupção. (Ver item abaixo)

Assim, propor e comandar uma reforma política significa também disputar a condução da crise política. Ou a comandamos ou ficamos a seu reboque. E mais: ao liderar uma reforma política saneadora no quadro institucional brasileiro, o governo Lula equipara-se a Vargas, se ela for bem-sucedida como a de Vargas, não no plano econômico-social, apequenado pelo excessivo arrocho fiscal, mas naquilo que o varguismo manteve intocado: a estrutura da nossa democracia representativa, onde o dinheiro e política convivem perto demais.

A DESASTROSA ENTREVISTA DE DELÚBIO

Um exemplo claro de uma intervenção inoportuna e que alimentou uma agenda negativa. Não contribuiu para dissipar as dúvidas, mesmo com Delúbio pondo à disposição seus sigilos bancário, fiscal e telefônico. Cometeu o grande erro de introduzir na agenda o conceito de chantagem: não nos deixaremos chantagear, disse e repetiu Delúbio. Isso equivale a passar recibo de que exista algo suscetível à chantagem. "Com o aval do PT, Delúbio diz que governo é chantageado", é manchete do *Globo* de hoje.

Os telejornais e a mídia impressa foram implacáveis com Delúbio Soares. O Jornal Nacional gastou 7,5 min, mostrando, desde a saída de Delúbio de seu prédio, escoltado por dois batedores, até a sede do PT, onde "a chegada foi tumultuada". O repórter Rodrigo Vianna contou que a reunião que antecedeu a coletiva durou cinco horas. Tudo para insinuar que havia um grande abacaxi a ser descascado.

Todos enfatizaram a hesitação e o nervosismo do tesoureiro do PT. Nem a mulher de Delúbio, sentada ao lado dele, escapou: o repórter do Jornal da Record disse que ela mordia a caneta o tempo todo. E o do Jornal Nacional destacou que ela passava bilhetes para Genoino.

---

26 N.E.: O Instituto de Resseguros do Brasil (IRB) foi acusado de destinar R$ 400 mil mensais ao PTB.

Boris Casoy disparou: "Delúbio não disse nenhum milímetro a mais do que era esperado. Abrir seu sigilo fiscal e bancário não tem o menor significado." E acrescentou: "Mais uma vez o PT superestima a burrice alheia. Como se alguém em sã consciência acreditasse que um eventual mensalão saísse de uma conta particular de alguém. Nem a velhinha de Taubaté acredita nisso. Conclusão: É preciso ouvir Roberto Jefferson que diz, afirma, espalha que tem provas."

Pedro Simon diz que Lula deve se livrar "dessa gente"

Entrevistado por Boris Casoy no Jornal da Record, o senador Pedro Simon disse que não sente, "por parte de nenhum segmento da sociedade, o desejo de radicalizar, nem a oposição nem a imprensa nem os militares. Essa crise nasceu dentro do governo. Pessoas do governo e ridículas ações do governo". As denúncias foram feitas pelo governo. Simon lembrou que "a primeira CPI, do Waldomiro, que deveria ser instalada, eles negaram, e agora nós vamos ganhar no Supremo – está cinco a zero – a queda dos bingos. Não deixaram criar. Nesta segunda, fizeram um carnaval, prometeram comprar, tiraram os membros da Comissão de Justiça, fizeram horrores para não constituir. Viram que não adiantou nada e agora vai ser instalada".

Num tom sentimental, o senador gaúcho disse que Lula deveria ter "alguém que diga para ele que é importante que tenha uma CPI, que ela funcione, descubra o que tenha que descobrir". E recordou o discurso feito anteriormente no Senado, em que ele pediu a Lula que mudasse o rumo de seu governo: "Lula, o povo confia em ti, o povo espera em ti. Te livra dessa gente, te livra dessa gente. Como é que vai dizer para o senhor Jefferson, você pode dar um cheque em branco para ele? Presidente da República não dá um cheque em branco para ninguém. Livra Lula, bota para fora essas pessoas e comece de novo, comece com o pé direito, faça o governo daquele Lula que você é, que você representa. Você não tem compromisso com ninguém, ninguém dessas pessoas ajudou a te eleger."

Simon concluiu dizendo que não sente no Congresso "aquilo que a gente sentia na velha UDN rancorosa contra o Jango, contra o doutor Getulio, que queriam era derrotar, esmagar. Eu não sinto isso. Eu juro que não sinto isso. Eu sinto a vontade de acertar, e o Lula tem condições de fazer isso, precisa fazer isso".

Quarta-feira, 15 de junho de 2005

A EXTENSÃO DA CRISE

Surgiu, no *Estadão* de hoje, a primeira confirmação do mensalão: do secretário-geral do PP, Bendito Domingues. Miriam Leitão diz no Bom Dia Brasil de hoje que "o governo ainda não entendeu toda a extensão da crise". No *Jornal da Globo*, William Waack disse que a oposição saiu do depoimento "convencida de que tem elementos suficientes para encostar o governo contra a parede". Isso, antes ainda de a secretária de Marcos Valério incriminar Delúbio, Zé Dirceu e Silvio Pereira.

O que significa "encostar o governo na parede?" A descrição por Jefferson da cena em que Lula teria ficado sabendo do mensalão foi mostrada por todos os telejornais, com todo seu potencial de plausibilidade e verossimilhança. Era como se o telespectador estivesse "vendo" a reação de Lula, as lágrimas nos olhos, o silêncio dolorido. Foi a forma mais sutil de envolver diretamente o presidente, fingindo que estava querendo preservá-lo. Jefferson repetiu várias vezes que, depois disso, o mensalão parou, o que equivale a situar Lula como autoridade máxima sobre o esquema que teria gerado o mensalão.

E A PLAUSIBILIDADE DE UM *IMPEACHMENT*

Apesar de os focos principais da crise de corrupção serem o Congresso e o PT, tecnicamente está aberto o caminho para o *impeachment*. A grande imprensa nacional, refletindo o susto da sociedade civil com a precipitação dos fatos, ainda não explora essa hipótese a fundo, exceto a *Folha*. Mas a imprensa internacional já fala dessa possibilidade. E o *Valor* de hoje já compara a situação atual com o caso Collor, em editorial. Acusa o PT de usar uma "máxima comunista de que os fins justificam os meios".

O depoimento de Karina [Somaggio, secretária de Marcos Valério], além de dar verossimilhança ao de Jefferson, com o qual parece que estava articulado, pode estabelecer, a partir de sua agenda e de outros documentos, um nexo entre dinheiro das estatais, dinheiro de campanha e até mensalão, se é que ele existiu.

São dois os pressupostos técnicos para um *impeachment*: o envolvimento do presidente na história do mensalão, feito por Jefferson de forma ardilosa, que torna Lula vulnerável a uma acusação de prevaricação, e a informação do Gabinete de Segurança Institucional da Presidência (GSI) de que o general Félix sabia, desde abril, sobre o foco de corrupção dos Correios, derrubando a versão divulgada pelo governo de que o Planalto foi tomado de surpresa pela denúncia veiculada em 14 de maio.

O QUE OS BRASILEIROS QUEREM DE LULA

Antes mesmo do depoimento de Jefferson ao Conselho de Ética e das denúncias da secretária de Marcos Valério, o Serviço "entre em contato com o Governo" vinha recebendo muitas mensagens sobre as denúncias de corrupção envolvendo o governo, o PT e os demais partidos políticos da base aliada. A maioria dessas mensagens chega em tons de decepção, indignação, revolta e descrédito no atual governo.

Chama a atenção, entretanto, que um considerável número de pessoas, mesmo criticando a situação e propondo soluções radicais, encaminhe mensagens de confiança na pessoa do presidente Lula. É possível afirmar, também, que a grande maioria das pessoas que encaminha mensagens apoia a realização de CPIs.

PRESERVAR O CAPITAL POLÍTICO E A BIOGRAFIA DE LULA

O presidente ainda tem um considerável capital político. É um símbolo não só para o povo brasileiro, também para outros povos. E tem uma biografia a preservar. Nossa ação, sejam quais forem as novas circunstâncias, deveria ter como objetivo estratégico a preservação da biografia e do capital político de Lula, mais do que a preservação do poder.

Trata-se de um capital político ainda considerável. Rosangela Bittar diz no *Valor* de hoje que a próxima pesquisa Ibope deve mostrar, nesse fim de semana, que "nem de longe a reeleição de Lula estaria inviabilizada".

De imediato, o governo deveria evitar um pronunciamento mais geral, esperando uma melhor definição do quadro. Mas anunciar desde logo, se possível ainda hoje, algumas medidas tópicas importantes, entre as quais, devassas em todas as licitações citadas por Jefferson e na atuação do Banco do Brasil em BH. Mostrar ânimo e disposição de luta é essencial à imagem do presidente.

UMA CRUZADA NACIONAL CONTRA A CORRUPÇÃO

Os novos fatos dão mais peso ao chamado "mensalão" e às práticas eleitorais do PT do que ao caso dos Correios em si. Só resta ao presidente aprofundar a linha de conduta de "não deixar pedra sobre pedra" no combate à corrupção e, se preciso, "cortar na própria carne". Cada uma dessas frases expressa uma frente própria de ação: não deixar pedra sobre pedra significa destruir todos os focos e mecanismos de corrupção na máquina do Estado, muitos deles, como sabemos, existentes há décadas: cortar na própria carne significa amputar membros do PT, incluindo, possivelmente, parte de sua cúpula. O presidente deveria propor uma cruzada nacional contra a corrupção e liderar essa cruzada.

Liderar uma cruzada nacional contra a corrupção implica: (a) aprofundar as ações da PF; (b) propor algum tipo de ação emergencial ao Poder Judiciário para agilizar o julgamento e a punição dos acusados de crimes do colarinho branco; (c) instituir imediatamente os pregões eletrônicos para a maior parte das compras, nem que uma unidade tenha que emprestar seu sistema de computação à outra; (d) propor uma ampla desburocratização; e (e) acelerar a reforma política.

A ATUALIDADE PREMENTE DA REFORMA POLÍTICA

Simultaneamente, devemos propor a aceleração da reforma política. Um dos efeitos do depoimento de Jefferson ontem à noite foi mostrar a necessidade premente de uma reforma política, diz hoje Frei Betto, no *JB*. A mídia vem abrindo muito espaço, em geral favorável, à proposta de reforma política. A agenda da reforma política "pegou" rapidamente.

Eventualmente, em caso extremo, o governo poderia encampar a proposta de convocação de uma Assembleia Nacional Constituinte, como vem sendo proposta por Mauro Santayana e já aceita em parte por constitucionalistas e pela OAB. A razão dessa proposta é a perda de legitimidade do atual Congresso, por causa do "mensalão".

DUAS SITUAÇÕES COMPLEXAS: CONGRESSO E PT

Há duas situações delicadas: a do PT e a das CPIs. A mais difícil é a do PT, especialmente depois da entrevista da secretária de Marcos Valério. As primeiras reações de Genoino, no Bom Dia Brasil de hoje, foram nervosas. Mas do ponto de vista de governo, basta ao presidente cuidar da lisura dos petistas que estão no governo, deixando a limpeza do partido ao próprio partido – e deixando claro à população que, como fundador desse partido, exige essa limpeza.

No Congresso, o governo poderia reavaliar a conveniência de negociar a relatoria com os tucanos, como forma de criar um clima menos agressivo para os trabalhos. É do interesse dos parlamentares uma condução mais controlada dos trabalhos, já que são eles os alvos das denúncias. A CPMI deve ganhar impulso com os últimos fatos e pode sair uma nova CPI do Mensalão, que já teria 270 assinaturas, segundo o Bom Dia Brasil de hoje.

Ajudaria muito a sinalização de uma mudança na organização do governo e no seu padrão de sustentação no Congresso que prescindisse de acordos fisiológicos e tivesse a ética como um critério ostensivo de demarcação. Isso significa convocar um gabinete de personalidades respeitáveis. Para isso, seria preciso a renúncia coletiva do gabinete.

AINDA SOBRE O DEPOIMENTO DE JEFFERSON

Jefferson aproveitou bem a primeira parte da sessão, fixou a imagem de credibilidade, de um homem que até admite ter embolsado dinheiro, como a maioria dos políticos, mas não está mentindo. Foi minucioso e não errou em nenhum detalhe. Isso deu credibilidade a sua fala. Quanto ao fato de ter recebido dinheiro ilegalmente para o seu partido, criou uma armadilha para o PT: para condená-lo, Genoino terá que confirmar que o subornou e, portanto, também teria cometido crime. Se negar, estará isentando Roberto Jefferson.

Na segunda parte, justamente quando o deputado deveria ser questionado e colocado contra a parede, faltou um parlamentar de talento para isso. Além disso, os jornalistas tinham que voltar às redações para fechar as matérias, e o público em geral já estava cansado. Por isso, mesmo sem apresentar qualquer prova do que diz, sua história emplacou.

O COMPORTAMENTO DA MÍDIA

Toda a mídia errou ao não perceber que a Bolsa subiu porque vislumbrou a queda de Zé Dirceu, principal alvo de Jefferson, e não porque faltaram provas no seu depoimento. Os analistas foram atropelados pelos fatos e saíram atrasados. Jorge

Moreno, do *Globo*, diz que, além do governo e do PT, o próprio Congresso, os partidos e a política em geral saíram perdendo.

Merval Pereira diz que Roberto Jefferson não precisa de provas. O depoimento é tão importante que não há necessidade de provas. Para Merval, o testemunho é de alguém que tinha a intimidade e a confiança do governo, e o que ele relata precisa ser investigado. Merval acha que muito do que Jefferson diz é verdadeiro, e a CPI pode provar as afirmações. Franklin Martins diz que Jefferson teve um bom desempenho de cena e soube guardar os trunfos para a hora certa.

Mauro Santayana considera a crise extremamente grave, envolvendo o conjunto do Congresso, e reafirma sua posição a favor da convocação de uma Assembleia Nacional Constituinte. Diz que organizações da sociedade civil e a CNBB já articulam movimento a fim de convocar Assembleia Nacional Constituinte, ideia que se alastra no próprio Congresso. Diz ele que o atual Congresso carece de legitimidade e que também não adianta o arranjo entre os partidos, a fim de esvaziar a CPI que se abre hoje: desta vez, não há como conter as águas represadas.

Sexta-feira, 17 de junho de 2005

O SENTIDO DO NOVO CAPÍTULO QUE SE ABRE

A crise é de natureza prolongada. Novos fatos e novas acusações vão pipocar a todo momento, como a revelação de ontem de que a Abin agia nos Correios para investigar a atuação da Unisys. E a acusação do *Estadão* de que o PT ofereceu R$ 4 milhões ao PPS para apoiar Marta [Suplicy] em São Paulo. Também já começa a extravasar para as ruas, com as primeiras mobilizações de empresários, movimentos sociais e entidades da sociedade civil, preparando-se para um eventual confronto de forças em 2006, ou até antes.

É no contexto desse início de mobilização social que adquire sentido estratégico a saída de José Dirceu do governo, tendo como tarefa principal recompor o PT, hoje o elo vulnerável do nosso sistema, e comandar uma reação das bases contra o golpismo. O ato de apoio ao PT hoje à noite, em São Paulo, foi chamado pelo Bom Dia Brasil de "O contra-ataque do PT".

UMA NOVA ETAPA NAS RELAÇÕES PT-GOVERNO

Só José Dirceu teria condições hoje de reunificar o partido e, a partir daí, levar a militância de volta às ruas para defender o governo Lula. Não vai ser fácil. O noticiário sugere que a reunião de amanhã do DN [Diretório Nacional] será muito tensa.

É tal o enfraquecimento da candidatura do Genoino que, segundo a CBN, as candidaturas de esquerda já dão como certo um segundo turno, hipótese impensável antes das denúncias contra Delúbio. E, havendo segundo turno, uma unificação das candidaturas de esquerda pode derrotar o campo majoritário. Tudo se complica com os desdobramentos das acusações contra Delúbio.

Se conseguir um acordo – única forma de superar a polarização sem destruir o partido – , Zé Dirceu estará em condições de recriar o PT como polo de poder, recuperando a condição perdida quando o PT se autoanulou ao vencer a Presidência.

Nesse caso, a disputa PT-governo, hoje fragmentada e diluída, deverá se tornar concentrada e ostensiva. Lula vai ter que tratar com Zé Dirceu em outro nível. As articulações por uma aliança nacional para 2006 com os governadores do PMDB, por exemplo, vão ter que passar pelos planos de reconstrução do PT sob a liderança de Zé.

A REFUNDAÇÃO DO PRIMEIRO MANDATO...

A partir da saída de Zé Dirceu, o presidente recria as condições para uma ampla reforma ministerial que atenda aos reclamos públicos de uma requalificação ética do governo. O Globo News destacou a carta da ala esquerda de nossa bancada exigindo essa requalificação.

Toda a mídia indica que a reforma será profunda, e Helena Chagas defende que assim seja. "Cria-se assim, sem dúvida, um fato político capaz de mudar o rumo dos ventos." Mas, para que isso aconteça, a política econômica, hoje sem base social, nem mesmo junto ao empresariado produtivo, precisará acentuar e assumir como discurso a inflexão desenvolvimentista que já está em curso, apesar de ainda não percebida pela grande imprensa.

...PASSA PELA LIQUIDAÇÃO DAS ACUSAÇÕES DE CORRUPÇÃO

Mas Helena Chagas ressalva: "Seja qual for o rumo das coisas, é preciso ir além do escândalo do mensalão e reconhecer a dimensão do que acaba de ocorrer." De fato, a pesquisa CNT/Ibope, que será divulgada hoje, registra que 60% dos consultados já tomaram conhecimento dos escândalos dos Correios e do mensalão. Também a pesquisa Datafolha publicada hoje mostra que 70% acreditam que "existem casos de corrupção no governo Lula", embora o mesmo Datafolha mostre que Lula continua imbatível em 2006, e o governo, relativamente bem-avaliado.

A saída de Zé Dirceu também ajuda a resolver os problemas do governo na Câmara, para onde Zé Dirceu vai com poderes para articular e negociar. Além de sua capacidade de liderança, por simbolizar a esquerda no governo, Zé Dirceu traz com ele a possibilidade de reunificar a bancada.

DE INIMIGO A HERÓI NACIONAL

De repente, o saco de pancadas da mídia nacional virou, nessa mesma mídia, o herói da resistência à ditadura e o grande arquiteto da vitória de Lula. A TV reagiu ao afastamento de Zé Dirceu, substituindo a imagem do vilão, construída por ela própria, pela de um herói nacional. Nos jornais, essa mudança foi menos perceptível. Mesmo assim, trataram Zé Dirceu como o grande condutor da vitória de Lula e que depois se tornou um "superministro".

Todas as tevês contaram sua história de vida, de lutas, prisão e exílio e o papel fundamental que exerceu na construção do PT, nas campanhas de Lula e no governo.

A cerimônia do adeus no Palácio do Planalto teve tratamento de superacontecimento. A emoção, tensa, a presença maciça quase sufocante de tantos ministros e companheiros de partido foram ressaltadas pela repórter Zileide Silva do JN. Todos estavam lá, ela observou, menos Lula.

Nas imagens, a emoção parecia atenuar os traços de tensão e cansaço, e na voz, o eco de uma raiva contida de quem retém a força antes do golpe.

Nos textos dos telejornais o tom era solene. Ao ver a retrospectiva da vida de Zé Dirceu, um telespectador desatento poderia achar por um instante que ele tinha morrido. Boris Casoy disse que o Planalto reservou a Dirceu um "enterro de luxo".

O discurso de despedida de Zé Dirceu é o de quem foi derrotado, mas vai continuar a lutar. Fechou sua fala com "A luta continua", repetindo o que dissemos tantas vezes nestas décadas todas, sempre que perdemos uma batalha.

OS NOVOS FATOS

O *Estadão* dá na capa que o PPS recebeu oferta de R$ 4 milhões para apoiar Marta. E o capitão reformado da Polícia Militar de Minas, José Fortuna Neves, disse em seu depoimento, ontem, à Polícia Federal, que a Agência Brasileira de Inteligência (Abin), estava infiltrada nos Correios desde o final de 2004.

A Abin informou que a ordem para investigar a Unisys partiu do presidente Luiz Inácio Lula da Silva, após analisar relatório do Ministério da Previdência Social, que apontava a multinacional como corresponsável por fraudes milionárias no sistema de arrecadação e de benefícios previdenciários.

A Unisys, diz o *Estadão*, é responsável pela segurança do sistema, que vinha sendo violado com facilidade por quadrilhas de fraudadores, conforme o relatório.

CARTA CRÍTICA ESPECIAL: A CARTA DE DESPEDIDA DE ZÉ DIRCEU A LULA

Querido amigo e companheiro,

Diante dos graves ataques desferidos nos últimos dias ao nosso governo, ao nosso partido e a mim mesmo, decidi pedir-lhe meu afastamento das funções de ministro de Estado da Casa Civil, para reassumir meu mandato na Câmara dos Deputados.

Como parlamentar, junto a meus companheiros, estou seguro de que poderei esclarecer todos os temas que ora ocupam a atenção da opinião pública de meu país, rebatendo ponto por ponto aqueles que tentam agredir o executivo, o Partido dos Trabalhadores e minha pessoa.

Servi o governo durante estes trinta meses com lealdade e dedicação. Foi um privilégio reservado a poucos. Por essa razão, sou-lhe eternamente grato.

Em minhas novas funções, contribuirei para a continuidade e o aprofundamento do grande projeto de mudança social que nosso governo está empreendendo sob sua liderança.

Agradeço seu apoio, assim como o de todos os meus colaboradores, companheiros e amigos.

A luta continua.

Receba, querido presidente, meu reconhecimento e amizade.

José Dirceu de Oliveira e Silva

Terça-feira, 5 de julho de 2005

EDIÇÃO EXTRA: REFLEXÕES SOBRE O COMPORTAMENTO DA MÍDIA

MOMENTOS DECISIVOS PARA A FORMAÇÃO DA OPINIÃO PÚBLICA

A campanha contra o governo e o PT tem características de um ataque de saturação, que atira indiscriminadamente, ainda que tenha alguns alvos preferenciais. As reportagens não discriminam entre fatos maiores e menores, entre provas e suspeitas, entre relações de causalidade e meras ilações. O fogo não diminui. Ao contrário, é cada vez mais intenso, e assim deve continuar até que surjam os primeiros sinais de que a imagem do presidente, que até agora resiste galhardamente, foi mortalmente atingida.

Esse tipo de fogo de saturação confunde o cidadão, mas também confunde a nós. Nessas condições, é cada vez mais difícil para o governo enfrentar a barragem de acusações com algum grau de racionalidade.

Mas precisamos responder de imediato com uma contrabarragem, porque, nesse processo e neste momento, está se formando a percepção popular sobre o envolvimento ou não do presidente, sobre a culpa ou não do governo.

As pesquisas mostram que o povo ainda não julgou. Sua percepção ainda é difusa e pouco focada nas últimas revelações; mas está em processo de formação. O desgaste maior até agora tem sido da classe política. Mas a percepção pode evoluir negativamente e atingir o presidente.

EXPLICANDO A CREDIBILIDADE DE ROBERTO JEFFERSON

Somente um fato muito forte, como a descoberta de que a agenda de Karina foi forjada ou algo parecido, poderia desmontar a credibilidade de Roberto Jefferson. Mesmo assim, ficam de pé outros indícios, como as listagens do Coaf.

Os jornalistas aceitam acriticamente tudo o que Jefferson diz porque ele não se desmente jamais, conta sempre a mesma história, detalhadamente, não nega seus erros e admite a culpa no cartório.

Jefferson também revela detalhes das negociações políticas que nunca antes tinham chegado à imprensa, o que aguça a curiosidade dos jornalistas, e acaba por pautar a mídia, que vai atrás das corroborações. Roberto Jefferson dá nomes, diz como as conversas acontecem e como são feitas as barganhas. Infelizmente, é uma verdadeira aula de política brasileira.

GUSHIKEN É O NOVO ALVO

Firma-se a percepção de que a publicidade oficial "é uma das chaves decisivas da engrenagem, do suposto Mensalão", como escreveu Jânio de Freitas na *Folha* de ontem. Daí o esforço redobrado dos jornalistas em descobrir mais nexos entre publicidade de governo e campanhas políticas.

Se é assim, como se explica o fato de até agora ignorarem totalmente Duda Mendonça, se até antes da crise era ele o mais citado como personagem que mandava na propaganda de governo?

Enquanto ignoram por completo Duda Mendonça, os jornalistas caem de pau em Gushiken, vasculhando inclusive sua vida pessoal e a de seus antigos sócios. O ataque a Gushiken é pesado, e os jornais de ontem já falam que ele poderia ser substituído. Ou seja, sua derrubada já está colocada no horizonte dessa campanha.

A colunista Denise Rothemburg, no *Correio Braziliense*, diz que parte do Congresso e do PT "pressionarão para a saída de Gushiken da Secom". Editorial do *Globo* também critica contratos de publicidade com a revista do cunhado do ministro Luiz Gushiken e contratos com fundos de pensão da empresa da qual o ministro foi sócio. No *La Nación* de hoje, Jefferson anuncia que o próximo capítulo da crise pode vir dos fundos de pensão.

Mas com que objetivo derrubar Gushiken? Há duas hipóteses. A primeira é a de que se trata de uma operação comandada por Daniel Dantas, para abrir caminho à queda de Sérgio Rosa da Previ. Reportagens da *Folha* do final de semana indicam que, independente de outra coisa, está em curso uma nova investida de Dantas contra Sérgio Rosa. O outro objetivo, não excludente do primeiro, é o de privar o presidente de mais um de seus auxiliares diretos de confiança, ou seja, enfraquecer ainda mais o presidente.

FUÇANDO NOS LAÇOS FAMILIARES

Começaram com a família de Delúbio, passaram pelos filhos de Lula, agora procuram o que for sobre a vida pessoal de Gushiken e outros membros do governo. Essa tendência denota a incapacidade de descobrir novos fatos incriminatórios duros e de caráter sistêmico na esfera de governo.

Mas o objetivo maior pode ser o de descobrir um pagamento ou favor ou benefício dado por Marcos Valério a algum membro do governo, de preferência da família do presidente e, com isso, reproduzir por completo o caso Collor.

REVOLVENDO A MORTE DE CELSO DANIEL

Essa é a mais nova tendência. A Band veiculou uma pesadíssima reportagem no final de semana que mostrava imagens da necropsia de Celso Daniel. Ontem à noite Boris Casoy abriu espaço para um depoimento do rapaz que matou Celso Daniel, tomado anos atrás, e que na ocasião nem foi colocado nos autos.

O objetivo, de novo, pode ser o de atingir um assessor próximo e direto do presidente, nesse caso, Gilberto Carvalho. Mais uma vez, enfraquecer o presidente.

JORNALISTAS ENDURECEM A ANÁLISE DA CRISE

Tereza Cruvinel, em geral levemente simpática ao PT, mudou sutilmente de tom desde ontem, quando ela diz que, ao se confirmar o mensalão, estaremos diante de um "atentado político" e não apenas casos de corrupção.

Merval Pereira, do *Globo*, também endurece. Para ele, nenhum outro caso, nem mesmo o de Collor, tinha uma prova material como o documento do empréstimo ao PT. Clóvis Rossi, na *Folha*, diz que não há motivo para poupar Lula, e compara a situação ao caso de Helmut Kohl, histórico líder político que conduziu a reunificação alemã, porém, colocado de escanteio por causa de denúncias sobre o financiamento de seu partido.

A TESE DE QUE O PRESIDENTE ESTÁ TRISTE

A narrativa de um presidente acometido de tristeza, ou abatimento, aparece desde o Fórum São Paulo e se repetiu com insistência nos relatos da festa de São João. Seu efeito é imponderável. Pode alimentar uma percepção de fracasso, impotência perante os fatos; pode transmitir decepção pelo que aconteceu e, nesse caso, reforçar a noção de que o presidente de nada sabia. Os brasileiros em geral estão tristes e, nesse sentido, aumenta a identificação povo-presidente.

A TESE DO CRIME ORGANIZADO

Colocada por Denise Frossard, dá uma medida do agravamento das acusações e do adensamento da suspeita de que José Dirceu organizou um sistema de desvios de dinheiro público.

A TESE DOS DOIS PTs

Seria o PT de Lula versus o PT do grupo do Zé Dirceu. Começou a surgir desde ontem, quando se colocou a hipótese de uma direção provisória, tendo à frente Marco Aurélio Garcia e Luiz Dulci.

A TESE DE QUE, PARA FICAR, LULA TEM QUE PAGAR UM PREÇO

É a tese tucana, endossada pela maioria dos colunistas e, desde ontem, abertamente por Cristóvam Buarque, em entrevista ao *Financial Times*. Os colunistas dizem que o presidente Lula deve ser poupado da crise política para evitar uma crise institucional. Uma defesa de Lula que soa pior do que um ataque é a do senador Antonio Carlos Magalhães, em entrevista na TV Bandeirantes, repercutida no *Jornal do Commercio*. Para ACM, Lula deve ser protegido por que "ficaria chato" derrubar dois presidentes em tão pouco tempo.

Em editorial importante publicado hoje, que parece um termo de negociação entre as elites dominantes e Lula, o *Estadão* aconselha o presidente a tomar medidas heroicas para salvar o governo e sua biografia. Trata-se de uma defesa do plano de déficit zero sem citá-lo. O jornal diz que o presidente deve evitar uma reforma ministerial que favoreça o fisiologismo e deve despolitizar e reduzir a máquina pública. Para essa tarefa, Lula teria também a sorte de que a oposição tem tido uma "atitude responsável".

Sexta-feira, 8 de julho de 2005

O CERCO SE APERTA CONTRA NÓS

O fato novo mais grave, manchete do *Globo* de hoje, tão grave que o Bom Dia Brasil evitou, é o testemunho de Wendell de Oliveira, o ex-motorista da deputada federal pelo PT de Goiás, Neide Aparecida, de que transportou US$ 200 mil da sede do PT em São Paulo para Goiânia, durante a campanha eleitoral de 2004. Ele diz que apanhou o dinheiro, "que ajudou a contar", com a secretária de Delúbio.

A caça às bruxas se intensifica. Agora, os jornalistas buscam freneticamente alguma prova de que gastos de familiares do presidente foram pagos por Marcos Valério. O *Estadão* de hoje chega a detalhar gastos de um cartão corporativo supostamente usado por um filho de Lula na campanha de Vicentinho, que poderia ser de uma das empresas de Marcos Valério. A reportagem diz que a Polícia Federal está investigando o caso. Quem deu esses dados ao jornal? A reportagem não revela.

O Globo descobriu que a Telemar é sócia de uma das empresas de Fábio [filho de Lula]. A história é detalhada e parece correta. Só que não deveria ser notícia. A menos que se decrete que familiares de um presidente não podem ser empresários, muito menos de sucesso, como parece ser o caso. No entanto, ocupa um lugar de destaque no jornal, colada na reportagem sobre Marcos Valério.

No Jornal da Band, Fabio Pannunzio comparou Marcos Valério ao "PC Farias durante o governo Collor", a partir das denúncias novas de que Valério atuou como lobista de empresários junto ao governo. O Jornal Nacional também mostrou a movimentação financeira e as suspeitas de que as empresas de Valério estejam envolvidas em lavagem de dinheiro.

ECOS DA SAÍDA ANUNCIADA DO MINISTRO LUIZ GUSHIKEN

O Jornal Nacional e o Jornal da Record deram a informação no contexto da reforma ministerial, mas repetiram o mote da mídia impressa de que o ministro fez indicações de dois amigos para fundos de pensão e uma revista de seu cunhado recebeu publicidade do governo. Tudo num tom contido, com um grau de respeito raro nos dias que correm.

Os jornais hoje inserem a saída de Gushiken num contexto de isolamento crescente do presidente. A *Folha* ressalta a "amizade de vinte anos entre Gushiken e Lula", como já havia feito ontem a CBN. O *JB* fala de um processo "que torna cada vez mais solitário o presidente", informando que também Gilberto Carvalho sugeriu que era melhor se afastar, depois que a Band reapresentou de forma escabrosa o caso Celso Daniel.

O Globo fala de um forte movimento de ministros petistas para que Gushiken fique, e que seu futuro "está nas mãos de Lula". Diz que Palocci pode se tornar o único sobrevivente do ex-núcleo duro do governo, e adianta que o poder de Palocci pode se tornar quase total, se Lula aceitar suas indicações para a Previdência Social. Diz que Palocci também gostaria de "emplacar o sucessor de Gushiken".

Comentário: A saída de Gushiken pode se revelar o nosso maior erro político, simbolizando o momento em que o presidente ficou definitivamente só, abandonado pelo seu auxiliar mais dedicado, confiável e desinteressado. Sua saída agora transmite todos os sinais negativos e nenhum positivo:

o sinal de que Gushiken teme as acusações da mídia; o de que a crise está conseguindo cortar mais e mais cabeças; o de que Lula está sendo abandonado pelos amigos.

Movido por um equivocado senso de orgulho oriental, o ministro julga que não lhe resta outro caminho, depois de ter involuntariamente contribuído para a saída de José Dirceu ao insistir, junto ao presidente, que a resposta à crise ética tinha que ser a de cortar na própria carne.

Mas o ministro está errado. A crise é grave, e novas acusações se sucedem, mas está sendo claramente hiperdimensionada pela mídia com os objetivos de destruir o PT, isolar o presidente, inviabilizar a reeleição e nos forçar à renúncia de nossos programas. O povo está conosco, como mostram as pesquisas, e confia no presidente. E as acusações contra Gushiken são irrelevantes ou forçadas.

Gushiken pode até sair da Secom, mas para ficar ainda mais próximo de Lula, como assessor direto, e comandar a nossa contraofensiva. A hora é de lutar e resistir. Não chegamos ao governo cedendo, chegamos lutando. Não é se entregando que o ministro contribuirá para a superação da crise. É lutando contra a irresponsabilidade jornalística, contra o linchamento pela mídia e contra a caça às bruxas que se instalou no país. O ministro precisa ficar e lutar.

O QUE OS JORNALISTAS PENSAM, MAS NEM SEMPRE ESCREVEM

Muitos jornalistas acham que Gushiken foi o "mais petista" até agora, ao mostrar mais empenho em preservar o presidente do que a si mesmo. Ao contrário de Genoino, criticado por estar "se agarrando ao cargo" e prejudicando a imagem do partido e do governo.

Outros falam no avanço do projeto de despetizar o governo. O ataque a Gushiken teria apenas o intuito de nivelar um ministro forte e conhecidamente petista a um Marcos Valério. Tanto que a mídia não apresenta provas de qualquer ilegalidade cometida pelo ministro. Quer apenas o expor a uma opinião pública condicionada pelos escândalos e sem paciência para detalhes.

INVESTIGAÇÃO EM TOM DE DEVASSA

O tom ameaçador do anúncio do TCU já é condenatório, antes mesmo da investigação começar: O TCU anunciou ontem o lançamento de uma "operação gigante" de combate à corrupção, com foco principal nos gastos do governo federal com publicidade. "Uma equipe de 100 auditores, num prazo de dois meses, fará uma varredura em contratos com fornecedores envolvendo 27 instituições públicas, entre elas seis bancos oficiais, estatais e até órgãos como o gabinete da Presidência da República", diz o TCU.

Além dos bancos e dos gastos do Gabinete da Presidência da República, foram incluídos na varredura contratos com fornecedores firmados pela Casa da Moeda, Petrobras, Braspetro, Transpetro, Furnas, Instituto de Resseguros do Brasil (IRB), Infraero, Correios, Eletronorte, Eletrobras, Eletronuclear, os ministérios da Justiça, Cultura, Trabalho, Esporte e Turismo. Também serão apuradas possíveis irregularidades em instituições como o Fundo de Amparo ao Trabalhador, Fundo Nacional de Segurança Pública e Educação de Trânsito.

Comentário: Mais uma vez, perdemos uma oportunidade: a ação do TCU poderia ter sido anunciada como resultado de um pedido do governo. Do jeito que foi anunciada parece ter sido lançada à revelia do governo, contra o governo. Também Severino pediu ontem uma devassa contra a corrupção. Parece que todos agora querem ter a paternidade do combate à corrupção. No caso de Severino, talvez até para desviar a atenção das acusações de corrupção no Congresso.

Continua firme a agenda da reforma política

O Globo de ontem investiu na defesa da reforma política com nada menos que um editorial e dois artigos. Quase uma página inteira a favor da reforma e pelo fim do fisiologismo.

O editorial avalia que, se até o PT terminou tragado pela fisiologia, a situação só pode ser revertida pela aprovação rápida da reforma.

Num dos artigos, o deputado federal Custódio Mattos (PSDB) diz que a corrupção é provocada pela selva eleitoral, que exige cada vez mais dinheiro nas campanhas. "Sem enfrentar essas distorções, estaremos rodando em círculos e esperando o próximo escândalo."

No outro artigo, o secretário municipal carioca Alfredo Sirkis diz que a mudança mais urgente é instituir o voto proporcional com lista partidária, como em Portugal e Espanha, para tornar as campanhas mais transparentes e criar a fidelidade partidária. Ele diz que loteamentos de cargos, compra de votos não são novidade, porém, a entrada do PT no mesmo jogo chocou a sociedade. "Fez brotar um sentimento terrível de desesperança e desalento".

Ambos dizem que a falta de reforma política é uma ameaça à democracia.

O DILEMA GENOINO: FICAR OU NÃO FICAR?

O Bom Dia Brasil diz hoje que cresce a pressão no PT pela saída de Genoino, e que saia também Marcelo Sereno. No *Estadão* de ontem, Genoino disse que estava disposto a entregar o cargo logo no início da reunião do diretório, de manhã. Ele se diz irritado com a campanha de bastidor que o coloca em exposição, inclusive movida por membros do campo majoritário.

Mas há informações de que Genoino já não quer mais sair. E que há um forte sentimento dentro do partido de que a troca do presidente poderia significar uma admissão de culpa e, por isso, esse processo deve ser feito com cuidado.

Na periferia do partido, a militância petista está prostrada e só acudiria a um chamamento a partir de uma mudança radical na direção. Isso provavelmente irradiaria um clima de virada que muita gente aguarda.

Para que isso aconteça, porém, teriam que ser colocados na linha de frente do partido, desde já, alguns nomes de peso que sinalizem um processo de reconstrução em marcha. Um comitê que funcionasse como núcleo provisório de reaglutinação. Seria encarregado de assessorar a direção partidária no encaminhamento do PED [eleições internas] e, junto, na formação de uma nova chapa e de um programa que respondam à situação política do partido, do governo, do país e da economia.

Um problema é a falta de nomes. Todos os possíveis nomes querem ser candidatos ao governo estadual: Marta, Mercadante ou Marcelo Deda. O Bom Dia Brasil diz que os nomes mais prováveis são Olívio Dutra e Tarso Genro. O jornal *Valor* registra que as esquerdas do PT sugerem os nomes de Olívio Dutra e Luiz Dulci. A articulação à esquerda está inclinada a uma composição que evite o agravamento da crise interna do PT e aceita melhor o nome de Olívio Dutra.

IBGE: PRODUÇÃO INDUSTRIAL CRESCE PELO TERCEIRO MÊS

Ontem a CNI apontou queda de 0,3% nas vendas industriais em maio. Logo depois, o IBGE apontou alta de 1,3% na produção industrial. Ou há algo de errado nas nossas estatísticas, ou está havendo acúmulo de estoques na indústria.

A *Folha* explica que as metodologias são diferentes. A CNI não inclui indústrias extrativas. E o petróleo foi o principal fator que fez a diferença. Pelo IBGE, foi o terceiro mês consecutivo de crescimento.

Terça - feira, 26 de julho de 2005

ABRE-SE UM NOVO HORIZONTE DE DENÚNCIAS

Um deles pode mudar totalmente a natureza da crise a nosso favor: é o furo de reportagem do *Globo* de hoje, reproduzido na Globo News e no Bom Dia Brasil, mostrando que Marcos Valério operou exatamente o mesmo esquema de levantamento de empréstimos no Banco Rural, com garantias de contratos de publicidade com o governo mineiro, para a campanha de Eduardo Azeredo ao governo de Minas, em 1998. *O Globo* mata a cobra e mostra o pau. Dá todos os detalhes. Reproduz o contrato do empréstimo, de R$ 11,7 milhões. Dá a lista dos que logo em seguida receberam o dinheiro: setenta políticos ou pessoas ligadas ao esquema que elegeu Azeredo. O que é mais impressionante: o processo de cobrança da dívida foi encerrado pelo próprio banco, depois de receber de volta apenas R$ 2 milhões.

TODO MUNDO ESTAVA SENDO ENVOLVIDO

O outro horizonte de denúncias é ainda nebuloso e aponta para um papel importante na história toda de Daniel Dantas, a partir de entrevistas de Ozeas Duarte, primeiro em *O Povo*, de Recife, e hoje no *JB*. Nesse horizonte nebuloso estão também as revelações do *Estadão* de hoje: Documentos do Banco do Brasil demonstram que Marcos Valério deu dinheiro à Abong, ao Instituto dos Magistrados do Distrito Federal e à Associação dos Juízes Federais da 1ª Região, que, na época do repasse, era presidida pelo desembargador Valter Ferreira Xavier Filho, afastado em 2004 do TJ-DF sob acusação de venda de sentenças.

Comentário: O furo do *Globo* abre a oportunidade de uma nova estratégia de enfrentamento da crise, que não pode ser minimizada. A revelação pode mudar a percepção da crise aos olhos da classe C, que assiste à televisão, desde que rapidamente trabalhada junto aos formadores de opinião. Temos que disseminar essa percepção e aprofundar a denúncia o quanto antes por todos os meios a nosso dispor. Um deles é estimular publicações como a Agência Carta Maior e *Carta Capital* a mergulharem na história; o outro é estimular a Radiobrás a fazer uma série de reportagens e debates sobre a realidade do sistema eleitoral brasileiro.

O MEDO DAS REVELAÇÕES DE RENILDA

Foi isso que acelerou a fuga de dólares ontem, iniciada na segunda passada, depois que o Banco Merrill Lynch rebaixou a classificação dos papéis brasileiros. Ontem, houve vendas vultosas na Bolsa e retiradas também grandes de dólares do país. Foi a maior queda da Bovespa dos últimos três meses, "abatida pela percepção de aumento do risco político no país", diz a *Reuters*. O volume de negócios também foi grande. E o dólar teve a maior alta em mais de um ano e a quinta consecutiva, completando 5,3% em uma semana.

A fuga se intensificou depois que o Supremo negou o *habeas corpus* preventivo à mulher e sócia de Marcos Valério. Ela é vista como uma mulher desesperada, que pode revelar coisas comprometedoras contra o governo e precipitar o desenlace da crise. Logo depois, o relator da CPMI, Osmar Serraglio, jogou lenha na fogueira ao dizer que os dados a serem enviados pelo Supremo à CPI são "pólvora pura". A deputada Denise Frossard adiantou em entrevista à Band, no domingo, que nas listas de pagamentos constam cerca de duzentos deputados, de todos os partidos.

O MEDO DAS REAÇÕES DE LULA

Os editoriais de todos os principais jornais pedem a Lula para que pare de buscar apoio nas bases populares e sindicais, porque isso assusta as elites: investidores, empresários e classe média. Os jornais garantem a Lula que as oposições não se interessam em derrubá-lo. Para eles, a melhor defesa é depurar o governo e o PT. "O discurso chavista serve apenas de biombo para proteger o esquema de corrupção", diz o editorial de *O Globo*.

Também comentaristas de TV reproduziam ontem o mesmo raciocínio, oriundo dos analistas de mercado: acuado, o presidente pode buscar apoio das classes mais populares e, para isso, terá que oferecer medidas também populares. É o espectro do "chavismo". Isso "assusta o investidor estrangeiro", disse, por exemplo, Alexandre Sant'Ana, da Arx Capital Management.

O MEDO DE ALENCAR

O que está segurando a elite e os tucanos é também o fator José Alencar. Em entrevista à Record, sexta-feira, Roberto Jefferson disse ter perguntado a Bornhausen se o PFL daria sustentação ao governo para que o presidente chegasse ao final do mandato. Bornhausen disse que sim. "Que acertara isso com o ex-presidente Fernando Henrique há 15 dias, e que o PFL e o PSDB não fariam a oposição raivosa que o PT fez no passado. Manteriam a governabilidade para que, mesmo enfraquecido, Lula pudesse chegar ao final do governo."

Segundo Jefferson, o PSDB teme a queda de Lula porque o vice-presidente José Alencar "é um homem muito ligado aos militares e com fortes primados nacionalistas".

O QUE O POVO PENSA DA POLÍCIA FEDERAL

O serviço Fale com o Governo vem recebendo, de três meses para cá, um número surpreendente de mensagens elogiosas à atuação da Polícia Federal no combate à corrupção, às drogas e à sonegação fiscal. A maioria dessas mensagens chega em tom de confiança, orgulho, agradecimento, respeito e apoio às ações da instituição.

Em todo a existência do serviço Fale com o Governo, pouco mais de seis anos, nunca foram recebidas tantas manifestações de elogios e crédito a uma instituição federal em tão curto período de tempo.

A COBRANÇA DE UMA AGENDA MÍNIMA

As crises também são oportunidades para o grande capital. Por isso apareceu com força na mídia a demanda de uma agenda mínima de reformas de interesse direto do grande capital. Mas, pode-se interpretar esse movimento também como um ramo de oliveira estendido ao governo, como se dissessem: "proponham a aprovação dessas reformas, coloquem o Congresso para trabalhar que a crise pode até se acalmar um pouco".

Os empresários e a sua imprensa cobram do Congresso a aprovação de reformas encalhadas desde que a crise começou. As principais são: (a) legislação complementar à Lei de Falências para dispor sobre formas de parcelamento de débitos com órgãos públicos de empresas que solicitam ajuda da Justiça; (b) reforma do sistema de defesa da concorrência; 3) definição do papel das agências reguladoras.

O Estadão deixa claro na sua reportagem que a reforma do sistema de defesa da concorrência vai facilitar a compra de uma empresa por outras, ou seja, reduzirá ainda mais a concorrência. Junto com a definição do papel das agências reguladoras, que visam a "dar mais segurança a investimentos feitos no país na forma de compra de empresas".

E A NOSSA AGENDA DE REFORMAS

Podemos aproveitar a parte boa do conselho dos empresários e de fato acelerar uma agenda de reformas, mas dando prioridades às que são de maior interesse social. A principal delas é a Lei Geral das Micro e Pequenas Empresas, que tem o mérito de, ao mesmo tempo, reduzir a burocracia e reduzir impostos, abrindo caminho a uma maior formalização da economia. A aprovação dessa lei certamente seria um marco do nosso governo.

Ontem, foi lançada em São Paulo a Frente Empresarial Paulista de mobilização pela aprovação da Lei Geral das Micro e Pequenas Empresa, com representantes da Fiesp e Fecomércio, entre outros.

O projeto de Lei Geral das Micro e Pequenas Empresas, que contou durante sua elaboração com pelo menos 6 mil lideranças empresariais, dá tratamento preferencial às pequenas empresas e já foi entregue ao presidente da República, Luiz Inácio Lula da Silva, e aos presidentes do Senado Federal, Renan Calheiros, e da Câmara Federal, Severino Cavalcanti.

Quarta-feira, 3 de agosto de 2005

AS ARRASADORAS BOMBAS DE ONTEM

Primeira bomba: O listão de Simone Reis mostra que receberam dinheiro de Marcos Valério Duda Mendonça, doze deputados federais, o presidente da Casa da Moeda e vários dirigentes estaduais do PT, num total de R$ 55,84 milhões. São 74 nomes. Duda recebeu a maior quantia: R$ 15,5 milhões. O secretário-executivo de Ciro Gomes também está na lista e já renunciou.

Segunda bomba: Simone Reis confirmou o pagamento de R$ 545 mil ao escritório de advocacia de Aristides Junqueira, contratado pelo presidente do partido em São Paulo, Paulo Frateschi, para atuar no caso Celso Daniel. Foram quatro prestações, mas o PT ainda ficou devendo R$ 50 mil. Foi manchete do *Estadão* de hoje.

Terceira bomba: A acusação de Roberto Jefferson de que o presidente foi envolvido num esquema de aproximação com a Portugal Telecom que visava a extorquir dinheiro para campanhas políticas. Foi a manchete da *Folha* de hoje e uma das chamadas do Bom Dia Brasil.

Quarta bomba: Na CPI dos bingos, Luiz Eduardo Soares, ex-filiado do PT, revelou que Waldomiro "era peça importante" na estrutura da Casa Civil, sob o comando do ex-ministro José Dirceu. Afirmou também que Marcelo Sereno completava a triangulação e que, em comum acordo com Delúbio, "era um dos principais arrecadadores de recursos para campanhas eleitorais, principalmente em nível nacional".

E A INTERPRETAÇÃO DOS ÚLTIMOS FATOS

Como numa máquina de tortura da Inquisição, as oposições vão apertando, lenta, mas inexoravelmente, a pressão sobre o Palácio. Tomam todos os cuidados, mas não há recuo nem contemplação. Um giro de cada vez no torniquete.

Mesmo antes das acusações de ontem, a cada dia, as evidências chegam mais perto do gabinete do presidente, avaliava o *Zero Hora*, de Porto Alegre. O jornal revela que a oposição decidiu "emparedar" o presidente.

Os parlamentares da oposição já começam a apresentar requerimentos com o objetivo de apertar o cerco contra o Palácio do Planalto. Foram aprovadas as convocações à CPMI de José Dirceu e Pizzolato. Também pode ser chamado Gilberto Carvalho [chefe de gabinete do Lula], diz o *Zero Hora*.

A eventual convocação de Gilberto seria altamente emblemática, por se tratar do auxiliar mais próximo atualmente do presidente. Hoje os jornais publicam o desmentido de Gilberto à acusação da ex-petista de Londrina, Soraya Garcia, de que ele levou dinheiro de caixa 2 ao PT de Londrina. Também será pedida a quebra dos sigilos fiscal e bancário das empresas de Duda Mendonça.

O DOMÍNIO ABSOLUTO DA NARRATIVA ANTIGOVERNO E ANTI-PT

No *Estadão* de hoje há mais de uma dúzia de títulos e manchetes antagônicas ao governo e ao PT. Na *Folha*, mais de meia dúzia. O *JB* deu manchete garrafal: "Você mente", referindo-se a José Dirceu. E o *Correio* cunhou a expressão "Conexão Lisboa", para substituir "Operação Paraguai," que não pegou.

Enquanto isso, a mídia poupa os tucanos. É notável o domínio da narrativa única antigoverno e anti-PT, confirmando o fracasso da nossa comunicação. Ontem, a mídia criou uma enorme expectativa em torno do depoimento de Zé Dirceu e quase esqueceu o de Eduardo Azeredo, o verdadeiro inventor do Valerioduto. Hoje, as explicações esfarrapadas de Azeredo mal aparecem nos jornais, soterradas pela avalanche de acusações contra o governo e o PT.

Dessa forma, fracassaram as tentativas de *Carta Capital* e *Carta Maior* de criar narrativas alternativas, que contextualizassem os esquemas caixa 2 como uma prática inventada pelos que nos acusam e de colocar no centro da trama o Daniel Dantas. A Radiobrás continua a reboque da grande imprensa, adotando também a narrativa dominante.

OPOSIÇÃO CONSOLIDA DOMÍNIO SOBRE AS CPIS

Enquanto nossos parlamentares parecem baratas tontas, sem rumo e sem estratégia, a oposição está fincando estacas nas CPIs. Alegando que a documentação recebida é extensa e complexa, o relator Osmar Serraglio criou duas sub-relatorias, entregando a primeira, de finanças, ao incansável deputado Gustavo Fruet (PSDB-PR) que, depois de blindar FHC, dedicou-se a uma intensa agenda de investigação da origem e destino dos recursos, nos documentos das contas de Valério.

Fruet, com outros parlamentares, já foi ao TCU para pedir apoio à investigação. Depois, informou que o TCU montou uma equipe de auditores para analisar os contratos dos Correios. E continua visitando órgãos e pedindo ajuda. O tucano também já trabalha para que a CPMI dos Correios absorva parte das investigações da CPI da Compra de Votos. Fruet defende que a CPMI dos Correios seja a responsável pela apuração dos atos de corrupção e delimite a responsabilização do governo.

Agora, o diligente Fruet conta com a ajuda de mais um tucano na CPMI, o deputado Carlos Sampaio (PSDB-SP), escolhido para ser o sub-relator responsável pela sistematização dos documentos da comissão, e que será o guardião dos documentos da comissão. Outro ativo membro da CPI, o senador Álvaro Dias, está fuçando as contas de Marcos Valério. Foi ele quem ditou no *Estadão* de hoje a notícia de que Marcos Valério pagou a festa da posse de Lula.

NO PT, APROFUNDAM-SE AS DIVERGÊNCIAS INTERNAS

Vinte e um deputados federais anunciaram ontem que não mais seguirão a orientação da liderança petista. Eles se chamam "PT livre". A primeira decisão do grupo: impedir que deputados que renunciem ao mandato concorram pelo PT no ano que vem.

Em toda a parte, a crise interna do PT se agrava. Nas últimas reuniões dos grupos de esquerda houve uma notável radicalização. A DS [Democracia Socialista] não aceita a candidatura de Tarso Genro. Ontem, no *Zero Hora*, Chico Alencar disse com todas as letras em entrevista: "Será que além do presidente, também Zé Dirceu, aquele que foi durante trinta meses o ministro mais poderoso do governo, vai dizer que não sabia de nada? Evidentemente que sabia."

Comentário: Com companheiros assim, nós não precisamos de inimigos.

PAUTA PARALISADA NO CONGRESSO

Está trancada por duas MPs e projetos de lei com urgência constitucional vencida. As duas MPs são a 251/2005, que cria o Projeto Escola de Fábrica, para oferecer cursos de formação profissional inicial e continuada a jovens de 16 a 24 anos, e a MP 252/2005, chamada MP do Bem, por reduzir tributos.

A mais complicada é a MP do Bem, que recebeu 443 emendas. Depois das MPs, o plenário deverá analisar o PL nº 1.144/2003, da deputada Maria do Carmo Lara (PT-MG), que trata da Política Nacional de Saneamento Ambiental. Tramita em conjunto com a matéria o PL nº 5.296/2005, do Poder Executivo, que institui a Política Nacional de Saneamento Básico (PNS).

TUCANOS, ASSANHADOS COM A CRISE, BRIGAM PELA SUCESSÃO

Por trás do violento ataque de ontem de Alckmin ao governo está o objetivo de reconquistar a liderança da oposição tucana, perdida nos últimos dias para José Serra. A *Folha* virtualmente lançou na segunda a candidatura Serra. Basta ler este trecho do editorial do jornal:

"Em entrevista publicada ontem por esta *Folha* o prefeito de São Paulo, José Serra, não deixou dúvida sobre o profundo interesse com que observa o quadro político nacional. Analista arguto, áspero em alguns momentos, discorreu sobre a crise de um ponto de vista alto o bastante para distanciá-lo da disputa política ordinária, mas não da evidência de que está atraído pela perspectiva de disputar a Presidência.

"...o Serra candidato surgiu por inteiro quando, convidado a apontar o principal desafio do próximo presidente, não se furtou a sintetizar uma agenda de governo. Desta vez não pontificou sobre a saúde, mas passou receitas para a economia, as agências, o sistema político-eleitoral e a reforma da administração pública – sem se esquecer do Mercosul..."

O próprio jornal, ao mesmo tempo em que lançou Serra, advertiu que "o embate entre Alckmin e Serra vai se acirrar". Há alguns meses, o governador despontava como franco favorito para ser o candidato do PSDB em 2006. Agora, tem em Serra um forte rival disposto a se recandidatar, diz a *Folha*.

Sexta-feira, 12 de agosto de 2005

ENCARAR DE FRENTE, MAS COM A CABEÇA FRIA

Um detalhe do JN é emblemático da hesitação das elites frente ao *impeachment*. O JN ignorou o protesto dos caras-pintadas do PSTU e do Psol ontem em Porto Alegre, exibido pela Band. A associação com o "Fora Collor" de 1992 foi inevitável, tanto que a Band fechou a reportagem com a imagem de Collor.

O Jornal da Globo deu a manifestação, portanto, o sistema Globo tinha as imagens, mas fez questão de dizer que o tema não foi só corrupção: "em meio a bandeiras do PSTU e do Psol, havia também faixas pedindo meia-entrada no cinema, passe-livre no transporte público e mais verbas para a educação".

Tudo indica que a posição da Globo é a do comentário de Franklin Martins: "hora de botar os pés no chão e a cabeça na geladeira". É o que nós também temos que fazer. Hoje de manhã, no Bom Dia Brasil, o sempre agressivo Alexandre Garcia, desta vez, foi cauteloso: disse que o depoimento de Duda Mendonça colocou o *impeachment* na ordem do dia, mas que o Congresso está com um "tijolo quente", na mão. Daí a enorme expectativa na fala de Lula.

POVO NÃO QUER O *IMPEACHMENT*

O Datafolha veio providencialmente em nosso socorro hoje, mostrando com a dureza dos números que a maioria esmagadora da população não quer o *impeachment*, a despeito de uma maioria ainda maior achar que há corrupção no governo federal. São 63% contra a abertura de processo de *impeachment*.

Nessa pesquisa a avaliação do governo piora, mas pouco. O "regular" sobe um ponto e o ótimo-bom cai quatro, dando uma queda líquida de três pontos na avaliação positiva, enquanto a negativa sobe três. O índice de aprovação do governo, de 41%, ainda nos é favorável quando comparado com governos anteriores nesta altura do mandato. Em suma: também sob a ótica administrativa, a maioria não está insatisfeita com Lula.

EDITORIAIS DUROS, MAS SÓ A *FOLHA* FALA EM TIRAR LULA

Os editoriais de hoje dão a impressão de que o governo acabou. Mas apenas a *Folha* fala em tirar Lula: "O presidente da República poderá considerar-se favorecido pela sorte se conseguir terminar seu mandato, pois a hipótese de *impeachment*, remota até poucos dias atrás, se afigura hoje como possibilidade palpável." A *Folha* dá mais valor à queda nas pesquisas de opinião do que ao depoimento de Duda. O *Estadão* critica a viagem a Palmas e diz que a derrota no Senado na questão do salário mínimo demonstra que não há mais governo. O *Globo* é muito mais conciliador, mas faz uma análise semelhante da situação do governo. "Como disse o senador Pedro Simon, diante de Duda, na CPI dos Correios: 'É agora ou nunca'. Até para, se for o caso, pedir desculpas ao povo brasileiro." Na contramão, o *Correio Braziliense* pede para que as investigações cheguem aos corruptores, pois a classe política é apenas a ponta do iceberg.

OPOSIÇÃO TAMBÉM TEM MEDO

E decidiu ganhar tempo. Segundo um excelente relato do jornal *Valor* de hoje, líderes do PFL e PSDB decidiram ontem em almoço não defender ainda publicamente a tese do *impeachment*. Eles não têm dúvidas, diz o jornal, de que já há elementos para pedir a cassação do PT, mas "só assumirão a bandeira do *impeachment* após estudos que indiquem com clareza os crimes eleitorais, fiscais, tributários, de improbidade e outros, cometidos na campanha de 2002".

No almoço estavam Borhausem, Agripino Maia e Jereissati. FHC participou por telefone. "Os oposicionistas concluíram que a cautela é extremamente necessária porque o presidente Lula conta com apoio popular significativo de ampla base social, pelo menos até agora. O discurso precipitado de *impeachment* poderia colocar Lula na posição de vítima e dar fôlego ao PT para mobilizar o MST, CUT e outros movimentos sociais."

Um detalhe: O Datafolha mostra pela primeira vez que Lula perderia para Serra se a eleição fosse hoje. Ou seja: a tática de sangrar Lula para derrotá-lo nas urnas em 2006 começa a dar resultado, mais um argumento contra o arriscado jogo do *impeachment*.

CLÍMAX DE UMA CRISE MARCADA PELA HIPOCRISIA

Não só do PT, que sempre se apresentou como partido da ética, também das oposições, já que todas elas usaram caixa 2 em suas campanhas, e da mídia, que sabe de tudo isso muito bem.

As revelações de Duda Mendonça e Zilmar não teriam provocado tamanho impacto se não fossem o ambiente apocalíptico criado pela imprensa e a reação negativa do mercado. Foi o fósforo aceso num ambiente carregado de gasolina.

A cientista política Lucia Hippolito, por exemplo, considerou que o depoimento de Duda Mendonça "não tem nenhuma bomba, mas a confirmação de alguns fatos". Jornais e telejornais deliciaram-se e compartilharam variações da mesma construção: "O homem que maquiou a imagem do presidente é o mesmo que ontem a destruiu", como diz o *Correio*.

O QUE DISSE DUDA MENDONÇA

Ao admitir que recebeu do PT dinheiro de caixa 2, de origem não comprovada, numa conta fantasma num paraíso fiscal, para pagar dívidas da campanha de Lula de 2002, Duda Mendonça nos colocou numa posição difícil.

Além disso, ele caprichou no desempenho, seguindo o figurino de Roberto Jefferson, que transforma vilões em heróis. Duda disse que ia "falar com o coração", chorou ao mencionar a família e comoveu até a juíza Frossard. Na CPI ao lado, para onde correu, tentando evitar um mal maior, Marcos Valério era a imagem do desespero no esforço de mostrar que Duda estava mentindo. E voltou a dizer que tem medo de ser assassinado.

Duda Mendonça disse que o próprio Valério teria sugerido à sua sócia, Zilmar Fernandes, que abrisse uma conta no exterior, e que foi aberta uma empresa nas Bahamas, com o nome de Dusseldorf. Foram depositados no exterior pouco mais de R$ 10 milhões, e o valor foi repassado aos poucos. Chegavam pelo Banco Rural Europa, Florida Bank, Banco de Israel e Trade Link.

Duda disse que o empresário Marcos Valério era o responsável, por determinação do ex-tesoureiro do PT, Delúbio Soares, pelo pagamento da dívida que o PT tinha com sua agência. Zilmar Silveira detalhou o cronograma dos recebimentos.

AS LÁGRIMAS DA BANCADA DO PT

A cena mostrada pelos telejornais e jornais de hoje jamais teria passado pela nossa cabeça: deputados do PT aos prantos, anunciando a decisão de deixar a bancada do partido. Os que ficaram, ainda dispostos a lutar, como Henrique Fontana e José Eduardo Cardozo, não escondiam a tristeza. Suas frases eram amargas: "Nós temos que pedir desculpas à nação brasileira"; "Alguns dirigentes petistas agiram como nunca deveriam ter agido, traíram a confiança do nosso partido."

Na CPI, o senador Aloizio Mercadante reagiu com perplexidade e indignação às revelações de Duda. Mais tarde, no gabinete, ele era a própria imagem da desolação ao dizer para o repórter do *Jornal da Globo* que vai pesar muito tudo o que aconteceu. "Se o partido não reagir com veemência ... eu não posso me aceitar nesse quadro, ser conivente com essas práticas."

CRISE ATINGE TEMPERATURA MÁXIMA

Os telejornais usaram expressões parecidas: a crise é grave; a temperatura sobe; a situação se complica para o governo. A palavra *impeachment* soou repetidas vezes ao longo dos telejornais.

O Jornal Nacional afirmou que, "diante do agravamento das denúncias", Tarso Genro sugeriu ao presidente Lula que faça um pronunciamento à nação, convoque imediatamente o conselho da República, faça uma minirreforma política e envie ao Congresso uma lei de combate a crimes financeiros.

Franklin Martins desceu do muro para um xeque-mate ao rei: "Está na hora de o presidente falar à nação. Não em palanque, em comício, de improviso, porque o momento é grave e exige serenidade, não, radicalização. É preciso que Lula diga claramente ao país o que aconteceu no governo e no PT. Se ele se sente traído, que diga por quem e com todas as letras. Se ele errou na escolha de colaboradores, que peça desculpas. Que fale olho no olho de cada brasileiro e não de olho nas urnas de 2006."

Comentário: Mas o presidente também pode dizer que todos os que acusam o PT também usaram caixa 2. E que errou ao não fazer a devassa das privatizações.

OS OBJETIVOS DE DUDA MENDONÇA

Ao confessar os crimes de sonegação fiscal, remessa ilegal de divisas ao exterior, entre outros, Duda Mendonça pode perder muito dinheiro. Quais foram as suas razões? Basicamente, restaurar sua imagem. O *Estadão* diz que, ao assumir o crime mais leve, de sonegação fiscal, ele pode até escapar de todas as punições. Dora Kramer diz que é o segundo grande momento da operação "salve-se quem puder", que começou com Roberto Jefferson.

TUDO CONSPIRA CONTRA O GOVERNO

Só faltava pararem o projeto São Francisco. Aconteceu ontem. O TCU determinou que o Ministério da Integração suspenda a assinatura de contrato no valor de R$ 147 milhões para a compra e instalação de 19 motobombas, transporte e supervisão de montagem, comissionamento e início de operação comercial e assistência técnica para manutenção dos conjuntos motobombas para instalação nas estações de bombeamento localizadas nos eixos norte e leste do projeto.

O ministério somente poderá assinar os contratos quando conseguir, no Ibama, a licença de instalação e, na Agência Nacional das Águas (ANA), a outorga definitiva de uso da água. O prazo para obter essas autorizações depende dos dois órgãos, conforme explicou o coordenador do programa de transposição do rio São Francisco, Pedro Brito. Ele disse que vai fazer gestões junto aos órgãos para agilizar as autorizações e espera que elas saiam até o fim do mês.

Quinta-feira, 1 de dezembro de 2005

A CASSAÇÃO POLÍTICA DAS ESQUERDAS

Depois do malfeito, o clima foi de constrangimento, diziam os âncoras. "Não houve comemoração", reconhece o Bom Dia Brasil. Miriam Leitão tachou o fato de grave, porque "Zé Dirceu representa a luta de toda uma geração e foi eleito por meio milhão de votos". A deputada Maria do Rosário diz que, com a cassação, começa a ser colocado em prática o discurso de Bornhausen de "acabar com essa raça do PT".

Alguns jornais e o Bom Dia Brasil dizem que o governo fez menos do que poderia por Zé Dirceu. Outros dizem que essa orientação foi revertida no último momento. Mas *O Globo* diz que a ordem era mesmo não fazer nada: "O Planalto abandonou o ministro à própria sorte."

Na *Estadão*, Carlos Marchi diz que o afastamento de Zé Dirceu é parte de um processo de rompimento entre os sindicalistas do PT, liderados por Lula, e a esquerda, que "deu consistência ao partido".

UMA VITÓRIA DO TERROR MIDIÁTICO

Franklin Martins disse que Dirceu foi condenado não porque a Câmara tenha encontrado provas taxativas de quebra do decoro parlamentar ou de que ele foi o chefe do "mensalão". O que pesou foi a pressão da opinião pública.

Ele não é o único jornalista a dizer isso. Ao atribuir a cassação a uma exigência da opinião pública, a mídia omite seu próprio papel de indutora dessa opinião. A mídia nunca vai dizer que foi ela própria quem cassou Zé Dirceu. Mas essa é uma das conclusões do episódio: o terror midiático venceu.

Com seu discurso forte, Zé Dirceu conseguiu virar alguns votos, reconhece o falsamente constrangido Alexandre Garcia, no Bom Dia Brasil. Mas parte desse efeito foi anulada pelos discursos em seguida, de Vavá e Luciana Genro. Foram falas reveladores da confusão mental da ultraesquerda e do seu potencial de fazer estragos na campanha de 2006.

E AGORA?

Merval Pereira achava, antes do final da votação, que, com o sacrifício de Zé Dirceu, a oposição vai se acalmar. Mas é apenas uma hipótese. A cassação de Zé Dirceu encerra um capítulo da crise, mas não encerra a crise. Para as oposições, fica agora a tarefa de provar que existiu o Mensalão e que existiu um esquema de corrupção chefiado por Zé Dirceu, as duas principais acusações contra ele.

Isso pode levar a um empenho ainda maior em provar as acusações. E em cortar mais cabeças: "A cassação de Zé Dirceu abre caminho para mais doze cassações", prevê *O Globo* de hoje. No Bom Dia Brasil, Ricardo Izar anunciou as próximas duas, uma delas a do deputado Romeu Queiroz, do PTB.

A cassação por apenas 239 contra 192 é uma vitória moral de Zé Dirceu. Cria condições políticas para uma luta de mais longo prazo pela reversão da cassação. Dirceu não deve se afastar da vida pública, e continuará brigando para provar sua inocência. Todos enfatizam que Zé Dirceu saiu de cabeça erguida. Não se deixou humilhar. E vai continuar lutando pela sua inocência e atuando politicamente.

Para o governo, é uma derrota, como mostram as manchetes dos jornais estrangeiros. O *Financial Times*: "Congresso no Brasil cassa poderoso aliado do presidente Lula". O argentino *Clarín*: "Ex-superministro de Lula é cassado". O *El País*: "Ex-ministro do presidente Lula perde mandato em meio a escândalo de corrupção".

Com a cassação, o Congresso sancionou politicamente a tese de que houve mensalão e corrupção. Isso significa um caminho aberto a ações contra o próprio governo, como a que está sendo tentada por um ala da OAB conduzida por Miguel Reale Júnior.

24. AS CARTAS DE DESPEDEM

A CARTA CRÍTICA
- destaques da mídia de B. Kucinski -

Sexta-feira, 30 de junho de 2006

Editorial: A última *Carta Crítica*

A morte de um jornal é sempre uma perda. *Carta Crítica* é um pequeno jornal, como era o *Jornal Pessoal*, de Lúcio Flávio Pinto, de Belém do Pará, escrito inteiramente por ele mesmo, e como era também o *I. F. Stone Weekly*, de Washington, lembrou um dos ministros de quem fui me despedir.

    Nenhum dos dois era diário, como *Carta Crítica*. Um era mensal, e o outro, semanal. Alguém disse, uma vez, que a *Carta Crítica* era o jornal diário de menor circulação do país, mas com os leitores mais qualificados. No começo deste mês, o mais importante desses leitores, o presidente da República, atendeu meu apelo e liberou-me.

    Há tempos eu precisava me afastar do governo, mas as borrascas foram nos atingindo com fúria, uma atrás da outra, e era preciso ficar. Finalmente, o tempo amainou, coincidindo com o início oficial de campanha, o que de certa forma encerra o ciclo do primeiro mandato.

    Sei que a *Carta Crítica* vai fazer falta apenas num primeiro momento. No poder, assim como na natureza, o vácuo é logo preenchido. Ponderei ao presidente que, na fase que agora se inicia, sua mente estará totalmente tomada pelo jogo eleitoral, e nesse jogo há muito pouco que a *Carta Crítica* possa dizer que o presidente já não saiba, e muito melhor. *Carta Crítica* corria, inclusive, o risco de se desmoralizar. Política partidária, em todo o caso, nunca foi o nosso forte.

N.E.: A última *Carta Crítica* é reproduzida aqui no formato em que foram feitas e entregues diariamente, em word, com o cabeçalho usual e datação.

Todas as pessoas de quem já me despedi perguntaram se o presidente relutou muito em me liberar e, para espanto delas, eu tive que admitir a verdade. Não, não relutou nem um pouco. Entendo que um dos principais atributos do presidente é a pessoalidade que ele imprime às suas relações com os colaboradores. Nunca são relações puramente formais. Tem sempre uma dose forte de afetividade e de compreensão dos problemas e ansiedades das pessoas com as quais trabalha.

Mas um dos ministros de quem me despedi apontou o que pode ser uma outra razão da tranquilidade com que o presidente atendeu meu pedido. Disse ele que a relação do presidente com a *Carta Crítica* era muito complexa. Lia sempre, mas muitas e muitas vezes lia com raiva, reclamava que "alguém precisa dizer ao Kucinski que não é nada disso". Depois, agia em função do que estava escrito. Em duas ocasiões, pelo menos, reclamou de público contra essas pessoas que "acordam de manhã de mau humor e só veem as coisas pelo lado ruim."

Moral da história: acho que o presidente estava precisando de uma parada na *Carta Crítica* tanto quanto eu. Deve ter se sentido aliviado com a minha iniciativa. Mais do que um hábito, *Carta Crítica* tinha se tornado um vício, de ambas as partes. E todo vício é ruim. Lembro que, na campanha de 2002, chegaram a recomendar a Lula que parasse de ler "essa coisa do Kucinski" porque isso fazia ele sair com raiva dos jornalistas logo de manhã, e isso não era bom. Está certo.

Esta é primeira campanha em que Lula concorre já estando na Presidência. Será julgado o desempenho do governo, e não promessas de quem quer ser governo. Também nisso diminui a importância da *Carta Crítica*, uma vez que, desde a saída de Palocci, o governo passou a funcionar destravado, com mais harmonia e entendimento entre Fazenda, Tesouro e Casa Civil. Com isso, esvaziou-se uma das funções da *Carta Crítica*, que era a de chamar a atenção para bloqueios na ação de governo.

De todas as funções da *Carta Crítica* que se esvaziaram, a principal foi o combate político e doutrinário ao paloccismo, encetado praticamente desde o primeiro contingenciamento até a queda do ministro. Se algum mérito teve a *Carta Crítica* foi de submeter continuamente o paloccismo ao crivo da crítica, refletindo, aliás, o clamor dos setores não rentistas da sociedade e, como me confessaram vários ministros, clamores dentro do governo.

Além de subordinar o manejo da economia aos interesses do capital rentista, e fazer isso de modo radical, o paloccismo era também uma forma autoritária de governar. Primeiro, porque bloqueava o debate interno, impedindo a formação de um pensamento coletivo. Segundo, porque usava artifícios burocráticos para frustrar decisões de investimento já negociadas e decididas em colegiados.

Mas, como todo sistema autoritário, esse bloco de poder no qual o paloccismo se converteu ao fechar com o núcleo monetarista-neoliberal entrincheirado no aparelho de Estado, ameaçou tomar conta de todo o governo, quando começou a crise, e controlar a elaboração do programa de governo para um segundo mandato.

Entendo a importância tática da Carta aos Brasileiros, e o papel do ministro da Fazenda e do presidente do Banco Central em criarem uma ambiguidade no cenário político que não deixava nenhum espaço para a oposição conservadora. Mas também entendo que não era preciso manter uma política macroeconômica "burra", que nos levou a perder uma chance de crescimento acelerado irrecuperável.

Mais preocupante ainda foi o papel desmoralizador do paloccismo na imagem e na autoconfiança do presidente, a partir dos primeiros debates sobre o aumento do salário mínimo, em inícios de 2004. Felizmente, esse foi um pesadelo que acabou. Tivesse acabado um ano antes, e seria muito diferente hoje a situação econômica do país. Fizemos o Brasil avançar, mas não mudamos o Brasil. E nem imprimimos uma perspectiva firme de mudança.

Só agora surgem os primeiros sinais de uma mudança na estrutura de nossa economia, com mais ênfase no mercado interno, mas convivendo com outros sinais muito negativos, como o extraordinário aumento na remessa de rendas para o exterior, o aumento na volatilidade dos capitais financeiros aqui aplicados e a não solução de algumas disfunções graves na aplicação da justiça, na modernização da infraestrutura e na eliminação do desemprego estrutural.

Carta Crítica sempre teve como objetivo claro ajudar o presidente a governar. Ao fazer isso, trazia inevitavelmente o contraditório para dentro do núcleo duro. Gerou muitas reações dentro do governo, especialmente no início. Palocci chegou a pedir a sua extinção. Nem sempre é fácil encontrar o equilíbrio num texto necessário e forte sem ser panfletário e sem gerar indisposição.

Esse é o momento de registrar que o ministro Gushiken, ao qual estive formalmente subordinado a maior parte destes três anos e meio, sempre defendeu a *Carta Crítica* e, com uma espécie de para-raios, não deixava que os ataques me perturbassem. Foi por outros que fiquei sabendo de alguns desses momentos de tensão.

Mais do que isso, Gushiken concebeu o conceito teórico da *Carta Crítica* a partir de sua leitura e desses debates que gerava no interior do núcleo duro, já que sua curiosidade de saber como ela era produzida nunca foi de fato atendida. Não dava tempo. Ele via a *Carta Crítica* como uma reflexão que só tinha validade porque era feita de forma totalmente livre, autônoma e independente de injunções táticas. Por isso, também, nunca interferiu na sua elaboração.

Finalmente, é preciso registrar o apoio de alguns membros do governo com os quais podia trocar ideias de tempos em tempos, e o trabalho dedicado de meus auxiliares diretos: Márcio Venciguerra, que me ajudava a fechar a edição a partir da seis da manhã; Ivana Machado, que pegava o turno da tarde, dando início à edição do dia seguinte, Verônica Neri, que secretariava e cuidava dos arquivos, e o incansável Zezinho, que buscava os jornais às cinco da manhã e também distribuía as cartas, entregando sempre em primeiro lugar a destinada ao presidente Lula.

Este livro foi editado na cidade de São Sebastião
do Rio de Janeiro na primavera de 2014. O texto
foi composto com a tipografia LinoLetter Std
Medium e impresso em papel Pólen Soft 70g nas
oficinas da gráfica Edelbra.